Ética cívica y profesional

PEARSON

En Pearson trabajamos con autores de reconocido prestigio para desarrollar los materiales educativos más completos y las técnicas didácticas más innovadoras para un mercado global. Ofrecemos recursos impresos y digitales para que el estudiante no sólo comprenda el contenido sino que sea capaz de aplicarlo.

Pearson es la empresa educativa líder en el mundo enfocada en el desarrollo de las personas, lideramos el desarrollo de soluciones digitales para el aprendizaje, la certificación de habilidades tanto para estudiantes como para instituciones en todo el mundo.

Ofrecemos a los profesores la posibilidad de acceder a una amplia variedad de contenidos en constante expansión de autores reconocidos en todo el mundo, aportar su propio material y así, desarrollar un material a medida, el material más útil para sus alumnos. El profesor elige el contenido que se adapta a sus necesidades y Pearson lo publica con extraordinaria calidad.

Para aprender más sobre cómo Pearson puede ayudarle, por favor, diríjase a: custompublishing.es@pearson.com

o visite: www.pearsoncustom.co.uk/personalised

Ética cívica y profesional

Selección de capítulos de:

Ética en los negocios, 7.ª edición
Manuel G. Velasquez

con la aportación de:

Massimo Cermelli
Universidad de Deusto

PEARSON

Harlow, England • London • New York • Boston • San Francisco • Toronto • Sydney • Auckland • Singapore • Hong Kong
Tokyo • Seoul • Taipei • New Delhi • Cape Town • Sao Paulo • Mexico City • Madrid • Amsterdam • Munich • Paris • Milan

PEARSON EDUCACIÓN S.A.
Ribera del Loira, 28
28042. Madrid (España)

Para más información:
www.pearsoneducacion.com
www.pearsoned.co.uk

Ética
Manuel G. Velasquez, con la aportación de Massimo Cermelli

Este libro es una edición Custom Publishing
© 2016 Pearson Educación, S.A.
ISBN 9781784488178

Compilado de:

    Ética en los negocios, 7.ª edición
    Manuel G. Velasquez
    ISBN 9786073213127
    © Copyright, 2012, Pearson Educación de México, S.A. de C.V.

Todos los derechos reservados.
Queda prohibida, salvo excepción prevista en la ley, cualquier forma de reproducción, distribución, comunicación pública y transformación de esta obra sin contar con autorización de los titulares de propiedad intelectual. La infracción de los derechos mencionados puede ser constitutiva de delito contra la propiedad intelectual (arts. 270 y sgts. Código Penal).

Impreso en Great Britain por Clays Ltd, Bungay, Suffolk.

Contenido

1. **Ética y negocios**, por Manuel G. Velasquez — 2
2. **Principios éticos en los negocios**, por Manuel G. Velasquez — 72
3. **El sistema de negocios: Gobierno, mercados y comercio internacional**, por Manuel G. Velasquez — 150
4. **Ética en el mercado**, por Manuel G. Velasquez — 196
5. **Superar los reduccionismos, "voto con il portafoglio" e innovación: propuestas para superar las crisis y las desigualdades globales**, por Massimo Cermelli y Becchetti Leonardo — 241

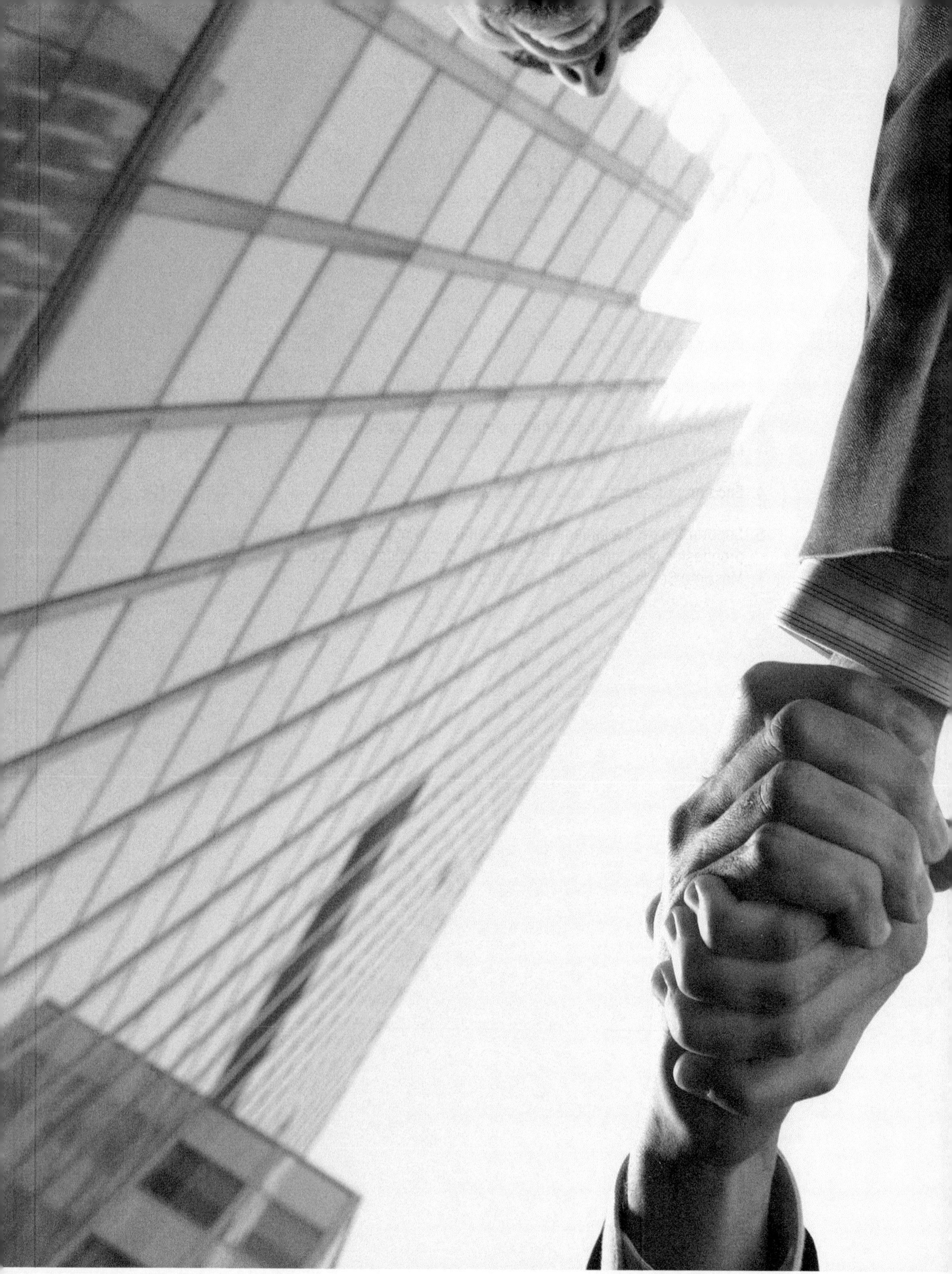

Ética y negocios

¿Qué es la ética en los negocios?

¿Qué es la responsabilidad social corporativa?

¿Es correcto el relativismo ético?

¿Cómo ocurre el desarrollo moral?

¿Qué papel desempeñan las emociones en el razonamiento ético?

¿Cuáles son los impedimentos al comportamiento moral?

¿En qué circunstancias una persona es moralmente responsable de actuar mal?

En los negocios, estrecharse la mano es una expresión de confianza, y el comportamiento ético es la base de dicha confianza.

INTRODUCCIÓN

Quizá la mejor manera de iniciar un análisis de ética en los negocios es observar cómo una compañía real la ha incorporado en sus operaciones. Consideremos la forma en que Merck & Co., Inc., una empresa estadounidense de productos farmacéuticos, manejó el problema de la ceguera de río.

La ceguera de río es una enfermedad mortal que afecta a unos 18 millones de personas sin recursos, que viven en lugares remotos cerca de los cauces de los ríos, en las regiones tropicales de África y América Latina. La causa del mal es un pequeño gusano parásito que se transmite de una persona a otra mediante el piquete de la mosca negra, que se reproduce en las aguas rápidas de los ríos. Los diminutos gusanos se introducen debajo de la piel, donde, al crecer, llegan a medir hasta 60 centímetros, y se enrollan dentro de nódulos que miden entre 1 y 2.5 centímetros de diámetro. Dentro de los nódulos, el gusano se reproduce dejando millones de descendientes microscópicos, llamados *microfilarias*, que se abren paso por todo el cuerpo bajo la piel, decolorándola a su paso; además, causan lesiones y una comezón tan intensa que las víctimas han llegado a suicidarse. Con el tiempo, las *microfilarias* invaden los ojos y provocan ceguera en la víctima. En algunas aldeas de África occidental, el parásito ha llegado a cegar a más del 60 por ciento de los habitantes mayores de 55 años de edad. De acuerdo con estimaciones de la Organización Mundial de la Salud (OMS), la enfermedad ha provocado ceguera a unas 270,000 personas y discapacidad visual a otras 500,000.

El esparcimiento de pesticidas para erradicar la mosca negra fracasó cuando esta desarrolló inmunidad a ellos. Más aún, los únicos medicamentos disponibles para tratar el parásito en los humanos eran muy costosos, tenían efectos secundarios severos y requerían de una larga hospitalización, de manera que el tratamiento resultaba impráctico para las humildes víctimas que vivían en las comunidades aisladas. En muchos países, los jóvenes han abandonado las áreas cercanas a los ríos, que por lo general son tierras fértiles. Quienes se quedaron a vivir a la orilla de los ríos aceptaron la posibilidad de infestarse, la tortura de la comezón y el peligro de contraer ceguera como parte irremediable de la vida.

En 1980 los doctores Bill Campbell y Mohammed Aziz, científicos investigadores que trabajaban para Merck, descubrieron que el Ivermectín —uno de los medicamentos para animales de mayor venta de la compañía— podía matar el parásito que causa la ceguera de río. El doctor Aziz, quien ya había trabajado en África y conocía la ceguera de río, viajó a Dakar, Senegal, donde probó el medicamento en aldeanos que sufrían infecciones activas. De manera asombrosa, descubrió que una dosis única del medicamento no solo exterminaba las microfilarias, sino que también hacía que el gusano quedara estéril e inmunizaba al paciente durante meses. Cuando Aziz regresó a Estados Unidos, él y el doctor Campbell visitaron al jefe de investigación y desarrollo de Merck, el doctor P. Roy Vagelos. Le mostraron sus resultados y le recomendaron que Merck desarrollara una versión del medicamento para suministrarla a los seres humanos.

En aquella época, desarrollar un nuevo medicamento, probarlo en clínicas y a gran escala, de acuerdo con los estándares que el gobierno de Estados Unidos requería, podía llegar a costar más de $100 millones.* Roy Vagelos se dio cuenta de que aun cuando la compañía tuviera éxito en el desarrollo de una versión del medicamento adecuada para administrarse a las víctimas de la ceguera de río, "tenía claro que no podrían vender el fármaco a esas personas, quienes no tenían suficientes recursos económicos para comprarlo, aun cuando el precio fuera de unos centavos de dólar al año".[1] Todavía más, en el caso de que pudieran pagar ese precio, sería casi imposible hacer llegar el medicamento a la mayoría de las víctimas, puesto que estas vivían en lugares remotos y no tenían acceso a médicos, hospitales, clínicas o expendios de medicamentos comerciales. Además, si el medicamento provocaba efectos secundarios adversos al administrarse a humanos, esto podría afectar la venta de la versión del fármaco para animales, que representaba alrededor de $300 millones

---

*En esta obra, el signo $ representa dólares estadounidenses, a menos que se especifique otra unidad monetaria.

al año. Por último, en caso de estar disponible una versión de bajo costo del medicamento, se podría introducir en los mercados negros y venderse para administrarse a animales, lo que minaría las ganancias que los veterinarios obtenían a partir de las ventas del Ivermectín.

Aunque las ventas mundiales de Merck ascendían a $2,000 millones al año, su ingreso neto como porcentaje de las ventas disminuía por varias razones, como el rápido incremento en los costos de desarrollo de nuevos medicamentos, los reglamentos cada vez más restrictivos, los elevados impuestos, la falta de descubrimientos científicos básicos y la disminución de la productividad de los programas de investigación de la compañía. Por otro lado, el Congreso de Estados Unidos estaba listo para aprobar la Ley de Regulación de Medicamentos, lo que intensificaría la competencia en la industria farmacéutica, al permitir que los competidores copiaran y comercializaran con mayor rapidez los medicamentos de otras empresas. Asimismo, el seguro de salud Medicare acababa de imponer límites máximos para el rembolso por compra de medicamentos y requería el uso de productos genéricos de menor costo en lugar de los de marca, los cuales constituían la mayor fuente de ingresos de Merck.

A la luz de esas condiciones que incidían negativamente en la industria farmacéutica, ¿era una buena idea que Merck emprendiera un proyecto costoso que no ofrecía una retribución económica considerable? Vagelos escribió después:

> Había una posible desventaja para mí en lo personal. Yo no llevaba mucho tiempo en el puesto y aún estaba aprendiendo cómo promover el desarrollo de nuevos medicamentos en un ambiente corporativo. Aunque teníamos algunos proyectos de grandes innovaciones en trámite, yo aún era un novato en el mundo de los negocios. Gastaría una considerable cantidad de dinero de la compañía en un campo, el de la medicina tropical, que pocos de nosotros —a excepción de Mohammed Aziz— conocíamos... El director general, Henry Gadsden, estaba preocupado (y con razón) en relación con los proyectos en trámite de nuevos productos de Merck, y me había contratado para resolver ese problema. Era tan evidente para mí como para Mohammed y Bill que incluso si el Ivermectín tenía éxito en la cura de la ceguera de río, no iba a incrementar las ganancias de la empresa ni a hacer felices a los accionistas. Así que la petición significaba un riesgo para mí y para los laboratorios.[2]

Vagelos sabía que enfrentaba una decisión que, como decía, "tenía un componente ético importante". Sin considerar el riesgo para la compañía y para su carrera profesional, era claro que, sin el medicamento, millones de personas estarían condenadas a una vida de sufrimiento intenso y a la ceguera total o parcial. Después de muchas discusiones con Campbell, Aziz y otros directivos, Vagelos llegó a la conclusión de que los beneficios potenciales del medicamento para evitar la ceguera de río eran demasiado significativos como para ignorarlos. A fines de 1980, aprobó un presupuesto que aportaba los fondos necesarios para desarrollar una versión del Ivermectín para administrarse a seres humanos.

Después de siete años, Merck logró desarrollar la nueva versión del medicamento, llamada Mectizán. Tomar una sola píldora una vez al año podía erradicar del cuerpo humano todo rastro del parásito que causa la ceguera de río y prevenir nuevas infecciones. Por desgracia, justo como lo había sospechado Vagelos, nadie corrió a comprar la píldora milagrosa. En los años siguientes, los ejecutivos de Merck (especialmente Vagelos, quien para entonces era el director general de Merck) solicitaron a la OMS, al gobierno de Estados Unidos, y a los gobiernos de las naciones aquejadas por el mal, que alguien —quien fuera— comprara el medicamento para proteger a los 100 millones de personas que estaban en riesgo de contraer la enfermedad. Nadie respondió a los ruegos de la compañía.

Cuando finalmente quedó claro que nadie compraría el medicamento, Merck decidió que donaría el Mectizán a las víctimas de la enfermedad.[3] Sin embargo, incluso este plan fue difícil de realizar porque, como lo temía la compañía, no había canales de distribución establecidos para hacerlo llegar a la gente que lo necesitaba. No obstante, en colaboración con la OMS, la compañía financió un comité internacional para proporcionar a las naciones en desarrollo la infraestructura adecuada de distribución del medicamento, y con la finalidad de evitar que llegara al mercado negro para administrarse a animales. Pagar por estas actividades aumentó la suma que Merck invirtió en desarrollar, probar y ahora distribuir Mectizán a más de $200 millones, sin contar el costo de fabricarlo. Para 2010, Merck había donado más de 2,500 millones de pastillas de Mectizán con un valor aproximado de $3,500 millones y donaba el medicamento a 80 millones de personas al año en África, América Latina y Oriente Medio. Además de usar el medicamento para aliviar los intensos sufrimientos de la ceguera de río, la compañía ha ampliado el programa para incluir el tratamiento contra la elefantiasis, una enfermedad parasitaria que con frecuencia coexiste con la ceguera de río, y que, según descubrieron los investigadores de Merck, también se podía tratar con Mectizán. En 2010 más de 300 millones de personas recibieron Mectizán para tratar la elefantiasis, y 70 millones más lo recibieron el año siguiente.

Cuando se le pregunta por qué la compañía invirtió tanto dinero y esfuerzo en la investigación, el desarrollo, la fabricación y la distribución de un medicamento que no es redituable, el doctor Roy Vagelos, director ejecutivo, responde que, una vez que la compañía sospechó que uno de sus medicamentos para animales podía curar una grave enfermedad que asolaba a la gente, la única opción ética era desarrollarlo. También comentó que las personas de los países en desarrollo recordarán que Merck los ayudó, y en el futuro responderán de manera favorable a la compañía.[4] Con el paso de los años, la empresa ha aprendido que, a largo plazo, este tipo de acciones tienen ventajas estratégicas importantes. "Cuando fui por primera vez a Japón, hace 15 años, las personas de negocios me dijeron que había sido Merck quien llevó la estreptomicina a ese país después de la Segunda Guerra Mundial, para eliminar la tuberculosis que estaba acabando con la población. Nosotros lo hicimos. No ganamos dinero. Pero no es casualidad que hoy Merck sea la mayor compañía farmacéutica estadounidense en Japón".[5]

Ahora que vimos cómo Merck manejó el descubrimiento de una cura para la ceguera de río, regresemos a la relación entre la ética y los negocios. Algunas veces los expertos son sarcásticos al decir que la *ética en los negocios* es una contradicción de términos (un oxímoron), porque existe un conflicto inherente entre la ética y la búsqueda interesada de ganancias. Ellos insinúan que cuando la ética entra en conflicto con las ganancias, los negocios siempre elegirán a las segundas sobre la primera. No obstante, el caso de Merck sugiere una perspectiva diferente con la que cada vez más compañías se comprometen. Los directores de esa empresa gastaron $200 millones en desarrollar un producto que sabían que tendría pocas posibilidades de ser rentable; pensaron que tenían la obligación ética de ofrecer a la gente sus beneficios potenciales. En este caso, al menos, una compañía grande y de gran éxito eligió la ética sobre las ganancias. Más aún, los comentarios de Vagelos al final del caso sugieren que, a la larga, quizá no haya un conflicto inherente entre el comportamiento ético y la búsqueda de ganancias. Por el contrario, Vagelos insinuó que el comportamiento ético crea el tipo de reputación y de buena voluntad que amplía las oportunidades de una compañía para obtener ganancias.

No todas las empresas operan como Merck, incluso esta no siempre se ha conducido de manera ética. Muchas compañías —quizá la mayoría— no invertirían en un proyecto de investigación y desarrollo que no sea rentable, aun cuando prometa beneficiar a la humanidad. Todos los días los periódicos publican los nombres de compañías que eligen las ganancias sobre la ética, o que, al menos por una vez, se benefician a partir de un comportamiento que no es ético; Enron, WorldCom, Global Crossing, Rite-Aid, Oracle, ParMor, Adelphia, Arthur Andersen, Louisiana-Pacific y Qwest son solo algunas de ellas. En 2004 incluso Merck fue acusada de no revelar los problemas cardiacos asociados con su medicamento Vioxx, y en 2010 la compañía depositó $4,850 millones en un fondo para compensar a los pacientes que declararon haber sufrido infartos o apoplejía por tomar el medicamento. (A pesar de su importante fallo en relación con el Vioxx, Merck sigue comprometida a actuar de manera ética y ha ganado docenas de premios por su transparencia y sus operaciones éticamente responsables).[6]

Aunque muchas compañías en un momento u otro se comportan en una forma que no es ética, por lo general este comportamiento suele ser una mala estrategia de negocios a largo plazo. Por ejemplo, pregúntese si es más probable que usted, como consumidor, compre el producto de una empresa a la que reconoce como honesta y confiable, o el de una que se ha ganado la reputación de deshonesta y poco confiable. Pregúntese si, como empleado, es más probable que sea leal a una compañía cuyas acciones hacia usted son justas y respetuosas, o a una que habitualmente trata a sus empleados de manera injusta e irrespetuosa. Es evidente que cuando las compañías compiten entre sí por los clientes y los mejores empleados, aquellas que han forjado una reputación por comportarse de manera ética tendrán ventaja sobre las que carecen de ella.

Este libro adopta el punto de vista de que el comportamiento ético, a la larga, es la mejor estrategia de negocios para una compañía. Se trata de un punto de vista que durante los últimos años se ha aceptado cada vez más.[7] Esto no significa que nunca surjan situaciones en las que hacer lo que es ético resulte costoso para la compañía. Esas situaciones son comunes en la vida de una empresa, y en este libro se verán muchos ejemplos de ello. Tampoco significa que el comportamiento ético siempre sea recompensado o que el comportamiento que no es ético siempre reciba un castigo. Por el contrario, el comportamiento no ético en ocasiones recibe retribuciones y el "chico bueno" a veces pierde. Decir que el comportamiento ético es la mejor estrategia de negocios a largo plazo solo significa que, con el tiempo y la mayoría de las veces, ofrece a una compañía ventajas competitivas importantes sobre aquellas que no se comportan éticamente. El ejemplo de Merck así lo sugiere. Si reflexionamos sobre la manera en que nosotros, como clientes o empleados, respondemos a las compañías que se comportan sin ética, reconoceremos que estas terminan por perder apoyo. Después veremos qué se podría decir mucho más a favor y en contra de la idea de que el comportamiento ético es la mejor estrategia de negocios a largo plazo para una compañía.

El problema básico es, desde luego, que las acciones éticas no siempre son claras para los gerentes de una empresa. En el caso de Merck, Roy Vagelos decidió que la compañía tenía la obligación ética de proceder al desarrollo del medicamento. Pero quizá para otro, la cuestión no hubiera sido tan evidente. Vagelos reconoció que el proyecto implicaba gastar "una considerable cantidad de dinero de la compañía" de una manera que "no haría felices a los accionistas" y que pondría su propia carrera "en riesgo". ¿Acaso los gerentes no tienen la obligación ante los inversionistas y accionistas de invertir sus fondos de manera rentable? De hecho, si una compañía gastara todos sus fondos en proyectos de caridad que pierden dinero, ¿no quedaría pronto fuera del negocio? Entonces, ¿no se justificaría que los accionistas reclamaran que los gerentes gastaron su dinero de una manera que no era ética? ¿Y debió haber arriesgado Vagelos su carrera profesional, con las implicaciones que esto tenía para su familia? ¿Es tan evidente, entonces, que Vagelos tenía la obligación ética de invertir su dinero en un medicamento no rentable? ¿Hay razones para asegurar que Merck debía desarrollarlo? ¿Hay buenas razones para afirmar que Merck no tenía esta obligación? ¿Qué punto de vista cree usted que se apoya en las razones más convincentes?

Aunque la ética puede ser la mejor política, las acciones éticas no siempre son claras. El objetivo de este libro es ayudarle a manejar la falta de claridad. Aunque muchos aspectos éticos siguen siendo oscuros y difíciles incluso después de un gran esfuerzo de estudio, entender mejor la ética le ayudará a manejar su incertidumbre de modo más adecuado e informado.

Este libro pretende señalar los aspectos éticos con los que quizá se enfrente en una empresa, y es probable que usted forme parte de su equipo gerencial. Esto no significa que el texto esté diseñado para darle consejos morales, o que trate de persuadirlo para actuar de forma "moral". El objetivo principal es transmitirle un conocimiento más profundo de la naturaleza de los principios y los conceptos éticos, y ayudarlo a comprender cómo estos se aplican ante problemas éticos que surgen en los negocios. Este tipo de conocimiento y habilidad debe ayudarle a abrirse paso entre las decisiones éticas como la que Vagelos tuvo que tomar. Todo aquel que participe en el mundo de los negocios se enfrenta a decisiones como esa, aunque por lo general no tan importantes como lograr la cura para la ceguera de río. Incluso antes de comenzar a trabajar para una empresa, usted se enfrentará, por ejemplo, con las decisiones éticas de qué tan "creativo" debe ser el currículo que presente. Más tarde, quizá tenga que decidir si reduce tiempo o costos en su trabajo, o si daría facilidades a un pariente o amigo para firmar un contrato, o si incluye algunos gastos adicionales en un viaje que hizo por parte de la compañía. O quizá descubra que un amigo está defraudando a la empresa y tiene que decidir si lo delata o no, o encuentra que su compañía participa en alguna acción ilegal y tiene que decidir qué hacer al respecto, o tal vez su jefe le pida hacer algo que no está bien. En el mundo de los negocios, las decisiones éticas confrontan a todos. Este libro espera ofrecerle algunas pautas para enfrentar ese tipo de decisiones.

Los primeros dos capítulos lo introducen en métodos de razonamiento y principios morales fundamentales que se utilizan para analizar los aspectos morales en los negocios, así como algunos obstáculos que se pueden presentar derivados de la forma de pensar ante temas éticos. Los capítulos siguientes aplican esos principios y métodos a los tipos de dilemas morales que enfrentan las personas de negocios. Comenzamos este capítulo con un análisis de tres temas preliminares: **1.** la naturaleza de la ética en los negocios y algunos de sus aspectos, **2.** el razonamiento y la toma de decisiones morales, y **3.** la responsabilidad moral. Una vez aclarados esos conceptos, dedicaremos el capítulo siguiente a analizar algunas teorías básicas de la ética y su relación con los negocios.

1.1 Naturaleza de la ética en los negocios

Según el diccionario, el término *ética* tiene muchos significados. Una de sus acepciones es: "El conjunto de principios de conducta que rigen a un individuo o a un grupo".[8] Algunas veces usamos el término *ética personal*, por ejemplo, al referirnos a las reglas mediante las cuales un individuo se conduce por la vida. Se usa el término *ética contable* cuando nos referimos al código que guía la conducta profesional de los contadores.

Un segundo significado de *ética* —para nosotros el más importante— y acorde con el diccionario es "el estudio de la moralidad". Los filósofos usan el término *ética* para referirse, principalmente, al estudio de la moralidad, igual que los químicos usan el término *química* para referirse al estudio de las propiedades químicas de una sustancia. Aunque la ética tiene que ver con la moralidad, no son sinónimos. La ética es un tipo de investigación, e incluye tanto la actividad de investigación como los resultados de la misma, mientras que la moralidad es el tema del que se ocupan las investigaciones éticas.

Moralidad

moralidad Los estándares que un individuo o un grupo tienen acerca de qué es correcto o incorrecto, o de lo que está bien o mal.

Entonces, ¿qué es **moralidad**? Se podría definir como los estándares que tiene un individuo o un grupo acerca de qué es correcto o incorrecto, o de lo que está bien o mal. Para aclarar qué significa esto, consideraremos otro caso, un tanto diferente al de Merck.

Hace varios años, B. F. Goodrich, un fabricante de partes para vehículos, ganó un contrato con el gobierno para diseñar, probar y fabricar frenos de aviones para el A7-D, un nuevo avión ligero que la Fuerza Aérea de Estados Unidos estaba diseñando. Para conservar el peso de la aeronave, los directivos de Goodrich garantizaron que su freno compacto pesaría no más de 48 kilogramos, contendría no más de cuatro discos pequeños de frenado o rotores, y que detendría a la aeronave dentro de cierta distancia. El contrato era potencialmente muy lucrativo para la compañía, así que sus gerentes estaban deseosos de entregar un freno que "calificara", esto es, que pasara con éxito todas las pruebas que la Fuerza Aérea requería para el A7-D.

Un ingeniero experimentado de Goodrich, John Warren, diseñó el freno. Y a un ingeniero más joven, Searle Lawson, se le encomendó la tarea de determinar el mejor material para revestirlo y probarlo con la finalidad de asegurarse de que calificara. Searle Lawson era veinteañero, se acababa de graduar en la universidad y lo habían contratado recientemente en Goodrich.

Lawson desarrolló un prototipo —un modelo de trabajo— del pequeño freno para probar los materiales del revestimiento. Descubrió que al frenar, los recubrimientos de los cuatro discos se calentaban a más de 800 grados centígrados y comenzaban a desintegrarse. Cuando probó otros recubrimientos obtuvo los mismos resultados. Lawson repasó el diseño de Warren y encontró un error. Según sus cálculos, no había suficiente área en los discos para detener el avión a la distancia requerida sin generar el calor excesivo causante de la falla del recubrimiento. Lawson se dirigió a Warren, le mostró sus cálculos y sugirió que el diseño debería remplazarse con otro nuevo para un freno más grande con cinco discos. Warren rechazó la sugerencia de un novato recién egresado de la escuela de ingeniería que había advertido un error en su diseño. Dio la instrucción a Lawson de que siguiera probando con diferentes materiales para recubrimientos de frenos hasta que encontrara uno que funcionara.

Pero Lawson no estaba dispuesto a ceder. Fue a hablar con el gerente a cargo del proyecto y le mostró sus cálculos. Este gerente había repetido varias veces a sus superiores que el desarrollo del freno estaba dentro de los tiempos establecidos, y sabía que posiblemente lo culparían si no lo entregaba de acuerdo con el cronograma. Aún más, probablemente pensó que debía confiar en Warren, quien era uno de sus mejores ingenieros, y no en alguien que acababa de graduarse de la universidad. El gerente de proyecto dijo a Lawson que si Warren decía que el freno funcionaría, entonces así sería y que debería seguir probando diferentes materiales, tal como le había indicado Warren. Lawson se sintió frustrado luego de hablar con el gerente del proyecto. Pensaba que si no contaba con el apoyo de sus superiores, simplemente tendría que seguir trabajando con el freno que Warren diseñó.

Semanas más tarde, Lawson todavía no había encontrado el recubrimiento que no se desintegrara en el freno. Habló una vez más con su gerente de proyecto. Esta vez, el gerente le dijo que se limitara a someter al freno a las pruebas requeridas para que pudiera ser aceptado en el avión A7-D. Y agregó que tenía que lograr a toda costa que el freno pasara todas las pruebas de calificación. Las órdenes de su gerente conmocionaron a Lawson, quien más tarde compartió sus pensamientos con Kermit Vandivier, un redactor técnico que debía escribir un informe sobre el freno. Lawson expresó:

> No puedo creer lo que está pasando. Esto no es ingeniería, al menos no lo que yo pensé que sería. En la universidad yo pensaba que cuando fuera ingeniero intentaría hacer mi trabajo lo mejor posible, sin importar lo que costara. Pero esto es distinto. Me dijeron que íbamos a hacer un intento más para probar el freno y punto. Gane o pierda, vamos a emitir un informe de calificación. Me dijeron que sin importar cómo se comporte el freno en las pruebas, tiene que aprobarse.[9]

Lawson armó un modelo de producción del freno y lo sometió a las pruebas docenas de veces. Siempre fallaba. En el decimotercer intento, Lawson "cuidó" el freno en la prueba usando ventiladores especiales para enfriarlo, lo desmontó en cada paso, lo limpió de manera cuidadosa y arregló cualquier deformación causada por las altas temperaturas. En algún momento, un instrumento de medición fue mal calibrado a propósito para que indicara que la presión aplicada al freno era de 1,000 libras por pulgada cuadrada (el máximo disponible para el piloto del avión A7-D), cuando en realidad la presión que había que aplicar era de 1,100 libras por pulgada cuadrada.

Kermit Vandivier, quien tenía que redactar un informe final sobre las pruebas, también estaba preocupado. Habló de las pruebas con Lawson, quien le dijo que sólo estaba haciendo lo que el gerente de proyecto le había ordenado. Vandivier decidió hablar con el ingeniero experimentado a cargo de su sección. El ejecutivo escuchó, pero luego dijo: "No es asunto mío y tampoco tuyo". Vandivier le preguntó si tendría problemas de conciencia en el caso de que, durante los vuelos de prueba, algo sucediera con el freno y el piloto resultara herido o muerto. El ejecutivo de Goodrich le contestó: "¿Por qué habría de tener problemas con mi conciencia? Yo solamente hice lo que me dijeron, y te aconsejo que tú hagas lo mismo".[10]

Cuando indicaron a Kermit Vandivier que escribiera un informe donde concluyera que el freno había pasado todas las pruebas de calidad, se negó. Sentía que un informe así sería equivalente a "falsear y distorsionar de manera deliberada" la verdad.[11] Pero poco después, cambió de opinión. Más tarde declaró:

> Mi trabajo estaba bien pagado, era agradable, suponía un reto, y el futuro se veía razonablemente brillante. Mi esposa y yo habíamos comprado una casa. Si me negaba a tomar parte en el fraude del A7-D, tendría que renunciar o me despedirían. De todas maneras, alguien escribiría el informe, pero yo tendría la satisfacción de saber que no había tomado parte en el asunto. Pero las cuentas no se pagan con satisfacción personal, ni la hipoteca de una casa se paga con principios éticos. Tomé mi decisión. A la mañana siguiente llamé por teléfono a mi superior y le dije que estaba listo para realizar el informe de calificación.[12]

Lawson y Vandivier escribieron juntos el informe final: "Presión del freno, valores del par de torsión, distancias, tiempos... todo lo que tuviera consecuencia estaba adaptado para que concordara", con la conclusión de que el freno pasaba las pruebas de calificación.[13] Unas pocas semanas después de que Goodrich publicara su informe, la Fuerza Aérea instaló los frenos en los aviones de prueba A7-D, y los pilotos comenzaron a volar con ellos.

Más adelante hablaremos sobre lo que ocurrió cuando los pilotos de prueba volaron los aviones equipados con los frenos de Goodrich. Por ahora, observe que Lawson creía que, como ingeniero, tenía la obligación de hacer su trabajo "lo mejor posible, sin importar lo que costara". Por su parte, Vandivier creía que estaba mal mentir y poner en peligro la vida de los demás, y también creía que la integridad es buena y la falsedad, mala. Estas creencias son ejemplo de estándares morales. Los **estándares morales** incluyen las *normas* que tenemos acerca de los tipos de acciones que creemos que son moralmente correctas e incorrectas, así como los *valores* que otorgamos a lo que pensamos que es moralmente bueno y malo. Las normas morales casi siempre se expresan como reglas o afirmaciones generales, como "siempre di la verdad", "es incorrecto matar a personas inocentes" o "las acciones son correctas en la medida en que producen felicidad". Los valores morales suelen expresarse como afirmaciones que describen objetos o características de objetos que tienen valor, como "la honestidad es buena" y "la injusticia es mala".

¿De dónde vienen estos estándares? Por lo general, la moral se aprende primero, desde niños, en la familia, con los amigos y a través de diferentes influencias sociales de instituciones como la iglesia, la escuela, la televisión, las revistas, la música y las asociaciones. Más adelante, conforme la persona crece, la experiencia, el aprendizaje y el desarrollo intelectual la llevan a pensar, evaluar y revisar esos estándares para decidir si los considera razonables o no. Es probable que se descarten algunos que se consideran poco razonables y quizá se adopten algunos nuevos para sustituirlos. En ese proceso de maduración, la persona desarrolla estándares que son más adecuados intelectualmente y, por ende, mejores para manejar los dilemas morales de la vida adulta. Sin embargo, el ejemplo de Lawson y Vandivier deja claro que no siempre cumplimos con los estándares morales que tenemos; es decir, no siempre hacemos lo que pensamos que es moralmente correcto, y tampoco buscamos lo que creemos que es moralmente bueno. Más adelante analizaremos cómo nuestras acciones pueden deslindarse de nuestras creencias morales.

Los estándares morales se podrían contraponer a las normas o los estándares acerca de asuntos que no son de carácter moral. En los ejemplos de **estándares y normas no**

estándares morales Normas acerca de los tipos de acciones que creemos que son moralmente correctas e incorrectas, así como los valores que otorgamos a lo que pensamos que es moralmente bueno y moralmente malo.

estándares no morales Estándares mediante los cuales juzgamos qué es bueno o malo y correcto o incorrecto de una manera no moral.

(llamados también estándares y normas "convencionales") se incluyen los estándares de etiqueta con los que juzgamos los modales como buenos o malos, las reglas de comportamiento que nuestros padres, profesores u otras autoridades nos enseñaron, y las normas que llamamos *leyes*, con las cuales juzgamos lo que es legal o ilegal. También incluyen los estándares de lenguaje, mediante los que se determina lo que es gramaticalmente correcto o incorrecto; los estándares estéticos con los que se juzga si una pintura o una canción es buena o mala, y los estándares deportivos, los cuales juzgan qué tan bien se juega un partido de futbol o de basquetbol. De hecho, siempre que juzgamos la manera correcta o incorrecta de hacer las cosas, o qué cosas son buenas o malas, mejores o peores, nuestro juicio se basa en estándares o normas de algún tipo. En el caso de Vandivier, podemos conjeturar que tal vez él creía que los informes debían escribirse con buena gramática; que tener un trabajo bien pagado, agradable y estimulante era algo bueno y que es correcto cumplir con la ley. Las normas convencionales de la gramática correcta; el valor de un trabajo bien pagado, agradable y estimulante, y las leyes gubernamentales también son estándares, pero no son morales. Como demuestra la decisión de Vandivier, algunas veces elegimos los estándares no morales sobre los morales.

¿Cómo distinguimos los estándares morales de los no morales o convencionales? Antes de seguir leyendo, observe las dos listas de normas que aparecen a continuación y diga cuáles son normas morales y cuáles son no morales:

Grupo uno
"No causar daño a las personas"
"No mentir"
"No robar lo que pertenece a otros"

Grupo dos
"No masticar con la boca abierta"
"No mascar chicle en clase"
"No llevar puestos dos calcetines de diferente color"

Durante las dos últimas décadas, numerosos estudios han mostrado que la capacidad humana de distinguir entre las normas morales y las convencionales o no morales surge en las primeras etapas de la vida y permanece por siempre.[14] El psicólogo Elliot Turiel y otros estudiosos descubrieron que a los tres años de edad, un niño normal ha adquirido la capacidad de diferenciar entre las normas morales y las convencionales. A esa edad, el niño considera que en todos lados las violaciones morales son graves y erróneas, mientras que las violaciones de las normas convencionales son menos graves y erróneas solo en los lugares donde las autoridades las establecen.[15] Por ejemplo, los niños de tres años dirán que aunque mascar chicle no está mal en las escuelas en las que los profesores no lo prohíben, sí está mal golpear a alguien aun en escuelas en las que los profesores no establecen reglas en contra de ello. Debido a que esta capacidad de distinguir entre las normas morales y convencionales se desarrolla en la infancia, no le habrá resultado fácil ver que las normas del grupo uno son normas morales, y que las del grupo dos son convencionales. Esta capacidad innata de distinguir ambos tipos de normas no es exclusiva de los estadounidenses o los occidentales; es una capacidad que todo ser humano normal desarrolla en todas las culturas.[16] Quizá las personas de todas las culturas no estén totalmente de acuerdo sobre cuáles normas son morales (aunque hay un sorprendente grado de consenso) y cuáles son convencionales, pero todas concuerdan en que unas y otras difieren, y que la diferencia es extremadamente importante.

Así que, ¿cuál es la diferencia entre las normas morales y las no morales o convencionales? No es fácil responder esta pregunta, aun cuando los niños de tres años parecen saber la diferencia. Sin embargo, los filósofos han sugerido seis características que ayudan a establecer la naturaleza de los estándares morales, y los psicólogos como Elliot Turiel y otros han obtenido conclusiones del trabajo de los filósofos para poder distinguir entre las normas morales y las no morales en sus estudios.

La primera característica es que los estándares morales tratan asuntos que son graves, es decir, cuestiones que podrían dañar o beneficiar significativamente a los seres humanos.[17] Por ejemplo, muchas personas en la sociedad estadounidense tienen estándares morales contra el robo, la violación, la esclavitud, el asesinato, el abuso de menores, el asalto, la difamación,

Repaso breve 1.1

Normas morales y normas no morales
- Desde los tres años de edad podemos distinguir las normas morales de las no morales.
- Desde los tres años de edad, tendemos a pensar que las normas morales son más serias que las no morales y las aplicamos siempre, independientemente de lo que digan quienes ostenten la autoridad.
- La capacidad de distinguir las normas morales de las no morales es innata y universal.

> **Repaso breve 1.2**
>
> **Seis características de los estándares morales**
> - Se refieren a daños o beneficios serios.
> - Tienen preferencia por encima de otros valores, incluyendo el propio interés.
> - No los establece ninguna figura de autoridad.
> - Son universales.
> - Se basan en consideraciones imparciales.
> - Se asocian con emociones y vocabulario especiales.

el fraude, el incumplimiento de la ley, etcétera. Todos ellos se refieren claramente a aspectos que las personas consideran formas de lesión bastante graves. Puesto que son cuestiones graves, violar los estándares morales se considera como algo muy malo, y sentimos que la obligación de obedecerlos tiene mayor peso sobre nosotros que las normas convencionales.

En el caso de Goodrich, estaba claro que tanto Lawson como Vandivier pensaron que mentir en su informe y poner en peligro las vidas de los pilotos eran daños serios y, por lo tanto, asuntos morales, mientras que cumplir con los estándares gramaticales no era una cuestión moral. Por otro lado, como los beneficios de desarrollar una cura para la ceguera de río eran tan importantes, el doctor Vagelos pensó que Merck tenía una obligación de desarrollar el Mectizán.

En segundo término, y de manera sorprendente, sentimos que los estándares morales tienen preferencia sobre otros valores y, quizá especialmente, sobre el interés propio.[18] Esto es, si una persona tiene una obligación moral de hacer algo, entonces se supone que debe hacerlo aun si esto entra en conflicto con otras normas convencionales o con su propio interés. En el caso de Goodrich, por ejemplo, sentimos que Lawson debió haber elegido los valores morales de honestidad y respeto por la vida por encima del valor interesado de conservar su trabajo. Esto no significa, por supuesto, que siempre esté mal actuar en el propio interés; solo significa que cuando creemos que determinado estándar o norma es una norma moral, entonces también sentimos que estará mal elegir el interés propio por encima de dicha norma. Esta segunda característica de los estándares morales se relaciona con la primera en que parte de la razón por la que sentimos que los estándares morales tienen prioridad sobre otras consideraciones es porque estos tratan con cuestiones serias.

La tercera característica es que, a diferencia de las normas convencionales, las normas morales no se establecen o cambian por la decisión de organismos o figuras de autoridad. La autoridad legislativa o la decisión de los votantes instauran las leyes y los estándares legales, mientras que los padres y los profesores establecen las normas de la familia o del salón de clases. Los estándares morales, sin embargo, no son establecidos por la autoridad, y su validez no se basa en las preferencias de los votantes. En vez de ello, la validez de los estándares morales se apoya en el hecho de que las razones que los respaldan o los justifican sean buenas o malas; cuando los estándares morales se basan en buenas razones, los estándares son válidos.

En cuarto lugar, los estándares morales se consideran universales.[19] Esto es, si genuinamente sentimos que determinados estándares —como "no mentir" o "no robar"— son estándares *morales*, entonces también pensaremos que todo el mundo debe tratar de vivir con ellos, y nos disgusta que se infrinjan. Cuando nos enteramos de que Bernard ("Bernie") Madoff y los directivos de Enron y Lehman Brothers mintieron al público y a sus inversionistas, y que los gerentes de Pfizer habían robado al menos mil millones de dólares de los contribuyentes, mientras los gerentes de Tenet Healthcare y HCA robaban otro tanto, pensamos que habían violado nuestros estándares morales frente a la mentira y el robo, y que su conducta era reprobable. A nadie se le ocurrió decir: "Estuvo bien que mintieran y robaran, en tanto *ellos* sintieran que estuvo bien". Y tampoco hubo quien pensara: "Aunque *yo* sienta que mentir y robar está mal, *ellos* no tienen la obligación de seguir *mis* estándares morales". Por el contrario, el público se enfadó precisamente porque sintió que los estándares en contra de la mentira y el robo son estándares *morales*, y que todo el mundo tiene que cumplirlos, lo quieran o no. Las normas convencionales, por otra parte, no se consideran universales. Las leyes, por ejemplo, se aplican solo dentro de una jurisdicción determinada; las reglas familiares rigen solamente en el seno familiar; las reglas del juego se aplican únicamente a quienes juegan, etcétera.

La quinta característica es que, por lo general, los estándares morales se basan en consideraciones imparciales.[20] El hecho de que usted se beneficie con una mentira y que yo sufra un daño es irrelevante para decidir si mentir es moralmente incorrecto. Algunos filósofos han expresado esto diciendo que los estándares morales se basan en "el punto de vista moral", es decir, un punto de vista que no evalúa los estándares según la promoción de los intereses de una persona o un grupo en particular, sino que va más allá de intereses personales; se trata de una perspectiva universal en la que los intereses de todos cuentan por igual de manera imparcial.[21] Otros filósofos concuerdan con este argumento al afirmar que los estándares morales se basan en los tipos de razones imparciales que un "observador ideal" o un "espectador imparcial" aceptaría; también sostienen que al decidir asuntos morales, "cada uno cuenta como uno y ninguno como más de uno".[22]

No obstante, como se verá en el siguiente capítulo, aunque la imparcialidad es una característica de los estándares morales, debe equilibrarse con cierto tipo de parcialidad que surge, en particular, de la preocupación legítima por aquellos individuos con quienes se tiene una relación especial, como los miembros de la familia y los amigos. Aunque la moralidad indique que debemos ser imparciales en los contextos en que se recurre a la justicia, como la asignación de salarios en una compañía de accionistas, también identifica ciertos contextos, como cuidar de la familia, en los que el interés preferencial por los individuos podría ser moralmente legítimo o, incluso, un requisito moral.

Por último, los estándares morales se asocian con emociones y vocabulario especiales.[23] Por ejemplo, si yo actúo en contra de un estándar moral, normalmente me sentiré culpable, avergonzado o con remordimientos; clasificaré mi comportamiento como inmoral o erróneo, me sentiré mal conmigo mismo y experimentaré una pérdida de mi autoestima. Una lectura cuidadosa de las declaraciones de Lawson y Vandivier, por ejemplo, sugiere que se sentían avergonzados y culpables por lo que estaban haciendo. Y si vemos que otros actúan de manera contraria a un estándar moral que aceptamos, normalmente sentimos indignación, resentimiento e, incluso, rechazo hacia esas personas; decimos que no "están a la altura" de sus "obligaciones o responsabilidades morales" y quizá los estimemos menos. Eso es quizá lo que usted sintió cuando leía lo que hicieron Lawson y Vandivier.

Los estándares morales, entonces, son los que se refieren a asuntos cuyas consecuencias creemos que son serias, se basan en las buenas razones y no en la autoridad, tienen más importancia que el interés personal, se basan en consideraciones imparciales, están asociados con sentimientos de culpa y vergüenza, y se expresan mediante un vocabulario moral especial, como los términos *obligación* y *responsabilidad*. Aprendemos estos estándares desde niños, producto de muchas influencias, y los corregimos conforme maduramos.

Ética

Entonces, ¿qué es ética? **Ética** es la disciplina que examina los estándares morales personales o los estándares morales de una sociedad. ¿Cómo se aplican esos estándares a nuestras vidas?, ¿son o no razonables? Es decir, ¿están apoyados por buenas o por malas razones? Por lo tanto, una persona comienza a aplicar la ética cuando toma los estándares morales que ha asimilado a partir de la familia, la iglesia y los amigos, y se pregunta: ¿qué implican estos estándares para las situaciones en las que me encuentro?, ¿en realidad tienen sentido esos estándares?, ¿cuáles son las razones a su favor o en su contra?, ¿por qué debo continuar creyendo en ellos?, ¿qué se puede argumentar a su favor o en su contra?, ¿en realidad son razonables para mí?, ¿en qué situaciones son razonables sus implicaciones?

Tomemos como ejemplo el caso de Vandivier y B. F. Goodrich. Aparentemente, Vandivier aceptaba el estándar moral de que uno tiene la obligación de decir la verdad y, por lo tanto, sentía que en su situación particular estaría mal escribir un informe falso sobre el freno sometido a prueba. Pero, en sus circunstancias particulares, nos podemos preguntar si escribir lo que él sentía que era un informe falso en realidad estaba mal. Vandivier tenía obligaciones financieras importantes tanto consigo mismo como con otras personas. Él declara, por ejemplo, que acababa de casarse y de comprar una casa, así que tenía que pagar la hipoteca cada mes y debía proveer a su familia. Si no escribía el informe como le ordenaban, entonces lo despedirían y no podría cumplir con sus obligaciones. ¿Superan

ética Disciplina que examina los estándares morales personales o los estándares morales de una sociedad para evaluar su sensatez y sus implicaciones en la vida personal.

esas obligaciones morales hacia él mismo y su familia la obligación de escribir un informe veraz? ¿En qué se basa su obligación para decir la verdad y por qué ello tiene mayor o menor peso que la obligación de un individuo hacia sí mismo y su familia? Considere ahora las obligaciones de Vandivier hacia su empleador, B. F. Goodrich. ¿Acaso no tiene un empleado la obligación moral de obedecer a su jefe? ¿Es mayor la obligación de obedecer al jefe que "hacer el mejor trabajo posible" como ingeniero?

¿Cuál es la fuente de estas dos obligaciones y qué hace que una tenga preeminencia sobre la otra? Considere también que la compañía y todos sus gerentes experimentados insistieron en que lo mejor era escribir un informe que calificara positivamente al freno. Si algo salía mal con este dispositivo o con el contrato, la compañía, B. F. Goodrich sería responsable, no Lawson, que era un empleado joven y de un nivel relativamente inferior. Puesto que la compañía, y no Lawson, sería la responsable, ¿tenía la empresa el derecho moral de tomar la decisión final sobre el informe y no él, que acaba de terminar sus estudios universitarios? ¿El derecho moral de tomar una decisión pertenece a la parte que será responsable de esa decisión? ¿Cuál es la base de este derecho y por qué debemos aceptarlo? Considere por último que Vadivier reconoce que, al final, su rechazo personal de tomar parte en la redacción del informe le habría dado cierta satisfacción, pero no cambiaría los hechos, porque alguien más escribiría el informe. Como las consecuencias habrían sido las mismas, independientemente de que él aceptara o no, ¿tenía en realidad la obligación moral de negarse? ¿Tiene uno la obligación moral de hacer algo que no cambiará los resultados? ¿Por qué?

Observe el tipo de preguntas a las que nos llevan las decisiones de Vandivier y Lawson. Son preguntas acerca de si es razonable aplicar diferentes estándares morales a su situación, si es razonable decir que un estándar moral es más o menos importante que otro, y qué razones hay para seguir estos estándares. Cuando alguien se hace cuestionamientos de ese tipo sobre sus propios estándares morales o los de su sociedad, comienza a aplicar la ética, ya que esta es el estudio de los estándares morales, es decir, el proceso de examinar los estándares morales de una persona o sociedad para determinar si son razonables o no, y de qué manera se aplican a situaciones y asuntos concretos. Su meta fundamental es desarrollar un cuerpo de estándares morales que consideremos razonables, que hemos analizado con cuidado, y que hemos decidido que se justifican para aceptarlos y aplicarlos a las decisiones que conforman nuestras vidas.

La ética no es la única manera de estudiar la moralidad. Las ciencias sociales, como la antropología, la sociología y la psicología, también la estudian, pero lo hacen de una forma bastante diferente del enfoque característico de la ética. Mientras esta última es un estudio *normativo* de la moralidad, las ciencias sociales se encargan del estudio *descriptivo*.

Un **estudio normativo** es una investigación que intenta llegar a conclusiones normativas, es decir, conclusiones acerca de qué cosas son buenas o malas o qué acciones son correctas o incorrectas. En resumen, tiene como meta descubrir qué se *debe* hacer. Como se ha visto, la ética es el estudio de los estándares morales, y su objetivo explícito es determinar en el mayor grado posible qué estándares son correctos o se apoyan en las mejores razones y, entonces, intenta obtener conclusiones acerca de lo que, desde el punto de vista moral, es correcto o incorrecto y bueno o malo.

Un **estudio descriptivo** no intenta obtener conclusiones acerca de lo que es realmente bueno o malo, correcto o incorrecto. Más bien, trata de describir o explicar el mundo sin llegar a una conclusión de lo que este último *debe* ser. Los antropólogos y los sociólogos, por ejemplo, estudian los estándares morales de una comunidad o cultura específica. Al hacerlo, tratan de desarrollar descripciones veraces de los estándares morales de esa cultura y quizás, incluso, de formular una teoría que explique cómo los aceptaron. Sin embargo, para los antropólogos y sociólogos, la meta no es determinar si esos estándares morales son correctos o incorrectos.

Por el contrario, la ética es un estudio de los estándares morales y su objetivo explícito es determinar, en el mayor grado posible, si uno en concreto (o si un juicio moral basado

---

estudio normativo
Investigación que intenta llegar a conclusiones acerca de qué cosas son buenas o malas, o qué acciones son correctas o erróneas.

estudio descriptivo
Investigación que intenta describir o explicar el mundo, sin llegar a conclusiones acerca de cómo debe ser este.

en ese estándar) es más o menos correcto. El sociólogo pregunta: "¿Creen los estadounidenses que el soborno es incorrecto?". En cambio, los especialistas en ética preguntan: "¿Es incorrecto el soborno?".

Entonces, la tarea del especialista en ética es desarrollar afirmaciones y teorías normativas razonables, mientras que el estudio antropológico o sociológico de la moralidad caracteriza y describe las creencias de las personas.

Ética en los negocios

Hasta ahora se ha comentado la idea de lo que es la ética. Sin embargo, nuestra preocupación aquí no se refiere a la ética en general, sino a un campo particular de ella: la que surge en los *negocios*. La **ética en los negocios** es un estudio especializado de lo que es moralmente correcto e incorrecto que se concentra en las instituciones, organizaciones y actividades de negocios.

Es un estudio de los estándares morales y cómo estos aplican a los sistemas y organizaciones sociales (a través de los cuales las sociedades modernas producen y distribuyen bienes y servicios), y a las actividades de las personas que trabajan dentro de esas organizaciones. En otras palabras, es una forma de ética aplicada. No solo incluye el análisis de las normas y los valores morales, sino que también intenta aplicar las conclusiones de tal análisis a esa variedad de instituciones, organizaciones y actividades que llamamos *negocios*.

Como lo sugiere esta descripción de la ética en los negocios, los aspectos que abarca incluyen una amplia variedad de temas. Para introducir cierto orden en esta variedad, ayudará distinguir tres tipos de aspectos que investiga la ética en los negocios: sistémico, corporativo e individual. Los aspectos *sistémicos* son preguntas éticas que surgen acerca de las instituciones económicas, políticas, legales y de otro tipo dentro de las cuales operan los negocios. Se incluyen preguntas en relación con la moralidad del capitalismo o de las leyes, los reglamentos, las estructuras industriales y las prácticas sociales que rigen la actividad de los negocios. Un ejemplo sería preguntar acerca de la moralidad del sistema de contratación del gobierno que permitió a B. F. Goodrich realizar las pruebas de su propio diseño de frenado para el A7-D. Otro ejemplo sería una pregunta sobre la moralidad de las instituciones internacionales con las que Merck se vio obligada a negociar cuando buscaba una forma de hacer que la cura para la ceguera de río llegara a quienes más la necesitaban.

Los aspectos *corporativos* de la ética en los negocios son preguntas éticas que surgen en torno a una organización en particular. Estas incluyen preguntas acerca de la moralidad de las actividades, las políticas, las prácticas o la estructura organizacional de una compañía en concreto, considerada como un todo. Algunos ejemplos sobre este aspecto serían las preguntas sobre la moralidad de la cultura corporativa de B. F. Goodrich, o sobre la decisión corporativa de aceptar el freno para el A7-D. Por ejemplo, ¿la compañía violó los derechos de alguien al determinar que el freno era aceptable? ¿Qué efecto tuvieron las acciones de la compañía en el bienestar de las terceras partes con las que interactuó? ¿Para los demás implicados, fueron justas o injustas las acciones de la compañía? Otro conjunto de ejemplos incluye preguntas acerca de la moralidad de la decisión corporativa de Merck para invertir tantos millones de dólares en un proyecto que tal vez no generaría ganancias. Al hacerlo, ¿la compañía violó los derechos de sus accionistas? ¿Fue justa o injusta su decisión para las diferentes partes que resultarían afectadas por tal decisión? Otras preguntas podrían dirigirse hacia las políticas corporativas de B. F. Goodrich: ¿Los aspectos éticos formaban parte de su proceso continuo de toma de decisiones? ¿La compañía fomentaba o no discusiones entre los empleados acerca del efecto posible de sus decisiones sobre los derechos morales de otras personas?

Por último, los aspectos *individuales* de la ética en los negocios son preguntas éticas que surgen dentro de una compañía acerca de uno o varios individuos específicos, su comportamiento y sus decisiones. Esto incluye preguntas de moralidad sobre las decisiones, acciones o la personalidad de un individuo. Un ejemplo sería preguntar si la decisión de

---

ética en los negocios
Estudio especializado de lo correcto o incorrecto en la moral; se concentra en los estándares morales cuando se aplican en las instituciones, las organizaciones y el comportamiento en los negocios.

Repaso breve 1.3

La ética en los negocios es el estudio de:
- Nuestros estándares morales en tanto que estos aplican en los negocios.
- Qué tan razonables o irrazonables son estos estándares morales que hemos asimilado a partir de la sociedad.
- Las implicaciones que nuestros estándares morales tienen para las actividades de negocios.

> **Repaso breve 1.4**
>
> **Tipos de aspectos éticos**
> - Sistémicos: cuestionamientos éticos sobre los sistemas sociales, políticos, legales o económicos dentro de los que operan las compañías.
> - Corporativos: cuestionamientos éticos sobre una corporación determinada y sus políticas, su cultura, el clima, sus acciones y el efecto de estas.
> - Individuales: cuestionamientos éticos sobre las decisiones, comportamientos o personalidad de un individuo específico.

Vandivier de participar en la redacción del informe del freno para el A7-D, que él sabía que era falso, estuvo moralmente justificada. Un segundo ejemplo sería la pregunta sobre si era moral que el presidente de Merck, el doctor P. Roy Vagelos, permitiera a sus investigadores desarrollar un medicamento que quizá no generaría ganancias.

Al analizar los aspectos éticos originados por una decisión o un caso en particular, es útil ordenar los aspectos en tres categorías: *sistémicos*, *corporativos* o *individuales*. Con frecuencia, el mundo nos presenta decisiones que implican un gran número de aspectos interrelacionados y extremadamente complejos que pueden causar confusión, a menos que antes se les ordene con cuidado y se establezcan sus diferencias. Más aún, las soluciones que son adecuadas para manejar los aspectos sistémicos o corporativos no son las mismas que convienen para manejar los aspectos individuales. Si una compañía intenta manejar un aspecto sistémico —como la cultura de un gobierno que permite el soborno—, entonces, el aspecto debe manejarse a nivel sistémico; es decir, a través de las acciones coordinadas de muchos grupos sociales. Por otro lado, los aspectos éticos corporativos se podrían resolver solo a través de soluciones corporativas o de la compañía. Por ejemplo, si la cultura de una compañía fomenta acciones morales erróneas, entonces, cambiar esa cultura requiere la cooperación de las diferentes personas que conforman la compañía. Finalmente, los aspectos éticos individuales deben resolverse mediante decisiones y acciones individuales y, quizá, la transformación individual.

Entonces, ¿qué pasó después de que Searle Lawson y Kermit Vandivier entregaron su informe y la Fuerza Aérea de Estados Unidos instaló los frenos de Goodrich en los aviones que volarían sus pilotos de prueba? Lawson fue enviado como representante de la empresa a la Base Edwards de la Fuerza Aérea de California, donde tendrían lugar los vuelos de prueba. Allí vio cómo los frenos estuvieron a punto de provocar muchos accidentes cuando los pilotos trataban de aterrizar. Observó cómo un avión patinaba por la pista cuando, al frenar, se produjo un calor tan intenso dentro del freno que sus partes se fusionaron y las ruedas se bloquearon. De manera sorprendente, ningún piloto murió. Cuando Lawson volvió a su casa, él y Vandivier se despidieron y avisaron al FBI de lo que había ocurrido; esta fue su forma de lidiar con los aspectos *individuales* que sus acciones habían provocado. Unos días después, Goodrich anunció que remplazaría el pequeño freno con uno más grande de cinco discos sin cargo para el gobierno, y de esta manera intentó lidiar con los aspectos *corporativos* que el incidente del freno había generado. Un año después, Lawson y Vandivier se presentaron ante el Congreso de Estados Unidos y testificaron sobre sus experiencias en Goodrich. Poco después, el Departamento de Defensa de ese país modificó las disposiciones para que las compañías probaran los equipos, de manera que, a partir de entonces, resultó más difícil emitir informes falaces. Estos cambios respondieron al aspecto clave *sistémico* que se hizo evidente una vez que la verdad salió a la luz.

Aplicación de los conceptos éticos en organizaciones corporativas

La afirmación de aplicar conceptos éticos o morales a las organizaciones corporativas genera un aspecto intrigante. ¿En realidad es posible afirmar que las acciones de las *organizaciones* son morales o inmorales en el mismo sentido en que se habla de las acciones de los *individuos*? ¿Se podría decir que las corporaciones son moralmente responsables de sus actos en el mismo sentido en que lo son los individuos? O bien, ¿deberíamos decir que no tiene sentido aplicar términos morales a las organizaciones como un todo, sino solo a las personas que las conforman? Por ejemplo, hace unos años, descubrieron a unos empleados de Arthur Andersen, una empresa contable, triturando documentos que mostraban cómo los contadores de la empresa habían ayudado a Enron a ocultar sus deudas usando varios artilugios contables. Entonces, el Departamento de Justicia de Estados Unidos acusó a la ahora desaparecida *empresa* de Arthur Andersen de obstruir las labores de la justicia, en vez de acusar a los empleados que trituraron los documentos. Más tarde, los críticos alegaron que el Departamento de Justicia debió presentar cargos contra los empleados individuales de Arthur Andersen, y no contra la compañía, porque "son los individuos, y no las compañías, quienes cometen delitos".[24] ¿Los conceptos morales como *responsabilidad*, *maldad* y *obligación* se aplican a grupos como las corporaciones, o son los seres humanos los únicos agentes morales?

Para responder a este problema han surgido dos puntos de vista.[25] En un extremo están quienes argumentan que, si es posible decir que algo *actuó* y que lo hizo de *manera intencional*, entonces se puede decir que ese algo es un "agente moral", esto es, un agente capaz de tener derechos y obligaciones morales y de ser moralmente responsable por sus acciones, al igual que los seres humanos. El argumento de este punto de vista, en esencia, considera que las organizaciones corporativas realizan *acciones* y que las llevan a cabo de manera *intencional*. Por ejemplo, las empresas pueden fusionarse, firmar contratos, competir con otras y elaborar productos. Y estos hechos no simplemente ocurren: las compañías lo hacen con toda intención. Pero si un agente actúa con intención, entonces es moralmente responsable de sus acciones y se le puede culpar cuando hace lo que es moralmente incorrecto. Por lo tanto, de ahí se deduce que las corporaciones son moralmente responsables de sus acciones y que estas últimas son morales o inmorales, exactamente en el mismo sentido que las acciones de las personas. Sin embargo, el problema principal con este punto de vista es que las organizaciones no parecen actuar o intentar hacer algo de la misma manera que los seres humanos, y difieren de estos en que no tienen mente para formar intenciones, ni sienten dolor, ni placer, ni emociones; y, a diferencia de los individuos, las organizaciones no actúan por sí mismas, sino a través de los seres humanos.

En el otro extremo está el punto de vista de quienes sostienen que no tiene sentido hacer moralmente responsables a las organizaciones, o decir que tienen obligaciones morales. Estas personas argumentan que las organizaciones de negocios son como máquinas, cuyas partes deben obedecer ciegamente reglas formales que no tienen nada que ver con la moralidad. En consecuencia, no tiene sentido hacerlas moralmente responsables por no seguir los estándares morales, del mismo modo que no tiene sentido criticar a una máquina por no actuar con moralidad. El principal problema con este segundo punto de vista es que, a diferencia de las máquinas, al menos algunos de los miembros de la organización saben lo que están haciendo y son libres de elegir entre seguir las reglas de la organización o, incluso, modificarlas. Cuando los miembros de una organización en forma colectiva, pero libre y consciente, persiguen objetivos inmorales, suele tener absoluto sentido decir que las acciones que realizan para la organización son inmorales, y que, por lo tanto, esta es moralmente responsable por dichas acciones.

¿Cuál de estos dos criterios extremos es correcto? Quizá ninguno. La dificultad subyacente que ambos tratan de resolver es la siguiente: aunque decimos que las corporaciones existen y actúan como individuos, es evidente que no son individuos humanos. Pero las categorías morales están diseñadas para aplicarse, sobre todo, a personas que sienten, razonan y deliberan, y que pueden actuar con base en sus propios sentimientos, razonamientos y deliberaciones. Por lo tanto, ¿cómo podemos aplicar categorías morales a las corporaciones y a sus acciones? Solo podremos salvar esas dificultades si primero vemos que las corporaciones y sus actos dependen de los individuos.

Puesto que las acciones corporativas se originan en las decisiones y las acciones de los individuos, son estos quienes deben verse como los *principales* portadores de las obligaciones y la responsabilidad moral: las personas son responsables de lo que la corporación hace, porque las acciones corporativas fluyen totalmente fuera de sus elecciones y comportamientos. La elección de actuar mal o de manera moral depende de los individuos de las corporaciones. Muchos tribunales han sostenido la idea de que las acciones de una corporación son independientes de las que llevan a cabo los seres humanos; esas acciones, se encuentran en lo que llaman una *ficción legal*.[26] Se prescinde de esta ficción (al "desgarrar el velo corporativo") cuando la justicia requiere que aquellos seres humanos que realmente llevaron a cabo las acciones de la corporación se responsabilicen por los daños que la corporación causó.[27]

Repaso breve 1.5

¿Se deben atribuir características éticas solo a las personas o también a las corporaciones?

- Un punto de vista sostiene que las corporaciones, al igual que las personas, actúan de manera intencional, tienen derechos y obligaciones morales, y son moralmente responsables.
- Otro punto de vista afirma que no tiene sentido atribuir cualidades éticas a las corporaciones, puesto que no son como las personas, sino como las máquinas; solamente los seres humanos pueden tener cualidades éticas.
- Un punto intermedio considera que los seres humanos llevan a cabo las acciones de la corporación, por lo que son moralmente responsables de lo que hacen y las cualidades éticas se aplican en primer lugar a ellos; las corporaciones tienen cualidades éticas solo en un sentido derivado.

De cualquier forma, tiene pleno sentido decir que una corporación tiene deberes morales y que es moralmente responsable de sus actos.

Sin embargo, las organizaciones tienen obligaciones morales y son moralmente responsables en un sentido *secundario* o *derivado*: una corporación tiene un deber moral de hacer algo solo si algunos de sus miembros tienen un deber moral de asegurarse de que se realice, y una corporación es moralmente responsable solo si algunos de sus miembros son moralmente responsables de lo que ocurrió, es decir, si actuaron con conocimiento y libertad, dos temas que se estudiarán más adelante.

El aspecto central es que cuando se aplican estándares de ética a las actividades de negocios, no debemos dejar que la ficción de la corporación nuble el hecho de que son los individuos quienes controlan lo que hace la corporación. En consecuencia, ellos son los *primeros* portadores de las obligaciones y responsabilidades morales que atribuimos en sentido *secundario* a la corporación, lo cual no quiere decir, desde luego, que los seres humanos que la conforman no reciban influencia unos de otros y de su entorno corporativo. Las políticas, la cultura y las normas corporativas tienen una enorme influencia en el comportamiento de los empleados de la corporación. Sin embargo, esos elementos corporativos no toman las decisiones y, por lo tanto, no son los responsables de sus acciones. Retomaremos este aspecto cuando analicemos la responsabilidad moral al final del capítulo.

Objeciones a la ética en los negocios

Se ha descrito la ética en los negocios como el proceso de evaluar de forma racional nuestros estándares morales y aplicarlos a las situaciones de negocios. Sin embargo, muchas personas objetan esa idea. En esta sección, se estudian algunas de esas objeciones y también se analiza qué se puede decir a favor de la introducción de la ética en los negocios.

En ocasiones la gente está en contra del punto de vista de que los estándares éticos deben aplicarse al comportamiento humano en las organizaciones de negocios. Las personas que participan en los negocios, aseguran, deben buscar en todo momento los intereses financieros de su empresa y no desviar sus energías o recursos empresariales para "hacer el bien". Se proponen tres tipos de argumentos para apoyar esta concepción.

Primero, algunos afirman que en los mercados libres perfectamente competitivos, la búsqueda de la ganancia en sí asegura que se sirva a los miembros de la sociedad en la forma socialmente más benéfica.[28] Para ser rentable, cada empresa debe producir solo lo que los miembros de la sociedad deseen, y debe hacerlo a través de los medios más eficientes disponibles. Los miembros de la sociedad —continúa el argumento— se benefician más si los gerentes no imponen sus propios valores en un negocio y se dedican plenamente a la búsqueda de ganancias y, por ende, producen con eficiencia lo que los miembros de la sociedad valoran.

Los argumentos de ese tipo encubren varias suposiciones que requieren un análisis mucho más profundo que el que es posible hacer por el momento. Debido a que muchas de esas afirmaciones se examinan con más detalle en capítulos posteriores, aquí solo se señalarán algunas de las suposiciones más cuestionables en las que se apoya ese argumento.[29] Primero, muchos mercados industriales no son perfectamente competitivos como asegura el argumento y, en la medida en que las empresas no tienen que competir, maximizan sus ganancias a pesar de una producción ineficiente. Segundo, el argumento supone que los pasos que se dan para incrementar las ganancias necesariamente benefician a la sociedad, cuando en realidad existen maneras de incrementar las ganancias que provocan daños sociales, como permitir que la contaminación siga sin control, difundir publicidad engañosa, ocultar los peligros de los productos, cometer fraudes, sobornar, evadir impuestos, aumentar precios injustificadamente, etcétera. En tercer lugar, si bien se afirma que las empresas elaboran lo que los miembros de la sociedad desean (o lo que valoran), en realidad los deseos de grandes segmentos de la sociedad (como los pobres y los marginados) no necesariamente se cumplen, ya que no participan por completo en los mercados. Cuarto, el argumento, en esencia, hace un juicio normativo ("los gerentes *deberían* dedicarse plenamente a la búsqueda de las ganancias") con base en algunos estándares morales supuestos, pero aún no demostrados ("las personas deberían hacer cualquier cosa que beneficie a quienes participan en los mercados"). A pesar de que el argumento intenta afirmar que la ética no importa, supone un estándar moral no demostrado y no muy razonable.

Un segundo tipo de argumento que pretende demostrar que los gerentes deben buscar con denuedo los intereses de sus empresas ignorando las consideraciones éticas se encuentra en lo que Alex C. Michales llamó el *argumento del agente leal*.[30] El argumento se puede parafrasear como sigue:

1. Como agente leal de su empleador, el gerente tiene la obligación de servirle como a este le gustaría que le sirvieran (si el empleador tuviera la experiencia del agente).
2. Un empleador querrá que le sirvan de cualquier manera, siempre y cuando convenga a sus intereses personales.
3. Por lo tanto, como agente leal del empleador, el gerente tiene la obligación de servirlo de manera que prosperen los intereses personales del empleador.

A menudo los gerentes usan ese argumento para justificar su conducta no ética. Por ejemplo, en 2005, Scott Sullivan, ex ejecutivo de finanzas de WorldCom, fue acusado de cometer un fraude contable por $11,000 millones que esfumó el dinero que miles de empleados habían ahorrado para su jubilación. La defensa de Sullivan fue que su jefe, Bernie Ebbers, le había ordenado "que alcanzara las cifras". Sullivan obedeció aunque objetó: "Le dije a Bernie que eso no estaba bien".[31] Betty Vinson, ex ejecutiva contable de WorldCom, trató de exculparse de su participación en el fraude aduciendo que Sullivan le había ordenado que "ajustara" los libros para ocultar a los inversionistas el mal estado financiero de la compañía.[32] Tanto Sullivan como Vinson pensaron que la obediencia leal a su empleador justificaba ignorar el hecho de que sus acciones eran reprobables. Observe que si en el argumento del agente leal, se sustituye *empleador* por *gobierno* y *gerente* por *funcionario*, se obtiene el tipo de argumento que los oficiales nazis usaron después de la Segunda Guerra Mundial para exculparse por el asesinato de 16 millones de judíos y de aquellos que el gobierno de Hitler calificaba como "indeseables". Cuando los capturaron y llevaron ante los tribunales, los oficiales nazis trataban de justificar sus acciones clamando de forma repetida: "Tuve que hacerlo porque tenía el deber de servir a mi gobierno siguiendo sus órdenes".

Tan solo se necesita un poco de reflexión para darse cuenta de que el argumento del agente leal se basa en suposiciones cuestionables. Primero, el argumento intenta mostrar, una vez más, que la ética no importa al suponer un estándar moral no demostrado ("el administrador *debería* servir al empleador como a este le gustaría que le sirvieran"). Pero no hay razón para suponer que ese estándar moral es aceptable tal como se expresa, y hay cierta razón para pensar que sería aceptable solo si se calificara de manera adecuada (por ejemplo "el administrador debe servir al empleador en cualquier forma *moral* y *legal* que desee ser servido"). Segundo, el argumento del agente leal supone que no hay límites en las obligaciones del administrador para servir al empleador, cuando, de hecho, esos límites son una parte explícita de las instituciones legales y sociales de donde surgen las obligaciones. Estas se definen por lo que se llama **la ley de agencia**, es decir, la ley que especifica las obligaciones de las personas (los agentes) que acuerdan actuar en nombre de otra parte (el principal o jefe). En ese sentido, abogados, gerentes, ingenieros, accionistas, u otros, actúan como agentes de sus empleadores. Al aceptar libremente un acuerdo para actuar como agente de alguien, entonces esa persona acepta una obligación legal (y moral) de guardar lealtad, obediencia y confidencialidad al cliente, como se especifica en la ley de agencia.[33] Pero esa ley establece que "para determinar si son o no razonables las órdenes del [cliente] al agente... debe considerarse la ética profesional o de negocios", y "en ningún

ley de agencia Ley que especifica las obligaciones de las personas que aceptan actuar en nombre de otra parte, y que están autorizadas porque así lo acordaron.

> **Repaso breve 1.6**
>
> **Argumentos en contra de la ética en los negocios**
> - En una economía de libre mercado, la búsqueda de ganancias asegura un beneficio social máximo, así que no se necesita la ética en los negocios.
> - La obligación más importante de un gerente es ser leal a la compañía, sin importar la ética.
> - En tanto las compañías obedezcan la ley, harán lo que requiera la ética.

caso estará implícito que un agente tiene la obligación de realizar actos ilegales o faltos de ética".[34] Las obligaciones de un gerente de servir al empleador están limitadas, entonces, por las restricciones de moralidad, porque es mediante este entendimiento que se definen las obligaciones de un agente leal. Tercero, el argumento del agente leal supone que si un gerente está de acuerdo en servir a una empresa, entonces, este argumento justifica de alguna manera todo lo que haga el primero a nombre de la segunda. Sin embargo, esta suposición es falsa: los acuerdos para servir a otras personas no justifican de manera automática que se actúe mal en su representación. Si para mí está mal saber que pongo la vida de las personas en riesgo por venderles productos defectuosos, entonces sigue estando mal cuando lo haga a nombre de mi empleador. Los acuerdos no cambian el carácter moral de los actos injustos, ni tampoco justifican el argumento de que "seguía órdenes".

Algunas veces, se hace referencia a un tercer argumento que objeta la introducción de la ética en los negocios: para ser ético es suficiente que las personas de negocios obedezcan la ley; "si es legal, entonces es ético". Por ejemplo, recientemente se acusó a los ejecutivos de la compañía financiera Goldman Sachs de ayudar a Grecia a ocultar préstamos mayores que los que las reglas de la Unión Europea permitían, al disfrazarlos como divisas que legalmente no tenían que declararse como deuda. Finalmente, la deuda de Grecia alcanzó tal magnitud en 2010, que arrojó a ese país y a toda la Unión Europea a una crisis financiera. Se acusó a los ejecutivos de Goldman Sachs por actuar de manera poco ética porque ayudaron a Grecia a ocultar una deuda que era mayor que la que podía manejar. Pero los ejecutivos se excusaron diciendo que "esas transacciones fueron congruentes con los principios europeos [las leyes] que regían su uso y aplicación en ese momento".[35] En el fondo, dijeron que, como era legal, era ético.

Es incorrecto relacionar la ética con lo que la ley requiere. Es cierto que algunas leyes requieren el mismo comportamiento que nuestros estándares morales. Ejemplos de esto son las leyes que prohíben asesinar, violar, robar, cometer fraude, etcétera. En esos casos, la ley y la moralidad coinciden, y la obligación de obedecer esas leyes es la misma que la obligación de ser moral. Sin embargo, eso no siempre ocurre. Algunas leyes no tienen relación con la moralidad porque no manejan asuntos serios. Estas incluyen leyes de estacionamiento, códigos de vestimenta y otras leyes relacionadas con asuntos similares. Otras incluso violarían nuestros estándares morales y, de hecho, son contrarias a la moralidad. En Estados Unidos las leyes de esclavitud que estaban vigentes antes de la Guerra Civil requerían tratar a los esclavos como propiedades, y las leyes vigentes en Alemania durante el nazismo exigían el comportamiento antisemita. Actualmente, las leyes de algunos países árabes requieren que los negocios discriminen a las mujeres y a los judíos, de forma que la mayoría de la gente sin duda las calificaría de inmorales. Entonces, es evidente que la ética no consiste simplemente en cumplir las leyes.

Esto no significa, desde luego, que la ética no tenga que ver con el cumplimiento de la ley.[36] Muchos de nuestros estándares morales se incorporan a la ley cuando un número suficiente de personas consideran que un estándar moral debe imponerse mediante los castigos de un sistema legal. Por el contrario, a veces se retiran leyes de los códigos cuando es evidente que violan nuestros estándares morales. Por ejemplo, los estándares morales estadounidenses contra el soborno en los negocios se incorporaron en la Ley de Prácticas Corruptas en el Extranjero, y solo hace algunas décadas se hizo patente que las leyes que permitían la discriminación en el trabajo —igual que las leyes que permitían la esclavitud— eran definitivamente injustas y tenían que eliminarse. La moralidad, por lo tanto, ha dado forma y ha influido en muchas leyes actuales.

Incluso muchos especialistas en ética están de acuerdo en que todos los ciudadanos tienen la obligación moral de obedecer la ley, siempre y cuando esto no implique con claridad un comportamiento injusto. Ello significa que, en la mayoría de los casos, es inmoral violar la ley. Trágicamente, la obligación de obedecer la ley puede generar terribles conflictos cuando esta requiere algo que la gente de negocios sabe o cree que es inmoral. En esos casos, una persona se enfrenta al conflicto entre la obligación de acatar la ley y la obligación de escuchar su conciencia. Esos conflictos no son inusuales. De hecho, es probable que usted tenga que lidiar con conflictos similares en algún momento de su vida de negocios.

El argumento a favor de la ética en los negocios

Se han analizado varios argumentos para intentar establecer que la ética no debe introducirse en los negocios. ¿Se puede decir algo a favor de la afirmación opuesta, es decir, que sí debe introducirse? De pronto, parecería que la ética debe introducirse en los negocios simplemente porque, como debe regir todas las actividades humanas voluntarias y puesto que hacer negocios es una de ellas, también debe regir los negocios. No parece que haya nada especial en estos que nos impida aplicar los mismos estándares éticos a sus actividades que los que se aplican a todas las actividades humanas voluntarias.

De hecho, se ha señalado que un negocio no existiría a menos que las personas que participan en él y en la sociedad de su entorno se adhieran a algunos estándares éticos mínimos. Primero, cualquier negocio se vendrá abajo si todos sus gerentes, empleados y clientes piensan que es moralmente permisible robar, mentir o quebrantar sus contratos con la compañía. Como ningún negocio puede existir sin ética alguna, todos ellos requieren al menos una adhesión mínima a la ética por parte de los interesados. Segundo, todos los negocios necesitan una sociedad estable donde puedan realizar sus tratos. Pero la estabilidad de cualquier sociedad demanda que sus miembros acepten algunos estándares éticos mínimos. En una sociedad sin ética, como alguna vez escribió el filósofo Hobbes, la desconfianza y el interés personal sin restricción crearían "una guerra de todos los hombres contra todos los hombres", y en esa situación la vida se vuelve "desagradable, cruel y breve". La imposibilidad de realizar negocios en tal sociedad —una en la que mentir, robar, hacer trampa, desconfiar y ver por el interés personal sin restricción se convierten en normas— se demuestra por la forma en que las actividades de negocios se desmoronan en sociedades desgarradas por la contienda, el conflicto, la desconfianza y la guerra civil. Debido a que los negocios no pueden sobrevivir sin ética, es la defensa de sus intereses la que promueve el comportamiento ético, tanto entre sus miembros como dentro de una sociedad mayor.[37]

¿Hay alguna prueba de que la ética es congruente con lo que la mayoría de las personas consideran que es la esencia de los negocios: la búsqueda de ganancias? Para empezar, hay muchos ejemplos de compañías en las que la ética ha convivido con un historial de operación rentable. Las compañías que han combinado una buena historia de ganancias con comportamientos éticos consistentes incluyen Intel, Timberland, Hewlett-Packard, Cisco Systems, Levi Strauss, General Mills, Patagonia, Kimberly-Clark, Interface International y Starbucks Coffee.[38] Pero hay muchos factores aleatorios (capacidad excedente en una industria en particular, recesiones, patrones del clima, tasas de interés, cambios en los gustos de los consumidores, etcétera) que afectan la rentabilidad. En consecuencia, esas compañías quizá son una muestra pequeña donde la ética y las ganancias coincidieron durante cierto periodo. ¿Existe evidencia de que la ética en los negocios es útil para ellas? Esto es, ¿se puede decir que la propuesta de la ética es también un buen negocio?

Consideremos que cuando dos personas tienen que tratar juntas de manera repetida, no tiene sentido que una de ellas le cause mal a la otra, especialmente cuando la que resulta afectada más tarde se puede vengar contra quien la ofendió. Las interacciones de negocios con empleados, clientes, proveedores y acreedores son repetitivas y duraderas. Si un negocio se aprovecha de ellos mediante un comportamiento no ético, es probable que más adelante estos encuentren la manera de desquitarse cuando se vuelvan a encontrar. La venganza puede adoptar una forma sencilla, como negarse a comprarle, a trabajar para él o a hacer negocios con la parte no ética. O puede ser más compleja, como sabotear, convencer a otros para que boicoteen al negocio no ético o vengarse causándole otros tipos de costos. Es posible que una compañía, algunas veces, o muchas, consiga sus objetivos con

Repaso breve 1.7

Argumentos a favor de la ética en los negocios
- La ética se aplica en todas las actividades humanas.
- El negocio no puede sobrevivir sin ética.
- La ética es congruente con la búsqueda de ganancias.
- Clientes, empleados y público en general se preocupan por la ética.
- Los estudios sugieren que la ética no demerita el valor de las ganancias y que incluso parece contribuir a obtenerlas.

un comportamiento no ético. Pero a la larga, si se repiten las interacciones y la venganza es una amenaza real, ese comportamiento tiende a imponer costos onerosos, mientras que el comportamiento ético puede establecer interacciones ventajosas con partes cooperativas.

A largo plazo, el comportamiento no ético en los negocios genera pérdidas, porque deteriora las relaciones cooperativas con los clientes, los empleados y los miembros de la comunidad de los que, en última instancia, depende el éxito del negocio.

Hay muchas investigaciones que indican que el comportamiento no ético tiende a generar represalias, mientras que la conducta ética ayuda a forjar relaciones de cooperación. También hay estudios que muestran que la mayoría de las personas valoran tanto el comportamiento ético que castigarán a quienes se comporten de una manera que no es ética y recompensarán a quienes perciben como personas éticas, incluso a costa de sí mismas.[39] Por ejemplo, considere el siguiente experimento de psicología. Un investigador formó pares de personas, y al primer miembro de cada una de ellas le entregó $100 para que los dividiera entre él y su compañero, de la manera en que quisiera hacerlo. Por su parte, el segundo miembro de la pareja tenía que decidir si se quedaban con el dinero o lo devolvían al investigador. Quizá ya supone lo que ocurrió. Siempre que el primer miembro dividió el dinero de manera desigual, quedándose con más y dándole al segundo menos cantidad ($5 o $10, por ejemplo), este por lo general decidía que ambos tenían que devolver todo el dinero al investigador, aun cuando eso suponía perder la cantidad que había recibido. Pero cuando el primer miembro dividía el dinero más o menos equitativamente, el segundo decidía que ambos debían conservarlo. Cuando se les preguntó después, el segundo miembro de cada pareja casi siempre decía que una división muy desigual del dinero era reprobable desde el punto de vista moral, y que castigaba al ofensor al obligarle a devolver el dinero, aunque esto significara que él también perdiera lo que había recibido. Pero cuando el dinero se dividía en partes iguales, esto le parecía moralmente bueno al segundo miembro, así que decidía que podían conservarlo.

La psicología social cuenta con mucha investigación que concluye que, en todo tipo de situaciones sociales, las personas responden con ira moral ante injusticias que perciben, ya sea que se dirijan contra ellas o contra otros; esa ira las motiva a intentar restaurar la justicia, y castigar a la parte que se comportó injustamente.[40] Cuando en una compañía los procesos de toma de decisiones son injustos, los empleados se ausentan más, hay mayor rotación de personal, menor productividad y demandan mayores salarios.[41] Por su parte, los clientes estarán en contra de la compañía y disminuirán su disposición a adquirir sus productos.[42] En la actualidad, es frecuente encontrar sitios Web donde clientes y empleados critican a las compañías que no actúan de manera ética; como ejemplos encontramos los siguientes: *complaintsboard.com*, *ripoffreport.com*, *pissedconsumer.com* y *screwedcentral.com*. Sin embargo, cuando las personas sienten que una organización trata a las personas con honestidad y justicia, la recompensan con su lealtad y compromiso. Por ejemplo, cuando los empleados consideran que el proceso de toma de decisiones de una organización es justo, muestran menores niveles de rotación y de ausentismo, demuestran mayores niveles de confianza y compromiso con la organización y su administración, y no exigen grandes aumentos salariales.[43] Cuando los empleados creen que una organización es justa, están más dispuestos a seguir a sus gerentes y a responder a sus solicitudes, y consideran legítimo su liderazgo.[44] En resumen, el comportamiento no ético genera represalias, mientras que el ético fomenta la cooperación.

¿Qué pasa con la propuesta de que "las compañías que se comportan éticamente son más rentables que las que no lo son"? ¿Hay pruebas que apoyen ese punto de vista? Al tratar de explicar lo anterior hay muchas dificultades inherentes, debido a las diversas formas que existen para definir lo que es *ético*, medir las ganancias, y decidir si las acciones de alguien cuentan como acciones de la compañía; eso sin contar la variedad de factores que pueden afectar las ganancias de la empresa, o la existencia de muchas dimensiones éticas con las que se podrían comparar las compañías.

A pesar de esas dificultades, varios estudios han tratado de descubrir si la rentabilidad se correlaciona con el comportamiento ético. Los resultados han sido contradictorios.

Aunque la mayoría de los estudios encuentran una relación positiva entre el comportamiento socialmente responsable y la rentabilidad,[45] hay otros que no la han encontrado.[46] Sin embargo, ningún estudio muestra una correlación negativa, lo que indica que la ética no es un obstáculo para generar ganancias. Otros estudios analizan el desempeño en el mercado de valores de las empresas socialmente responsables y concluyen que las compañías éticas ofrecen mayores rendimientos que las otras.[47] Esos estudios sugieren que, por mucho, la ética no obstaculiza a las ganancias y, más bien, parece contribuir a ellas.

Por lo tanto, existen buenas razones para pensar que la ética se debe introducir en los negocios. Los argumentos anteriores —algunos filosóficos y otros más empíricos— sugieren que las compañías son miopes cuando no consideran los aspectos éticos en sus actividades.

Ética en los negocios y responsabilidad social corporativa

A veces se confunde la ética en los negocios con la *responsabilidad social corporativa* (RSC). Aunque ambas están relacionadas, no son lo mismo. Es importante entender en qué se diferencian y en qué se parecen. En primer término explicaremos qué es la responsabilidad social corporativa, porque esto nos ayudará a entender la relación entre la ética y los negocios. Más aún, se pueden ofrecer respuestas a la importante pregunta: ¿cuál es el propósito del negocio?

El término *responsabilidad social corporativa* se refiere a las responsabilidades u obligaciones de una organización corporativa hacia la sociedad. Hay desacuerdos sobre lo que incluyen estas obligaciones. ¿Tienen las empresas alguna responsabilidad de hacer donativos a programas de caridad, de pagar a sus empleados salarios más altos o de dar a sus clientes productos más seguros? ¿Están obligadas a maximizar sus ganancias para sus accionistas o grupos de interés?

En un extremo está el punto de vista del economista Milton Friedman, quien argumenta que en "un sistema de libre empresa y propiedad privada", los ejecutivos corporativos trabajan para los dueños de la compañía, y ahora esos dueños son sus accionistas. Como empleado, el ejecutivo tiene una responsabilidad directa de operar la compañía "de acuerdo con los deseos de los dueños, los cuales generalmente consistirán en hacer tanto dinero como sea posible mientras se cumpla con las reglas básicas de la sociedad, tanto las que marca la ley como las que expresa la costumbre ética".[48]

Desde el punto de vista de Friedman, la *única* responsabilidad de una empresa es generar de manera legal y ética "tanto dinero como sea posible" para sus dueños, es decir, maximizar el rendimiento de la inversión de los accionistas. Se podría decir que este punto de vista de la responsabilidad social corporativa es el de los accionistas. La razón principal por la que Friedman sostiene esta teoría es que, desde su punto de vista, los accionistas son dueños de la compañía. Puesto que es de su propiedad, y solo suya, tienen el derecho moral de decidir para qué se va a usar la compañía. Los dueños contratan a sus ejecutivos para que operen el negocio en su nombre, así que estos tienen la obligación moral de hacer lo que los accionistas quieren, lo cual, según Friedman, consiste en ayudarles a ganar tanto dinero como sea posible. Sin embargo, Friedman no dice que no haya límites a la actuación de los ejecutivos encaminada a lograr que los accionistas ganen tanto como sea posible. Los ejecutivos, dice explícitamente, deben operar dentro de las reglas de la sociedad, y eso incluye las reglas de la ley y de la costumbre ética.

Según el punto de vista de los accionistas acerca de la responsabilidad social corporativa —sostiene Friedman—, un gerente no tiene el derecho de donar dinero de la compañía a causas sociales si, al hacerlo, se reducen las ganancias de los accionistas, porque es a estos últimos a quienes pertenece ese dinero. Desde luego, los gerentes pueden, y deben, pagar salarios más altos a los empleados, ofrecer mejores productos a los clientes, dar dinero a grupos comunitarios locales o a otras causas, si todo esto ayuda a que los accionistas obtengan mayores ganancias. Por ejemplo, quizá con salarios más altos los empleados trabajen más, los mejores productos incrementarán las ventas, y donar dinero a la comunidad local permitirá deducir impuestos o contar con mejores servicios en la ciudad. Pero si al usar los recursos de la compañía para beneficiar a empleados, clientes o a la comunidad se reducen las ganancias de los accionistas, entonces no es conveniente hacerlo porque tales recursos pertenecen a estos últimos y su finalidad es generar más dinero. Siempre es incorrecto que los administradores empleen los recursos de la compañía para ayudar a otros a expensas de los accionistas.

Aunque Friedman no cree que los gerentes deban usar los recursos de la compañía para beneficiar a los demás a expensas de los accionistas, hace notar que las empresas finalmente ofrecen grandes beneficios a la sociedad. Argumenta que cuando una organización trata de maximizar los beneficios de los accionistas en una economía de libre empresa, se ve obligada a usar los recursos de manera más eficiente que los competidores, a pagar a los empleados un salario competitivo y a ofrecer a los clientes productos que sean mejores, más baratos y más seguros que los de la competencia. Así que cuando los gerentes se concentran en maximizar las ganancias de los accionistas en mercados competitivos, las compañías benefician a la sociedad.

Friedman ha recibido muchas críticas. Algunos objetan que el gerente o ejecutivo sea empleado de los accionistas. Estas críticas señalan que, legalmente, el ejecutivo es empleado de la corporación y, por lo tanto, está obligado a cuidar los intereses de esta, su verdadero empleador, y no los de sus accionistas. Otros critican el razonamiento de Friedman de que los accionistas son los dueños de la corporación y que esta es su propiedad. Señalan que los accionistas solo poseen acciones y esto les otorga unos cuantos derechos limitados, como el derecho a elegir al consejo directivo, a votar en las decisiones importantes de la compañía y a recibir su parte correspondiente de liquidación después de pagar a los acreedores si la empresa cae en bancarrota. Pero no tienen ninguno de los demás derechos que los verdaderos propietarios tendrían, así que en realidad no son los dueños de la corporación. Una tercera objeción critica la afirmación de Friedman acerca de que la responsabilidad central del ejecutivo es operar la corporación de acuerdo con los deseos de los accionistas. En realidad, es probable que el ejecutivo no tenga idea de cómo los accionistas quieren que la compañía funcione; además, está obligado legalmente a velar por muchos otros intereses (entre ellos, los de los empleados y consumidores), y no solamente por los de los accionistas. Finalmente, también hay argumentos en contra del punto de vista de Friedman que señala que al buscar maximizar el rendimiento de la inversión de los accionistas, la corporación servirá mejor a la sociedad. Algunas veces las fuerzas competitivas no favorecen que las empresas otorguen beneficios sociales, sino, por el contrario, las llevan a actuar de una manera que resulta nociva para la sociedad. Por ejemplo, al pretender ser más competitiva, una empresa podría contaminar conscientemente un vecindario con una sustancia que todavía no es ilegal, de manera que pueda ahorrarse el gasto que implica la eliminación de los contaminantes.

Un punto de vista muy diferente de responsabilidad social corporativa es la que ahora se denomina "teoría de los grupos de interés". Según Edward Freeman y David Reed, los fundadores de esta teoría, un **grupo de interés** es "cualquier individuo o grupo identificable que puede afectar el logro de los objetivos de una organización, o bien, que puede verse afectado por el logro de tales objetivos".[49] En otras palabras, un grupo de interés es cualquier entidad a la que una corporación puede perjudicar, beneficiar o influir, o bien, cualquier entidad que es capaz de perjudicar o beneficiar a la corporación o de ejercer influencia sobre ella. En resumen, un grupo de interés es cualquiera que, por cualquier razón, tenga interés en lo que la compañía hace.

Por ejemplo, General Motors influye en la vida de otros: en sus clientes al decidir sobre la seguridad que incorporará a sus vehículos, en sus empleados cuando fija sus salarios, en la comunidad local cuando cierra una planta y en sus accionistas cuando aumenta sus dividendos. Pero también hay quienes influyen en General Motors: el gobierno mediante las leyes y regulaciones que aprueba, los acreedores cuando suben sus tasas de interés o le exigen rembolsar un préstamo, y los proveedores cuando aumentan sus precios o disminuyen la calidad de las partes que le suministran.

Así, los grupos de interés de General Motors son los clientes, los empleados, las comunidades locales, los accionistas, el gobierno, los acreedores y los proveedores. Por supuesto, las influencias entre la compañía y los grupos de interés se ejercen en ambos sentidos. Por ejemplo, aunque la compañía influya en sus clientes y empleados, los primeros también pueden influir en General Motors al negarse a comprar sus vehículos, mientras que los segundos pueden ejercer influencia sobre ella poniéndose en huelga. A veces, otros grupos pueden influir en GM. Por ejemplo, los ecologistas o los medios de comunicación podrían afectarla negativamente si organizan manifestaciones o informan de un defecto de seguridad en sus vehículos. Por lo tanto, las organizaciones de activistas, los medios de comunicación y otras asociaciones también pueden ser grupos de interés de General Motors.

A diferencia del punto de vista de Friedman de acuerdo con cual las corporaciones deben operar para el beneficio *único de sus accionistas*, la teoría de los grupos de interés indica que el beneficio debe encauzarse precisamente hacia *todos los grupos de interés*. Según esta teoría, un gerente debe tomar en cuenta los intereses de todas las partes al tomar decisiones, es decir, debe tratar de equilibrar los intereses de los accionistas para que cada uno reciba una participación justa de los beneficios que la corporación produce. El gerente, por lo tanto, tiene la responsabilidad de conducir la compañía de tal forma que sirva de la mejor manera posible a los intereses de todas las partes.

Observe que la teoría de los grupos de interés no afirma que los gerentes no deban esforzarse por generar ganancias, o que no deban tratar de maximizarlas. Las afirmaciones de esta teoría se centran en *quiénes deben obtener* las ganancias. De acuerdo con Friedman, el gerente debe tratar de maximizar el dinero que llega a los accionistas, lo cual significa que debe minimizar lo que se destina a los otros grupos de interés (excepto, claro está, cuando otorgar beneficios a algunos de ellos redunde en el incremento de las ganancias de los accionistas). La teoría de los grupos de interés también sostiene que el gerente debe dar a los accionistas una parte justa de las ganancias, pero de tal forma que permita a todos los demás grupos de interés obtener también su parte justa. Esto puede significar, por ejemplo, invertir en mejores condiciones de trabajo para los empleados o en productos más seguros para los consumidores, o en reducir la contaminación de la comunidad local, incluso si esto disminuye la parte de ganancias que reciben los accionistas. Por consiguiente, la teoría de los grupos de interés rechaza el punto de vista de Friedman de que los recursos no se deben usar para el beneficio de otras partes a costa de los accionistas.

Los dos argumentos principales que apoyan el punto de vista de los grupos de interés de la responsabilidad social corporativa son los argumentos *instrumentales* y los *normativos*. Los primeros afirman que ser sensible a todos los grupos de interés redunda en el mayor beneficio de la corporación, aun cuando quizá no sea en beneficio de sus accionistas. La idea aquí es que si una empresa toma en cuenta las preocupaciones de todos sus grupos de interés, estos, a la vez, se mostrarán dispuestos a hacer su parte para apoyar a la compañía y favorecer sus intereses. Por ejemplo, tratar a los empleados con respeto y pagarles buenos salarios, los hará leales a la compañía, mientras que tratarlos mal los inducirá a holgazanear o incluso a tener comportamientos destructivos. De manera similar, cuando una empresa es sensible a las asociaciones ecológicas u otros activistas, es menos probable que estos grupos emprendan actividades que puedan dañar su imagen o su reputación. Pero pagar salarios más altos e invertir en satisfacer las demandas de los ambientalistas puede obligar a una compañía a reducir los dividendos de los accionistas. En resumen, los argumentos instrumentales a favor de la teoría de los grupos de interés afirman que ser sensible a todos estos es bueno para el negocio, aun cuando esto pueda reducir las ganancias de los accionistas.

Repaso breve 1.8

La responsabilidad social corporativa es una obligación social de los negocios
- De acuerdo con Friedman, los accionistas consideran que la única responsabilidad de un gerente es generar, legal y éticamente, tanto dinero como sea posible para ellos.
- La teoría de las partes interesadas afirma que los gerentes deben dar a todas las partes interesadas una parte justa de los beneficios que un negocio produce.
- La ética en los negocios considera la responsabilidad social corporativa y la justifica.

Por otra parte, los argumentos normativos afirman que la compañía tiene la obligación moral o ética de ser sensible con todos sus grupos de interés. Este argumento, desarrollado por Robert Phillips, se basa en el "principio de justicia",[50] el cual afirma que si un grupo de personas trabaja en conjunto para proveer algunos beneficios que signifiquen algún costo para ellas mismas, entonces, cualquiera que aproveche esos beneficios tiene la obligación de contribuir con el grupo.

¿Cómo apoya el principio de justicia a la teoría de los grupos de interés? Esta teoría afirma que los grupos de interés de una empresa trabajan juntos para asegurar las condiciones que esta necesita para operar con éxito, y que lo hacen a algún costo para ellos. Las comunidades contribuyen con carreteras, un sistema de agua, un sistema legal, seguridad, etcétera; los empleados aportan trabajo y experiencia; los inversionistas suministran el capital, y así sucesivamente. La compañía aprovecha los beneficios que le proporcionan los grupos de interés a algún costo para ellos, así que, a la vez, tiene la obligación de aportar su parte al grupo. Esto lo hace siendo sensible a las necesidades e intereses de los grupos de interés, y cada uno de estos últimos es sensible —a su manera— a las necesidades de la empresa.

¿Cuál de estos dos puntos de vista es correcto: la teoría de los accionistas o la de los grupos de interés? Actualmente, muchos negocios aceptan esta última, y la mayoría de las entidades que conforman Estados Unidos han aprobado leyes que reconocen las obligaciones de los negocios con sus grupos de interés, incluso a costa de los intereses de los accionistas. Pero los lectores tendrán que decidir por sí mismos qué teoría tiene más sentido y parece más razonable. Las dos son esenciales para el punto de vista personal ante la pregunta importante: ¿cuál es el propósito del negocio? La teoría de los accionistas sostiene que dicho objetivo consiste en servir a los intereses de los accionistas y que, al hacerlo así, los negocios de mercados competitivos generalmente acabarán generando importantes beneficios a la sociedad. La teoría de los grupos de interés, por su parte, afirma que el objetivo consiste en servir a los intereses de todas las partes interesadas y, de ese modo, esos intereses se tratan explícitamente incluso cuando los mercados competitivos no logren asegurarlos. No podemos seguir analizando estas importantes preguntas. Nuestro objetivo aquí es explicar la responsabilidad social corporativa para que podamos demostrar cómo se relaciona con la ética en los negocios.

Así que, ¿cómo se relacionan estos dos conceptos? Ser ético, según los eruditos, es una de las obligaciones que las compañías tienen frente a la sociedad. En ese sentido, la ética en los negocios es una *parte* de la responsabilidad social corporativa. Por ejemplo, de acuerdo con una definición ampliamente aceptada de Archie Carroll, "la responsabilidad social del negocio engloba las expectativas económicas, legales, éticas y discrecionales que la sociedad tiene en las organizaciones…".[51] Entonces, la responsabilidad social corporativa es la idea más inclusiva, y la ética en los negocios es solo una parte de esa idea más amplia. Además de sus obligaciones éticas, la responsabilidad social corporativa de una empresa incluye las obligaciones legales, las contribuciones económicas y aquellas otras discrecionales o filantrópicas que la sociedad espera de ella. Observe que tanto el punto de vista de los accionistas como el de los grupos de interés pueden aceptar esta forma de definir lo que incluye la responsabilidad social corporativa. Por ejemplo, Friedman dice explícitamente que una compañía debe colmar las expectativas éticas y legales de la sociedad, y que al hacerlo mediante la búsqueda de las ganancias de los accionistas, logrará el mayor aporte económico a la sociedad; además, la empresa debería hacer cualquier otra contribución discrecional que considere necesaria para que la sociedad le permita operar con rentabilidad. La teoría de los grupos de interés dice que las empresas deben ser sensibles a todos los grupos con los cuales se relacionan, y eso incluye hacer las aportaciones económicas y discrecionales que la sociedad espera, así como comportarse ética y legalmente hacia sus grupos de interés.

Pero la relación entre ética y responsabilidad social corporativa es más complicada de lo que se ha sugerido hasta ahora. Como se ha visto, los argumentos que subyacen en los distintos puntos de vista de las obligaciones de los negocios frente a la sociedad —ya sea exclusivamente con los accionistas o con todas las partes interesadas— son argumentos éticos.

Friedman, por ejemplo, sostiene que los dueños tienen el *derecho* de decir cómo operar la corporación porque esta es de su propiedad y, por lo tanto, los gerentes tienen la *obligación* de hacer lo que los accionistas quieran. Y el argumento normativo de la teoría de los grupos de interés, como vimos, afirma que la *justicia* implica que el negocio tiene *obligaciones* con todas las partes interesadas. Todos estos conceptos —derechos, obligaciones y justicia— son conceptos éticos, así que la ética no solo es parte de las responsabilidades sociales de una empresa, sino que también brinda las razones normativas básicas para la responsabilidad social corporativa. Por lo tanto, y aunque suene paradójico, la ética es una de las responsabilidades sociales de los negocios, las cuales existen porque la sociedad así lo demanda.

1.2 Cuestiones éticas en los negocios

Tecnología y ética en los negocios

La tecnología consiste en todos aquellos métodos, procesos y herramientas que los seres humanos inventan para manipular y controlar su entorno, y en la actualidad esto se logra en un grado que no se había visto antes en la historia. Asimismo, los negocios y las sociedades contemporáneos se transforman continua y radicalmente por la rápida evolución de las nuevas tecnologías, las cuales imponen la necesidad de actualizar diversos aspectos éticos en los negocios.

Esta no es la primera vez que las nuevas tecnologías tienen un efecto revolucionario en los negocios y la sociedad. Hace algunos miles de años, durante la llamada *Revolución Agrícola*, nuestros antepasados desarrollaron tecnologías para cultivar que les permitieron dejar de depender de una actividad tan azarosa como la cacería; gracias a la agricultura, desarrollaron métodos para abastecerse de alimento de manera razonablemente constante. Durante ese periodo, y tras el invento de la irrigación, la canalización de la fuerza del agua y el viento, y el desarrollo de palancas, cuñas, elevadores y engranes, la agricultura permitió que las personas acumularan más bienes de los que podían consumir. Como había excedentes de producción, algo había que hacer con ellos; así surgieron el trueque, el comercio y los primeros negocios. Y junto con el comercio surgieron las primeras cuestiones relacionadas con la ética; por ejemplo, había que ser equitativos en el trueque, fijar precios justos, y usar pesos y medidas bien calibrados.

En el siglo XVIII, la tecnología de la Revolución Industrial de nuevo transformó a la sociedad occidental y a los negocios, mediante la introducción de las máquinas electromecánicas impulsadas por combustibles fósiles, como la máquina de vapor, el automóvil, el ferrocarril y la desmontadora de algodón. Antes de la Revolución Industrial, casi todos los negocios eran pequeñas organizaciones que operaban en mercados locales y estaban administradas por sus dueños, quienes supervisaban relativamente a pocos empleados que ensamblaban los productos a mano. La Revolución Industrial trajo consigo nuevas formas de producción con la ayuda de máquinas, las cuales permitieron a los negocios fabricar cantidades masivas de bienes para enviar y vender en los mercados nacionales. Estos cambios, a la vez, requirieron la existencia de grandes organizaciones para administrar ejércitos de personas que trabajaban al frente de las máquinas, en largas líneas de ensamble dentro de enormes fábricas. Como resultado, se constituyeron las grandes corporaciones que llegaron a dominar nuestras economías y dieron origen a una multitud de cuestiones éticas nuevas en los negocios; por ejemplo, comenzó a hablarse de temas como la explotación de los trabajadores que laboraban en las nuevas máquinas, la manipulación de los nuevos mercados financieros que respaldan a las grandes empresas y el daño ambiental masivo.

Las nuevas tecnologías desarrolladas en las últimas décadas del siglo XX y el inicio del XXI están transformando una vez más a la sociedad y a los negocios, y montan el escenario para el surgimiento de nuevos problemas éticos.

En primer lugar, entre estos desarrollos destacan las revoluciones en biotecnología y en el campo que suele llamarse **tecnología de la información**, que incluye no solo el uso de computadoras sumamente poderosas y compactas, sino también el desarrollo de

tecnología de la información El uso de tecnologías como computadoras extremadamente poderosas y compactas, Internet, sistemas de comunicación inalámbrica y digitalización, entre otras muchas, que permiten almacenar, manipular y transmitir información en formas nuevas y creativas.

Internet, las comunicaciones inalámbricas, la digitalización y otras numerosas tecnologías que permiten almacenar, manipular y transmitir información en formas nuevas y creativas. Estas tecnologías suscitaron una gran cantidad de cambios, como la creciente globalización, la decreciente importancia de la distancia, y el surgimiento de nuevas formas para comunicarse y transferir cualquier tipo de información —películas, periódicos, música, libros, correo— de manera instantánea de un lugar a otro.

Los cambios se aceleran y la vida de los productos se acorta, porque se inventan y venden otros nuevos y revolucionarios aún más rápidos. El hombre ha desarrollado la habilidad de crear nuevas formas de vida y mecanismos, cuyos beneficios y riesgos son impredecibles.

Para hacer frente a los vertiginosos cambios, las organizaciones de negocios se han hecho más pequeñas, menos jerarquizadas y más ágiles. Algunas se modificaron por completo al entrar al mundo del comercio electrónico (que permite comprar y vender bienes y servicios a través de Internet), dejando atrás sus operaciones de "pico y pala", para transformarse en entidades basadas en Internet que existen en gran medida en el **ciberespacio**, un término usado para denotar la existencia de información en una red electrónica de sistemas de computadoras eslabonados. Estos desarrollos han obligado a las compañías a manejar un gran número de aspectos éticos nuevos e insospechados.

Casi todos los asuntos éticos que se generan a partir de las nuevas tecnologías se relacionan de una u otra manera con cuestiones de riesgo: ¿son predecibles los riesgos de una nueva tecnología?, ¿qué tan grandes son estos?, ¿acaso son reversibles?, ¿los beneficios compensan los riesgos potenciales?, ¿quién debe tomar una decisión al respecto?, ¿las personas en quienes recaen los riesgos, los conocen y están de acuerdo en asumirlos?, ¿tendrán una compensación justa por sus pérdidas?, ¿los riesgos están distribuidos de manera justa entre las distintas partes de la sociedad, incluyendo pobres y ricos, jóvenes y viejos, generaciones actuales y futuras?

Muchos de los aspectos éticos que se han derivado del uso de las nuevas tecnologías —en especial las tecnologías de la información, como las computadoras— se relacionan con el respeto a la vida privada. Las computadoras permiten recopilar información detallada de los individuos en una escala que antes no era posible. Actualmente, es factible rastrear la navegación de los usuarios de Internet, reunir datos de los clientes en las cajas registradoras, recopilar información de compras hechas con tarjetas de crédito, obtener información de solicitudes de licencias, cuentas bancarias y correo electrónico, y supervisar a los empleados que trabajan con computadoras. Además, es posible vincular rápidamente esa información con otras bases de datos que contienen información financiera, historial de compras, direcciones, números telefónicos, registros de manejo y de arrestos, expedientes médicos y académicos, historial crediticio o información sobre la pertenencia a diversas asociaciones. También, para cualquiera que tenga acceso a una computadora, es posible filtrar, ordenar o recuperar cualquier parte de esa información. Debido a que las tecnologías permiten a otros reunir ese tipo de información detallada y potencialmente peligrosa sobre cada individuo, muchos argumentan que esas tecnologías violan el derecho a la privacidad: el derecho a impedir que otros conozcan datos propios que son de carácter privado.

Las tecnologías de la información también han generado aspectos éticos difíciles de resolver debido a la naturaleza del derecho a la propiedad, cuando la propiedad en cuestión es información (como software, códigos de computadora, textos, números, fotos y sonidos que se han codificado en una archivo de computadora) o servicios de cómputo (acceso a una computadora o a un sistema de computadoras). Es posible copiar la información computarizada (como un programa de software o una foto digitalizada) un número incontable de veces, sin modificar en forma alguna el original. ¿Qué tipo de derechos de propiedad tiene uno cuando posee una de estas copias? ¿Qué tipo de derechos de propiedad tiene el creador original de la información y en qué difiere de los derechos de propiedad de alguien que adquiere una copia? ¿Es incorrecto hacer una copia, sin permiso del creador original, cuando hacerlo no cambia el original de ninguna manera? ¿Qué daños, si los hay, sufren la sociedad o los individuos si alguien puede copiar cualquier tipo de información

---

ciberespacio Término usado para denotar la existencia de información en una red electrónica de sistemas de computadoras eslabonados.

Repaso breve 1.9

Las nuevas tecnologías hacen surgir nuevas cuestiones éticas para los negocios

- Las revoluciones agrícola e industrial plantearon nuevas cuestiones éticas.
- La tecnología de la información hace surgir nuevas cuestiones éticas relacionadas con el riesgo, el respeto a la privacidad y los derechos de propiedad.
- La nanotecnología y la biotecnología originan nuevas cuestiones éticas relacionadas con el riesgo y con la dispersión de productos peligrosos.

computarizada a su antojo? ¿Dejará la gente de generar información? Por ejemplo, ¿dejará de diseñar software o de producir música? ¿Qué tipo de derechos de propiedad tiene alguien sobre los sistemas de cómputo? ¿Es incorrecto que yo utilice el sistema de cómputo de la compañía donde trabajo para asuntos personales, enviar mensajes de correo a mis amistades o entrar a páginas de Internet que no tienen que ver con mi trabajo? ¿Es incorrecto que invada de forma electrónica el sistema de cómputo de otra organización si no cambio nada en el sistema y tan solo "echo un vistazo"?

Las computadoras también han contribuido al desarrollo de la **nanotecnología**, un nuevo campo que comprende el desarrollo de estructuras artificiales diminutas, que miden unos cuantos nanómetros (un nanómetro equivale a una milmillonésima parte de un metro). Los futuristas han predicho que la nanotecnología permitirá construir estructuras diminutas que podrán ensamblarse en una pequeñísima computadora, o servir como sensores de diagnóstico capaces de viajar por el torrente sanguíneo. Pero los críticos hacen preguntas acerca del daño potencial que plantea la liberación de nanopartículas al medio ambiente. Greenpeace International, un grupo ambientalista, asegura que estas son dañinas si los humanos las respiran por accidente (por ejemplo, nanotubos de carbono han causado cáncer en las ratas que los inhalaron) o si transportan ingredientes tóxicos. A la luz de los riesgos potenciales, ¿deben los negocios abstenerse de comercializar productos nanotecnológicos?

Pero la biotecnología ha generado otra miríada de aspectos éticos preocupantes. La **ingeniería genética** se refiere a una gran variedad de nuevas técnicas que permiten modificar los genes de las células humanas, animales y vegetales. Los genes, que están compuestos por ácido desoxirribonucleico (ADN), contienen los patrones que determinan las características que tendrá un organismo. A través de la tecnología que permite recombinar el ADN, por ejemplo, se pueden retirar los genes de una especie e insertarlos en las células de otra, para crear un nuevo tipo de organismo con las características combinadas de ambas. Los negocios han usado la ingeniería genética para crear y comercializar nuevas variedades de vegetales, granos, borregos, vacas, conejos, bacterias, virus y muchos otros organismos. Se ha aplicado a las bacterias para ayudar a consumir el petróleo derramado en un desastre ecológico y a eliminar la toxicidad de algunos desechos. También ha hecho que el trigo sea más resistente a las plagas o que el pasto sea inmune a los herbicidas; y se dice que un laboratorio francés insertó genes fluorescentes de una medusa en el embrión de un conejo que nació con la capacidad de resplandecer en la oscuridad, justo como ese animal marino. ¿Es ético este tipo de tecnología? ¿Es incorrecto que un negocio modifique y manipule la naturaleza de esa manera? Cuando una compañía crea un nuevo organismo mediante la ingeniería genética, ¿debería patentarlo de modo que realmente sea *dueño* de esta nueva forma de vida? Con frecuencia, las consecuencias de liberar al mundo organismos genéticamente modificados son impredecibles. Los animales que resulten de un proceso de ingeniería genética podrían eliminar especies naturales, y las plantas así creadas podrían envenenar a los organismos silvestres. Por ejemplo, se encontró que el polen de las especies de maíz genéticamente modificadas para matar ciertas plagas también exterminaba ciertas mariposas. ¿Es ético que los negocios comercialicen y distribuyan en el mundo estos organismos modificados, cuando las consecuencias son tan impredecibles?

Cuestiones internacionales en la ética de los negocios Hasta el momento hemos analizado algunas de las cuestiones con las que la ética en los negocios ha tenido que lidiar durante la historia de la humanidad. Pero la mayoría de ellas surgen dentro de las fronteras nacionales de un único país. A continuación se analizarán algunas de las cuestiones éticas en los negocios que surgen en el escenario internacional.

Globalización y ética en los negocios Muchas de las cuestiones más apremiantes de la ética en los negocios actualmente se relacionan con el fenómeno de la **globalización**, la cual ha permitido una mayor vinculación entre las naciones de manera que bienes, servicios, capital, conocimiento y cultura circulen a través de sus fronteras a mayor ritmo.

nanotecnología Un nuevo campo que comprende el desarrollo de estructuras artificiales diminutas, que miden unos cuantos nanómetros (un nanómetro equivale a una milmillonésima parte de un metro).

ingeniería genética Una gran variedad de nuevas técnicas que permiten cambiar los genes de las células humanas, animales y vegetales.

globalización Proceso mundial mediante el cual se han conectado los sistemas económicos y sociales de las naciones, lo que facilita entre ellas el flujo de bienes, dinero, cultura y personas.

Desde luego, durante siglos, la gente ha transportado y vendido bienes cruzando fronteras. Los comerciantes llevaban bienes por las rutas comerciales de Europa, Asia y América casi desde el surgimiento de la civilización en estos lugares. Pero el volumen de bienes que se comercian a través de las fronteras comenzó a crecer de manera casi exponencial al terminar la Segunda Guerra Mundial, transformando el rostro de nuestro mundo. La globalización ha dado como resultado un fenómeno familiar para quienquiera que viaje fuera de su país: los mismos productos, música, comida, ropa, inventos, libros, revistas, películas, marcas, tiendas, autos y compañías que son familiares en casa están disponibles y se disfrutan ahora en todo el mundo. Es posible consumir hamburguesas de McDonald's y pollo Kentucky en Moscú, Londres, Beijing, París, Tokio, Jerusalén o Bangkok; niños y adultos de India, Japón, China, Italia y Alemania leen las novelas británicas de *Harry Potter*; personas de todo el mundo están familiarizadas con conjuntos musicales, canciones, cantantes, actores y películas que entretienen a los estadounidenses.

Las corporaciones multinacionales están en el corazón del proceso de globalización y son responsables de un enorme volumen de transacciones internacionales que tienen lugar en la actualidad. Una **corporación multinacional** es una compañía que realiza operaciones de manufactura, comercialización, servicios o administrativas en muchos países. Las corporaciones multinacionales ensamblan y venden sus productos en las naciones que ofrecen ventajas de manufactura y mercados abiertos; obtienen capital, materias primas y mano de obra de cualquier parte del mundo donde se encuentren disponibles a bajo costo. Prácticamente las 500 corporaciones industriales más grandes de Estados Unidos son ahora multinacionales. General Electric, por ejemplo, que fundó Thomas Edison y cuyas oficinas generales están en Nueva York, realiza operaciones en más de 100 países alrededor del mundo y obtiene casi la mitad de sus ingresos fuera de Estados Unidos. Tiene plantas metalúrgicas en Praga, realiza operaciones de software en India, cuenta con oficinas de diseño de productos en Budapest, Tokio y París, y efectúa operaciones de ensamble en México.

La globalización ha dado al mundo enormes beneficios. Cuando multinacionales como Nike, Motorola, General Electric y Ford construyen fábricas y establecen operaciones de ensamble en países con mano de obra de bajo costo, llevan trabajo, capacitación, ingresos y tecnología a regiones subdesarrolladas del mundo, elevan el nivel de vida en esas áreas y ofrecen a los consumidores de todas partes bienes a un menor precio. Según el Banco Mundial, entre 1981 y 2005 (los años durante los cuales la globalización inició una carrera a toda velocidad), el porcentaje de pobreza en las naciones en desarrollo se redujo a la mitad, del 52 al 25 por ciento.[52] Por lo tanto, ha ayudado a millones de personas a salir de la pobreza en países como China, India, Bangladesh, Brasil, México y Vietnam. Entre 1981 y 2005 (los años más recientes para los que hay cifras disponibles), el número de personas que vivían con menos de $1.25 al día en los países en desarrollo disminuyó en 500 millones. Como grupo, las economías de estas naciones crecieron a una tasa del 5 por ciento per cápita, mientras que en las naciones desarrolladas, como Estados Unidos, el crecimiento fue de solo el 2 por ciento.

La globalización también ha permitido la especialización de las naciones en elaborar y exportar de manera más eficiente determinados bienes y servicios, en tanto que otras compran lo que no producen. Por ejemplo, India se especializa en la producción de software, Francia e Italia en el diseño de ropa y calzado, Alemania en la producción química, Estados Unidos en computadoras y hardware, y México en el ensamble de televisores. Muchas regiones en desarrollo como América Central y el sureste de Asia se han especializado en la fabricación de ropa y calzado, así como en otras operaciones de ensamble que requieren baja capacitación. Esta especialización ha aumentado la productividad global en el mundo, lo que, a la vez, significa que todas las naciones participantes están una mejor posición que si cada una tratara de producir todo por sí misma.

Pero también se culpa a la globalización de infligir daños significativos en el mundo. Sus críticos argumentan que, aunque ha sido especialmente benéfica para los países desarrollados que tienen productos de alto valor para vender (como productos de alta tecnología), ha

---

corporación multinacional
Compañía que mantiene operaciones de manufactura, comercialización, servicios o administrativas en muchos países.

Repaso breve 1.10

La globalización
- Es un proceso que impulsaron en gran medida las multinacionales.
- Ha llevado grandes beneficios a los países en desarrollo, incluyendo trabajo, capacitación, ingresos, tecnología, disminución de la pobreza y especialización.
- Se considera causa de muchos males, como el aumento de la desigualdad, la pérdida de identidad cultural, el deterioro de los estándares ambientales, laborales y salariales, y la introducción de tecnologías inadecuadas en países en desarrollo.

dejado atrás a muchos países pobres de África, ya que solo cuentan con productos agrícolas de bajo costo para comercializar. Más aún, el Banco Mundial informa que al propagarse la globalización, la desigualdad ha aumentado tanto entre las naciones como dentro de ellas.[53] Y las multinacionales globalizadoras han llevado la cultura occidental a todas partes mediante películas, libros, canciones, juegos, juguetes, programas de televisión, aparatos electrónicos, bailes, comida rápida, marcas, arte, revistas y ropa, haciendo a un lado a las culturas y tradiciones locales distintivas que están en peligro de reducirse o desaparecer por completo. Por ejemplo, en vez de comer sus platillos típicos, los habitantes de todas partes del mundo comen hamburguesas con papas de McDonald's. En lugar de disfrutar las formas tradicionales de las danzas étnicas, todo el mundo va al cine a ver *Avatar, Harry Potter* y *Batman*.

También se culpa a la globalización de allanar el camino para que las multinacionales tengan un tipo de movilidad que, según los críticos, provoca efectos adversos. Las multinacionales ahora son libres de mudar sus fábricas de un país a otro que ofrezca mano de obra de menor costo, menos restricciones legales o tasas impositivas más bajas. Esta habilidad de cambiar operaciones de una nación a otra, aseguran los críticos, permite a la multinacional poner a un país en contra de otro. Por ejemplo, si la corporación no acepta las leyes ambientales o laborales de un país, o las tasas salariales, podría trasladarse (o amenazar con hacerlo) a otro que no tenga esas leyes. El resultado es una competencia para ver "quién se hunde hasta el fondo": a medida que los países disminuyen sus estándares para atraer a compañías extranjeras, el resultado es un deterioro global de los estándares laborales, ambientales y salariales. Los críticos afirman que las compañías que han establecido operaciones de ensamble en países en desarrollo, por ejemplo, han introducido condiciones de trabajo de esclavitud y salarios de explotación. Todavía más, conforme estas compañías cambian sus operaciones de manufactura a otros países en busca de mano de obra más barata, cierran fábricas en sus países de origen y dejan a miles de trabajadores sin empleo.

Los críticos también aseguran que algunas veces las multinacionales transfieren tecnologías o productos a las naciones en desarrollo que no están listas para asimilarlos. A algunas corporaciones de la industria química, por ejemplo, Amvac Chemical Corporation, Bayer y BASF, se les acusa de comercializar pesticidas tóxicos en países en desarrollo, donde los campesinos no conocen los problemas de salud que esas sustancias podrían causar y no pueden protegerse contra ellos. Las campañas publicitarias de ciertas compañías de alimentos —como Nestlé, Mead Johnson y Danone— han convencido a las madres en naciones pobres que deben gastar su escaso presupuesto de alimentación en fórmulas de leche en polvo para bebés. Pero en los países en desarrollo, donde por lo general se carece de suministro de agua que cumpla con los requisitos sanitarios, las mamás no tienen otra opción que mezclar la fórmula con agua que no es potable, lo que, según la Organización Mundial de la Salud, ocasiona anualmente diarreas y la muerte a más de 1.5 millones de recién nacidos. Las compañías tabacaleras —como Philip Morris, British American Tobacco e Imperial Tobacco— han realizado intensas campañas para la venta de cigarrillos en países en desarrollo, cuyas poblaciones no conocen bien los efectos a largo plazo del tabaquismo sobre la salud.

Por lo tanto, la globalización es un paquete mixto. Aunque ha llevado enormes beneficios económicos a muchas naciones pobres, lo ha hecho a un precio. Y tanto los beneficios como los costos de la globalización, en gran medida, se deben a las actividades de las multinacionales.

Diferencias entre las naciones La globalización también ha obligado a las compañías a operar en naciones con leyes, gobiernos, prácticas, niveles de desarrollo e interpretaciones culturales que a veces son muy diferentes a los que conocen sus directivos.[54] Esto les genera importantes dilemas. Por ejemplo, las leyes a las que los gerentes de Dow Chemical Company están acostumbrados en Estados Unidos son muy diferentes a las que rigen en México o en otros países anfitriones. Las leyes que regulan la exposición de los trabajadores a sustancias tóxicas en el lugar de trabajo y otros peligros de seguridad son estrictas en Estados Unidos, mientras que son imprecisas, laxas o incluso inexistentes en países como

Repaso breve 1.11

Diferencias entre las naciones
- Incluye diferencias en cuanto a leyes, gobiernos, prácticas, niveles de desarrollo e interpretaciones culturales.
- Hacen surgir la pregunta de si los gerentes que operan en el extranjero deben seguir los estándares locales o los de su país de origen.

México. La seguridad de los productos de consumo y las leyes de etiquetado, que requieren cuidadosos controles de calidad, rigurosas pruebas de producto y avisos de riesgo en Estados Unidos, son muy diferentes en México, donde todos esos requisitos son menos estrictos. Las leyes de contaminación ambiental del gobierno de Estados Unidos son rigurosas, mientras que las de México son prácticamente inexistentes o no siempre se hacen cumplir.

Incluso gobiernos enteros pueden ser totalmente diferentes del tipo al que están acostumbrados los directivos en las naciones industrializadas. Aunque el gobierno de Estados Unidos tiene sus deficiencias, es sensible a las necesidades de sus ciudadanos. No se puede decir lo mismo de los gobiernos de muchas otras naciones. Algunos son tan corruptos que su legitimidad es cuestionable.

Por ejemplo, hace algunas décadas, el gobierno de Haití, era notoriamente corrupto y promovía de manera consistente los intereses y la riqueza de una reducida élite gubernamental, a costa de las necesidades de la población en general.

Los directivos a menudo se encuentran en países que no están muy desarrollados en comparación con el suyo.[55] Las naciones industrializadas tienen niveles relativamente altos de recursos tecnológicos, sociales y económicos, mientras que los recursos de las más pobres pueden estar bastante subdesarrollados. El avance tecnológico, los sindicatos, los mercados financieros, el seguro de desempleo, la seguridad social y la educación pública están muy extendidos en las naciones más desarrolladas, a diferencia de lo que sucede en algunas en vías de desarrollo. La ausencia de tales condiciones significa que las acciones gerenciales pueden incidir de manera muy diferente en los países en vías de desarrollo en comparación con los desarrollados. Por ejemplo, los despidos en las naciones en vías de desarrollo que no ofrecen la protección de un seguro de desempleo suponen mayores penurias para los trabajadores en comparación con lo que sucede en Estados Unidos, donde sí se otorga un subsidio por despido, al menos durante un tiempo. Un aviso en la etiqueta de un producto puede ser adecuado cuando se vende en Japón, cuyos consumidores tienen altos niveles educativos, pero quizá no lo sea si el mismo producto se vende a consumidores analfabetos de un país en vías de desarrollo.

Más aún, los puntos de vista culturales de algunas naciones a las que ingresan los directivos de las multinacionales pueden ser tan diferentes de los suyos, que con frecuencia estos malinterpretan o no entienden muchos de los comportamientos con los que se topan. Por ejemplo, en Estados Unidos se considera una falta grave que una compañía presente ante el gobierno estados de pérdidas y ganancias que subestimen considerablemente sus ganancias reales. Sin embargo, en algunos periodos de la historia de Italia se aceptaba por norma que todos los negocios subestimaran sus ganancias anuales en un tercio cuando presentaban su declaración fiscal al gobierno. Consciente de ello, el gobierno aumentaba de manera automática las cifras de los estados de pérdidas y ganancias por un tercio, y cobraba impuestos con base en la cantidad estimada. Así, debido a esta práctica cultural en la que convenían tanto la comunidad de negocios como el gobierno, las compañías italianas en realidad no mentían a su gobierno cuando subestimaban sus ingresos: lo que parecía una mentira ante los ojos de un extranjero, en ese contexto cultural, era una señal claramente entendida del ingreso real de una compañía.

Cuando un directivo llega a un país cuyas leyes, gobierno, nivel de desarrollo y cultura son significativamente diferentes a los que prevalecen en su país de origen, ¿qué debe hacer? Algunos estudiosos sugieren que cuando los directivos de países desarrollados llegan a trabajar a países con menor grado de desarrollo, deben tratar de apegarse a los niveles más elevados que sean típicos de sus países de origen.[56] Pero esta sugerencia ignora la posibilidad real de que introducir prácticas que han evolucionado en un país desarrollado puede hacerle más mal que bien a una nación menos desarrollada. Por ejemplo, si una compañía estadounidense que opera en México paga a los empleados locales salarios que se encuentran al nivel de los que prevalecen en Estados Unidos, es posible que atraiga a todos los trabajadores capacitados de las compañías locales mexicanas que no están en condiciones de pagar los mismos sueldos. Otros estudiosos se van al extremo opuesto y argumentan que las multinacionales deben seguir siempre las prácticas y las leyes locales. Pero hacerlo puede ser peor que tratar de operar con base en los estándares más altos de un país desarrollado. Por ejemplo, los inferiores estándares ambientales de México pueden permitir niveles de contaminación que dañen seriamente la salud de los residentes locales. Aún más, los gobiernos de muchos países, como ya se hizo notar, son corruptos y sus leyes sirven a los intereses de las élites de gobierno y no al interés público.

Es evidente, entonces, que resultan inadecuadas tanto una regla general de apegarse siempre a las prácticas locales, como otra que siempre trate de actuar con base en los estándares más altos de las naciones desarrolladas. En vez de ello, los directivos que quieran operar éticamente en otros países deben juzgar cada caso según suceda.

Cuando juzguen la ética de una política, práctica o acción determinada en otro país, deben tener en cuenta la naturaleza de las leyes de ese país, su nivel de corrupción y qué tan representativo es su gobierno; también deben considerar cuál es el nivel de desarrollo tecnológico, social y económico, y qué interpretación cultural afecta el significado de la política, práctica o acción que juzgan. En algunos casos, seguir las prácticas locales tal vez sea lo correcto, mientras que en otros quizá sea mejor adoptar los estándares de las naciones más desarrolladas. Y, en algunos casos, habrá que elegir entre permanecer en un lugar y apegarse a la práctica local que es clara y gravemente incorrecta, o hacer lo que es correcto y abandonar el país.

Negocios y relativismo ético Hay determinadas diferencias culturales que generan problemas especiales a los directivos de las multinacionales, a quienes a menudo les resulta difícil saber qué hacer cuando se encuentran con estándares *morales* que son diferentes de los que personalmente sostienen y que son aceptados en su país de origen. Por ejemplo, el nepotismo y la discriminación sexual, aunque se consideran moralmente malos en Estados Unidos, se aceptan como algo habitual en algunos entornos de negocios extranjeros. Las personas de ciertas sociedades árabes sostienen que el soborno en los negocios es moralmente aceptable, aunque los estadounidenses piensan que es inmoral. ¿Qué debería hacer un directivo cuando un funcionario del gobierno le pide un soborno por hacer una tarea rutinaria que es parte de sus funciones? ¿O cuando el departamento de contrataciones de una fábrica estadounidense en Tailandia parece contratar solo a parientes de quienes ya trabajan ahí? ¿O cuando un grupo de gerentes sudamericanos no aceptan a una mujer como su superior porque sienten que las mujeres no pueden ser buenas gerentes?

El hecho de que las diferentes culturas tengan diversos estándares morales, lleva a muchas personas a adoptar la teoría del **relativismo ético**, la cual afirma que no hay estándares éticos que sean absolutamente válidos, es decir, que la verdad de todos los estándares éticos depende de (o es relativa a) lo que acepta una cultura determinada. En consecuencia, no hay estándares morales para evaluar la ética de las acciones de los demás sin importar a qué cultura pertenezcan. En vez de ello, el relativismo ético sostiene que la acción de un individuo es moralmente correcta si está de acuerdo con los estándares éticos aceptados en la cultura de ese individuo. Para decirlo de otra manera: el relativismo ético es el punto de vista de que, puesto que las diferentes sociedades tienen distintas creencias éticas, no existe una manera racional para determinar si una acción es moralmente correcta (o incorrecta), a menos que se pregunte si los miembros de la sociedad del individuo piensan que es moralmente correcta (o no).

Por ejemplo, el relativismo ético dirá que está mal que un directivo estadounidense practique el nepotismo en Estados Unidos porque todo el mundo allí cree que es una acción reprobable; sin embargo, por ejemplo, para una persona en Tailandia se trata de una conducta admisible porque los tailandeses no ven el nepotismo como algo incorrecto. El relativista ético aconsejaría al directivo de una multinacional que trabaje en una sociedad cuyos estándares morales son diferentes de los suyos, que siga los que prevalecen en la sociedad en la que se encuentra. Después de todo, como los estándares morales difieren y no hay otros estándares absolutos acerca de lo correcto y lo incorrecto, lo mejor que podría hacer es seguir el viejo refrán: "A la tierra que fueres, haz lo que vieres". Sin embargo, ¿el relativismo ético es razonable como para seguirlo?

relativismo ético Teoría que afirma que no existen estándares éticos que sean absolutamente válidos y que se apliquen o deban aplicarse a las compañías y personas de todas las sociedades.

Es claro que existen numerosas prácticas que se juzgan inmorales en algunas sociedades y que en otras se consideran moralmente aceptables, como la poligamia, el aborto, el infanticidio, la esclavitud, el soborno, la homosexualidad, la discriminación racial y sexual, el genocidio, el parricidio y la tortura de animales. Pero los críticos del relativismo ético señalan que de ahí no se deduce que *no* haya estándares morales aplicables a todas las personas de todas partes. Aunque las sociedades no concuerden en algunos estándares morales, están de acuerdo en otros.

De hecho, los críticos del relativismo ético reconocen la existencia de ciertos estándares morales básicos que los miembros de cualquier sociedad deben aceptar, si esa sociedad ha de sobrevivir y si sus miembros tienen que interactuar de manera eficaz.[57] Así, todas las sociedades tienen normas que prohíben lesionar o matar a otros de sus miembros, normas sobre el uso del lenguaje veraz al comunicarse con los demás, y normas que prohíben disponer de los bienes personales de otros. Además, los antropólogos han descubierto numerosos valores y normas que son universales, es decir, que todos los grupos humanos conocidos reconocen. Entre ellos se encuentran los siguientes: la cooperación, la prohibición del incesto, la prohibición de la violación, la empatía, la amistad, la diferencia entre lo correcto y lo incorrecto, la justicia, el requisito de compensar las injusticias, lo bueno del valor, el requisito de que los padres se ocupen de sus hijos, las restricciones a algunas formas de violencia; la prohibición del asesinato, el cumplimiento de las promesas, el sentir culpa y vergüenza por hacer el mal, tener orgullo por los logros conseguidos, y el requisito de que las acciones que el individuo puede controlar se traten de manera diferente de las que no se controlan.

Además, cuando se examinan de cerca muchas diferencias morales aparentes entre las sociedades, en realidad se descubre que esconden similitudes esenciales más profundas. Por ejemplo, los antropólogos relatan que en algunas sociedades inuit de Alaska era moralmente aceptable que, en tiempos difíciles, las familias abandonaran a los ancianos fuera de la casa y los dejaran morir, mientras que en otras sociedades de India sentían que abandonar a alguien hasta morir de frío es equivalente a cometer un asesinato. Pero un examen más detallado revela que tras esa diferencia entre las sociedades inuit e india se esconde el mismo estándar moral: el deber de asegurar la supervivencia a largo plazo de la familia. En su duro ambiente, quizá los inuit no tuvieron otra manera de asegurar que su familia sobreviviera, cuando el abastecimiento de comida era escaso, que abandonando a los ancianos. Las sociedades indias creen que la supervivencia de sus familias requiere proteger a los mayores, ya que ellos llevan consigo la sabiduría y la experiencia necesarias para la familia. Las diferencias entre los inuit y los indios no se deben a una diferencia real en los valores, sino al hecho de que el mismo valor pueda llevar a dos juicios morales diferentes cuando el valor se aplica en dos situaciones muy distintas.

Otros críticos de la teoría del relativismo ético señalan que, cuando las personas tienen diferentes creencias morales sobre el mismo asunto, no se deduce que sea inexistente una verdad objetiva acerca del mismo, ni que todas las creencias sobre ello sean igualmente aceptables. Lo que hay que ver es que cuando dos personas o dos grupos tienen diferentes creencias, al menos una de estas es incorrecta. Por ejemplo, el filósofo James Rachels estableció esta cuestión de manera sucinta:

> El hecho de que diferentes sociedades tengan códigos morales distintos no demuestra nada. También existen desacuerdos de una sociedad a otra en asuntos científicos: en algunas culturas se cree que la Tierra es plana, y que los espíritus malignos causan las enfermedades. Y sin embargo, no concluimos que no existe una verdad en geografía o en medicina. Más bien, se concluye que en algunas culturas las personas están más informadas que en otras. De manera similar, el desacuerdo en la ética solo señala que algunas personas tienen menos conocimientos que otras. En última instancia, el hecho de que exista un desacuerdo no implica que la verdad no exista. ¿Por qué habríamos de suponer que, si existe la verdad ética, todos deberían conocerla?[58]

Repaso breve 1.12

Objeciones al relativismo ético

- En todas las sociedades se encuentran algunos estándares morales.
- Las diferencias morales no implican de manera lógica el relativismo.
- El relativismo tiene consecuencias incoherentes.
- El relativismo privilegia a los estándares morales que son aceptados ampliamente en una sociedad.

Un negocio tradicional

En más de 28 países, la mayoría de ellos naciones del norte de África, se acepta la circuncisión femenina (o mutilación genital femenina, como la llaman sus críticos), la cual se practica a niñas de entre 7 y 12 años de edad. La operación consiste en extirpar la mayor parte de los genitales externos de la niña, entre ellos el clítoris y los labios menores. En la mayoría de esos países, el procedimiento lo realiza una practicante femenina, que usa un pequeño cuchillo o una navaja de afeitar sin aplicar anestesia. Por lo general, las niñas se resisten, así que varias mujeres las sujetan mientras se efectúa la operación. Quien realiza las circuncisiones cobra por el servicio y considera su trabajo como un negocio. Se estima que en los países en los que se acepta ampliamente esta práctica, las tarifas anuales de todos los negocios que proporcionan servicios de circuncisión totalizan decenas de millones de dólares.

Las madres en estos países sienten que deben circuncidar a sus hijas porque, de otra manera, ningún "buen hombre" querría casarse con ellas. Muchas creen que la circuncisión controla los deseos sexuales de la mujer y purifica su espíritu, de forma que los demás puedan comer lo que ella cocina. Aunque la práctica no se menciona en el Corán, muchos musulmanes del norte de África creen que se requiere la circuncisión femenina por ciertas aseveraciones que atribuyen a Mahoma, el fundador del Islam. Los estudiosos islámicos discuten la autenticidad y la interpretación de tales afirmaciones.

Muchos estadounidenses y europeos creen firmemente que la mutilación genital femenina es una agresión inmoral a una niña indefensa y reacia a aceptarla, que no le proporciona ningún beneficio médico, pero sí riesgos de contraer graves infecciones, además de privarla permanentemente de la capacidad de sentir placer sexual. Ellos han presionado a los gobiernos extranjeros para que eliminen la práctica y tomen medidas estrictas contra las mujeres que hacen negocio con ello, porque violan los derechos humanos de miles de niñas.

Quienes están a favor de la circuncisión femenina arguyen que los occidentales que quieren prohibirla tratan de imponerles su propia moralidad. Una practicante somalí declaró: "Es una gran ofensa y una gran interferencia en nuestras vidas y nuestros estilos de vida. Durante mucho tiempo, los europeos han venido a nuestros países y nos han dicho cómo vivir nuestras vidas y cómo comportarnos, y nosotros creemos que eso es totalmente inaceptable. Ya no permitiremos que los extranjeros nos digan cómo comportarnos o que pongan nuestros negocios en riesgo. Para que nuestras hijas sean libres, deben someterse a este procedimiento. Es su derecho como mujeres, y nuestra obligación como adultos es hacer de ellas las mejores jóvenes que podamos. La circuncisión es una parte fundamental de convertirse en joven y no les negaremos eso por algún sentido de moralidad inapropiado de los extranjeros".

Phillip Waites, médico y analista de salud de un servicio de noticias comentó: "El tema central aquí es si los europeos tienen o no el derecho de entrar en un país y exigir que los habitantes cambien sus tradiciones y cultura". Al comentar sobre las muchas practicantes para las que la circuncisión femenina es un negocio, dijo: "No hay muchos empleos en Somalia. En realidad no hay abundancia en ningún sector, y estas mujeres tienen una especialidad que no solo les permite vivir bien, sino que también les confiere cierto estatus en el país que, de otro modo, no tendrían".

1. ¿Ofrecer servicios de circuncisión femenina es un negocio moralmente incorrecto? ¿Por qué? Si una practicante pidiera un modesto crédito a un "prestamista occidental de microcréditos", como *www.Kiva.org*, ¿sería incorrecto que el prestamista le negara el crédito? ¿Sería incorrecto que se lo otorgara? Explique su respuesta.

2. ¿Es incorrecto que los occidentales presionen a los gobiernos del norte de África para que impidan la práctica de la circuncisión femenina?

3. ¿Este caso apoya el relativismo ético, o sugiere que hay determinadas prácticas que son condenables sin importar cuáles sean las diferentes posiciones al respecto?

Fuentes: William Ashford, "Genital Mutilators Protest Scandinavian Efforts to Crack Down on Trade", 27 de septiembre de 2009. Documento consultado el 9 de agosto de 2010 en *http://scrapetv.com/News/News%20Pages/Business/pages-3/Genital-mutilators-protest-Scandandinavian-efforts-to-crack-down-on-trade-Scrape-TV-The-World-on-your-side.html*; Amit R. Paley, "For Kurdish Girls, A PainfulAncient Ritual", *The Washington Post*, 29 de diciembre de 2008.

Quizá las críticas más incisivas con las que debe lidiar el relativismo ético son las que aseguran que tiene consecuencias incoherentes. Si el relativismo ético fuera verdadero, afirman los detractores, entonces tendría poco sentido criticar las prácticas de otras sociedades mientras que estas cumplan con sus propios estándares.

Por ejemplo, no podríamos decir que la esclavitud de los niños, según se practica en muchas partes del mundo, es incorrecta; o que la discriminación que se practicó en las sociedades del *apartheid* en Sudáfrica en el siglo pasado fue injusta; o que matar a los judíos en la sociedad nazi durante la década de 1930 era inmoral. En cada una de esas sociedades, las personas solo hacían lo que dictaban los estándares de su sociedad.[59]

Sus detractores también afirman que si el relativismo ético fuera correcto, entonces tampoco tendría sentido —de hecho, sería moralmente incorrecto— criticar cualquiera de los estándares morales o de las prácticas aceptadas por nuestra propia sociedad. Si nuestra sociedad acepta que cierta práctica, como la esclavitud, es moralmente correcta, entonces, como miembros de esta sociedad, también deberíamos aceptarla como moralmente correcta, al menos de acuerdo con el relativismo ético. Por ejemplo, el relativismo ético implicaría que fue incorrecto que los abolicionistas del sur de Estados Unidos objetaran la existencia de la esclavitud, puesto que ese sistema era aceptado en la sociedad sureña antes de la Guerra Civil. Según los críticos, por lo tanto, la teoría del relativismo ético implica que lo que piense la mayoría de la propia sociedad sobre la moralidad es automáticamente correcto y, por lo tanto, no se pueden criticar sus creencias.

El problema fundamental del relativismo ético, alegan los críticos, es que sostiene que los estándares morales de una sociedad son el único criterio con el cual se pueden juzgar sus acciones. La teoría otorga a los estándares morales de cada sociedad un lugar privilegiado que está por encima de toda crítica que puedan hacer sus miembros, o cualquier otra persona; es decir, para el relativista, los estándares morales de una sociedad no podrían estar equivocados. Es evidente, dicen los antagonistas, que esta implicación del relativismo ético indica que la teoría está equivocada. Todos sabemos que, al menos algunos de nuestros propios estándares morales, al igual que los de otras sociedades, podrían estar equivocados.

Entonces, la teoría del relativismo ético no parece correcta. Pero incluso si en última instancia es rechazada, no significa que no tenga algo que enseñarnos: nos recuerda que aunque las diferentes sociedades tienen distintas convicciones morales, estas no pueden descartarse simplemente porque no concuerden con las propias. Sin embargo, el relativismo ético podría estar equivocado al asegurar que todas las creencias morales son igualmente aceptables, y que los únicos criterios de lo correcto y lo incorrecto son los estándares morales que prevalecen en una sociedad determinada. Y si está equivocada, entonces hay algunos estándares morales que deben aplicarse a los comportamientos de todo el mundo, sin importar la sociedad de la que se trate. En el siguiente capítulo analizaremos qué tipo de estándares podrían ser estos.

El resultado de nuestro análisis es que hay dos tipos de estándares morales: los que difieren de una sociedad a otra y los que deben aplicarse en todas las sociedades. Una forma de considerar estos dos tipos de estándares morales es adoptar un marco de referencia llamado *teoría de los contratos sociales integradores* (TCSI).[60] Según esta teoría hay dos tipos de estándares morales: 1. las hipernormas, que son aquellos estándares morales que deben aplicarse a todas las personas de todas las sociedades, y 2. las normas microsociales, que son las que difieren de una comunidad a otra y que deben aplicarse a las personas solo si su comunidad acepta esas normas particulares.

La TCSI sostiene que es útil considerar las hipernormas como parte de un contrato social que todas las personas han aceptado, y las normas microsociales como parte de un contrato social que aceptan los miembros de una comunidad específica. Ejemplos de las primeras podrían ser los principios de derechos humanos y los principios de justicia que se aplican a todas las personas en todas las comunidades. Por otra parte, un ejemplo de una norma microsocial es la que permite a un padre y a un hijo tener una esposa en común,

---

Repaso breve 1.13

La teoría de los contratos sociales integradores indica que:
- Las hipernormas se deben aplicar a las personas de todas las sociedades.
- Las normas microsociales se aplican solo en sociedades determinadas y difieren de una sociedad a otra.

una norma moral aceptada en el Tíbet, pero rechazada en todas las demás comunidades. Otra norma microsocial es que, cuando una mujer casada viaja, debe hacerlo siempre en compañía de su marido o de un pariente varón, algo aceptado en Arabia Saudita y otros países árabes, pero no en Estados Unidos ni en Europa.

La TCSI afirma que las hipernormas tienen prioridad sobre las normas microsociales. Es decir, estas últimas no deben contradecir a las primeras. Si alguna de ellas lo hace, entonces significa que no es ética y debe rechazarse. No obstante, la TCSI supone que las hipernormas deben permitir a cada comunidad tener cierto espacio moral libre, esto es, un rango de normas que una comunidad es libre de aceptar porque no viola ninguna hipernorma.

Las personas, según la TCSI, deben seguir las normas microsociales que son aceptadas en su comunidad. Sin embargo, sus miembros deben ser libres de abandonarla si están en fuerte desacuerdo con dichas normas microsociales. Más aún, según la TCSI, cuando un directivo de una corporación trabaja en una comunidad extranjera debe seguir las normas microsociales de esa comunidad en tanto no violen las hipernormas. Si las violan, entonces no debe seguirlas.

Muchos críticos rechazan el punto de vista de la TCSI de que las hipernormas deben considerarse como parte de un contrato social que todas las personas razonables han aceptado, mientras que los relativistas rechazan la idea misma de que existan hipernormas universales absolutas. No obstante, la distinción entre hipernormas y normas microsociales es útil. En el supuesto de que haya hipernormas, la distinción ofrece una forma útil de pensar en la interacción entre las normas morales absolutas que se deben aplicar a todas las personas en todas partes, y las normas locales que difieren de una sociedad a otra. Brinda un esquema útil para entender cómo lidiar con las diferencias morales. Aquí se ha argumentado que hay normas morales absolutas que deben aplicarse en todas partes; en el siguiente capítulo analizaremos cuáles podrían ser estas.

1.3 Razonamiento moral

Se ha dicho que la ética es el estudio de la moralidad y que una persona comienza a aplicarla cuando analiza los estándares morales que asimiló a partir de la familia, la iglesia, los amigos y la sociedad, y se pregunta si esos estándares son razonables o no y qué implican para las situaciones y los asuntos que se le presentan. En esta sección se analiza con más detalle este proceso de examinar los estándares morales propios y el proceso de razonamiento por el que se aplican los estándares a situaciones e ideas concretas. Comenzaremos por describir cómo se desarrolla la habilidad de una persona para usar y evaluar de manera crítica los estándares morales en el curso de su vida, y después describiremos algunos procesos de razonamiento mediante los cuales se emplean y evalúan estos estándares morales, así como algunas de las formas en que pueden equivocarse.

Desarrollo moral

Algunas veces suponemos que los valores de una persona se forman en su niñez y no cambian con el tiempo. De hecho, una gran cantidad de investigación psicológica y la experiencia personal demuestran que a medida que las personas maduran, cambian sus valores de manera muy profunda. Igual que las habilidades físicas, emocionales y cognitivas de un individuo se desarrollan conforme este crece, también se desarrolla su habilidad para manejar los aspectos morales a lo largo de su vida. De hecho, de la misma forma que se identifican las etapas de crecimiento en cuanto a desarrollo físico, también la habilidad de hacer juicios morales razonados se desarrolla en etapas identificables. De niños, simplemente nos dicen lo que es correcto e incorrecto, y obedecemos para eludir los castigos.

Conforme llegamos a la adolescencia, esos estándares morales convencionales se internalizan de manera gradual y tratamos de ajustarnos a las expectativas de la familia, los amigos y la sociedad que nos rodean. Finalmente, de adultos aprendemos a reflexionar de manera crítica sobre los estándares morales convencionales que nos inculcaron la familia, los compañeros, la cultura o la religión. Entonces, comenzamos a evaluar esos estándares morales y a revisar si son inadecuados, incongruentes o irracionales. En suma, comenzamos a hacer ética, y a desarrollar principios morales que consideramos mejores y más razonables en comparación con los que aceptamos antes.

Existe mucha investigación psicológica que muestra que los puntos de vista morales de una persona se desarrollan más o menos de cierta manera. Por ejemplo, el psicólogo Lawrence Kohlberg, quien fue pionero de la investigación en este campo, concluyó con base en más de 20 años de investigación que en el desarrollo de la habilidad de una persona para manejar la moralidad existe una secuencia de seis etapas identificables.[61] Kohlberg agrupó estas etapas de desarrollo moral en tres niveles, cada uno con dos etapas. En cada nivel, la segunda etapa es la más avanzada y organizada de la perspectiva general de ese nivel. La secuencia de las seis etapas se resume de la siguiente forma.

NIVEL UNO: ETAPAS PRECONVENCIONALES[62]

En estas dos primeras etapas, el niño es capaz de aplicar etiquetas de bueno, malo, correcto e incorrecto. Sin embargo, bueno y malo, correcto e incorrecto se interpretan en términos de lo agradables o dolorosas que son las consecuencias de las acciones, o en términos de lo que las figuras de autoridad demandan. Por ejemplo, si se pregunta a un niño de cuatro o cinco años si robar es malo, dirá que lo es; si luego se le pregunta *por qué* es malo, la respuesta será parecida a "porque mamá me castigará si lo hago". El niño en este nivel percibe las situaciones sólo desde su punto de vista y, por lo tanto, la primera motivación se centra en sí mismo.

Etapa uno: Orientación al castigo y la obediencia En esta etapa las demandas de las figuras de autoridad, o las consecuencias agradables o dolorosas de un acto, determinan lo correcto y lo incorrecto. Las razones del niño para hacer lo correcto son evitar el castigo o desviar el poder de las autoridades. Existe poca conciencia de que los demás tienen necesidades y deseos similares a los propios.

Etapa dos: Orientación instrumental y relativa En esta etapa las acciones correctas se convierten en aquellas que sirven como instrumento para satisfacer las necesidades del niño. Ahora está consciente de que los demás tienen necesidades y deseos similares a los suyos y usa este conocimiento para obtener lo que quiere. El niño se comporta de manera correcta con los demás, así que los demás después harán lo mismo con él.

NIVEL DOS: ETAPAS CONVENCIONALES

En estas dos etapas siguientes, el niño mayor o el adolescente consideran lo moralmente correcto e incorrecto en términos de cumplir con las normas convencionales de su familia, el grupo de pares o la sociedad. El individuo en estas etapas es leal a estos grupos y a sus normas. Ve lo correcto y lo incorrecto en términos de "mis amigos piensan", "mi familia me enseñó", "lo que creemos los estadounidenses" o, incluso, "la ley dice que". La persona tiene la habilidad de aceptar el punto de vista de otras personas semejantes de sus grupos.

Etapa tres: Orientación de concordancia interpersonal El buen comportamiento en esta primera etapa convencional es vivir de acuerdo con las expectativas de aquellos a quienes se tiene lealtad, cariño y confianza, como la familia y los amigos. La acción correcta es la que cumple con lo que se espera, en general, en el rol de buen hijo, amigo, etcétera. En esta etapa el joven desea agradar y que piensen bien de él.

Etapa cuatro: Orientación de ley y orden Lo correcto e incorrecto en esta etapa convencional más madura se basa en la lealtad a la sociedad o al país al que se pertenece. Sus leyes y normas deben respetarse para que la sociedad funcione bien. Ahora, la persona es capaz de ver a los demás como parte de un sistema social más grande que define los papeles y las obligaciones individuales, y de distinguir estas obligaciones de las que requieren sus relaciones personales.

NIVEL TRES: ETAPAS POSCONVENCIONALES

En estas dos siguientes etapas, la persona ya no acepta simplemente los valores y las normas de sus grupos. Ahora trata de ver lo correcto y lo incorrecto desde un punto de vista que toma en cuenta, de

---

Repaso breve 1.14

Los tres niveles de Kohlberg del desarrollo moral
- Preconvencional (castigo y obediencia; instrumental y relativo).
- Convencional (concordancia interpersonal; leyes y orden).
- Posconvencional (contrato social; principios universales).

manera imparcial, los intereses de todos. La persona cuestiona las leyes y los valores que ha adoptado la sociedad, y los redefine en términos de principios morales que cree que pueden justificarse en términos racionales. Si se pregunta a un adulto en esta etapa por qué algo es correcto o incorrecto, responderá en términos de que es "justo para todos" o en términos de justicia, derechos humanos o bienestar de la sociedad.

Etapa cinco: Orientación de contrato social En esta primera etapa posconvencional, la persona está consciente de que la gente tiene una variedad de puntos de vista morales en conflicto, pero cree que todos los valores y las normas morales son relativos y que, además de establecer este consenso democrático, todos deben tolerarse.

Etapa seis: Orientación de principios morales universales En esta segunda etapa posconvencional, la acción correcta se define en términos de los principios morales elegidos por su amplitud, universalidad y congruencia. Son principios morales abstractos, que se refieren, por ejemplo, a la justicia, el bienestar social, los derechos humanos, el respeto a la dignidad humana y la idea de que las personas se constituyen en un fin en sí mismas y deben ser tratadas como tales. La persona considera estos principios como los criterios para evaluar todas las normas y los valores socialmente aceptados.

La teoría de Kohlberg es útil porque ayuda a entender el desarrollo de las capacidades morales y revela cómo podemos madurar en la comprensión de los estándares morales que tenemos. Su investigación y la de otros han demostrado que, aunque generalmente los individuos pasan por las etapas en la misma secuencia, no todos las recorren en su totalidad. Kohlberg encontró que muchas personas se quedan en alguna de las primeras etapas toda su vida. Para quienes permanecen en el nivel preconvencional, lo correcto e incorrecto siempre estará definido en los términos egocéntricos de evitar el castigo y hacer lo que dicen las figuras de autoridad y poder. Para quienes llegan al nivel convencional, pero nunca avanzan más, lo correcto e incorrecto continuará definido en términos de las normas y expectativas convencionales de sus grupos sociales o de las leyes de su país o sociedad. Sin embargo, para quienes llegan al nivel posconvencional y reflexionan con ánimo crítico sobre los estándares morales convencionales que les inculcaron, el bien o el mal moral están definidos en términos de los principios morales que eligieron por sí mismos como los más razonables.

Es importante observar que Kohlberg señala que el razonamiento moral de quienes están en las últimas etapas del desarrollo moral es mejor que el de los que están en las primeras. En primer lugar, según él, las personas en las últimas etapas tienen la habilidad de ver las situaciones desde una perspectiva más amplia y completa que quienes están en las primeras. Un individuo en el nivel preconvencional vería situaciones sólo desde su propio y egocéntrico punto de vista. Los individuos en el nivel convencional pueden ver las situaciones solamente desde enfoques que son familiares a las personas de su propio grupo social. Y la persona con un punto de vista posconvencional puede analizar las situaciones desde una perspectiva universal que intenta tomar en cuenta a todos. Segundo, alguien en las últimas etapas tiene mejores formas de justificar sus decisiones ante otros que la gente en las primeras etapas. El sujeto en el nivel preconvencional tan solo justifica sus decisiones en términos de cómo se verán afectados sus propios intereses y, por lo tanto, las justificaciones son persuasivas únicamente para la persona. Un individuo en el nivel convencional justificaría sus decisiones en términos de las normas del grupo al que pertenece, y por ello las justificaciones son concluyentes solo para los miembros de ese grupo. Por último, la persona en el nivel posconvencional justificaría lo que hace con base en principios morales imparciales y razonables y que, por lo tanto, cualquier individuo razonable aceptaría.

Sin embargo, la teoría de Kohlberg ha recibido numerosas críticas.[63] Primero, se le criticó por asegurar que las etapas superiores son moralmente preferibles a las primeras. Esta crítica sin duda es correcta. Aunque los niveles superiores de Kohlberg incorporan perspectivas más amplias y justificaciones considerablemente aceptadas, no se puede concluir que esas perspectivas sean *moralmente* mejores que las de niveles más bajos.

Establecer que las etapas superiores son *moralmente* mejores requiere más argumentos de los que expone Kohlberg. En capítulos posteriores, se verán los tipos de razones que podrían esgrimirse para apoyar el punto de vista de que los principios morales característicos de las últimas etapas de Kohlberg son moralmente preferibles a los criterios que se usan en las etapas preconvencional y convencional.

Una segunda crítica significativa para Kohlberg surge del trabajo de la psicóloga Carol Gilligan, quien sugiere que, aunque la teoría del psicólogo identifica correctamente las etapas por las que pasa el hombre al desarrollarse, no identifica el patrón de desarrollo de la moralidad de la mujer.[64] Debido a que la mayoría de los sujetos de Kohlberg eran varones, Gilligan argumenta que su teoría no toma en cuenta los patrones del pensamiento moral de la mujer.

Existen, dice Gilligan, dos maneras diferentes de enfocar la moralidad: masculina y femenina. Según Gilligan, los hombres tienden a manejar los aspectos morales en términos de principios morales impersonales, imparciales y abstractos, exactamente el tipo de enfoque que Kohlberg considera característico del pensamiento posconvencional. No obstante, asegura Gilligan, existe un segundo enfoque propiamente femenino de los aspectos morales que la teoría de Kohlberg no reconoce. Las mujeres, dice ella, tienden a verse a sí mismas como parte de una red de relaciones de familiares y amigos; cuando se enfrentan a asuntos morales, se preocupan por sostener sus relaciones, evitando herir a los demás en esas relaciones y cuidando su bienestar. Para las mujeres, la moralidad es principalmente un asunto de cuidado y responsabilidad hacia aquellas personas con quienes mantienen relaciones personales, y no un asunto de adherencia a reglas imparciales. Gilligan asegura que la mujer, cuando madura y desarrolla sus puntos de vista en relación con la moralidad, sigue etapas un tanto diferentes de las que Kohlberg describe. El desarrollo moral de la mujer está marcado por el progreso hacia formas más adecuadas del cuidado y la responsabilidad de sí misma y de aquellos con quienes se relaciona. En su teoría, el primer nivel (preconvencional) del desarrollo moral de la mujer está marcado por el cuidado de sí misma. Las mujeres pasan a un segundo nivel, el convencional, cuando internalizan normas convencionales acerca del cuidado de los demás y, al hacerlo, llegan a descuidarse a sí mismas. Sin embargo, cuando avanzan al nivel más maduro o posconvencional, se vuelven críticas de las normas convencionales que antes aceptaban, y llegan a lograr un equilibrio entre cuidar de otros y cuidar de sí mismas.

¿Está Gilligan en lo correcto? Aunque la investigación ulterior ha demostrado que el desarrollo moral de hombres y mujeres no difiere de la manera que sugirió Gilligan originalmente, esa misma investigación confirma que su argumento identificó una perspectiva hacia los aspectos morales que difiere del enfoque de Kohlberg.[65] Los aspectos morales se pueden manejar desde una perspectiva de imparcialidad o desde la perspectiva del cuidado de las personas y las relaciones, y ambos enfoques son distintos. Sin embargo, tanto las mujeres como los hombres en ocasiones ven la cuestión moral desde una perspectiva u otra.[66] Aunque la investigación sobre la perspectiva del cuidado que describe Gilligan todavía es incipiente, es claro que se trata de una perspectiva moral importante que tanto hombres como mujeres deben tomar en cuenta. En el siguiente capítulo se estudiará con detalle esta perspectiva del cuidado y se evaluará su relevancia para la ética en los negocios.

Para los objetivos de este libro, lo importante en este sentido es hacer notar que tanto Kohlberg como Gilligan están de acuerdo en que existen etapas de crecimiento en el desarrollo moral. También coinciden en que el desarrollo pasa de una etapa preconvencional centrada en uno mismo, a otra convencional en la que se aceptan sin crítica los estándares morales convencionales de la sociedad que nos rodea, y se sigue a una etapa madura, posconvencional, en la que se aprende a examinar de manera crítica y reflexiva qué tan adecuados son los estándares morales convencionales que antes se aceptaban, para luego diseñar estándares propios más adecuados, tanto de cuidado como de imparcialidad.

Repaso breve 1.15

La teoría de Gilligan del desarrollo moral femenino

- Para las mujeres, la moralidad es primordialmente una cuestión de cuidado y responsabilidad.
- El desarrollo moral de las mujeres implica progresar hacia mejores formas de cuidar y ser responsables.
- La mujer pasa de una etapa preconvencional de cuidar solo de sí misma, a una etapa convencional de cuidar de otros y descuidarse ella, y luego a una etapa posconvencional que consiste en lograr un equilibrio entre cuidar de otros y de ella.

Ya se dijo que comenzamos a hacer ética cuando examinamos de manera crítica los estándares morales que asimilamos a partir de la familia, los amigos y la sociedad, y nos preguntamos si son razonables o no. En términos de las etapas de desarrollo moral que proponen Kohlberg y Gilligan, la ética comienza cuando uno deja atrás la simple aceptación de los estándares morales convencionales que aprendió de la sociedad para intentar desarrollar estándares más maduros, basados en razones más justificadas y que permiten manejar un amplio rango de situaciones de una manera adecuada. El estudio de la ética es el proceso mediante el cual se desarrolla la habilidad personal para manejar los asuntos de carácter moral, un proceso que debe permitir al individuo adquirir una comprensión reflexiva de lo que está "bien" y "mal", y que caracteriza las etapas posconvencionales del desarrollo moral. Estimular este desarrollo es una meta central del estudio de la ética.

Este es un aspecto importante que no se debe perder de vista. El texto y los casos siguientes están diseñados para leerse y discutirse con otros (estudiantes, maestros, amigos), con la finalidad de estimular en nosotros mismos el tipo de desarrollo moral que se ha descrito. La interacción y la discusión intensas con otros en relación con los asuntos de carácter moral desarrollan nuestra habilidad para ir más allá de la simple aceptación de los estándares morales que aprendimos de la familia, los compañeros, la nación o la cultura. Al discutir, criticar y razonar los juicios morales que hacemos, adquirimos el hábito de pensar y reflexionar para decidir por nosotros mismos cuáles son los principios morales que consideramos razonables por haberse probado al calor del debate.

Entonces, los principios morales que se producen con el tipo de análisis y reflexión que para Kohlberg y Gilligan son característicos de las últimas etapas del desarrollo moral son mejores, pero no porque lleguen en una etapa posterior. Un conjunto de principios morales es mejor que otro solo cuando se examina de manera cuidadosa y se encuentra que está apoyado por razones mejores y más poderosas, un proceso que se enriquece mediante la discusión y el desafío que plantean otras personas. De esta forma, los principios morales que aparecen en las etapas posteriores del desarrollo moral son mejores en tanto que son producto de un tipo de examen y discusión razonados, y porque surgen cuando la gente mejora sus habilidades de razonamiento, crece en la comprensión y el conocimiento de la vida humana e interactúa con otros para desarrollar una perspectiva moral más firme y madura.

Los psicólogos han ampliado la teoría de Kohlberg (y de Gilligan) del desarrollo moral al analizar cómo se relaciona este último con la identidad propia y la motivación para ser moral. Por ejemplo, William Damon encontró que "la moralidad no se convierte en una característica dominante del yo sino hasta [...] la mitad de la adolescencia".[67] Esto significa que solo entonces, comenzamos a considerar la moralidad como una parte importante de quiénes somos realmente. Esto es importante porque Damon también descubrió que cuanta más moralidad llegue a ser parte de quienes somos, más fuerte será nuestra motivación de hacer lo que es moralmente correcto. De hecho, hay personas ejemplares que tienen tan unidos el yo y la moralidad que cuando hacen lo que es moralmente correcto, "en vez de negar el yo, lo definen con base en un centro moral... [y por lo tanto, no consideran] sus decisiones morales como un ejercicio de autosacrificio".[68] El psicólogo Augusto Blasi argumenta que el proceso de hacer de la moralidad parte de quienes sentimos que somos realmente consiste en preguntarnos no solo "¿qué tipo de persona quiero ser?", sino también "¿qué tipo de persona debe ser alguien?".[69]

Blasi señala que las personas tienen "deseos reflexivos, digamos deseos sobre sus propios deseos". Es decir, otra forma de interrogarse sobre qué tipo de personas queremos ser es preguntar: "¿Qué deseo o qué quiero tener?".[70] Un hallazgo importante de la investigación sobre la identidad moral es que tiene una influencia importante en nuestro razonamiento moral. Es decir, en muchas situaciones lo que consideramos que debemos hacer depende del tipo de persona que creemos que somos. Por ejemplo, si me considero una persona honesta, entonces por lo general decidiré ser sincero cuando me sienta tentado a mentir. Los especialistas han llamado a este enfoque de la ética el *enfoque de la virtud*. Las virtudes son aspectos

---

Repaso breve 1.16

La investigación sobre la identidad moral sugiere que:

- La moralidad no es una parte importante del yo sino hasta la mitad de la adolescencia.
- Cuanta más moralidad llegue a formar parte del yo, más fuerte será la motivación para ser moral.
- Los juicios de lo correcto y lo incorrecto dependen en parte del tipo de persona que pensamos que es el yo, es decir, de las virtudes que pensamos que son parte de nuestro ser.

Denunciante de WorldCom

En marzo de 2002, cuando WorldCom luchaba por coordinar e integrar la compleja maraña creada por las 65 compañías que había adquirido, su sumamente respetado director financiero, Scott Sullivan, transfirió $400 millones de una cuenta de reserva y los registró como ingresos en los informes financieros públicos (de accionistas) de la compañía. Cuando Cynthia Cooper, la perfeccionista jefa del departamento de auditoría interna, lo detectó, comenzó a examinar en secreto los libros de la compañía por la noche. Pronto descubrió que Scott Sullivan (designado como el "mejor director financiero" por *CFO Magazine* en 1998) y David Myers, el contralor de WorldCom, habían reportado durante años miles de millones de dólares como gastos de capital, cuando en realidad eran costos de operación. Además, ignoraban las cuentas incobrables y reportaban como ingresos lo que en realidad eran fondos de reserva. Todo esto lo hacían con la ayuda de Arthur Andersen, la firma de auditoría y contabilidad que prestaba sus servicios a la compañía. Aunque Sullivan, furioso, la amenazó, y ella sabía que corría el riesgo de perder su trabajo y su carrera profesional, el 20 de junio de 2002, se armó de valor y se reunió con el comité de auditores del consejo directivo de WorldCom para informarles lo que estaba sucediendo. El 25 de junio los directores de WorldCom anunciaron que la compañía había inflado sus ganancias en más de $3,800 millones —una cantidad que después se elevó a $9 mil millones—, un hecho que se convirtió en el mayor fraude contable de la historia. Sullivan y Myers fueron arrestados; los accionistas de WorldCom perdieron $3 mil millones; 17,000 empleados perdieron sus trabajos, y Arthur Andersen tuvo que cerrar luego de que se descubrió que había destruido evidencias de otros fraudes en otras empresas. Actualmente, muchos directivos y empleados de WorldCom no dirigen la palabra a Cooper, y ella a veces llora. Cooper dice: "Hay un precio que pagar. [Pero] todo se reduce a los valores y la ética que aprendes... El miedo de perder mi trabajo era secundario en relación con la obligación que sentía".

1. ¿Cuál de las seis etapas de desarrollo moral de Kohlberg diría usted que Cynthia Cooper había alcanzado? Explique su respuesta.
2. ¿Las acciones y los motivos de Cynthia Cooper apoyan o debilitan los puntos de vista que sostiene Gilligan? ¿Qué diría usted que es singular en lo que ella hizo?
3. ¿Cómo aplicaría la teoría de William Damon de la identidad moral a Cynthia Cooper?

Ética y negocios

El ex presidente de WorldCom, Bernard J. Ebbers, y el director financiero, Scott Sullivan, al tomarles juramento antes de testificar ante el Congreso el 8 de julio de 2002.

Los empleados de Arthur Andersen en un mitin de apoyo a su vapuleada empresa contable, que estuvo implicada en el escándalo de WorldCom.

morales del carácter, como la honestidad y el valor. Este tipo de razonamiento difiere del razonamiento sobre los principios morales. La manera exacta en la que se diferencian se analizará en el siguiente capítulo, al estudiar el tema de la ética de las virtudes.

Es importante observar también que la ética no es solo una cuestión de lógica, razonamiento y cognición. Esto dejaría fuera el papel central que desempeñan las emociones y los sentimientos en las decisiones morales.[71] Como ya se mencionó, una de las características que definen los estándares morales es que están relacionados con emociones y sentimientos especiales, como la culpa, la vergüenza, la compasión y la empatía. Pero, además, al pensamiento moral le ayudan las emociones. Desde luego, estas a veces se pueden interponer en el camino de un pensamiento claro. Pero no es posible hacer un razonamiento moral sin la presencia de las emociones.[72] Quienes han sufrido daños en aquellas regiones del cerebro responsables de producir las emociones y que, por lo tanto, ya no las experimentan, son incapaces de realizar algún razonamiento moral. Aún pueden razonar lógicamente y pensar de manera abstracta, pero ya no son capaces de aplicar estándares morales a sus interacciones con otras personas.

Por ejemplo, Phineas Gage era un joven popular y respetado que un día en el trabajo cayó sobre una carga explosiva mientras sostenía una barra de hierro. La carga explotó con tal fuerza que instantáneamente incrustó la barra contra su mejilla, detrás de su ojo izquierdo, y atravesó la parte frontal de su cerebro, saliendo a gran velocidad por la parte superior de su cráneo. Milagrosamente, sobrevivió y se recuperó sin perder las capacidades de caminar, moverse, percibir, hablar, pensar, recordar y razonar. Pero la parte frontal del cerebro desempeña un papel esencial en la producción de las emociones, así que Gage perdió la mayor parte de su capacidad de experimentarlas. Y con esa pérdida, también perdió algo más. Según testigos, se volvió "impredecible, irreverente, a veces sumamente burlón y pícaro en su forma de hablar (algo que antes no era), irrespetuoso con sus compañeros, impaciente ante las restricciones o consejos que entraban en conflicto con sus deseos, a veces perniciosamente obstinado, pero caprichoso y vacilante; hacía muchos planes para el futuro, los cuales más tardaba en iniciar que en abandonar".[73] Junto con sus emociones, el joven Gage perdió también la capacidad de participar en cualquier tipo de pronóstico y pensamiento moral que le permitiera relacionarse éticamente con sus amigos y conocidos, como lo hacía antes. Muchas otras personas que, al igual Gage, perdieron la capacidad de sentir emociones, también dejan de tener la capacidad de razonar de manera moral. Diversos estudios ponen de manifiesto la estrecha relación que existe entre el razonamiento moral y las emociones al demostrar que, cuando se razona de manera moral, se activa una de las regiones del cerebro que también lo hace cuando se experimentan emociones, esto es, la parte del cerebro que perdió Gage.

¿De qué manera trabajan juntas las emociones y el razonamiento? Consideremos un ejemplo sencillo. Por ejemplo, la reacción emocional o empatía que experimentamos al ver cómo una mujer es maltratada frente a nosotros de pronto concentrará nuestra atención en ella, nos llevará a imaginar cómo se sentirá y lo que le sucede, acallando cualquier otra cuestión que tengamos en mente. La información que recibimos de esta percepción en la que nos concentramos quizá nos haga sentir compasión y esto nos mueva a preguntarnos si merece que la traten como lo hacen. Si consideramos que no lo merece y que la están tratando injustamente, quizá sintamos ira, lo que nos impulsará a pensar en qué podemos hacer para terminar con esa injusticia. Este es solo un ejemplo de cómo nuestros sentimientos y razonamiento trabajan juntos.

Más aún, debería ser suficiente para sugerir cómo los sentimientos pueden dar información sobre lo que pasa a nuestro alrededor. Por ejemplo, de manera empática nos permiten saber lo que siente la víctima y percibir lo que está experimentando. Las emociones como la compasión nos pueden hacer reconocer que enfrentamos una situación que genera una cuestión ética y nos motiva a entender y razonar sobre lo que ocurre. Y la ira nos impulsa a pensar sobre lo que podemos y debemos hacer, y luego nos incita a la acción.

Repaso breve 1.17

La investigación psicológica sobre el razonamiento moral
- Sugiere que las emociones son necesarias para el razonamiento moral.

El siguiente análisis se enfoca, en gran medida, en los procesos de razonamiento sobre los que se basan las decisiones morales. Sin embargo, es importante recordar que las emociones y los sentimientos impulsan y revisten esos procesos. El razonamiento sobre la ética es importante, pero sin las emociones, seríamos como Gage: incapaces de enfocarnos en la ética y de preocuparnos por ella, y no podríamos razonar de manera moral sobre nosotros ni sobre quienes nos rodean.

Razonamiento moral

Hemos usado el término *razonamiento moral* repetidas veces. Pero, ¿qué significa? El **razonamiento moral** se refiere al proceso de razonamiento mediante el cual se juzga si el comportamiento humano, las instituciones o las políticas están en concordancia con los estándares morales o, por el contrario, los quebrantan. El razonamiento moral siempre incluye tres elementos esenciales: **1.** la comprensión de nuestros estándares morales y de aquello que requieren, prohíben, valoran o condenan, **2.** la evidencia o la información que muestra que una persona, una política, una institución o un comportamiento en particular tienen las características que estos estándares morales requieren, prohíben, valoran o condenan, y **3.** una conclusión o un juicio moral acerca de que la persona, la política, la institución o el comportamiento están prohibidos o son adecuados, correctos o incorrectos, justos o injustos, valiosos o condenables, etcétera. A continuación se presenta una ilustración del razonamiento moral cuyo autor nos explica las razones que le permitieron llegar al juicio moral de que algunas instituciones sociales estadounidenses son injustas.

razonamiento moral Proceso de razonamiento mediante el cual se juzga si el comportamiento humano, las instituciones o las políticas están en concordancia con los estándares morales o, por el contrario, los quebrantan.

> Afroestadounidenses y otras minorías viven en nuestra sociedad, y una cantidad desproporcionada combate en guerras que mantienen a nuestra sociedad segura: el 20 por ciento del ejército está integrado por afroestadounidenses, pero estos constituyen tan solo el 11 por ciento de la población total. Las minorías aceptan los empleos más bajos en el escalafón (el 30 por ciento de los trabajadores de limpieza son hispanos, pero estos, en total, conforman apenas el 7 por ciento de la fuerza laboral). Además, las minorías contribuyen con mano de obra barata (el 4 por ciento de los trabajadores agrícolas son hispanos), lo cual nos permite vivir y comer desproporcionadamente bien. Pero las minorías no comparten los beneficios de la sociedad. Un 26 por ciento de los afroestadounidenses y el 25 por ciento de los hispanos viven por debajo del límite de pobreza, en comparación con el 12 por ciento de los caucásicos. La mortalidad infantil es tres veces más alta entre los bebés de familias afroestadounidenses e hispanas que entre las caucásicas. Mientras que los afroestadounidenses constituyen el 11 por ciento de la fuerza laboral del país, ocupan solo un 7 por ciento de los puestos administrativos y el 6 por ciento de los ingenieriles. Es injusta la discriminación que impide que las minorías obtengan de su sociedad una retribución equiparable a su contribución.[74]

En este ejemplo, el autor tiene en mente un estándar moral que establece al final del párrafo: "Es injusta la discriminación que impide que las minorías obtengan de su sociedad una retribución equiparable a su contribución". El resto del párrafo se dedica a citar evidencias que muestran que la sociedad estadounidense exhibe el tipo de discriminación proscrita por este principio moral. El juicio moral del autor sobre la sociedad estadounidense no se declara de manera explícita, pero es evidente: la sociedad estadounidense es injusta. Así que este ejemplo de razonamiento moral tiene los componentes habituales: **1.** un estándar moral sobre el que se basa el juicio moral, **2.** evidencia o información de hechos concretos sobre la institución que se juzga, y **3.** un juicio o una conclusión moral que

Figura 1.1

Vea la imagen en mythinkinglab.com

Estándares morales → Información de hechos concernientes a la política, la institución o el comportamiento que se considera → Juicio moral de lo correcto o incorrecto de la política, la institución o el comportamiento

EJEMPLO: "Una sociedad es injusta si no trata a las minorías igual que a la población caucásica".

EJEMPLO: "Un 26 por ciento de los afroestadounidenses viven por debajo del límite de pobreza, en comparación con el 12 por ciento de los caucásicos".

EJEMPLO: "La sociedad estadounidense es injusta".

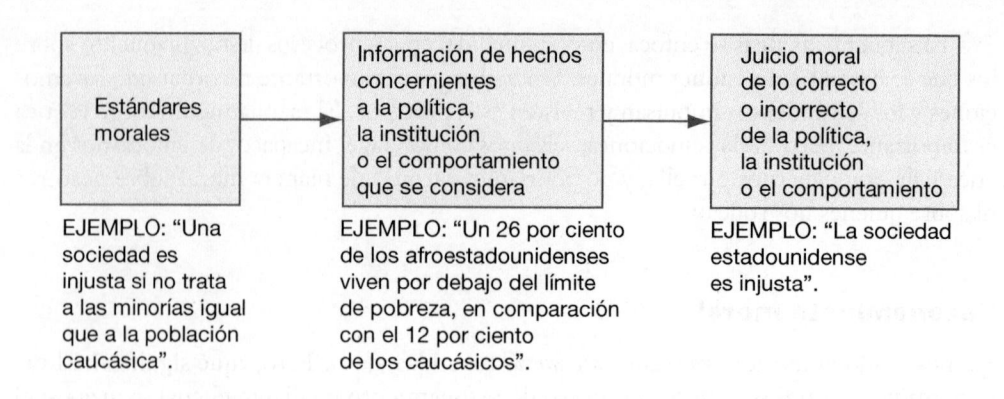

Repaso breve 1.18

El razonamiento moral incluye:
- Los estándares morales mediante los que evaluamos las situaciones.
- La información sobre lo que se evalúa.
- Un juicio moral sobre lo que se evalúa.

---

se obtiene a partir de los dos primeros componentes. Entonces, de manera esquemática, el razonamiento moral o ético suele tener el tipo de estructura indicado en la figura 1.1.[75]

Algunas veces no se expresan uno o más de los tres componentes incluidos en el razonamiento moral de un individuo. En el ejemplo anterior, la conclusión no se expresa explícitamente porque es muy evidente. Sin embargo, las personas no siempre declaran explícitamente los estándares morales sobre los que basan sus juicios morales, y es posible que haya que descubrirlos. Por ejemplo, tal vez alguien diga, "la sociedad estadounidense es injusta porque permite que el 26 por ciento de los afroestadounidenses vivan por debajo del límite de pobreza, en comparación con el 12 por ciento de los caucásicos". Aquí, el juicio moral es que "la sociedad estadounidense es injusta" y la evidencia es que "permite que el 26 por ciento de los afroestadounidenses vivan por debajo del límite de pobreza, en comparación con el 12 por ciento de los caucásicos". Pero, ¿en qué estándar moral se basa este juicio? El estándar que no se declara tiene que ser algo como: "una sociedad es injusta si permite que haya un porcentaje mayor de personas pobres de una raza que de otra". ¿Cómo se sabe? Porque la **información objetiva** de que *el 26 por ciento de los afroestadounidenses viven por debajo del límite de pobreza en comparación con el 12 por ciento de los caucásicos* sirve como evidencia para el juicio moral de que *la sociedad estadounidense es injusta*, pero solamente si se acepta el **estándar moral** de que una sociedad es injusta cuando permite que *haya un porcentaje mayor de personas pobres de una raza que de otra*. Sin este estándar moral, la información objetiva no tendría relación lógica con la conclusión y, por lo tanto, no sería evidencia de esta última. Así que para descubrir los estándares morales no declarados que alguien usa cuando hace un juicio moral, tenemos que determinar el origen de su razonamiento hasta llegar a sus suposiciones morales. Esto implica preguntar: *a*) qué información objetiva considera la persona que es evidencia de su juicio moral, y *b*) qué estándares morales se necesitan para relacionar lógicamente esta información de hechos con su juicio moral.[76]

Una razón por la cual los estándares morales no se expresan de manera explícita es que, en general, se supone que son evidentes. La gente se esfuerza más en analizar si hay evidencias de que una situación determinada cumple o viola los estándares morales no expresados en los que se apoya su juicio. Sin embargo, no se esfuerza en examinar los estándares morales (no expresados) de los que depende su juicio. Pero si no se hacen explícitos dichos estándares, los juicios se pueden basar en estándares morales que ni siquiera sabemos que tenemos; o, peor aún, en estándares que rechazaríamos si pensáramos explícitamente en ellos. Nuestros estándares morales no declarados pueden ser incongruentes, irracionales o tener implicaciones que no aceptamos. En el ejemplo del razonamiento moral, se ha analizado el estándar moral no declarado: una sociedad es injusta si permite que haya más proporción de pobreza en una raza que en otra. Pero ahora que se ha hecho explícito, quizá no estemos seguros de que sea correcto. Por ejemplo, algunos creen que las desigualdades en los porcentajes de pobreza de cada raza son resultado de las diferentes características naturales de cada una.

Y si son el resultado de diferencias naturales, entonces, ¿demostrarían esas desigualdades que la sociedad es injusta? Tal vez se rechace la idea de que las desigualdades son resultado de diferencias raciales naturales, pero al menos nos lleva a analizar con más cuidado si los estándares morales que se usan están justificados. Hacer explícitos los estándares morales sobre los que se basan los juicios morales es esencial para entender si aquellos que subyacen en nuestro razonamiento realmente se justifican.

Los estándares morales sobre los que los adultos basan sus juicios morales por lo general son mucho más complejos de lo que sugieren estos ejemplos sencillos. Por lo general, incluyen calificaciones, excepciones y restricciones que limitan su alcance. Además, tal vez estén combinados de distintas maneras con otros estándares morales importantes. De cualquier forma, el método general para descubrir los estándares no declarados de las personas es el mismo sin importar qué tan complejos sean estos. Debemos preguntar: ¿qué estándares morales generales se necesitan para relacionar la evidencia objetiva de esta persona con el juicio moral que hace?

Desde luego, esa explicación del razonamiento moral no sugiere que siempre sea fácil separar la información objetiva de los estándares morales en un razonamiento moral específico; nada estaría más lejos de la realidad. En la práctica, a veces los dos están interrelacionados de tal manera que es difícil separarlos. También hay dificultades teóricas al tratar de dibujar una línea precisa que los separe.[77] Aunque la diferencia entre ambos por lo general está lo suficientemente clara para fines explicativos, el lector debe estar consciente de que a veces no se pueden distinguir claramente.

Análisis del razonamiento moral

Existen varios criterios que los especialistas en ética usan para evaluar la suficiencia del razonamiento moral. Primero, el razonamiento moral debe ser lógico. Esto sugiere que cuando se evalúa el razonamiento de un individuo, primero se deben hacer explícitos sus estándares morales no declarados. También se debe entender la evidencia que ofrece para apoyar su conclusión y saber exactamente cuál es esta. Luego, será posible determinar si todos sus estándares morales, junto con la evidencia que ofrece, apoyan lógicamente su conclusión.

Segundo, la evidencia objetiva (los hechos) citada para apoyar su juicio moral debe ser *precisa, relevante y completa*.[78] Por ejemplo, el ejemplo anterior de razonamiento moral presentó varios datos estadísticos ("mientras que los afroestadounidenses constituyen el 11 por ciento de la fuerza laboral del país, ocupan solo un 7 por ciento de los puestos administrativos y el 6 por ciento de los ingenieriles") y relaciones ("las minorías contribuyen con mano de obra barata que permite a otros vivir y comer desproporcionadamente bien") que, al parecer, existen en Estados Unidos. Si el razonamiento moral ha de ser adecuado, estos datos y relaciones deben ser *precisos*: deben apoyarse en métodos estadísticos confiables y en una teoría científica bien fundamentada. Además, la evidencia debe ser *relevante*: debe mostrar que el comportamiento, la política o la institución que se somete a juicio tiene, precisamente, esas características prohibidas por los estándares morales. Por ejemplo, los datos estadísticos y las relaciones del ejemplo del razonamiento moral anterior deben mostrar que algunas personas "no obtienen de la sociedad [estadounidense] una retribución equiparable a su contribución", esto es, la característica precisa condenada por el estándar moral que se cita en el ejemplo. Finalmente, la evidencia debe estar *completa*: debe tomar en cuenta toda la información relevante y no debe presentar en forma selectiva la evidencia de modo que tienda a apoyar un solo punto de vista.

Tercero, los estándares morales del razonamiento moral de un individuo deben ser *congruentes*. Deben estar relacionados entre sí y con los otros estándares y creencias de la persona.

> *Repaso breve 1.19*
>
> **El razonamiento moral debe:**
> - Ser lógico.
> - Basarse en evidencias o información que sean precisas, relevantes y completas.
> - Ser congruente.

La incongruencia entre los estándares morales de una persona se puede descubrir y corregir examinando situaciones en las que esos estándares requieran cosas incompatibles. Suponga que yo creo que: **1.** es incorrecto desobedecer a un empleador a quien uno se ha comprometido a obedecer mediante un contrato, **2.** es incorrecto ayudar a alguien que pone en peligro la vida de otras personas. Entonces, suponga que un día mi empleador insiste en que venda un producto que puede ser peligroso, incluso fatal, para quien lo use. La situación ahora revela una incongruencia entre estos dos estándares morales: puedo obedecer a mi empleador y evitar la deslealtad, o puedo desobedecerlo y negarme a poner en peligro la vida de otras personas, pero no puedo cumplir ambos.

De esta manera, cuando se descubren incongruencias entre los estándares morales propios, debe modificarse uno de los dos (o ambos). En este ejemplo, puedo decidir que las órdenes del empleador deben obedecerse, excepto cuando amenazan la vida humana. Observe que, para determinar qué tipos de modificaciones se necesitan, se tienen que examinar las razones para aceptar los estándares incongruentes y sopesarlas para ver qué es más importante y valioso de conservar, y qué es menos importante y está sujeto a modificación. En este ejemplo, puedo decidir que la razón por la que la lealtad del empleado es importante es porque protege la propiedad, pero la razón del rechazo a poner en peligro seres humanos es importante porque salvaguarda la vida humana. Entonces decido que esta última es más importante que la propiedad. Este tipo de críticas y ajustes de los propios estándares morales es una parte importante del proceso a través del cual tiene lugar el desarrollo moral.

En el razonamiento ético hay otro tipo de incongruencia que es quizá más importante. La congruencia también se refiere al requisito de que uno debe estar dispuesto a aceptar las consecuencias de aplicar sus estándares morales de manera coherente a todas las personas en situaciones similares.[79] Este requisito de congruencia se puede expresar como sigue: Suponga que "hacer A" se refiere a un tipo de acción, y "circunstancias C" a las circunstancias en las que alguien lleva a cabo esa acción. Entonces, se puede decir que:

Si juzgo que cierta persona está moralmente justificada (o no justificada) al hacer A en las circunstancias C, entonces debo aceptar que está moralmente justificado (o no justificado) que cualquier otra persona realice un acto similar a A, en cualquier circunstancia similar a C.

Esto es, se deben aplicar los mismos estándares morales a la acción de una persona en una situación que se haya aplicado a otra en condiciones similares. (Dos situaciones son similares cuando todos los factores que tienen que ver en el juicio de si una acción es correcta o incorrecta en una situación también están presentes en la otra). Por ejemplo, suponga que juzgo que es moralmente permisible que yo ajuste los precios porque deseo obtener mayores ganancias. Para ser congruente, debo establecer que es moralmente permisible que mis *proveedores* ajusten sus precios cuando quieran mayores ganancias. Si no estoy dispuesto a aceptar con congruencia las consecuencias de aplicar a otras personas similares el estándar de que ajustar los precios está moralmente justificado para quienes desean mayores ganancias, no puedo racionalmente decir que el estándar es cierto en mi caso.

El requisito de congruencia es la base de un método importante para descubrir que un estándar moral se debe modificar: el uso de contraejemplos o situaciones hipotéticas. Si hay dudas sobre si un estándar moral es aceptable o no, con frecuencia se puede someter a prueba al considerar si hay disposición para aceptar las consecuencias de aplicarlo a otros casos hipotéticos semejantes. Por ejemplo, suponga que yo afirmo que para mí estuvo moralmente justificado mentir para proteger mis intereses porque "siempre está moralmente justificado que una persona haga cualquier cosa que le beneficie". Se puede evaluar si este principio es realmente aceptable al considerar el ejemplo hipotético de un individuo que, con conocimiento, me lastima a mí o a alguien a quien yo amo, y que asegura que estuvo moralmente justificado hacerlo porque eso le beneficiaba.

Si, como es probable, yo no creo que otra persona estuviera moralmente justificada para lastimarme a mí o a los míos simplemente porque le beneficiaba, entonces tengo que calificar o rechazar el principio de que "siempre está moralmente justificado que una persona haga cualquier cosa que le beneficie". Tengo que calificarlo o rechazarlo porque la congruencia exige que si realmente acepto la idea de que yo tengo justificación para lastimar a alguien cuando eso me beneficia, entonces tendría que aceptar que cualquiera estaría justificado para lastimarme cuando esto le beneficie. Lo importante aquí es que los ejemplos hipotéticos se pueden usar de manera efectiva para demostrar que un estándar moral no es realmente aceptable y que, por lo tanto, debe rechazarse o, al menos, modificarse.

El comportamiento moral y sus impedimentos

Hemos dedicado algún tiempo a analizar lo que es el razonamiento moral, pero este es solo uno de los procesos que llevan al comportamiento ético o no ético. Los estudios en relación con los pasos principales que conducen a las acciones éticas o no éticas convergen en el punto de vista, que propuso el psicólogo moral James Rest, de que hay cuatro procesos principales que preceden a la acción ética: **1.** reconocer o tomar conciencia de que enfrentamos una cuestión o situación ética, es decir, una en la que podamos responder de manera ética o no; **2.** hacer un juicio sobre cuál es el curso ético de acción; **3.** tener la intención o tomar la decisión de hacer o no lo que se juzga que es correcto; y **4.** actuar según la intención o decisión que se haya tomado.[80] No es necesario que estos cuatro procesos ocurran en secuencia; de hecho, uno o todos pueden ser simultáneos. Más aún, no siempre es fácil distinguirlos, especialmente cuando son simultáneos.

Observe que el razonamiento moral se ocupa solo del segundo de estos procesos, esto es, hacer un juicio sobre cuál debe ser la respuesta ética a un asunto o una situación. Más aún, el razonamiento moral, como veremos, no es la única forma de tomar una decisión sobre qué es lo que se debe hacer. Se analizarán esas otras formas en el siguiente capítulo. En este, analizaremos los cuatro procesos principales que llevan a la acción ética (o no ética). En específico, analizaremos a detalle diversos impedimentos que pueden obstaculizar estos procesos. Entenderlos puede ayudarle a lidiar con ellos de manera más eficaz cuando surjan en su vida.

Repaso breve 1.20

Cuatro pasos que conducen al comportamiento ético
- Reconocer una situación ética.
- Juzgar cuál es el curso ético de acción.
- Decidir emprender el curso ético de acción.
- Poner en práctica la decisión.

Primer paso hacia el comportamiento ético: Reconocer una situación ética Todos los días nos topamos con situaciones que generan cuestiones éticas. Pero incluso antes de comenzar a pensar en ellas, primero hay que reconocer que esa situación requiere un razonamiento ético. Hay muchas formas diferentes de considerar o clasificar una situación y, para lidiar con cada una, empleamos formas de pensamiento que son adecuadas para cada tipo específico. Por ejemplo, podemos considerar que una situación es de negocios y requiere reglas o razonamiento de negocios, o que es legal o familiar. Cuando se reconoce que es una situación de *negocios*, es posible que comencemos a pensar sobre lo que podemos hacer para ahorrar dinero, o sobre el efecto que nuestras acciones tendrán en los ingresos, las ventas o las ganancias. Cuando se considera que la situación es *legal*, comenzamos a pensar sobre las leyes o regulaciones que se aplican a esa situación y a preguntarnos si un curso de acción u otro será legal y lo que tenemos que hacer para cumplir con la ley. Y cuando vemos que la situación es *familiar*, pensamos qué debería hacer un padre o un hijo en dicha situación. Se puede usar la palabra *marco* para referirnos a la forma en la que vemos la situación, es decir, el tipo de situación que creemos enfrentar, y el tipo de pensamiento que debe emplearse para lidiar con esta. Desde luego, que la mayoría de las situaciones caerán dentro de muchos marcos. Una situación de negocios también puede ser personal, y una legal puede ser familiar.

> *Repaso breve 1.21*
>
> **Reconocer una situación ética**
> - Requiere enmarcarla como una situación que necesita razonamiento ético.
> - Es probable que la situación se considere ética cuando supone un peligro grave que es concentrado, probable, próximo, inminente y que potencialmente viola los estándares morales.
> - Los obstáculos para reconocer que una situación es ética son el uso de eufemismos, la justificación de las acciones, las comparaciones ventajosas, el remplazo de la responsabilidad, la difusión de la responsabilidad, la distorsión del daño, la deshumanización y la atribución de culpas.

Además de los marcos de negocios, legal y familiar, también se aplican marcos morales o éticos a las situaciones. Cuando se la enmarca como moral o ética, se reconoce que hace surgir preguntas o cuestiones éticas y se comienza a pensar sobre ella en formas morales, es decir, se empiezan a usar el razonamiento y los estándares morales para tratarla. Las situaciones que se enmarcan de manera correcta como éticas por lo general también estarán dentro de algún otro marco, como el legal o el de negocios, es decir, una situación legal o de negocios también puede ser ética. ¿Cuáles son las características de las situaciones que nos llevan a enmarcarlas como éticas? Algunos psicólogos consideran que hay seis criterios que podemos considerar para decidir enmarcar una situación como ética y que requiere un razonamiento ético.[81] Un tanto simplificados, estos criterios son:

1. ¿La situación implica infligir un daño grave a alguien?
2. ¿El daño se concentra en las víctimas de tal forma que cada una recibirá, o ya ha recibido, una cantidad significativa de daño?
3. ¿Es probable que el daño ocurra (o ha ocurrido ya)?
4. ¿Las víctimas son cercanas, es decir, las conocemos?
5. ¿Ocurrirá el daño relativamente pronto (o ya ha ocurrido)?
6. ¿Existe la posibilidad de que el hecho de infligir el daño viole los estándares morales que nosotros o la mayoría de las personas aceptamos?

Cuantas más de estas preguntas se contesten de manera afirmativa, más importante resultará la situación, y es más probable que se enmarque como ética y requiera un razonamiento acorde. Observe que se pueden usar estos criterios para determinar si se *debe* enmarcar o no una situación como ética, esto es, estas seis preguntas se pueden usar deliberadamente para determinar si la situación que enfrentamos es ética. Cuantas más de estas preguntas se contesten de manera afirmativa, más probable es que la situación se *deba* enmarcar como ética. Es posible mejorar la capacidad de reconocer situaciones éticas si nos capacitamos para prestar atención moral cuando veamos situaciones que suponen daño que es concentrado, probable, próximo, inminente y que posiblemente viole nuestros estándares morales.

Aunque hay formas de mejorar la capacidad de reconocer si una situación requiere razonamiento ético, también hay una serie de impedimentos que pueden obstaculizar ese reconocimiento. Por ejemplo, Albert Bandura reconoció seis formas de *desconexión moral*, que puede impedirnos (o que se pueden usar de manera deliberada para impedirnos a nosotros mismos) reconocer o estar conscientes de que una situación es ética.[82] Las formas principales de desconexión moral que funcionan como impedimentos para enmarcar una situación como ética son:

Uso de eufemismos Es posible usar eufemismos para cambiar o disimular la forma en que se considera una situación. Por ejemplo, en lugar de pensar sobre el hecho de que estamos despidiendo gente, tratamos de pensar que estamos haciendo "reducciones", un "ajuste de la planta laboral" o iniciando una "subcontratación". El ejército estadounidense se refiere a la muerte de civiles como "daños colaterales", los políticos hablan de la tortura como "técnicas mejoradas de interrogación" y de las mentiras como "aseveraciones inexactas", "declaraciones técnicamente imprecisas" o "palabras ambiguas". Al usar esos eufemismos, cambiamos la manera de ver esas situaciones y en lugar de enmarcarlas como éticas, las enmarcamos de manera personal como si solo fueran de carácter administrativo, político o militar.

Racionalización de las acciones Podemos decirnos que el daño previsto está justificado porque buscamos una causa digna y moral, así que no tenemos que analizar nuestras acciones por medio de un marco ético.

Por ejemplo, cuando un terrorista planea colocar una bomba que matará a civiles inocentes, quizá se considere un valiente luchador contra un brutal opresor. Por lo tanto, siente que lo que planea hacer se justifica y no tiene que enmarcar su acción como una que necesita evaluación ética. La racionalización también puede ocurrir después de haber infligido daño a los demás y, cuando eso ocurre, por lo general forma parte de un intento de eludir la responsabilidad de la lesión causada. Más adelante se analizarán los usos de la racionalización, cuando se examine la naturaleza de la responsabilidad moral.

Disminución por comparación Al considerar una situación dentro de un contexto de males mayores, se puede disminuir la magnitud del acto incorrecto y hacer que los daños que infligimos parezcan menores o sin consecuencias. Por ejemplo, cuando vemos las pérdidas que nuestra empresa ocasiona a los clientes, quizá pensemos: "Bueno, no está tan mal como lo que hizo la otra compañía". O podemos robar artículos de oficina en el trabajo y pensar: "Esto no es nada comparado con lo que la compañía me ha hecho a mí". Esas comparaciones nos hacen ver los daños que causamos tan insignificantes que no necesitan considerarse mediante un marco ético.

Remplazo de la responsabilidad Cuando hacemos nuestro trabajo de manera que daña a otros, podemos considerar que ese daño lo hizo quien nos dio la orden de actuar y, por lo tanto, mentalmente nos retiramos de la cadena de actores responsables. Por ejemplo, si me entero de que los clientes están sufriendo daños graves por un producto que yo ayudo a fabricar, puedo aducir que mis jefes son los responsables de las lesiones porque me ordenaron hacer lo que hice y, por lo tanto, yo no tengo nada que ver con ellas. Entonces no tengo que encuadrar mis propias acciones dentro de un marco moral puesto que "en realidad no tuve nada que ver con las lesiones de los clientes".

Difusión de la responsabilidad Puedo difuminar mi participación en actividades que dañan a alguien si considero que sólo desempeño un papel menor dentro de un grupo grande que es responsable del daño. Por ejemplo, si soy miembro de un equipo de ingeniería que diseñó un producto que ha ocasionado daño a quienes lo usan, entonces puedo decirme que en realidad fue el equipo quien provocó el daño y que yo sólo tuve un papel mínimo o insignificante en lo que ocurrió. Una vez más, no tengo que aplicar un marco ético a mis propias acciones ya que "solamente soy una persona entre muchas, por lo que no tuve mucho que ver en la situación".

Menosprecio o distorsión del daño Podemos negar, menospreciar o distorsionar el daño que nuestras acciones ocasionaron. Por ejemplo, tal vez afirmemos que "en realidad no hay pruebas de que alguien haya salido lastimado". O podemos desacreditar la evidencia al pensar que "no se puede creer a las víctimas, ya que probablemente exageraron los daños para exigir una indemnización". Si nos convencemos de que no existe un daño real, entonces no tenemos que enmarcar nuestras acciones para someterlas a un escrutinio ético.

Deshumanización de la víctima Otro ardid consiste en pensar en las víctimas que lastimamos como si no fueran seres humanos reales o con sentimientos y preocupaciones, para así evitar reconocer que lastimamos a gente real. Durante las guerras, las naciones a menudo deshumanizan a sus enemigos, al atribuirles características no humanas para justificar la acción beligerante y no utilizar un marco ético para juzgarla. Antes de que Hitler y los nazis asesinaran a seis millones de judíos, los calificaban de "parásitos", "plaga" y "enfermedad". Cuando un banco de Berkeley, California, quiso construir un edificio en un terreno baldío que estaba ocupado por gente sin hogar que vivía en tiendas de campaña, comenzó a llamarlos "paracaidistas" y "vagabundos". En vez de pensar en los empleados que despedimos como seres humanos, quizá los consideremos "recursos humanos".

Desvío de la culpa Podemos culpar de nuestras acciones a nuestro adversario o a las circunstancias para, de esta forma, vernos como víctimas inocentes. Si un empleado se queja ante su departamento de recursos humanos de que su gerente está acosando a sus compañeros, este último podría enfadarse y vengarse despidiéndolo mientras piensa que "se lo merecía" por ser desleal, o que fue él "quien comenzó" y que, como su superior, se vio "obligado" a despedirlo para establecer su autoridad.

Estas formas de desconexión moral son obstáculos que, sin saberlo, nos impiden considerar como ética la situación en la que nos encontramos y, por lo tanto, nos impiden pensar en ella en términos morales o éticos. Pero también podemos usar esos mecanismos de forma deliberada para eludir el marco ético cuando, más o menos conscientemente, sospechamos que considerar una situación en términos éticos nos obligará a admitir que estamos haciendo algo incorrecto. Como seguramente ya se habrá dado cuenta, todas esas formas de desconexión son comunes en la vida humana normal y son igual de comunes en los negocios donde los empleados las invocan, especialmente cuando se descubre que sus empresas han tenido un comportamiento no ético. Es deseable que el hecho de estar consciente de estos obstáculos le ayude a evitarlos en su futura vida laboral.

Segundo paso hacia el comportamiento ético: Juzgar cuál es el curso ético de acción Como ya se analizó, antes de juzgar una situación se debe reunir información al respecto que sea precisa, relevante y completa. Sin embargo, nuestros intentos de hacerlo se pueden ver afectados por ciertos prejuicios o predisposiciones que nos impiden obtener esa información. Un prejuicio es una suposición que distorsiona las creencias, percepciones y comprensión de una situación. Se han estudiado algunas de sus formas y, por lo general, se dividen en tres grupos: teorías parciales sobre el mundo, sobre la gente y sobre nosotros mismos.[83]

Teorías parciales sobre el mundo Las teorías sobre el mundo se refieren a las creencias que se tienen acerca de cómo funciona este, las causas por las que suceden las cosas y cómo nuestras acciones lo afectan. El mundo nos satura con información compleja en la que no podemos pensar a menos que la simplifiquemos de alguna manera. Una forma de hacerlo es limitar la cantidad de información en un grado que nos permita pensar. Sin embargo, cuando reflexionamos sobre las consecuencias de nuestras acciones, estos límites pueden generar sesgos de apreciación. En particular, tendemos a ignorar las consecuencias de baja probabilidad; descartamos el papel del azar y erramos al evaluar los riesgos de nuestras acciones; no consideramos todos los grupos de interés sobre los que incidirán nuestras acciones; ignoramos la posibilidad de que el público descubra lo que hicimos; descontamos las consecuencias relativamente lejanas en el futuro; y no tomamos en cuenta los efectos indirectos de lo que hacemos.

Estos sesgos o predisposiciones nos pueden llevar a ignorar información muy importante sobre las situaciones éticas que enfrentamos. Por ejemplo, el 20 de abril de 2010, una plataforma petrolera de British Petroleum (BP) ubicada en el Golfo de México explotó y provocó la muerte a 11 trabajadores, además de liberar millones de galones de petróleo al mar y generar un desastre medioambiental. La compañía había instalado un dispositivo para evitar explosiones, pero el azar hizo que este fallara, una consecuencia de probabilidad mínima para la que BP no estaba preparada.[84] La empresa tenía tras de sí un historial de casos en los cuales había ignorado cómo sus acciones podían afectar al medio ambiente natural. Por otro lado, nunca consideró que estaría sujeta a un intenso escrutinio público después de una explosión, puesto que la mayoría de los accidentes que habían ocurrido hasta entonces fueron relativamente de escasa magnitud y la prensa no dio cuenta de ellos.[85] Un informe del gobierno sobre una explosión anterior en una torre de perforación ubicada en Texas estableció que aunque "hubo señales de aviso de un posible desastre", la compañía no había intentado impedir la posibilidad de que ocurriera un evento similar en el futuro. Y motivada por una fuerte tendencia a reducir los costos y por un falso sentido de confianza, la compañía no había realizado las inversiones necesarias en los procesos de seguridad.

Repaso breve 1.22

Un juicio acerca del curso ético de acción
- Requiere razonamiento moral que aplique nuestros estándares morales a la información que tenemos sobre una situación.
- Requiere darse cuenta de que la información sobre una situación puede estar distorsionada por las teorías parciales sobre el mundo, los demás y uno mismo.

Debido a sus muchos efectos indirectos, el derrame de petróleo de 2010 en el Golfo de México tuvo un efecto devastador y de largo plazo en la economía de los estados ribereños y en su medio ambiente. Así que este derrame ilustra todas las predisposiciones anteriores. BP no se preparó para la baja probabilidad de que ocurriera una explosión de gran magnitud y no tomó en cuenta el azar. Tampoco consideró a todos los potenciales grupos de interés, ni cómo la prensa podría difundir su historia de comportamiento falto de ética; no previó lo que podría pasar en el futuro —algo que la habría inducido a invertir más en las actividades del presente—, y no pensó en todos los efectos indirectos de sus acciones. Si la compañía hubiera tenido en cuenta toda esa información cuando decidió qué tipo de inversiones hacer en materia de seguridad, quizá la explosión nunca se habría registrado.

Teorías parciales sobre los demás Las teorías sobre los demás incluyen las creencias que tenemos sobre cómo "nosotros" nos diferenciamos de "ellos", o en qué se parecen los miembros de determinados grupos. El *etnocentrismo* se refiere a una clase importante de esas creencias. Se refiere a la creencia de que lo que hace *nuestra* nación, grupo o cultura (es decir, lo que hacemos "nosotros") parece normal, habitual y bueno, mientras que lo que hacen los *otros* ("ellos"), parece extraño, desconocido y menos bueno. "Nuestra" forma es superior y la "suya" es inferior. Esas creencias llevan a discriminación no intencional. Por ejemplo, los bancos que emplean a una mayoría de agentes de créditos hipotecarios de origen caucásico tienden a rechazar a una mayor proporción de solicitantes afroestadounidenses, en comparación con los de piel blanca. Incluso después de tomar en cuenta las diferencias en el ingreso, empleo, historial crediticio, etcétera, la diferencia en los índices de rechazo permanece. Cuando se les hace notar esto, los agentes niegan con firmeza que discriminen de manera intencional, y probablemente sean sinceros, porque quizá las diferencias se deban a predisposiciones inconscientes que los lleven a favorecer sin intención a solicitantes caucásicos, como ellos mismos, sobre los afroestadounidenses, quienes son "diferentes".

Los *estereotipos* son creencias que funcionan de manera similar al etnocentrismo, solo que los primeros pueden generarse en relación con los miembros de cualquier grupo, y no solamente respecto de quienes son cultural o étnicamente diferentes a nosotros. Son creencias firmes que tenemos sobre aquello en lo que se parecen todos o la mayoría de los miembros de diversos grupos, como las personas de una misma nacionalidad, o de un género, raza, religión u ocupación determinados. Los estereotipos también pueden conducir a decisiones injustas, falsas y posiblemente ilegales sobre las personas. Por ejemplo, podrían llevarnos a pensar de manera inconsciente y equivocada que los hombres son líderes más eficaces que las mujeres, que todos los afroestadunidenses son buenos deportistas, que los asiáticos siempre estudian mucho, que los mexicanos son perezosos, que los homosexuales son afeminados, que todos los musulmanes apoyan el terrorismo, que las mujeres son mejores enfermeras que los hombres, etcétera. Los estereotipos pueden dar como resultado decisiones no éticas en relación con ascensos, contrataciones, despidos, salarios, asignaciones de puestos y otras tantas que dependen de los juicios de las personas.

Teorías parciales sobre uno mismo Quizá no le sorprenda saber que la investigación ha demostrado que las opiniones sobre nosotros mismos tienden a estar viciadas. Creemos —de manera general y poco realista— que somos más capaces, perspicaces, corteses, honestos, éticos y justos que los demás, y confiamos en exceso en nuestra capacidad de controlar acontecimientos fortuitos. Tendemos a creer que nos merecemos las recompensas, los bonos o los aumentos de sueldo que recibimos por nuestro trabajo, en parte porque pensamos que contribuimos más al éxito de la organización que quienes ocupan posiciones similares. Tendemos a ser demasiado optimistas sobre nuestro futuro porque sobreestimamos la probabilidad de que nos sucedan acontecimientos buenos, a la vez que subestimamos la posibilidad de que nos pase algo malo. Por ejemplo, los individuos creen que tienen menos posibilidades que otros de divorciarse, de ser alcohólicos o de sufrir un accidente automovilístico grave. Como creemos que somos inmunes a los riesgos, los directivos a veces comprometen a sus organizaciones a cursos arriesgados de acción. Los gerentes de British Petroleum, por ejemplo, decidieron arriesgarse a no invertir en medidas de seguridad, lo que encaminó a la compañía al desastre petrolero del Golfo de México en 2010.

Quizá tuvieron una falsa confianza de que si ellos estaban al frente de la compañía, las cosas no podían salir mal.

También tendemos a confiar demasiado en lo que creemos que sabemos. Por ejemplo, en una serie de experimentos psicológicos en los que se hacían preguntas objetivas sencillas (como "¿qué ciudad está más lejos, Roma o Nueva York?"), las personas por lo general sobreestimaban la probabilidad de que sus respuestas fueran correctas. También tendemos a sobreestimar nuestra capacidad de ser objetivos cuando hacemos juicios sobre una transacción entre nuestros empleados y nosotros (o alguien cercano). Suponga que soy agente de compras de una compañía y que tengo que elegir al proveedor que nos puede vender los materiales de mejor calidad, pero uno de los proveedores es una compañía propiedad de mi cónyuge. La mayoría de nosotros diremos que aun en tal caso, podemos ser lo suficientemente objetivos para evaluar. Pero los estudios demuestran que, sin importar lo confiadas que se sientan las personas sobre su capacidad de ser objetivas, en realidad sus juicios casi siempre están sesgados hacia sus propios intereses o los de aquellos que les son cercanos.[86]

Por lo tanto, hay una serie de predisposiciones sobre nosotros mismos, sobre los demás y sobre el mundo, que nos llevan a equivocar las creencias sobre las situaciones que enfrentamos. Si no estamos alerta o conscientes de su influencia, podemos pensar que tomamos nuestras decisiones a partir de información sólida cuando, de hecho, formamos nuestros juicios con base en distorsiones o falsedades. Y quizá, algo aún peor, estas predisposiciones pueden hacernos confiar en que estamos en lo correcto cuando, en realidad, estamos totalmente equivocados.

Tercer paso hacia el comportamiento ético: Decidir hacer lo que es correcto Incluso después de que una persona determina qué curso de acción moralmente correcto o incorrecto debería seguir en una situación determinada, no hay garantía de que decida hacer lo correcto. Los individuos a menudo deciden seguir un comportamiento no ético incluso a sabiendas, o no logran comprometerse con lo que es ético aunque sepan que es el curso recomendado de acción. De hecho, esta es la naturaleza esencial del mal: saber que algo es incorrecto, pero decidir hacerlo de todas maneras. Hay una serie de factores que influyen para que tomemos una decisión de hacer lo que sabemos que es correcto o lo que sabemos que es incorrecto.

Las decisiones de las personas para hacer lo que es ético se ven muy influidas por su entorno, particularmente por su entorno organizacional, como el *clima ético* y la *cultura ética* de la organización.[87] El primero se refiere a las creencias que tienen los miembros de una empresa sobre cómo se *espera* que se comporten. En organizaciones con climas *egoístas*, los empleados sienten que se espera que sean egoístas, y eso es lo que son; mientras que en las organizaciones con climas *benevolentes*, sus empleados sienten que se espera que hagan lo que sea mejor para los diversos grupos de interés, como empleados, clientes, proveedores y la comunidad. No es sorprendente, pues, que los miembros de las organizaciones con climas egoístas encuentren más difícil tomar decisiones éticas sobre lo que saben que es correcto que quienes se desenvuelven en organizaciones con climas benévolos.

La *cultura ética* se refiere al tipo de comportamiento que una organización *fomenta o desalienta* mediante el uso repetido de ejemplos de comportamiento adecuado, incentivos para el comportamiento ético, reglas y políticas éticas claras, recompensas por conductas ejemplares, relatos de acciones éticas notables, etcétera. Mientras que el clima ético se refiere a las creencias de los empleados sobre la organización, la cultura ética se refiere a las maneras en que una organización fomenta algunos comportamientos y desalienta otros. La cultura de algunas empresas fomenta y recompensa solo sus objetivos de negocios sin prestar atención a la ética, mientras que otras fomentan y recompensan el comportamiento ético

Repaso breve 1.23

Decidir hacer lo que es ético puede verse influido por:
- La cultura de la organización.
- La seducción moral.

y no solo los resultados financieros. Las organizaciones con una cultura ética fuerte facilitan las decisiones correctas, mientras que aquellas con fuertes culturas de negocios las dificultan.

Las organizaciones también pueden generar una forma de *seducción moral*, la cual ejerce presiones sutiles que, poco a poco, inducen a una persona ética a decidir hacer algo que sabe que es incorrecto. Por ejemplo, un equipo de psicólogos encontró que:

> La seducción moral ocurre paso a paso. Por ejemplo, un año, un auditor opta por no solicitar a su cliente que cambie una práctica de contabilidad que está en el límite de lo permitido. Al año siguiente, quizá sienta la necesidad de justificar su decisión del año anterior y se haga el desentendido cuando el cliente pase del límite de lo permitido. Al año siguiente, quizá refrende una contabilidad que claramente viole las reglas GAAP para evitar admitir los errores de los dos años anteriores y con la esperanza de que el cliente arregle el problema antes de la auditoría del año siguiente. Para el cuarto año, el auditor y el cliente están inmersos activamente en un encubrimiento para esconder sus prácticas del pasado.[88]

De esta forma, una organización que acepte prácticas no éticas podría inducir a una persona joven, de nuevo ingreso, y quizá idealista, a aceptar poco a poco algunas prácticas que antes habría rechazado sin pensar dos veces porque sabía claramente que no eran éticas. Quizá primero le pidieron que hiciera algo que tan solo era ligeramente cuestionable, tal vez como un favor o para ser el "jugador del equipo". Después, tal vez le pidieron que hiciera algo un poco más grave, luego un poco más y así sucesivamente hasta que el sujeto se encuentra inmerso por completo en las prácticas no éticas de la organización, y tan comprometido con sus acciones pasadas que sentirá que tiene que continuar en ellas. La seducción ética puede llevar a una persona a decidir hacer lo que en su interior sabe que no es ético y que no debe hacerse.

Cuarto paso hacia el comportamiento ético: Poner en práctica la decisión

Las buenas intenciones no siempre derivan en buen comportamiento, pues a menudo fallamos en hacer lo que nos proponemos. Quizá estoy genuinamente comprometido a hacer lo correcto, pero cuando llega el momento de actuar, es posible que me falte la determinación de hacer lo que pretendía. ¿Qué factores influyen en una persona para que actúe o no según las decisiones morales que tomó?

Primero está el factor personal o individual que el filósofo griego Aristóteles llamó la *falta de voluntad* y su opuesto, la *fuerza de voluntad*.[89] Esta última se refiere a la capacidad de regular las acciones para hacer lo que se sabe que es correcto, incluso cuando emociones, deseos o presiones sociales poderosas nos instan a no hacerlo. La falta de voluntad se refiere a la incapacidad (o escasa capacidad) de regular las propias acciones, de manera que no se hace lo que se sabe que es correcto, porque las emociones, los deseos o las presiones externas nos tientan. Algunos psicólogos se refieren a esta capacidad como la *fuerza del ego*: la capacidad de resistirse a los impulsos para seguir las propias convicciones. Algunas personas tienen un nivel alto de fuerza del ego, mientras que otras lo tienen bajo. Aristóteles argumentaba que una persona desarrolla falta de voluntad al ceder repetidamente a la tentación de dejarse llevar por sus apetitos y emociones; mientras que resistir repetidamente a hacerlo desarrolla la fuerza de voluntad.[90]

Un segundo factor importante que influye en la decisión de la persona de hacer o no lo que juzga incorrecto es su creencia acerca de su *locus de control*. El locus de control es la percepción que tiene un individuo de las causas de todo aquello que le ocurre; por ejemplo, tal vez crea que lo que le ocurre está dentro de su control, o tal vez piense que todo ello es el resultado de fuerzas externas, como personas con poder, la suerte o las circunstancias. Quienes creen que controlan su propia vida tienden a tener más control de su comportamiento y es más probable que hagan lo que consideran correcto, mientras que aquellos que creen que lo que les ocurre está fuera de su control, y que son las fuerzas externas las que lo determinan, se ven influidos con más frecuencia por esas fuerzas a hacer

---

Repaso breve 1.24

El hecho de poner en práctica una decisión puede verse influido por:
- Nuestra fuerza o falta de voluntad.
- Lo que pensamos del *locus* de control de nuestras acciones.

lo que consideran incorrecto. En resumen, si usted cree que controla su vida, tendrá mayor control de ella y aumentará su capacidad de hacer lo que considera correcto. Pero si piensa que no la controla, esa creencia le llevará a renunciar al control que sí tiene.

Un tercer factor importante que puede impedir que una persona haga lo que sabe que es correcto es su disposición a obedecer a las figuras de autoridad. Estudios de psicología social demuestran que muchas personas están dispuestas a obedecer a esas figuras aun cuando creen o sospechan que su proceder es incorrecto. Por ejemplo, hace varios años el psicólogo Stanley Milgram sometió a prueba a varios sujetos para ver qué tan lejos llegarían cuando una figura de autoridad les ordenaba que aplicaran fuertes descargas eléctricas a una persona por medio de una "máquina de descargas".[91] Descubrió que si la figura de autoridad —en este caso el experimentador— hacía comentarios como: "es absolutamente esencial que continúe" o "no tiene elección, debe continuar" o "la responsabilidad es mía, por favor, continúe", casi dos tercios de los sujetos obedecían y continuaban aumentando el voltaje de las descargas que aplicaban a la otra persona, incluso más allá del nivel en que consideraban que podían dañarla gravemente o matarla. Los sujetos no sabían que la presunta máquina de descargas no era real y que la persona que aparentemente recibía las descargas era un actor. Después, al ser interrogados, casi todos los sujetos admitieron que sentían o sospechaban que lo que les pedían era incorrecto, pero pensaban que tenían que obedecer al experimentador, puesto que era quien estaba a cargo de la situación. Milgram concluyó que el experimento demostraba que la mayoría de las personas normales seguirían órdenes aun cuando consideraran que lo que se les pedía hacer era incorrecto, incluso matar a alguien. A la luz de estos experimentos, es fácil ver que en las organizaciones de negocios, es probable que muchas personas sientan que tienen que hacer lo que sus gerentes les pidan, incluso cuando se trate de algo moralmente incorrecto.

Entonces, existen varios factores que pueden interferir en el camino de una persona hacia al comportamiento ético, incluso en la etapa final, la cuarta, es decir, la etapa en que realmente se pone en práctica la decisión de hacer lo correcto. Esos obstáculos son su falta de voluntad, sus puntos de vista en relación con el control que tiene sobre lo que le ocurre y su disposición a obedecer a las figuras de autoridad. Hay otros factores más que podrían impedir que alguien proceda de acuerdo con lo que considera correcto, pero aquí solo mencionaremos algunos. Por ejemplo, en ocasiones las presiones de nuestros pares nos obligan a hacer lo que sabemos que es incorrecto, o quizá tengamos miedo a los costos personales de hacer lo que sabemos que es correcto. Otro impedimento es un autocontrol limitado, o bien, un control insuficiente de los impulsos.

De esta forma, todos esos factores pueden obstaculizar cualquiera de los cuatro procesos que deberían llevar al comportamiento ético: reconocer el carácter ético de una situación, juzgar cuál es el curso ético de acción, decidir emprender ese camino y poner en práctica la decisión tomada. Hemos descrito estos impedimentos para que usted, con base en el conocimiento de cómo pueden obstaculizar su camino, se encuentre mejor preparado para vencerlos.

1.4 Responsabilidad moral y culpa

Hasta ahora el análisis se ha centrado en juicios de lo que es correcto e incorrecto, o del bien y el mal. Sin embargo, el razonamiento moral en ocasiones se dirige a un tipo diferente de juicio: determinar si una persona es *moralmente responsable* del daño o de un error.[92] Un juicio acerca de la responsabilidad moral de una persona por un acto incorrecto es el que establece que si esta actuó con intención debe ser culpada, castigada u obligada a reparar el daño.

El tipo de responsabilidad moral que se estudia aquí no debe confundirse con una segunda forma distinta de responsabilidad moral. El término *responsabilidad moral* se usa algunas veces como deber moral u obligación moral. Por ejemplo, cuando se dice, "Vandivier tenía la responsabilidad moral de no mentir", el término *responsabilidad moral* significa *obligación moral*. Este *no* es el tipo de responsabilidad moral del que hablamos aquí.

Lo que estudiaremos ahora es el tipo de responsabilidad moral que tiene una persona cuando decimos que *es culpable* de algo. Por ejemplo, si decimos, "Vandivier fue moralmente responsable de la muerte de cinco pilotos que se estrellaron al tratar de aterrizar el avión A7-D", entonces el término *moralmente responsable* se usa con el significado de *culpable*. Ahora, este segundo significado es el que analizaremos.

Aclarar lo que implica la responsabilidad moral (en el sentido de culpabilidad) es importante por diversas razones. La primera y más importante es que determinar quién es moralmente responsable de lo incorrecto nos permite identificar quién debe reparar el daño. Por ejemplo, si usted es moralmente responsable de lastimar a su vecino, entonces es usted quien debe compensarlo por sus pérdidas, al menos al grado en el que estas se puedan compensar. Segunda, determinar si alguien es o no moralmente responsable de, digamos, infringir una ley o norma nos permite asegurar que no se castigará, penalizará o culpará equivocadamente a alguien inocente. Por ejemplo, la mayoría de las empresas tienen reglas contra los conflictos de interés, y los empleados a veces las rompen sin darse cuenta de que lo hacen. Sería un error castigarlos si en realidad no son moralmente responsables de lo que hicieron. En tercer lugar, determinar si usted es o no moralmente responsable del daño de otro ayuda a asegurar que usted no terminará sintiendo vergüenza o culpa cuando no debería sentir esas emociones. Por ejemplo, si usted causa daños graves a un compañero de trabajo mientras opera una máquina, probablemente se sentirá muy mal por lo ocurrido. El hecho de que usted se sienta culpable o avergonzado dependerá de que sea moralmente responsable de ello; pero si las heridas fueron resultado de un accidente, entonces usted no es moralmente responsable y, por lo tanto, no es culpable. En cuarto lugar, saber exactamente qué es la responsabilidad moral puede ayudar a evitar que tratemos de racionalizar equivocadamente nuestra conducta. Cuando alguien se da cuenta de que sus acciones provocaron lesiones graves a otros, quizá no quiera aceptar su responsabilidad por lo que hizo. En situaciones así, a veces tratamos de evadir la responsabilidad de nuestras acciones al recurrir a racionalizaciones para engañarnos a nosotros y engañar a los demás. Es de esperar que aclarar lo que supone la responsabilidad moral nos ayudará a ver nuestra propia responsabilidad más claramente y a evitar racionalizaciones y el autoengaño.

Los individuos no siempre son moralmente responsables de los daños que ocasionan a otros. Alguien que, por ejemplo, lesiona a otro por accidente está eximido de la culpa. Entonces, ¿cuándo una persona es moralmente responsable, o culpable, de una lesión? El punto de vista tradicional se puede resumir como sigue: una persona es moralmente responsable por una lesión cuando la *provoca* con *conocimiento* y *libertad*. Pero esta determinación ignora el hecho de que los individuos algunas veces son responsables de lesiones que no ocasionaron, pero que pudieron o debieron evitar; es decir, son moralmente responsables de sus omisiones cuando tenían el deber de actuar. Así que una manera más exacta —aunque más complicada— de determinar la responsabilidad moral es la siguiente:

Una persona es moralmente responsable de una lesión o un mal si:

1. los provocó o ayudó a provocarlos, o no los evitó cuando podía y debía hacerlo;
2. lo hizo a sabiendas; y
3. lo hizo por su libre voluntad.

Para expresarlo de manera breve, nos referiremos a los tres elementos de la responsabilidad moral como los requisitos de: **1.** causalidad, **2.** conocimiento y **3.** libertad. Esto significa que la ausencia de cualquiera de ellos eliminará por completo la responsabilidad de una persona ante una lesión y la eximirá totalmente de cualquier culpa de la lesión.[93] Por ejemplo, hace poco varios fabricantes de asbesto fueron declarados responsables por las enfermedades pulmonares que sufrieron algunos de sus empleados.[94] En parte, el juicio se basó en que se encontró que los fabricantes debían haber avisado a sus trabajadores de los peligros conocidos al manipular asbesto; sin embargo, a pesar de que lo sabían, no cumplieron con su deber, y las enfermedades pulmonares fueron el resultado previsible de no haberles avisado. En su defensa, algunos de los fabricantes negaron los requisitos de *causalidad* aduciendo que las lesiones pulmonares de sus empleados no fueron causadas por trabajar con asbesto, sino por fumar. Otros negaron el requisito de conocimiento señalando que no sabían que las condiciones en sus plantas causarían cáncer de pulmón a sus trabajadores. Y otros negaron el requisito de *libertad* alegando que ellos no eran libres de evitar las lesiones porque habían intentado hacer que sus trabajadores utilizaran mascarillas protectoras, pero que estos se habían negado a usarlas, así que resultaron perjudicados debido a circunstancias que los fabricantes no podían cambiar. La mayoría de los tribunales no aceptaron tales argumentos. Pero lo importante aquí es que si alguno de estos fuera cierto, entonces los fabricantes podrían no ser moralmente responsables de las enfermedades pulmonares de sus trabajadores.

Es importante entender bien estas tres condiciones para juzgar si una parte es moralmente responsable de algo. Comencemos por examinar el primer requisito para la responsabilidad moral: la persona causó la lesión o el mal, o falló en evitarlos cuando podía y debía hacerlo. En muchos casos, es fácil determinar si las acciones de una persona provocaron una lesión o un mal (esas acciones son *comisiones*). Pero no es tan sencillo cuando una parte no causa una lesión, sino simplemente no la evita (esas fallas son *omisiones*). Por ejemplo, Nike, la compañía de calzado deportivo, fue hace tiempo el centro de una controversia sobre su responsabilidad por tratar mal a los empleados que elaboran el producto. Nike en realidad no fabrica el calzado deportivo que vende. En vez de ello, diseña los productos en Seattle, Washington, y luego paga a compañías en naciones en vías de desarrollo para que los fabriquen de acuerdo con los diseños. Estas compañías de proveedores ubicadas en el extranjero (en China, Indonesia, India, etcétera) son las que directamente trataban mal y explotaban a sus trabajadores. Nike argumentó que no era moralmente responsable por este maltrato, porque fueron los proveedores quienes causaron las lesiones, no Nike. Los críticos respondieron que aunque es cierto que esta empresa no causó directamente las lesiones, las pudo haber evitado obligando a sus proveedores a tratar humanamente a su personal. Si es cierto que Nike tenía el poder de evitar las lesiones y debía hacerlo, entonces cumplía el primer requisito de responsabilidad moral. Pero si en realidad no tenía el poder de evitar esas lesiones, si verdaderamente no tenía control sobre las acciones de sus proveedores, entonces, no cumplía la primera condición y, por lo tanto, no era moralmente responsable de la forma en que se trataba a los empleados.

Observe que la primera condición dice que las personas son moralmente responsables de una lesión cuando no la evitan, *solo si* debían evitarla. Esta calificación es necesaria porque las personas no pueden ser moralmente responsables de todas las lesiones que conocen y no evitan. Cada uno de nosotros no es moralmente responsable, por ejemplo, por no salvar a todos los miembros de los grupos que mueren de hambre en el mundo de los que tenemos conocimiento a través de los periódicos, aun cuando pudiéramos salvar a algunos de ellos. Si fuéramos moralmente responsables por todas esas muertes, todos seríamos homicidas muchas veces, lo cual es erróneo. Más bien, debemos decir que alguien es moralmente responsable por no evitar una lesión solo cuando, por alguna razón, esa persona tiene la obligación de evitar esa lesión específica. Esta obligación, en general, requiere cierto tipo de relación especial con la lesión o con la parte lesionada. Por ejemplo, si yo sé que soy la única persona suficientemente cerca para salvar a un niño que se está ahogando, y puedo hacerlo con facilidad, entonces mi relación física especial con el niño crea en mí la obligación de salvarlo y, por ello, soy moralmente responsable de la muerte del niño si no la evito.

Repaso breve 1.25

Una persona es moralmente responsable de una lesión solo si

- Causó o contribuyó a causar la lesión, o no la evitó cuando podía y debía hacerlo.
- La causó con pleno conocimiento de lo que estaba haciendo.
- Lo hizo de acuerdo con su libre voluntad.

O si soy un oficial de policía y presencio un crimen que puedo evitar con facilidad, porque mi trabajo consiste en impedir tales delitos, tengo la obligación específica de evitarlo y soy moralmente responsable si no lo hago. De la misma manera, los empleadores tienen una obligación especial de impedir que su personal sufra lesiones laborales y, por lo tanto, son moralmente responsables por las lesiones que podían haber evitado.

El segundo requisito para la responsabilidad moral es el siguiente: la persona debe saber lo que hace. Esto significa que si una persona ignora que sus acciones lesionarán a alguien, entonces no puede ser moralmente responsable de la lesión. Sin embargo, la ignorancia no siempre exime. Una excepción es cuando una persona deliberadamente permanece en la ignorancia acerca de cierto asunto para eludir la responsabilidad. Por ejemplo, si los gerentes de Nike dijeron a sus proveedores que no querían saber lo que ocurría en sus fábricas, serían moralmente responsables por el maltrato que hubieran podido evitar. Una segunda excepción es cuando un individuo, por negligencia, falla en dar los pasos necesarios para informarse de un asunto que sabe que es importante. Por ejemplo, un gerente de una compañía de asbesto, que tiene razones para sospechar que este material es peligroso, pero no investiga al respecto por desidia, después no podrá aducir ignorancia como excusa.

Hay dos tipos de ignorancia. Un individuo puede ignorar los *hechos* relevantes o los *estándares morales* relevantes. Por ejemplo, tal vez yo esté seguro de que el soborno es incorrecto (estándar moral), pero puedo no ser consciente de que al dar una propina a un funcionario de aduanas en realidad lo estoy sobornando para que cancele ciertos pagos de impuestos (hecho). Por el contrario, tal vez sea genuina mi ignorancia de que sobornar a oficiales del gobierno es incorrecto (estándar moral), aunque sé que al dar propina al funcionario de aduanas lo estoy sobornando para que reduzca los impuestos que debo (hecho).

La ignorancia de un *hecho* elimina la responsabilidad moral por la sencilla razón de que un sujeto no puede ser responsable de algo sobre lo que no tiene control.[95] Debido a que no es posible controlar asuntos que se ignoran, la responsabilidad moral en relación con ese asunto se elimina. La ignorancia o la negligencia deliberadas son una excepción a este principio porque se pueden controlar. En tanto que podamos controlar el grado de nuestra ignorancia, nos convertimos en moralmente responsables de ella, y por lo tanto, también de sus consecuencias dañinas. En general, la ignorancia de los *estándares morales* relevantes también elimina la responsabilidad, porque una persona no es responsable de no cumplir obligaciones que genuinamente ignora. Sin embargo, en el grado en que la ignorancia de los estándares morales sea resultado de elegir libremente no averiguar cuáles son estos, somos responsables de nuestra ignorancia y de sus consecuencias incorrectas o nocivas.

El tercer requisito de la responsabilidad moral es que la persona debe actuar por voluntad propia, es decir, deliberadamente o a propósito, y sus acciones no son el resultado de algún impulso mental incontrolable o de una fuerza externa. En otras palabras, un individuo actúa por voluntad propia cuando elige hacer algo por una razón o un propósito, y no se ve obligado a hacerlo por la existencia de una fuerza interna o externa sobre la que no tiene control. Una persona no es moralmente responsable, por ejemplo, si causa una lesión porque no tenía poder, habilidad, oportunidad o recursos para impedirla. Tampoco es moralmente responsable cuando es obligada físicamente a infligir una lesión a alguien, o cuando su mente está incapacitada psicológicamente de forma que no pueda controlar sus acciones. Por ejemplo, un empleado tal vez lesione a un compañero de trabajo cuando una máquina que creyó que sabía operar, de pronto se sale de su control. Un gerente que trabaja en circunstancias de estrés extremas puede estar tan tenso que un día, bajo el dominio de su enojo con un subalterno, no puede controlar sus acciones contra él. Un ingeniero que forma parte de un comité de operación más grande tal vez no sea capaz de impedir que otros miembros del comité tomen una decisión que provocará lesiones a otros.

En todos estos casos, la persona no es moralmente responsable por el mal o la lesión, porque no eligió actuar deliberadamente o a propósito, o porque se vio obligada a actuar como lo hizo. Este tipo de incapacidades mentales o fuerzas externas eliminan su responsabilidad porque, de nuevo, no se es posible tener responsabilidad moral por algo sobre lo que no se tiene control.

Aunque la ausencia de cualquiera de estos tres requisitos (causalidad, conocimiento y libertad) elimina por completo la responsabilidad moral de una persona por el mal causado, también hay varios factores mitigantes que disminuirían esa responsabilidad dependiendo de la gravedad del mal. Estos factores incluyen: *a*) circunstancias que minimizan pero no eliminan por completo la participación de la persona en el acto (tales circunstancias afectan el grado en que el individuo en realidad *causó* la lesión); *b*) circunstancias que dejan a una persona con cierta incertidumbre de lo que está haciendo (es decir, el *conocimiento* de la persona se ve alterado); y *c*) circunstancias que hacen difícil pero no imposible que la persona evite hacer lo que hace (esto afecta al grado en que la persona actuó libremente). El grado en que estos tres factores podrían disminuir la responsabilidad de una persona por la lesión depende de un cuarto factor: *d*) la gravedad del mal. Para aclarar todo esto, analizaremos cada uno.

Primero, la responsabilidad de una persona se puede mitigar por las circunstancias que disminuyen su *participación* activa en el acto que ocasionó la lesión. Un ingeniero podría contribuir, por ejemplo, a que un producto no sea seguro si, a sabiendas, idea un diseño no seguro, con lo que contribuye totalmente al acto que causa lesiones futuras. Por el contrario, el ingeniero tal vez esté consciente de las características de inseguridad en el diseño de alguien más, pero no hace nada al respecto porque "ese no es su trabajo". En estos casos, el ingeniero no participa de manera activa al causar lesiones futuras. En general, cuanto menos contribuyan las acciones propias al resultado de una acción, menor es la responsabilidad moral por ese resultado (dependiendo, sin embargo, de qué tan grave sea el mal). No obstante, si a una persona se le asigna la tarea específica de informar sobre ciertos actos incorrectos o de intentar evitarlos, entonces es moralmente responsable por actos que no reporte o no intente evitar aun cuando no participe de otra manera en ellos. Por ejemplo, un contador cuyo trabajo consiste en informar sobre cualquier actividad fraudulenta que observe, no puede alegar responsabilidad disminuida por un fraude del que tenía conocimiento pero que no reportó, diciendo que él no cometió de manera activa el fraude. En casos en que la persona tiene un deber especial (asignado de manera específica) de impedir una lesión, es incorrecto que teniendo libertad y conocimiento no lo evite. Uno es responsable de la acción (junto con las otras partes culpables), si uno debía y podía haberla evitado y no lo hizo.

Segundo, las circunstancias quizá generen *incertidumbre* acerca de distintos asuntos. Una persona puede estar bastante convencida de que hacer algo es incorrecto y aun así dudar de la importancia de los hechos, o quizá tenga dudas acerca de los estándares morales respectivos, o de la gravedad de lo incorrecto de la acción. Por ejemplo, se pide a un empleado de una compañía que entregue información protegida a un competidor y él siente, con bastante certeza, que eso es incorrecto, pero quizá también tenga dudas legítimas sobre la gravedad del asunto. Este tipo de incertidumbre en ocasiones disminuye la responsabilidad moral de la persona por el acto incorrecto.

Tercero, a una persona tal vez le parezca *difícil evitar* cierto curso de acción porque está sujeta a amenazas o coacción de algún tipo, o porque evitarlo le impondrá un costo alto. Los mandos medios, por ejemplo, algunas veces tienen una presión intensa o son amenazados por sus superiores para mantener a los empleados ignorantes de ciertos peligros en el lugar de trabajo, una actitud que, a todas luces, no es ética.[96] Si las presiones sobre los administradores son tan fuertes que para ellos es sumamente difícil desobedecer, entonces su responsabilidad disminuye en proporción. Aunque son culpables del mal, su culpa se mitiga.

Repaso breve 1.26

En función de la gravedad del mal, la responsabilidad moral puede mitigarse por:
- Contribución mínima.
- Incertidumbre.
- Dificultad.

Cuarto, el grado en que estas tres circunstancias mitigantes disminuyen la responsabilidad de una persona por una lesión depende de la *gravedad* de la lesión. Por ejemplo, si hacer algo es gravemente incorrecto, entonces aun las presiones fuertes y la participación mínima tal vez no reduzcan de manera sustancial dicha responsabilidad. Si, por ejemplo, mi empleador me amenaza con despedirme a menos que venda productos defectuosos que sé que matarán a alguien, obedecerlo sería un acto reprobable, aun cuando la pérdida del empleo me imponga altos costos. Sin embargo, si solo se trata de un asunto relativamente menor, la amenaza de perder mi trabajo mitiga de modo sustancial mi responsabilidad. Al determinar la responsabilidad moral por un acto incorrecto, debe juzgarse la incertidumbre, la dificultad de evitar o impedir el acto y el grado de participación, y luego, habrá que ponderar estos tres factores frente a la gravedad del mal. Es evidente que con frecuencia es difícil hacer tales juicios.

Resumir los aspectos esenciales de este largo y complicado análisis de la responsabilidad moral de un individuo por una lesión o un mal resultará útil. Primero, un individuo es moralmente responsable de una lesión si: **1.** ocasiona la lesión o no la evita cuando podía y debía hacerlo, **2.** sabe lo que hace, y **3.** actúa por voluntad propia. Segundo, la responsabilidad moral se elimina por completo (es decir, se exime al individuo) cuando cualquiera de estos tres elementos está ausente. Tercero, la responsabilidad moral por una lesión o un mal se mitiga por: *a)* una participación mínima (aunque esto no mitiga la culpa si se tiene un deber específico de evitar el mal), *b)* incertidumbre, y *c)* dificultad. Sin embargo, el grado en que estos tres factores disminuyen la responsabilidad depende de un cuarto factor: *d)* la gravedad de la lesión o el mal; cuanto mayor sea la gravedad, menos culpa mitigarán los primeros tres factores.

Los críticos han discutido mucho acerca de si los tres factores mitigantes analizados aquí en realidad afectan la responsabilidad de un individuo. Algunos afirman que nunca debe hacerse el mal, sin importar qué presiones se ejerzan sobre una persona.[97] Otros aseguran que un sujeto es responsable cuando se abstiene de detener un mal, lo mismo que cuando lo realiza, porque *permitir en forma pasiva* que ocurra algo no es moralmente diferente de *provocarlo de manera activa*.[98] Si estos críticos están en lo correcto, entonces la participación pasiva en algo no mitiga la responsabilidad moral. Aunque ninguno de estos críticos parece estar en lo correcto, usted deberá decidir qué piensa al respecto.

Cuando se nos acusa de tener la responsabilidad de alguna acción incorrecta, ya sea que los acusadores seamos nosotros mismos o alguien más, a menudo recurrimos a la racionalización, esperando que esta excuse de alguna manera lo que hemos hecho, es decir, que elimine o disminuya nuestra responsabilidad. Pero, a diferencia de los factores analizados anteriormente (causalidad, conocimiento y libertad), muchas racionalizaciones no afectan la responsabilidad del acto equivocado. Por ejemplo, estas son algunas racionalizaciones más comunes que se utilizan: "¡Todo el mundo lo hace!", "¡No hay regla que lo prohíba!", "Si no lo hacía yo, otro lo hubiera hecho", "¡La compañía me lo debe!", "¡Hay cosas peores!", "Sólo seguía órdenes", "¡Mi jefe me obligó a hacerlo!", "¡Ese no es mi trabajo!", "La gente se merece lo que le pasa". Algunas de estas racionalizaciones, en circunstancias especiales, pueden justificar un daño causado. Pero para la mayoría de ellas son intentos inadecuados de eludir una responsabilidad que, en realidad, es nuestra.

Responsabilidad por cooperar con el mal

Dentro de las empresas actuales, la responsabilidad por un acto corporativo con frecuencia se distribuye entre cierto número de partes que cooperan. Los actos corporativos suelen producirse por las acciones y omisiones de muchas personas que trabajan juntas, de manera que sus acciones y omisiones, en conjunto, generan el acto corporativo.

Por ejemplo, cada miembro de un comité ejecutivo puede votar a favor de hacer algo fraudulento, y cada uno sabe que su voto tiene el poder de autorizar una actividad corporativa que defraude a los accionistas; un equipo de ingenieros diseña un automóvil, otro equipo lo prueba y un tercero lo fabrica; una persona ordena algo ilegal y los empleados acatan estas órdenes; un grupo defrauda a los compradores a sabiendas, y otro grupo, en silencio, disfruta las ganancias obtenidas; una persona aporta los medios para algo y la otra ejecuta el acto; un grupo hace el mal mientras que el otro lo oculta. Las variaciones de cooperación son interminables.

¿Quién es moralmente responsable de estos actos incorrectos que se producen de manera conjunta? El punto de vista tradicional es que quienes, con conocimiento y libertad, colaboran para producir el acto corporativo son, todos y cada uno, moralmente responsables de él.[99] Desde esta perspectiva, las situaciones en las que una persona necesita ayuda de los demás para realizar un acto corporativo incorrecto no son diferentes, en principio, de las situaciones en las que una persona necesita ciertas herramientas o instrumentos para cometer un mal. Por ejemplo, si quiero disparar un arma de fuego contra alguien, debo confiar en que la pistola dispare; de igual forma, si yo quiero defraudar a mi compañía, debo confiar en que otros hagan su parte. En ambos casos, si con conocimiento y libertad realizo el mal, aun cuando dependo de otras personas o cosas, entonces soy moralmente responsable de los daños que cause, incluso si esta responsabilidad se comparte con otros.

Los críticos de este punto de vista tradicional de la responsabilidad individual por las acciones corporativas argumentan que cuando los miembros de un grupo organizado como una corporación actúa en conjunto, la acción corporativa debe atribuirse al grupo; en consecuencia, debe ser el grupo corporativo, y no los individuos que lo conforman, el responsable del acto.[100] Por ejemplo, es usual dar crédito por la manufactura de un automóvil defectuoso a la corporación que lo fabricó y no a cada uno de los ingenieros que participaron en dicha manufactura. Es común que la ley atribuya los actos de los gerentes a la corporación (siempre que actúen dentro de su autoridad) y no a cada uno de ellos. Los tradicionalistas, sin embargo, pueden responder que, aunque algunas veces atribuimos los actos a grupos corporativos, este hecho lingüístico y legal no cambia la realidad moral detrás de esos actos: son los individuos los que llevan a cabo las acciones específicas cuyo resultado es el acto corporativo. Puesto que ellos son moralmente responsables por las consecuencias conocidas e intencionales de sus acciones libres, cualquiera que con conocimiento y libertad una sus acciones a las de otros, con la intención de realizar cierto acto corporativo, será moralmente responsable de ese acto.[101]

Sin embargo, algunos sugieren que cuando un subalterno actúa siguiendo las órdenes de un superior legítimo, queda absuelto de toda responsabilidad por esa acción: tan solo el superior es moralmente responsable por el acto incorrecto, aun cuando el subalterno sea el agente que lo realiza. El argumento del agente leal que se analizó anteriormente se basa en esta misma premisa: el argumento sostiene que si el empleado hace con lealtad lo que la compañía le pidió hacer, entonces es esta, y no el empleado, quien debe hacerse responsable. Por ejemplo, hace algunos años, los gerentes de una empresa que fabricaba partes para computadoras ordenaron a sus empleados que escribieran un informe para el gobierno asegurando que las partes que la compañía le vendía se habían sometido a prueba en busca de defectos, cuando, de hecho, no había ocurrido así.[102] Algunos empleados se opusieron a falsear los informes, pero cuando los gerentes les insistieron que eran órdenes de la compañía, los empleados cumplieron. Cuando se descubrió que los informes se habían falseado, los gerentes argumentaron que los empleados no deberían considerarse moralmente responsables porque solo habían seguido órdenes.

Pero la idea de que seguir órdenes de alguna manera absuelve a una persona de cualquier culpa por lo que hace es errónea. Como ya se vio, un individuo es responsable de cualquier lesión que causa, mientras sepa lo que hace y actúe por su libre voluntad. Por

Repaso breve 1.27

La responsabilidad moral no se elimina ni se mitiga por:
- La colaboración de otros en el mal causado.
- Seguir órdenes.

Los fabricantes de armas y la responsabilidad

Durante 2002, John Allen Muhammad y John Lee Malvo dispararon y mataron a 13 personas en Alabama, Georgia, Louisiana, Maryland, Virginia y Washington, D.C. Usaron un rifle de asalto semiautomático que fabricó Bushmaster Firearms, Inc. Los dos homicidas compraron el rifle en Bull's Eye Shooter Supply, una tienda de armas en Tacoma, Washington, aun cuando la ley federal prohibía a la tienda vender armas tanto a Muhammad, quien tenía antecedentes de ejercer violencia doméstica, como a Malvo, que era menor de edad. Las víctimas sobrevivientes han alegado que si bien Muhammad y Malvo fueron directamente responsables de las muertes, tanto Bushmaster Firearms, Inc., como Bull's Eye Shooter Supply (y sus dueños) también "debían considerarse responsables". Las auditorías que realizó el Bureau of Alcohol, Tobacco, and Firearms mostraron que Bull's Eye había "perdido" armas (238 en un periodo de tres años) o documentos —incluyendo sus registros de la venta Muhammad y Malvo— y aun así, Bushmaster Firearms siguió vendiéndole armas. Los sobrevivientes alegaron que Bushmaster Firearms tenía la obligación de no crear un riesgo poco razonable de daños previsibles al distribuir sus armas. Argumentaban que la compañía falló en la investigación o en la revisión adecuada del registro del manejo de armas de este distribuidor, que falló en supervisar adecuadamente la venta de armas del distribuidor y que falló al no brindar capacitación o incentivos para que el distribuidor cumpliera con las leyes de armas de fuego. Si Bull's Eye y Bushmaster hubieran actuado como tenían la obligación de hacerlo, habrían podido impedir que Muhammad y Malvo obtuvieran el rifle de asalto que utilizaron para matar a sus víctimas, ya que la ley federal prohibía a ambos la compra de armas. Bull's Eye y Bushmaster ayudaron a provocar las muertes, asegura la esposa de una víctima, y por ello "comparten la responsabilidad de la muerte de mi esposo y de muchos otros".

1. ¿Son moralmente responsables Bull's Eye y Bushmaster por las muertes de las víctimas de Washington, D.C.? ¿Por qué?
2. ¿En alguna ocasión son moralmente responsables los fabricantes o distribuidores de armas por las muertes que se ocasionan por el uso de las mismas? Explique su respuesta.
3. ¿Los fabricantes son alguna vez moralmente responsables por las muertes que causa el uso de sus productos? ¿Por qué?

Fuente: Chris Mcgann, "Families of 2 Sniper Victims Sue Arms Dealer, Manufacturer", *Seattle Post-Intelligencer*, 17 de enero de 2003, p. 1A.

---

consiguiente, cuando alguien, a sabiendas y libremente, causa una lesión, el hecho de que estuviera siguiendo órdenes en el momento de hacerlo no cambia la realidad de que cumplía las tres condiciones que la califican como moralmente responsable de sus acciones: causalidad, conocimiento y libertad; por lo tanto, es moralmente responsable de tales acciones. Esto no quiere decir que siempre sea fácil negarse a seguir órdenes. De hecho, a menudo es extremadamente difícil y puede acarrear grandes costos personales. Y como mostró el experimento de Milgram, la mayoría de las personas están dispuestas a obedecer a una autoridad, incluso cuando saben que lo que les ordenan hacer es algo incorrecto. No obstante, cuando sabemos que si seguimos una orden, estaremos colaborando con el mal, debemos hacer todo lo que podamos para reunir la fuerza y el valor necesarios para negarnos.

Estudie y repase en mythinkinglab.com

Preguntas de repaso y análisis

1. Defina los siguientes conceptos: estándares morales, estándares no morales, ética, ética en los negocios, estudio normativo, estudio descriptivo, cuestión ética sistémica, cuestión ética corporativa, cuestión ética individual, responsabilidad social corporativa, grupos de interés, teoría de los grupos de interés, teoría de los accionistas, globalización, relativismo ético, teoría de los contratos sociales integradores, moralidad preconvencional, moralidad convencional, moralidad posconvencional, razonamiento moral, requisito de congruencia, enmarcar una situación, uso de eufemismos, racionalización de las acciones, disminución por comparación, remplazo de la responsabilidad, difusión de la responsabilidad, distorsión del daño, deshumanización de la víctima, teoría de las predisposiciones, seducción moral, falta de voluntad, fuerza de voluntad, locus de control, responsabilidad moral, responsabilidad mitigada.
2. "La ética no tiene un lugar en los negocios". Analice esta afirmación.
3. En su opinión, ¿los directivos de Merck tenían la obligación moral de invertir dinero para desarrollar el medicamento contra la ceguera de río? ¿Puede establecer el estándar o los estándares morales generales en los que basó su respuesta? ¿Está dispuesto a aplicar el "requisito de congruencia" a sus estándares morales?
4. Lea otra vez el relato de B. F. Goodrich, Lawson y Vandivier. ¿Cuál de de los "obstáculos al comportamiento moral" considera que aparece en esta situación de B. F. Goodrich?
5. "Los puntos de vista de Kohlberg sobre el desarrollo moral indican que cuanto más moralmente madura es una persona, más probable es que obedezca las normas morales de su sociedad". Analice esta afirmación.

Recursos en Internet

Si usted desea investigar de forma general el tema de la ética en los negocios a través de Internet puede comenzar visitando algunas páginas Web. El sitio del Masrkkula Center for Applied Ethics de la Universidad de Santa Clara incluye artículos sobresalientes y otros contenidos, además de cientos de vínculos con otros sitios sobre ética; la dirección es *www.scu.edu/ethics*. La actualización de la ética de Larry Hinman de la Universidad de San Diego también tiene una gran colección de artículos y vínculos con numerosos temas de ética en *ethics.sandiego.edu*. Otro recurso útil para la investigación de la ética en los negocios en la Web es *www.web-miner.com/busethics.htm*, el sitio de Sharon Stoeger, que incluye enlaces con varios casos de ética en los negocios. La Essential Organization incluye vínculos a numerosas organizaciones y recursos de datos que manejan la responsabilidad social corporativa; la dirección es *www.essential.org*. Corporate Watch tiene información sobre diversas compañías y temas relacionados con la ética en los negocios en *www.corpwatch.orG*. También encontrará información valiosa en Resources for Activists (*www.betterworldlinks.org/book100.htm*), World Watch (*www.worldwatch.org*), y el sitio Web de Mallenbaker acerca de responsabilidad social corporativa (*www.mallenbaker.net/csr*).

CASOS

Explore el concepto en mythinkinglab.com

Esclavitud en la industria del chocolate[1]

El 45 por ciento del chocolate del mundo se elabora con granos de cacao que crecen y se cosechan en los campos de Costa de Marfil, una pequeña nación en el occidente de África. Pocos se dan cuenta de que una parte de esos granos, que luego se convierten en el chocolate que consumimos, los cultivaron y cosecharon niños esclavos: niños de 12 a 16 años —a veces incluso de nueve— que son secuestrados por traficantes en las aldeas de naciones vecinas y luego los venden a los cultivadores del cacao, quienes se valen de látigos, golpizas e inanición para forzarlos a realizar, en medio del calor, el difícil trabajo de limpiar los campos, cosechar los granos y secarlos al sol. Trabajan desde el amanecer hasta que el sol se oculta, y en la noche se les encierra en cuartos sin ventanas donde duermen sobre tablones de madera. Lejos de casa y sin saber dónde están, sin hablar el idioma de la región, aislados en las áreas rurales y amenazados con duras golpizas si tratan de escapar, los niños rara vez intentan huir de esta situación de pesadilla. Quienes lo intentan, casi siempre son localizados, los golpean severamente como ejemplo para otros y luego los encierran en confinamientos solitarios. Aunque las cifras exactas se desconocen, cada año mueren o son asesinados muchos de ellos en los campos de cacao de los que se obtiene nuestro chocolate.

El infortunio de los niños esclavizados se dio a conocer en todo el mundo a principios del siglo XXI cuando True Vision, una compañía televisiva inglesa, les tomó videos en los campos de Costa de Marfil e hizo un documental que mostraba sus sufrimientos. En septiembre de 2000 el documental se transmitió al aire en Gran Bretaña, Estados Unidos y otras partes del mundo. El Departamento de Estado de Estados Unidos, en su *Informe Anual de Derechos Humanos, 2001*, estimó que más de 15,000 niños de los países vecinos de Benín, Burkina Faso, Malí y Togo habían sido vendidos como esclavos a gente de Costa de Marfil. La Organización Internacional del Trabajo (OIT) informó el 11 de junio de 2001 que la esclavitud de niños estaba "generalizada" en Costa de Marfil y una investigación del periódico *Knight-Ridder*, publicada el 24 de junio de 2001, lo corroboró. En 2006 *The New York Times* reportó que la esclavitud infantil seguía siendo un problema en África Occidental. En 2007 *BBC News* publicó muchas historias de "miles" de niños que trabajaban todavía como esclavos en los campos de cacao de Costa de Marfil. La revista *Fortune Magazine* informó en 2008 que la esclavitud en ese país africano seguía igual y un documental de la BBC llamado *Chocolate: The Bitter Truth*, difundido el 24 de marzo de 2010, una década después de que se revelara por primera vez que niños esclavos trabajaban en los campos de Costa de Marfil, mostraba que la práctica aún prevalecía.

Aunque la esclavitud es ilegal en Costa de Marfil, rara vez se aplica la ley. Fronteras abiertas, escasez de policías y la disposición de los funcionarios del lugar a aceptar sobornos de quienes trafican con niños contribuyen al problema. Además, desde 1996, los precios del grano de cacao han bajado en los mercados mundiales. Conforme los precios declinaban, los ya de por sí pobres cultivadores de cacao recurrieron a la esclavitud para disminuir sus costos de mano de obra. Aunque los precios comenzaron a subir durante los primeros años del siglo XXI, volvieron a caer otra vez en 2004 y permanecieron bajos hasta el verano de 2010, cuando de nuevo subieron.

La pobreza que motivó que muchos cultivadores de cacao de Costa de Marfil compraran niños como esclavos se agravó por otros factores además de los precios. Al trabajar en campos aislados, los cultivadores no se pueden comunicar entre sí ni con el mundo exterior para saber en cuánto podría venderse su cosecha. En consecuencia, están a merced de los intermediarios locales, quienes llegan a los campos, compran el cacao a la mitad de su precio real en el mercado, y se lo llevan en camiones. Incapaces de poder comprar esos camiones, los cultivadores dependen de los intermediarios para que el cacao llegue a los mercados.

El chocolate es una industria que genera $13,000 millones en Estados Unidos, que consume 3,100 millones de libras al año. Los nombres de sus cuatro fabricantes más grandes —los que usan los granos de cacao moralmente "contaminados" de Costa de Marfil en sus productos— son bien conocidos: Hershey Foods Corp. (que elabora el chocolate de leche Hershey's, Reeses y Almond Joy), M&M Mars, Inc. (fabricante de M&Ms, Mars, Twix, Dove y Milky Way), Nestlé USA (que fabrica Nestlé Crunch, Kit Kat, Baby Ruth y Butterfingers), y Kraft Foods (que usa chocolate en sus productos para hornear y para el desayuno). Menos conocidos, pero aún significativos para la industria, son los nombres de Archer Daniels Midland Co., Barry Callebaut y Cargill Inc.; todos ellos sirven como intermediarios que compran, muelen y procesan los granos de Costa de Marfil, y luego venden el cacao procesado a los fabricantes de chocolate.

Aunque todas las compañías importantes de chocolate empleaban granos de los campos de Costa de Marfil, parte de los cuales provenían del trabajo de niños esclavos, muchas fábricas más pequeñas evitaban hacerlo y, en vez de ello, usaban granos "no contaminados" que se cultivaban en otras partes del mundo. Estas compañías incluyen: Clif Bar, Cloud Nine, Dagoba Organic Chocolate, Denman Island Chocolate, Gardners Candies, Green and Black's, Kailua Candy Company, Koppers Chocolate, L.A. Burdick Chocolates, Montezuma's Chocolates, Newman's Own Organics, Omanhene Cocoa Bean Company, Rapunzel Pure Organics y The Endangered Species Chocolate Company. Otras compañías pequeñas recurren a emplear chocolate de comercio justo y chocolate orgánico porque están hechos de granos cultivados en campos que se supervisaron de manera regular y, por lo tanto, también están hechos de granos "no contaminados".

Los fabricantes de chocolate de Estados Unidos ya sabían que campesinos de Costa de Marfil se valen de niños esclavos para cultivar el cacao, desde que los medios de comunicación publicaron los primeros informes. En 2001 la Chocolate Manufacturers Association, un grupo comercial de fabricantes de chocolate (entre cuyos miembros están Hershey, Mars, Nestlé y otros) admitió a los periódicos que estaba consciente del uso del trabajo de niños esclavos en los campos de cacao de Costa de Marfil. Presionada por diferentes grupos antiesclavitud, el 22 de junio de 2001 la asociación declaró que "condenaba estas prácticas" y estuvo de acuerdo en financiar un estudio de la situación.

El 28 de junio de 2001, Eliot Engel, congresista de Estados Unidos, propuso una iniciativa de ley que intentaba establecer un sistema de etiquetado que informara a los consumidores si los chocolates que compraban eran "libres de esclavitud", es decir, que garantizara que estos no habían sido producidos por niños esclavos. La medida se aprobó en la Cámara de Representantes por 291 votos contra 115. Sin embargo, antes de que una medida pueda convertirse en ley, debe ser aprobada tanto por la Cámara de Representantes como por el Senado. El senador de Estados Unidos Tom Harkin se preparó para introducir la misma iniciativa en el Senado. Antes de que este pudiera considerar la ley, la industria chocolatera de Estados Unidos (liderada por Mars, Hershey, Kraft Foods y Archer Daniels Midland, con la ayuda de los cabildeadores Bob Dole y George Mitchell), montó una gran campaña de cabildeo para combatir el sistema de etiquetado "libre de esclavitud". Las empresas argumentaban que ese sistema no solo afectaría sus propias ventas, sino que a largo plazo perjudicaría a los pobres cultivadores africanos de cacao al reducir sus ventas y obligarles a bajar sus precios, lo que añadiría más presión a la situación que los llevó a utilizar trabajo de esclavos. Como resultado del cabildeo de la industria, el Senado nunca aprobó la iniciativa de etiquetado "libre de esclavitud". No obstante, el representante Engel y el senador Harkin amenazaron con introducir una nueva iniciativa que prohibiría la importación de cacao producido por trabajo esclavo, a no ser que las empresas chocolateras eliminaran de manera voluntaria ese tipo de trabajo de sus cadenas de producción.

El primero de octubre de 2001, los miembros de la Chocolate Manufacturers Association y la World Cocoa Foundation, atrapados en el centro de atención de los medios de comunicación, anunciaron que tenían la intención de establecer un sistema que eliminara "las peores formas de trabajo infantil", incluyendo la esclavitud. En la primavera de 2002, las dos organizaciones, junto con los principales productores de chocolate (Hershey's, M&M Mars, Nestlé y World Finest Chocolate) y los mayores procesadores de cacao (Blommer Chocolate, Guittard Chocolate, Barry Callebaut y Archer Daniels Midland), firmaron un acuerdo para establecer un sistema de certificación que verificara y certificara que los granos de cacao utilizados no fueran producidos por niños esclavos. Conocido como el Protocolo Harkin-Engel, el acuerdo también establecía que las empresas chocolateras financiarían programas para capacitar a los productores de cacao en técnicas de cultivo, a la vez que les enseñaran la importancia de evitar el utilizar trabajo esclavo. Los miembros de la Chocolate Manufacturers Association también acordaron investigar las condiciones de las plantaciones y establecer una fundación internacional para supervisar y mantener los esfuerzos con la finalidad de eliminar de ellas la esclavitud infantil. En julio de 2002, la primera evaluación que patrocinó Chocolate Manufacturers Association concluyó que aproximadamente 200,000 niños, no todos ellos esclavos, trabajaban en condiciones peligrosas en las plantaciones y que la mayoría de ellos no asistían a la escuela.

Por desgracia, en 2002, Costa de Marfil se vio envuelta en una guerra civil que continuó hasta que en 2005 se inició un complicado proceso de pacificación que finalizó en 2007; sin embargo, las fuerzas rebeldes continuaban controlando la mitad norte del país. Los informes indicaban que buena parte del dinero con el que se financiaba la violencia, tanto del gobierno como de los grupos rebeldes durante los años de guerra, provenía de las ventas de cacao y que los compradores de "cacao sangriento" de Costa de Marfil sostuvieron esta violencia.

Llegó el año 2005, fecha límite que habían fijado las principales empresas chocolateras y sus asociaciones, sin que se estableciera el prometido sistema de certificación que asegurara que los granos no eran producidos por trabajo de niños esclavos. Entonces, las empresas chocolateras enmendaron el protocolo para darse ellas mismas más tiempo y extender el plazo hasta julio de 2008, aduciendo que el proceso de certificación se había complicado mucho más de lo previsto, especialmente a causa del estallido de la guerra civil. Aunque las empresas no establecieron un sistema de certificación mientras duró el conflicto, sí maniobraron para asegurarse suficientes granos de cacao que les permitieran mantener sus fábricas funcionando a toda velocidad.

A principios de 2008 las compañías no habían comenzado aún a trabajar en el establecimiento de un sistema de certificación o de cualquier otro método que asegurara que no se había empleado trabajo de esclavos para producir los granos de cacao que usaban. Emitieron una nueva declaración en la que ampliaban hasta 2010 el plazo para cumplir con su promesa de establecer un sistema de certificación. Según las compañías, habían estado invirtiendo varios millones de dólares al año en una fundación que trabajaba en el problema del trabajo infantil. Sin embargo, un reportero investigador descubrió y dio a conocer, en un artículo publicado en *Fortune Magazine* el 15 de febrero de 2008, que la fundación tenía solo un miembro de su personal trabajando en Costa de Marfil y que sus actividades se limitaban a dar talleres de sensibilización a los habitantes locales, durante los cuales él explicaba que el trabajo infantil era reprobable. La fundación también ayudaba a un albergue que brindaba casa y educación a niños de la calle. El reportero no encontró ningún indicio de que se estuviera trabajando en algún sistema de certificación. Actualmente, el sistema de supervisión que se usa en el comercio legal y en la industria de productos orgánicos ha sido funcional por varios años, pero las grandes empresas que trabajan en Costa de Marfil parecen ser incapaces o no estar interesadas en aprender de su ejemplo

La existencia de un gran y bien organizado sistema de tráfico de niños de los países vecinos hacia las plantaciones de Costa de Marfil quedó de manifiesto el 18 de junio de 2009. En esa fecha, la organización policiaca internacional, INTERPOL, llevó a cabo una serie de redadas en varias plantaciones en las que se creía que trabajaban niños esclavos y logró rescatar a 54. Con edades entre los 11 y los 16 años, los niños trabajaban 12 horas al día sin salario; muchos eran golpeados regularmente y ninguno había recibido instrucción escolar.

En una declaración pública, la INTERPOL estimó que "cientos o miles de niños trabajan ilegalmente en las plantaciones".

El 30 de septiembre de 2010, el Centro Paysson, en la Universidad de Tulane, emitió un informe sobre el progreso que se había alcanzado en el sistema de certificación que la industria chocolatera había prometido establecer en 2002, y el progreso que la industria había logrado con respecto a su promesa de eliminar "las peores formas de trabajo infantil", incluyendo su esclavitud, en las plantaciones de las cuales la industria surte su cacao. El informe fue encargado por el Departamento del Trabajo de Estados Unidos, a quien el Congreso había pedido evaluar los avances en el "Protocolo Harkin-Engel" y quien entregó a la Universidad de Tulane un financiamiento por $3.4 millones iniciales en 2006 y $1.2 millones adicionales en 2009 para integrar el informe. Según este último, "la industria se encuentra lejos de instaurar un proceso de certificación verificado en forma independiente y amplia en el sector [...] a finales de 2010". El informe reveló que entre 2002 (la fecha del acuerdo original) y septiembre de 2010, la industria había logrado entablar contacto solo con 95 de las comunidades con plantaciones de cacao (el 2.3 por ciento) en Costa de Marfil, y que, para completar sus esfuerzos de solución, tendría que entrar en contacto con otras 3,655 comunidades productoras. Aunque el grupo Tulane confirmó que se seguía utilizando trabajo forzado en las plantaciones de cacao, también encontró que no se había hecho ningún esfuerzo formal por parte de la industria para remediar el asunto del trabajo forzado.

No es sorprendente pues, que el problema de la certificación continúe sin resolverse en 2011. Después de que la atención de los medios de comunicación se desviara del asunto, los fabricantes y distribuidores que compran granos de cacao de Costa de Marfil parecen incapaces de encontrar una manera de certificar que no se usó el trabajo de esclavos para cosechar esos granos. Representantes de las empresas chocolateras argumentaron que el problema de la certificación era difícil porque hay más de 600,000 plantaciones de cacao en Costa de Marfil; la mayoría de ellas en pequeñas granjas familiares localizadas en remotas regiones rurales del país a las que es difícil llegar y que carecen de buenos caminos y otras infraestructuras. Sin embargo, los críticos señalan que estas mismas dificultades no parecen ser ningún obstáculo para obtener los granos de esas numerosas y dispersas plantaciones. Los productores de granos de cacao, pobres y lacerados por los bajos precios, continúan usando el trabajo de niños esclavos, aunque son sigilosos al respecto. Para empeorar las cosas, en febrero de 2011, estallaron de nuevo los enfrentamientos entre los rebeldes ubicados en el norte y el gobierno de Costa de Marfil en el sur, por un breve periodo, en una disputa acerca de quién era el legítimo ganador de la elección presidencial de 2010. Los enfrentamientos terminaron en abril de 2011 cuando uno de los candidatos finalmente reconoció los resultados de la elección, permitiendo que Allassane Ouattarra fuera declarado el presidente legítimo.

En 2010 un documental, titulado *The Dark Side of Chocolate*, dio cuenta una vez más del continuo uso del trabajo de niños esclavos en las plantaciones de ese país. Sin embargo, los representantes de las compañías chocolateras entrevistados en el documental negaron el problema o declararon no saber nada del asunto. Los granos amancillados con el trabajo de niños esclavizados continúan mezclándose silenciosamente con los cosechados por trabajadores libres y remunerados, de tal manera que ambos son indistinguibles. De ahí que estos granos continúen su camino hasta los dulces de chocolate que Hershey's, M&M Mars, Nestlé y Kraft Foods fabrican y que se compran en Estados Unidos y Europa. Sin un sistema eficaz de certificación, prácticamente todo el chocolate producido con granos de cacao del oeste de África (Costa de Marfil y Ghana) aún contiene granos que cosechan pequeños niños esclavos.

Preguntas

1. ¿Cuáles son los aspectos éticos sistémicos, corporativos e individuales generados por este caso?
2. Desde su punto de vista, el tipo de esclavitud infantil analizada en este caso, ¿está absolutamente mal o está solo relativamente mal, es decir, si uno vive en una sociedad (como la nuestra) que desaprueba la esclavitud?
3. ¿Quién comparte la responsabilidad moral de la esclavitud que tiene lugar en la industria del chocolate?
4. Considere la iniciativa que el congresista Engel y el senador Harkin intentaron convertir en ley, pero que nunca se materializó por los esfuerzos de cabildeo de la industria chocolatera. ¿Qué revela este incidente acerca del punto de vista de que "para que los empresarios sean éticos es suficiente que se apeguen a la ley"?

Nota

1. Sudarsan Raghavan y Sumana Chatterjee, "Child Slavery and the Chocolate Trade", *San José Mercury News*, 24 de junio de 2001, p. 1A; Stop Child Labor, "There's Nothing Sweet About Child Slave Labor in the Cocoa Fields", fecha de acceso: 26 de abril de 2004 en http://www.stopchildlabor.org/internationalchildlabor/chocolate.htm; Sharon LaFraniere, "Africa's World of Forced Labor in a 6 Year-Old's Eyes", *The New York Times*, 29 de octubre de 2006; Rageh Omaar, "The World of Modern Child Slavery", BBC News [Online], 27 de marzo de 2007, fecha de acceso: 29 de abril de 2010 en http://news.bbc.co.uk/2/hi/programmes/this_world/6458377.stm; Christian Parenti, "Chocolate's Bittersweet Economy", *Fortune Magazine*, 15 de febrero de 2008; Payson Center for International Development and Technology Transfer Tulane University, *Fourth Annual Report: Oversight of Public and Private Initiatives to Eliminate the Worse Forms of Child Labor in the Cocoa Sector in Cote d'Ivoir and Ghana*, 30 de septiembre de 2010, fecha de acceso: 30 de marzo de 2011 en http://www.childlabor-payson.org/Final%20Fourth%20Annual%Report.pdf.

Aaron Beam y el fraude de HealthSouth

Después de titularse del Ourso College of Business, Aaron Beam continuó su formación hasta graduarse como contador público certificado en 1978, y dos años después conoció a Richard Scrushy a quien describió como un líder "carismático, simpático, encantador y un brillante hombre de negocios". En ese tiempo Scrushy trabajaba para Lifemark Corporation, una empresa de cuidados de la salud donde había escalado posiciones hasta llegar a ser director de operaciones, después de haber impartido cátedra por un breve periodo en el programa de terapia respiratoria de la Universidad de Alabama y en Wallace State Community College. En 1983 Scrushy invitó a Beam a unírsele para fundar HealthSouth, una nueva empresa que brindaría servicios médicos de rehabilitación a hospitales y sus pacientes ambulatorios en Birmingham, Alabama. Scrushy creía que podrían dar terapia de rehabilitación a los pacientes a un costo más bajo que en los hospitales regulares y, de esa forma, estos estarían encantados de enviarles sus pacientes de rehabilitación. Resultó que tuvo razón.[1]

Fundaron la empresa en 1984, con Scrushy como director ejecutivo y Beam como director de finanzas. Este diría después que el primero conducía la empresa como un "dictador", y con una autoconfianza que intimidaba a los demás y algunas veces haría que Aaron y otros estuvieran temerosos de contradecirlo. Después, diría que era "casi una figura de culto", que inspiraba una lealtad intensa y a quien las personas seguían afanosamente, dispuestas a cumplir sus seguras órdenes.[2] Otro empleado dijo que el director ejecutivo "tenía energía ilimitada" y "era un gran motivador" que trabajaba "muy arduamente, era casi como si uno no pudiera dejarlo atrás".[3]

Desde el principio, Scrushy y Beam sabían que la empresa tenía que parecer rentable para satisfacer a los inversionistas y a los prestamistas, y para después emitir y vender acciones con éxito en la bolsa de valores. Aunque la empresa iba razonablemente bien, Scrushy dijo a Beam que debía hacer cualquier cosa que pudiera para que los informes financieros se vieran aún mejor. Aunque Beam estaba renuente en un principio, se sintió presionado y amedrentado, y finalmente movió algunos de los costos de inicio de la empresa de la columna de gastos a la columna de inversiones de capital, lo que magnificaba sus ganancias netas.[4] Aunque Beam sentía que esto podría ser un poco engañoso, también pensaba que estaba técnicamente dentro de los límites de las reglas contables, y que los inversionistas serían lo suficientemente inteligentes para entender lo que estaba pasando. Se dijo a sí mismo que el movimiento era "contabilidad agresiva", pero que definitivamente "no era fraudulenta".

En 1986 la empresa cotizó en bolsa con gran éxito, y tanto Scrushy como Beam y los inversionistas obtuvieron una gran cantidad de dinero. Más aún, la empresa continuó expandiéndose rápidamente y las utilidades continuaron ascendiendo igual de rápido. Con su nueva riqueza, Beam pudo comprarse una casa en la playa, un condominio en el barrio francés de Nueva Orleans, un avión privado, lujosos automóviles, y podía permitirse gastar $30,000 en corbatas Hermes. A cualquier lugar al que iba era conocido y respetado:

> Yo era una estrella de rock. Podía entrar a cualquier restaurante y ver a las personas haciéndome señas, diciendo que querían hablar conmigo, reunirse conmigo y decirme qué gran trabajo estaba haciendo. En verdad, ¡era algo fabuloso![5]

Scrushy también celebró su nueva riqueza. Se había divorciado de su primera esposa y se había casado con la segunda, una mujer llamada Karen, con quien tuvo cuatro hijos y una relación apasionada, pero tormentosa. Compró dos aviones jet Cessna, autos Lamborghini y Rolls Royce, 10 yates, costosas obras de arte, varias casas multimillonarias y mandó construir una mansión de 1,300 metros cuadrados con 20 habitaciones y helipuerto. Hizo espléndidas donaciones a la caridad, donó dinero a escuelas que, en agradecimiento, pusieron su nombre en varios edificios e hizo una donación tan grande a una universidad local, que nombraron el plantel entero como "Richard M. Scrushy Campus". En la preparatoria, Scrushy había aprendido él solo a tocar la guitarra y había tocado en algunas pequeñas bandas; así que se le ocurrió reclutar a varios músicos profesionales, formó un grupo de música country, llamado Dallas County Line, donde él era el cantante, grabó un CD y financió una gira mundial para el grupo.

Durante los siguientes 10 años, la empresa HealthSouth creció hasta convertirse en una empresa de las 500 de *Fortune*, con un valor de $3 mil millones. Con 22,000 empleados, era el mayor proveedor a nivel nacional de servicios de rehabilitación, cirugía y terapia para pacientes ambulatorios. Beam continuó usando sus prácticas de "contabilidad agresiva" en los reportes financieros de la empresa. Cuando esta se expandió a otros sitios, él capitalizó algunos de los costos en vez de considerarlos como gastos, y en ocasiones las utilidades añadidas de las nuevas ubicaciones estaban listadas como crecimiento de utilidades de las ubicaciones previas de la empresa. Y en vez de registrar las deudas por cobrar como tales, Beam simplemente las mantuvo en libros como activos. Continuó reafirmándose a sí mismo con el pensamiento de que "los inversionistas astutos sabían lo que estábamos haciendo", y lo vio como "astucia en el juego y no como un fraude descarado".[6]

Pero a mediados del segundo trimestre de 1996, Scrushy y Beam se dieron cuenta de que la empresa, por primera vez, se quedaría corta en alcanzar las expectativas de los analistas de Wall Street con utilidades trimestrales de cerca de $50 millones. Los dos estaban seguros de que esto sería un evento único y que la empresa volvería a cumplir las metas de los analistas el siguiente trimestre financiero, como había sucedido en los últimos 40 trimestres. Pero en ese momento la empresa estaba negociando un nuevo acuerdo crediticio con un sindicato de 32 prestamistas de todo el mundo y, aunque los bancos habían accedido a extender una línea de crédito a HealthSouth por un total de $1,250 millones, también habían dejado claro que la empresa tenía que entregarles estados financieros trimestrales favorables.[7] Scrushy aseguró a Beam que si los bancos percibían vientos de déficit, esto mutilaría la empresa por la que tanto habían trabajado, así que tenía qué hacer todo lo que pudiera para evitar que se filtrara tanta información como fuera posible acerca del déficit. Scrushy pensaba que si podían pasar el trimestre, todo estaría bien.[8]

Al estar de acuerdo con la evaluación de la situación que hizo Scrushy, Beam decidió arreglar los libros de la empresa "por única vez". "Yo sabía que si reportábamos malas utilidades sería desastroso", dijo Beam después, así que "me dejé arrastrar a estar de acuerdo en cometer fraude". Convenció a dos de las personas que trabajaban con él en el departamento de finanzas de unirse al plan: Bill Owens, el contralor, y Mike Martin, el tesorero. Con la ayuda de unos cuantos empleados, revisaron los informes de utilidades que cada una de las docenas de clínicas de HealthSouth, dispersas por todo el país, enviaban a la matriz cada trimestre financiero. Inflaron cuidadosamente los números insertando muchas pequeñas ganancias adicionales en cada informe. Después, consolidaron todos los informes en un único reporte corporativo.[9] Todas las numerosas adiciones ficticias que hicieron eran pequeñas, porque sabían que los auditores externos solo verificarían la validez de las grandes entradas de ingresos, y era muy poco probable que revisaran todos los modestos ingresos ficticios incluidos.[10] Más aún, Scrushy había dicho antes a Beam que él no permitiría que los propios auditores internos de la empresa tuvieran acceso a los libros de contabilidad general, en los cuales se había realizado el fraude.

Aunque se dio cuenta de que estas acciones violaban los principios de contabilidad generalmente aceptados, Beam sintió que lo que estaba haciendo era por el bien de todos en la empresa. Si esta fallaba, muchas personas resultarían perjudicadas. Y de cualquier modo, solamente iba a hacerlo una vez.

Por desgracia, en el siguiente trimestre, los ingresos volvieron a quedar por debajo de las expectativas de Wall Street. Esta vez, Scrushy no tuvo que persuadir a Beam, quien diría más tarde: "Después de la primera vez, era más fácil seguir la pendiente de ese camino".[11] El fraude se ejecutó de una manera muy parecida a como se había hecho el trimestre anterior, excepto que esta vez había más personas en el esquema. Ken Livesay, el asistente del contralor, ayudó descargando todos los informes de las clínicas del país a su computadora y dio forma a la brecha entre las verdaderas utilidades de la empresa y lo que Wall Street esperaba (cerca de $70 millones esta vez).[12] Él reportó esas cifras a Bill Owens y Mike Martin. Entonces, Beam, Owens, Martin, Livesay y unos cuantos más hicieron su trabajo con los informes de las clínicas insertando suficientes entradas de ingresos ficticias para reducir la brecha. Como los ingresos siguieron quedándose cortos con respecto a la expectativa de Wall Street, el proceso tuvo que repetirse cada trimestre. Con el tiempo, más personal del área de finanzas se sumó al grupo hasta que creció a unas 15 personas, quienes comenzaron a llamarse a sí mismos "la familia".

En 1997 HealthSouth era la empresa de servicios de rehabilitación más grande en la industria y, con una remuneración total de $106 millones, Scrushy era el tercer director ejecutivo mejor pagado en Estados Unidos. Un año antes, su segunda esposa se había divorciado de él y ahora estaba casado con su tercera esposa, Leslie, con quien había tenido dos hijos más. Él se convirtió en miembro activo de la Iglesia de la Luz Guiadora a la que hizo importantes donaciones, y él y su esposa finalmente comenzaron a presentar diariamente un programa evangélico de televisión que era transmitido desde la iglesia.

Aunque ahora se mostraba muy vacilante de alterar los reportes de la empresa, Beam todavía se sentía angustiado y culpable:

Simplemente no tenía el valor o la compostura ética para oponerme a Richard. Yo nunca dije: "No, esto está mal". Mi vida cambió. No podía dormir. Había cruzado la línea, y había hecho algo que no podía enfrentar y era terrible.[13]

Avergonzado por lo que ahora tan voluntariamente estaba haciendo, Beam decidió retirarse de la empresa en 1997. Compró varios acres de tierra en el campo, y él y su esposa construyeron su casa de los sueños de 465 metros cuadrados. Beam supuso que las ganancias de la empresa finalmente mejorarían, y que una vez más le iría lo suficientemente bien como para detener la falsificación de los reportes financieros. Se equivocaba.

La contabilidad fraudulenta en HealthSouth continuó por otros seis años más, hasta que en 2003, el FBI comenzó a investigar si Scrushy podría ser parte de un esquema de maquinación interna. Como parte de su investigación, el FBI se entrevistó con Weston Smith, quien había remplazado a Beam como director de finanzas. Smith tenía poco qué decir acerca del esquema de maquinación interna; en vez de ello, informó a los sorprendidos investigadores acerca del fraude que se había realizado en HealthSouth.

Para cuando el gobierno intervino y en 2003 acusó a los ejecutivos de HealthSouth, las ganancias de la empresa se habían exagerado en $2,700 millones. En 2005

Scrushy aseguró que él no tenía conocimiento de las entradas fraudulentas que se habían asentado en los libros de contabilidad, y a pesar de ser acusado por Beam, Martin, Owens, Livesay y otros de haber tenido conocimiento del esquema, un jurado lo declaró inocente de cualquier delito. Beam y los otros miembros de "la familia" no tuvieron tanta suerte. Él y otros 15 empleados de HealthSouth que habían ayudado a maquinar el fraude fueron sancionados y encarcelados, o puestos en libertad condicional.

Aunque Scrushy no fue sentenciado por ninguna responsabilidad en el fraude de HealthSouth, en 2006 se le encontró culpable de pagar $500,000 en sobornos al gobernador de Alabama, Don Siegelman, a cambio de un asiento en el consejo regulador de hospitales del estado. Scrushy fue sentenciado a siete años de prisión por soborno, sentencia que comenzó a cumplir en 2007. Él creía que los fiscales del gobierno habían hecho los cargos de soborno contra él en venganza porque no habían sido capaces de demostrar su culpabilidad en el juicio de HealthSouth, pero sus abogados fallaron al intentar ganar las apelaciones que presentaron en su nombre. En 2009, mientras cumplía su sentencia en la cárcel, perdió una demanda civil por $2,800 millones que presentaron contra él los accionistas de la empresa; al final de ese juicio, el juez dijo que le quedaba claro que "Scrushy no solo estaba al tanto, sino que participó activamente en el fraude". Sus cuentas bancarias fueron confiscadas y sus casas, yates, autos y otras propiedades fueron subastadas para pagar los $2,800 millones que debía. Perturbado por el resultado de las demandas que dejaron a su esposa y sus hijos sin un centavo, Scrushy continuó sosteniendo su inocencia tanto en el fraude de HealthSouth como en el caso de soborno de Siegelman. Su esposa siguió siéndole fiel y llevaba a sus hijos a visitarlo cada semana mientras cumplió su sentencia en prisión. Tanto su esposa como el pastor de la Iglesia de la Luz Guiadora continúan creyendo en su inocencia.

Aunque pudo haber recibido una sentencia de hasta 30 años de cárcel y una multa de un millón de dólares, Aaron Beam pasó sólo tres meses en una prisión federal y pagó $285,000 en multas y otros $250,000 en honorarios de abogados. Después de salir de prisión en 2006, Beam dijo que su experiencia le había dado una dura lección, pero todavía culpaba a Scrushy de mucho de lo que pasó:

> Hay muchos sociópatas dirigiendo grandes corporaciones. Tienen egos gigantescos, intimidan a las personas, creen firmemente que tienen la razón en todo lo que hacen o dicen, y no tienen ninguna empatía por otras personas. Si en su trabajo usted tiene un jefe como ese, tenga cuidado. Piense que algún día le puede pedir algo que no debe hacer. No se deje influir demasiado por otros hasta el punto de hacer algo incorrecto. Hay que tener algo de carácter moral sobre cómo se conduce uno mismo en el mundo de los negocios.

La presión para hacer ganancias, por generar dinero, podría llevarlo cuesta abajo por una pendiente por la que uno no debe caminar.[14]

Ahora Aaron Beam es dueño de un servicio de podado de césped en Alabama, llamado Green Beam Lawn Service, y que inició con una cortadora de césped que adquirió luego de vender sus últimas 50 corbatas Hermes. Dice lo siguiente con respecto a su vida actual:

> No tengo empleados, trabajo solo. Pero ahora vivo mi vida honestamente y tengo una gran paz mental por ello. Cuando podo el césped de alguien, y me paga $50 luego de haber trabajado bajo el sol del sur de Alabama, sé que me he ganado ese dinero, y duermo bien esa noche.[15]

Preguntas

1. ¿Cuál de los obstáculos para el comportamiento moral cree usted que aparecen en el comportamiento y pensamiento de Aaron Beam? ¿Y en el de Scrushy?
2. Explique cómo Aaron Beam podría haber usado el argumento del agente leal para justificar sus acciones. ¿Cree que en la situación de Beam el argumento del agente leal podría haber sido válido? Explique su respuesta.
3. En términos de la teoría de Kohlberg sobre el desarrollo moral, ¿en qué etapa de desarrollo moral ubicaría usted a Aaron Beam? Explique por qué. ¿Y a Richard Scrushy?
4. ¿Aaron Beam era *moralmente responsable* de participar en los métodos de "contabilidad agresiva" que usó? Explique. ¿Se *mitiga* su responsabilidad de alguna forma? Explique por qué. ¿Era él *moralmente responsable* por modificar los informes de las clínicas para incrementar las ganancias de la empresa? ¿Se *mitigó su* responsabilidad en esto? Explique. ¿Quienes *cooperaron* con sus acciones eran moralmente responsables de ellas? ¿Se mitigó su responsabilidad? ¿Cree usted que Richard Scrushy era moralmente responsable por el fraude contable? Explique su respuesta.

Notas

1. Seth Fox, "A World Unrevealed", *Business Report*, 1 de agosto de 2006, fecha de acceso: 3 de septiembre de 2010 en http://www.bus.lsu.edu/accounting/faculty/lcrumbley/unraveled.htm; John Helyar, "The Insatiable King Richard. He started as a nobody. He became a hotshot CEO. He tried to be a country star. Then it all came crashing down. The bizarre rise and fall of HealthSouth's Richard Scrushy", *Fortune*, 7 de julio de 2003.
2. Jeanine Ibrahim, "American Greed", *CNBC*, [Producer's Notes], fecha de acceso: 3 de septiembre de 2010 en http://www.cnbc.com/id/27087295; Jimmy DeButts, "Crossing the Line: HealthSouth CFO Aaron Beam Speaks Out", *Birmingham Business Journal*, 2 de octubre de 2009.

3. Helyar, "The Insatiable King Richard".
4. *Fox*, "A World Unrevealed".
5. *University of Texas News*, "Auditors Get an Insider's View of Corporate Fraud", 12 de abril de 2010, fecha de acceso: 3 de septiembre de 2010 en *http://www.utdallas.edu/news/2010/4/12-2391_Auditors-Get-an-Insiders-View-of-Corporate-Fraud_article.html*
6. Aaron Beam, *HealthSouth: The Wagon to Disaster*, (Fairhope, Alabama: Wagon Publishing [libro publicado por el autor], 2009).
7. *U.S. Department of Justice*, "Former HealthSouth Chief Financial Officer Aaron Beam Charged with Ban Fraud", 24 de abril de 2003, [boletín de prensa], fecha de acceso: 3 de septiembre de 2010 en *http://www.justice.gov/opa/pr/2003/April/03_crm_255.htm*
8. Steve Chiotakis, "How HealthSouth Started a Fraud", *American Public Media Marketplace*, 6 de enero de 2010, fecha de acceso: 3 de septiembre de 2010 en *http://marketplace.publicradio.org/display/web/2010/01/06/am-scrushy/*
9. "Accountant Describes How HealthSouth Fraud Happened", *USA Today*, 28 de enero de 2005.
10. John A. MacDonald, "Video Depositions Fill Much of Afternoon in First Day of Richard Scrushy Civil Trial", *The Birminham News*, 11 de mayo de 2009.
11. Aaron Beam, *HealthSouth: The Wagon to Disaster*.
12. Jay Reeves, "Ex-HealthSouth Exec Details Fraud", *The Seattle Times*, 24 de febrero de 2005.
13. *University of Texas News*, "Auditors Get an Insider's View of Corporate Fraud".
14. Aaron Beam, "Aaron Beam, Former Chief Financial Officer of HealthSouth", del sitio Web de Aaron Beam, fecha de acceso: 3 de septiembre de 2010 en *http://aaronbeam.net/bio.html*
15. Chiotakis, "How HealthSouth Started a Fraud".

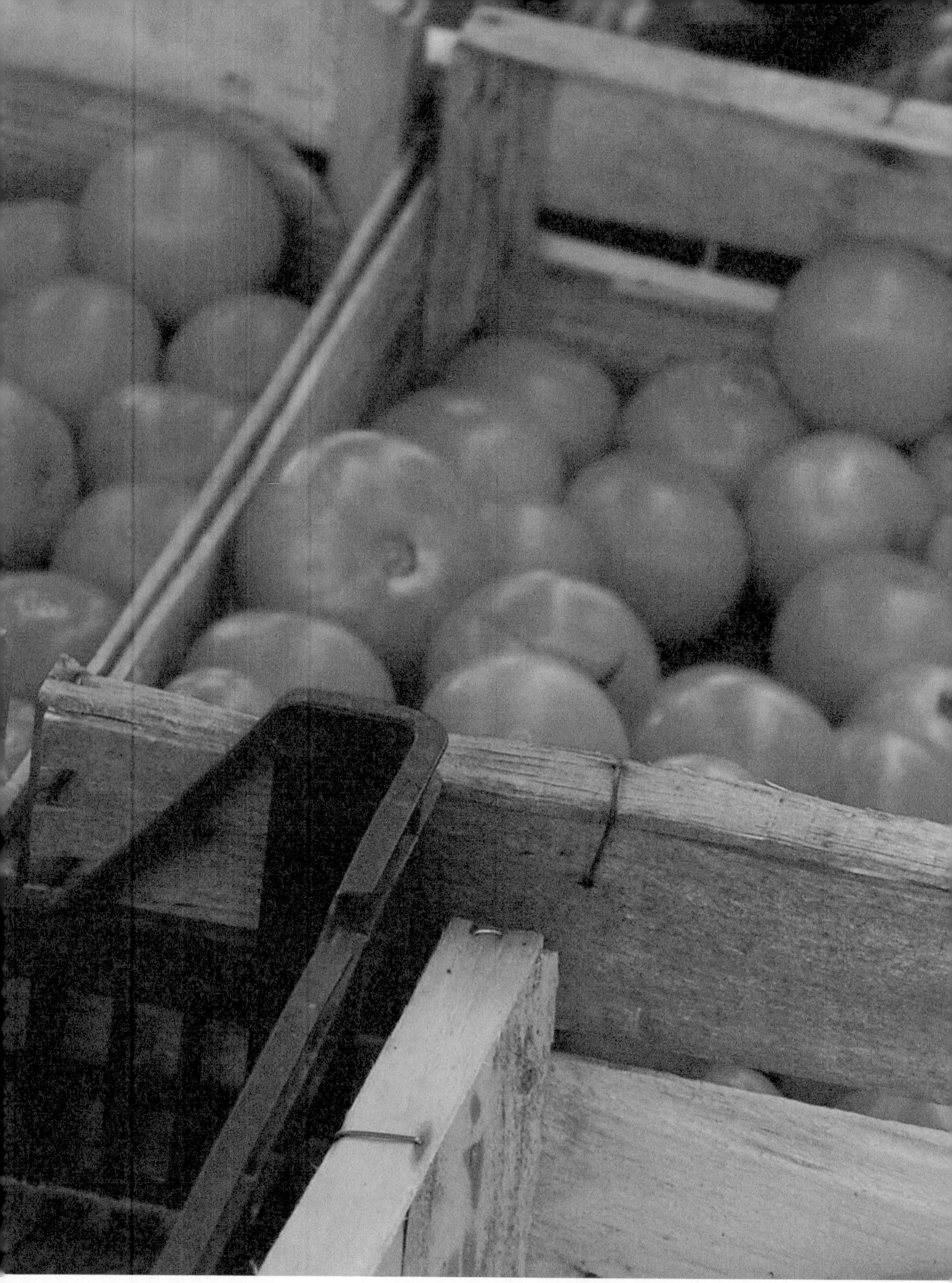

2

Principios éticos en los negocios

¿Cuál es la pregunta central que plantea el enfoque utilitario para la toma de decisiones morales?

¿Cómo se aplican los derechos humanos a las situaciones de negocios?

¿Qué es la justicia?

¿Por qué las relaciones personales son esenciales para la ética del cuidado?

¿Es posible integrar los diferentes enfoques de la evaluación de la moral?

¿Qué papel desempeña el carácter en la moralidad?

¿Por qué muchas de las decisiones morales parecen ser automáticas e inconscientes?

Incluso al comprar las hortalizas en un mercado local, los clientes esperan que se les trate con honestidad, justicia y respeto.

INTRODUCCIÓN

A mediados del siglo pasado, en 1948, el Partido Nacional (conformado solamente por blancos) obtuvo por primera vez el control del gobierno de Sudáfrica. En las primeras leyes raciales se decreta que solo los blancos —el 10 por ciento de la población— tenían el derecho de votar, y se negaba la participación política a los negros, quienes integraban aproximadamente el 80 por ciento de la población, así como a los individuos "de raza mixta" y a los indios que, en conjunto, conformaban el 10 por ciento restante. El Partido Nacional, constituido únicamente por blancos, aprobó una rigurosa legislación *apartheid* tan pronto como llegó al poder. El nuevo gobierno redactó sus leyes con la finalidad de preservar la pureza racial y la supremacía de los blancos al separarlos social y físicamente de las otras razas. A partir de entonces, la población que no era blanca solo podía tener acceso a empleos, viviendas y tierras de calidad inferior. El sistema del *apartheid* privaba al total de la población negra de todo derecho político: no tenían libertad de expresión ni de reunión, ni derecho a sindicalizarse. Negros, mestizos e indios debían vivir en áreas segregadas racialmente, recibían salarios discriminatorios, no se podían casar con blancos ni ser sus jefes, debían asistir a escuelas de menores recursos, usar baños separados y entradas diferentes en los edificios públicos, comer en restaurantes específicos y se les prohibía socializar con blancos.

Estas leyes raciales opresoras generaron un gran movimiento de resistencia que el gobierno acalló por la fuerza. Al pasar los años, conforme la población de color hacía repetidas manifestaciones contra un régimen cada vez más cruel, el gobierno respondía con una represión aún mayor, matanzas y arrestos. Al principio del mandato del primer ministro Strijdom, conocido por ser un racista de línea dura, honesto, pero inflexible y beligerante, el gobierno mató sin piedad a cientos de jóvenes activistas de color y encarceló a miles de ellos. Nelson Mandela, el carismático y valiente hijo de un jefe tribal negro, estaba entre los encarcelados. Los partidos políticos de oposición eran ilegales y sus líderes también fueron encarcelados. Estas políticas de supremacía blanca del gobierno del *apartheid* se mantuvieron hasta principios de la década de 1990.

Mientras el régimen del *apartheid* estaba en el poder, Caltex, una compañía petrolera estadounidense en Sudáfrica, operaba una cadena de gasolineras y varias refinerías que se abastecían con petróleo importado de otros países. De propiedad conjunta entre Texaco y Standard Oil, Caltex había ampliado varias veces sus operaciones en Sudáfrica, dando a su gobierno mayor acceso al petróleo que necesitaba. La economía del país africano dependía del petróleo en un 25 por ciento para cubrir sus necesidades energéticas, y sus leyes requerirían que las refinerías destinaran parte del petróleo para el gobierno. Además, los rígidos impuestos corporativos aseguraban que un alto porcentaje de los ingresos anuales de Caltex quedara en manos del gobierno del *apartheid*.

Muchos accionistas de Texaco y Standard Oil se opusieron con fuerza a que Caltex continuara sus operaciones de refinería en Sudáfrica. En 1983, 1984 y 1985, aprobaron resoluciones que requerían que la empresa rompiera relaciones con el gobierno de Sudáfrica, o bien, que saliera del país por completo.[1] Un líder de los accionistas disidentes había declarado antes por qué Caltex y otras compañías estadounidenses debían salir de Sudáfrica:

> En Sudáfrica quienes no son blancos son personas sin derechos en la tierra donde nacieron. [El negro de Sudáfrica] no tiene derechos en las "áreas blancas". No puede votar ni poseer tierras, y tampoco tener a su familia con él a menos que tenga permiso del gobierno. [...] Los dos partidos políticos más importantes están proscritos y se detiene a cientos de individuos por considerárseles transgresores políticos, [...] las huelgas de sudafricanos y los acuerdos colectivos significativos se declaran ilegales. [...] Al invertir en Sudáfrica, las compañías norteamericanas dan fuerza, de manera inevitable, al *statu quo* de la supremacía blanca. [...] Rentar una computadora, establecer una nueva planta, vender suministros a los militares, en todo hay implicaciones políticas. [...] Entre la comunidad blanca del país la meta

dominante de la política es mantener el control. Así lo indicó el primer ministro John Vorster: "Estamos construyendo una nación únicamente para blancos".[2]

La administración de Caltex, sin embargo, no consideraba que debía dejar de vender productos de petróleo al gobierno de Sudáfrica, ni tampoco que debía salir de ahí. La compañía reconoció que sus operaciones suministraban recursos estratégicos al gobierno racista. Pero también aseguraba que sus operaciones ayudaban, en última instancia, a la población de color de Sudáfrica, en particular a los empleados de la compañía con quienes esta tenía responsabilidades especiales. En una de las declaraciones que se oponía a una de las muchas resoluciones de los accionistas, los gerentes de Caltex dejaron en claro su posición:

> Texaco considera que la continuación de las operaciones de Caltex en Sudáfrica cumple con los mejores intereses de todas las razas de Sudáfrica. [...] En la opinión de la administración, si Caltex se saliera de Sudáfrica en un intento por lograr cambios políticos en ese país, como indica la propuesta, [...] ese retiro pondría en peligro el futuro de todos los empleados de Caltex en Sudáfrica, sin importar su raza. Estamos convencidos de que el desorden y las tribulaciones resultantes redundarían negativamente sobre todo en las comunidades que no son blancas. A este respecto, y al contrario de lo que han declarado los accionistas, las políticas de empleo de Caltex incluyen el pago de salarios iguales por trabajos iguales, el otorgamiento del mismo nivel de prestaciones para todos los empleados, así como un programa continuo y exitoso para promover a los empleados a puestos de responsabilidad con base en su habilidad, y no en su raza.[3]

Los directivos de Caltex argumentaban que las corporaciones extranjeras en Sudáfrica habían ayudado a elevar el ingreso de la población de color en más del 150 por ciento durante la década de 1970. Más aún, afirmaban que las corporaciones estadounidenses con sus políticas internas de pagar "salarios iguales por trabajos iguales" habían ayudado a disminuir significativamente la brecha entre los ingresos de la población blanca y de color.

Entre quienes apoyaban con vigor las resoluciones que pedían que las compañías estadounidenses salieran de Sudáfrica estaba Desmond Tutu, un obispo anglicano franco y sincero que ganó el premio Nobel de la Paz en 1984. Descrito como un "hombre de fe, modesto y alegre, con una gran pasión por la justicia", Tutu abogaba por una oposición no violenta al *apartheid* y dirigía muchas protestas, marchas y boicots contra el régimen racista y contra lo que más tarde llamaría "abusos que laceraban los derechos humanos". Aunque su vida estaba en constante peligro, con valor, hizo un llamado a las compañías multinacionales para que presionaran económicamente al gobierno blanco de Sudáfrica y lo amenazaran con salir y no regresar hasta que terminara el régimen *apartheid*. Decir que las compañías estadounidenses debían quedarse en Sudáfrica porque pagaban salarios más altos y otorgaban otros beneficios económicos, dijo Tutu, era como "intentar pulir mis cadenas y hacerlas más cómodas. Yo quiero cortar mis cadenas y arrojarlas muy lejos".

La discusión con respecto a que Caltex continuara operando en Sudáfrica durante el régimen del *apartheid* era un debate moral. No se trataba de lo que requería la ley de Sudáfrica, ya que los requisitos de la ley estaban claros. Más bien, el debate se centraba en si estas leyes eran moralmente aceptables y si las compañías debían apoyar al gobierno responsable de ellas. Los argumentos de ambos lados apelaban a consideraciones morales. Reclamaban, de hecho, cuatro tipos básicos de estándares morales: utilitarismo, derechos, justicia y cuidado. Además, en varios puntos, el debate se refería a las virtudes y los vicios de las personas implicadas en la lucha contra el *apartheid*.

Por ejemplo, quienes consideraban que Caltex debía abandonar Sudáfrica decían que la compañía estaba apoyando de manera activa políticas de desigualdad que eran injustas porque discriminaban a la población de color y colocaban sobre ella toda la carga que los blancos no querían soportar. También argüían que esas políticas violaban los derechos humanos de la gente de color, incluyendo sus derechos a participar en la vida política de la nación, de hablar con libertad, circular libremente, sindicalizarse, y de no sufrir humillaciones de segregación racial. Y afirmaban que el régimen *apartheid* dividía a las familias y comunidades destruyendo así relaciones humanas moralmente importantes.

Esos argumentos apelaban a dos tipos de principios morales. Los juicios sobre la *justicia* se basaban en principios morales que identifican maneras justas de distribuir los beneficios y las responsabilidades entre los miembros de una sociedad. Los juicios sobre los *derechos* humanos se basan en los principios morales que abogan por el respeto a la libertad y el bienestar. Finalmente, los juicios sobre la importancia de las relaciones humanas se basan en lo que se llama la *ética del cuidado*.

ética del cuidado
Ética que hace hincapié en el interés y la preocupación por el bienestar concreto de quienes están cerca de nosotros.

Los argumentos de los directivos de Caltex también apelaban a consideraciones morales. Ellos afirmaban que si la compañía se quedaba en Sudáfrica, entonces a los empleados de color, así como a los blancos, les iría mejor porque la empresa les proveería de beneficios sociales y económicos que les permitirían llevar una vida con más recursos y más gratificante. Por otro lado, argumentaban que si la compañía abandonaba el país, la población de color sufriría la peor parte porque se vería privada de muchos beneficios económicos. Con esos argumentos, los directivos de Caltex apelaban a lo que se conoce como estándar *utilitario* de moralidad. El utilitarismo es el punto de vista moral que asegura que el curso correcto de acción es el que ofrece a las personas la mayor cantidad de beneficios y el menor daño posible. Además, los directivos de Caltex también argumentaron que se preocupaban especialmente por sus trabajadores de color, y la responsabilidad especial por el bienestar de sus empleados implicaba que no debían abandonarlos. Estas consideraciones están ligadas de manera estrecha a lo que se llama *ética del cuidado*, la cual hace hincapié en el valor de las relaciones humanas y en la preocupación por el bienestar de aquellos que dependen de nosotros.

Por último, al debate se integraron numerosas referencias a las virtudes morales y a los vicios de las diversas personas que participaban en la lucha contra el *apartheid*. Al obispo Tutu, por ejemplo, lo describían como modesto, valiente, no violento, alegre y con pasión por la justicia. Al primer ministro Strijdom, que usaba la fuerza para proteger el *apartheid*, se le conocía como un racista honesto, inflexible y beligerante, que también podía ser despiadado. A Nelson Mandela se le caracterizó como enérgico, impetuoso, inspirador, valiente, fuerte y carismático. Los rasgos de personalidad que se atribuyeron a esas personas son ejemplos de virtudes y vicios que se destacan de acuerdo con una *ética de la virtud*.

ética de la virtud
Ética basada en las evaluaciones del carácter moral de las personas o de los grupos.

Esos enfoques diferentes para evaluar la moral constituyen los tipos más importantes de estándares éticos que estudian los filósofos de la moral, aunque, como se verá después, existen otros enfoques. Como lo demuestra el caso de Caltex en Sudáfrica, esos enfoques son la forma común y natural de discutir y debatir sobre la moralidad de lo que hacemos. Cada enfoque que evalúa la moral utiliza conceptos morales diferentes, y cada uno pone de relieve aspectos del comportamiento moral que otros no toman en cuenta o no destacan. El objetivo de este capítulo es explicar los enfoques de los juicios morales. Se describirá cada uno y se explicarán los tipos de conceptos e información que usan, se identificarán sus fortalezas y debilidades, y se analizará cómo se utilizan para discernir los aspectos morales que enfrentan las personas en los negocios.

2.1 Utilitarismo: Ponderación de los costos y beneficios sociales

Primero analizaremos el enfoque sobre la toma de decisiones morales que eligieron los directivos de Caltex cuando aseguraron que debían permanecer en Sudáfrica porque implicaría consecuencias más benéficas y menores daños en comparación con la decisión de abandonar el país. En ocasiones, se hace referencia a esa perspectiva como enfoque *consecuencialista* de la ética y, otras veces, como enfoque *utilitario*. Para ver con más claridad su significado, a continuación se expone una situación en la que el enfoque fue básico para tomar una decisión de negocios que tuvo un efecto drástico sobre la vida de muchas personas.

Durante las últimas décadas del siglo xx, Ford perdió un porcentaje del mercado frente a las compañías japonesas que fabricaban autos compactos y eficientes en el uso de combustible. Lee Iaccoca, presidente de Ford en esa época, tomó la determinación de recuperar el mercado de la empresa desarrollando con rapidez un nuevo auto pequeño llamado Pinto.[4] El Pinto pesaría menos de 900 kilogramos, costaría menos de $2,000 y entraría al mercado en dos años, en lugar de los cuatro que habitualmente tardaba el lanzamiento de nuevos productos. Como el Pinto era un proyecto para realizarse a corto plazo, las consideraciones de estilo determinaron el diseño de ingeniería en un grado mayor que el normal. En particular, el estilo requirió que el tanque de gasolina se colocara atrás del eje trasero donde era más vulnerable a perforaciones en caso de colisión. Cuando se sometió el primer modelo de Pinto a las pruebas de impacto, se encontró que, al pegarle por atrás a 30 kilómetros por hora o más, el tanque de gasolina a veces se fracturaba y el combustible se esparcía por la cabina de pasajeros. En un accidente real, cualquier chispa podría prender fuego a la gasolina y quizá quemar a cualquier ocupante atrapado, particularmente si, como ocurre en los accidentes, las puertas del vehículo se bloquean.

Los gerentes de Ford decidieron, de todas formas, seguir adelante con la producción del Pinto sin modificar su diseño, por varias razones. Primero, el diseño cumplía con todos los estándares legales y gubernamentales vigentes. En ese momento, los reglamentos gubernamentales solo requerían que el tanque de gasolina permaneciera intacto en una colisión de menos de 32 kilómetros por hora. Segundo, los directivos de Ford sentían que el auto era comparable en seguridad con los que producían y comercializaban otras compañías. Tercero, según un estudio interno de costos y beneficios que realizó Ford, modificar el diseño sería más costoso que dejarlo como estaba. El estudio mostraba que si se modificaba el tanque de gasolina de los 12.5 millones de autos que se construirían, el costo sería de alrededor de $11 por unidad. Entonces, el costo total de modificar todos los Pinto que la compañía planeaba fabricar era fácil de calcular:

Costos

$11 × 12.5 millones de autos = $137 millones

¿Qué beneficios obtendrían los clientes de los $137 millones que pagarían si el tanque de gasolina del Pinto se modificara? Los datos estadísticos indicaban que la modificación evitaría cerca de 180 muertes, 180 lesiones graves por quemaduras y pérdidas por 2,100 vehículos quemados. En ese tiempo (1970), el gobierno valuaba oficialmente la vida humana en $200,000, una cifra que tenía que usar para decidir si gastaba el dinero en un proyecto que podría salvar muchas vidas o en algún otro que pudiera ahorrar muchos millones de dólares en impuestos. Las compañías de seguros valuaban una lesión grave por quemaduras en $67,000 (incluyendo los daños por dolor y sufrimiento), y el valor residual promedio de los autos subcompactos se estimaba en $700. Entonces, en términos monetarios, la modificación habría tenido el beneficio de evitar pérdidas por un total de solo $49.15 millones:

Beneficios

(180 muertes × $200,000) + (180 lesiones × $67,000) + (2,100 vehículos × $700) = $49.15 millones

Por lo tanto, si se modificara el tanque de gasolina, los clientes tendrían que pagar $137 millones por un beneficio de $49.15 millones, y enfrentar una pérdida neta de $87.85 millones. El estudio de Ford argumentaba que no era correcto que la sociedad invirtiera en modificar el tanque de gasolina del Pinto, pues la pérdida sería mayor que si se dejaba intacto el diseño. Esto es, el hecho de respetar el modelo original generaría pérdidas por $49.15 millones, un costo menor frente a la pérdida neta de $87.85 millones que implicaría la modificación del diseño.

Los directivos de Ford continuaron con la producción del Pinto sin modificarlo. Se estima que en la década siguiente, al menos 60 personas murieron en terribles accidentes relacionados con Pintos y el doble sufrió quemaduras graves en gran parte de su cuerpo; muchas de ellas necesitaron años de dolorosos injertos de piel. Sin embargo, Ford mantuvo al Pinto en el mercado hasta 1980.

El tipo de análisis que usaron los directivos de Ford en su estudio de costos y beneficios es una versión de lo que, comúnmente, se llama *utilitarismo*. El **utilitarismo** es un término general para cualquier punto de vista que sostenga que las acciones y las políticas se deben evaluar con base en los beneficios y costos que impondrán en la sociedad. En específico, sostiene que el curso de acción moralmente "correcto" es el que, comparado con todas las demás acciones posibles, producirá el mayor equilibrio de beneficios frente a los costos de los afectados.

Los directivos de Ford solo consideraron los costos y los beneficios de carácter económico (como costos médicos, pérdida del ingreso y daños a edificios) y estos se midieron en términos monetarios. Pero los beneficios de una acción también incluyen cualquier bien deseable (placer, salud, vida, satisfacción, conocimiento, felicidad) que se produce por la acción, y los costos incluyen los males no deseados, como dolor (que de hecho el estudio de Ford tomó en cuenta), enfermedad, muerte, insatisfacción, ignorancia o infelicidad. **Utilidad** es el término inclusivo que se emplea para referirse a los beneficios netos de cualquier tipo que produce una acción. De esta forma, el término *utilitarismo* se emplea para referirse a cualquier teoría que aboga por la selección de una acción o política que maximiza la utilidad.

Es importante hacer notar que los directivos de Ford en ningún momento dijeron que el hecho de no modificar el tanque de gasolina les ahorraría dinero. Esto es, no decían que dejar el diseño sin cambios era lo que más convenía a la empresa (recuerde que finalmente serían los compradores del Pinto quienes pagarían todos los costos). Si ese hubiera sido su argumento, entonces se habría basado en el interés propio y no en la ética del utilitarismo. En vez de ello, su argumento era que dejar el diseño como estaba era lo mejor para la *sociedad en su conjunto*. Desde el punto de vista de la sociedad, y considerando los mejores intereses de todos, era mejor mantener el diseño. El utilitarismo no es una teoría de egoísmo calculado: simplemente dice que se debe hacer lo que es mejor para el conjunto de las personas en una sociedad, y que la acción recomendada es aquella que sea mejor para todos cuando se toma en cuenta la totalidad de los beneficios y males que incidirán sobre los miembros de la sociedad como resultado de las acciones.

Muchos analistas de negocios sostienen que la mejor manera de evaluar la conveniencia ética de una decisión de negocios —o de cualquier otro tipo— es confiar en el análisis utilitario de costos y beneficios.[5] La decisión socialmente responsable que tome un negocio es la que producirá los mayores beneficios netos para la sociedad o impondrá los costos netos más bajos. Varias dependencias del gobierno, así como muchos teóricos del derecho, moralistas y analistas de negocios abogan por el utilitarismo.[6] Iniciaremos el estudio de los principios éticos examinando este difundido enfoque.

Utilitarismo tradicional

Habitualmente se considera que Jeremy Bentham (1748-1832) y John Stuart Mill (1806-1873) son los fundadores del utilitarismo tradicional.[7] Bentham y Mill buscaron una base objetiva para hacer juicios de valor que sirvieran como una norma común y públicamente aceptada para determinar la mejor política y legislación sociales, así como el curso de acción que fuera moralmente el mejor. Creían que la manera más prometedora de alcanzar esa base objetiva de toma de decisiones social y moral era analizar las diferentes políticas o los cursos de acción que se podrían elegir, y comparar sus consecuencias benéficas y dañinas. El curso de acción correcto desde un punto de vista ético sería elegir la política o acción que genere la mayor cantidad de utilidad. En resumen, el principio del utilitarismo sostiene que:

---

utilitarismo Término general para designar cualquier punto de vista que sostenga que las acciones y las políticas se deben evaluar con base en los beneficios y costos que impondrán a la sociedad.

utilidad Término inclusivo que se emplea para referirse a los beneficios netos que produce una acción.

Desde el punto de vista ético una acción es correcta si, y solo si, la suma total de utilidades producida por ese acto es mayor que la suma total de utilidades producida por cualquier otro acto que el agente pueda realizar en lugar del primero.

El principio utilitario supone que, de alguna manera, es factible medir y sumar los beneficios de una acción y restar de ellas las cantidades del daño que provocará tal acción y, en consecuencia, determinar qué acción produce los mayores beneficios totales o los menores costos totales. Esto es, el principio supone que todos los beneficios y los costos de una acción son mensurables en una escala numérica común, y que luego pueden sumarse o restarse entre sí.[8] Por ejemplo, las satisfacciones que genera entre los empleados un mejor entorno de trabajo podrían ser equivalentes a 500 unidades positivas de utilidad, mientras que las cuentas resultantes que llegan al mes siguiente serían equivalentes a 700 unidades negativas de utilidad. Por lo tanto, la utilidad total combinada de este acto (mejorar el entorno de trabajo) será de 200 unidades de utilidad *negativa*.

Cuando se emplea el utilitarismo como enfoque, es importante observar tres errores. Casi todo el mundo los comete cuando empieza a reflexionar sobre ese principio, así que es importante considerarlos. Primero, cuando el principio utilitario dice que la acción correcta para una ocasión específica es la que produce más utilidad que cualquier otra acción posible, no significa que la acción correcta es la que produce la mayor utilidad para la *persona que realiza* la acción. Más bien, una acción es correcta si produce la mayor utilidad para *todas las personas* afectadas por la acción (incluyendo aquella que la realiza). Como escribió John Stuart Mill:

> La felicidad que forma el estándar utilitarista de lo que es correcto en la conducta no es la felicidad del propio agente, sino la de todos los afectados. Entonces, entre su propia felicidad y la de otros, el utilitarismo le exige ser un espectador tan estrictamente imparcial como desinteresado y benevolente. En la regla de oro de Jesús de Nazaret, leemos el espíritu completo de la ética de la utilidad: "No hagas a los demás lo que no quieras que te hagan a ti" y "ama a tu prójimo como a ti mismo"; esto constituye la perfección ideal de la moralidad utilitarista.[9]

Un segundo malentendido es pensar que el principio utilitario nos exige considerar solo las consecuencias directas e inmediatas de nuestras acciones. En vez de ello, deben tomarse en cuenta los costos y beneficios inmediatos y *todos los previsibles en el futuro* que cada alternativa ofrecerá a cada individuo, así como cualquier efecto indirecto importante.

Sin embargo, el error más importante al que hay que prestar atención es que el principio utilitario no dice que una acción es correcta en tanto que *sus* beneficios sean mayores que *sus* costos. En vez de ello, sostiene que la acción correcta es aquella cuyos beneficios y costos combinados superan los costos y beneficios combinados de *cualquier otra acción* que el agente pudiera llevar a cabo. En otras palabras, el utilitarismo sostiene que para determinar la acción moralmente correcta en una situación determinada, *hay que comparar* la utilidad de todas las acciones que se podrían llevar a cabo en esa situación; solo entonces se puede determinar cuál producirá más utilidad. Observe que si el utilitarismo dijera que cualquier acción es correcta en tanto que sus beneficios superen a sus costos, entonces en cualquier situación, muchas acciones serían correctas porque podrían tener beneficios que superaran sus costos. Sin embargo, el utilitarismo afirma que en cualquier situación solo una acción es moralmente correcta: aquella cuya *utilidad es la mayor en comparación con la utilidad de todas las demás alternativas*.

En consecuencia, para determinar cómo debo comportarme en una ocasión determinada según el utilitarismo, debo seguir cuatro pasos. Primero, determinar qué acciones o políticas alternativas tengo disponibles en esa situación. Los directivos de Ford, por ejemplo, estaban considerando, de manera implícita, dos opciones: rediseñar el Pinto cubriendo el tanque con un revestimiento de hule o dejarlo según el diseño original. Segundo, para cada acción alternativa, hay que estimar los beneficios y costos directos e

AL MARGEN

¿Las empresas deben tirar sus desechos en países pobres?

Lawrence Summers, director del Consejo Económico Nacional de la Casa Blanca bajo la administración del presidente Barack Obama, escribió una vez un memorando afirmando que el bienestar mundial mejoraría si se enviaran los desechos de los países ricos a los países pobres. Dio cuatro argumentos para esta afirmación que se pueden resumir como sigue:

1. Es evidente que sería mejor para todos si se envía la contaminación al país donde sus efectos sobre la salud tengan los menores costos. Los costos de "los daños a la salud por contaminación" dependen de los salarios perdidos cuando la contaminación enferma o mata a las personas. Así que, el país con los salarios más bajos será el país donde los efectos de la contaminación sobre la salud sean menores. Así que, con una "lógica económica impecable", podemos inferir que sería mejor para todos si tiramos nuestros desechos tóxicos en los países con los salarios más bajos.

2. Añadir más contaminación a un ambiente que ya está muy contaminado tiene peores efectos que poner la misma contaminación en un ambiente limpio donde puede dispersarse. Así que podemos reducir las causas de contaminación nociva transfiriéndola de las ciudades altamente contaminadas, como Los Ángeles, a países de África que no tienen problemas de contaminación. Esto hará un mejor uso de la calidad del aire limpio de esos países que ahora estamos usando "con gran ineficiencia" y mejorará el "bienestar mundial".

3. La misma contaminación causará más daño en un país en el que las personas tienen "una larga expectativa de vida", que en uno en el que mueren jóvenes. Cuando los individuos tienen "largas expectativas de vida", sobreviven lo suficiente como para padecer enfermedades, como el cáncer de próstata, por ejemplo, que no padecen quienes mueren jóvenes. Así que la contaminación causará más enfermedades como el cáncer de próstata en países donde las personas tienen vidas largas que en donde mueren jóvenes. Esto implica que podemos reducir las enfermedades que la contaminación causa desplazándola de los países ricos, donde las personas tienen vidas largas, a los países pobres, donde sus habitantes mueren jóvenes.

4. La contaminación puede causar un daño "estético", como aire que se ve sucio, que "pudiera tener muy poco efecto directo en la salud". Ya que los ricos están más dispuestos a pagar más que los pobres por un aire que se ve limpio, un aire de estas características vale más para los ricos que para los pobres. Así que sería posible para las personas en los países ricos encontrar en las naciones pobres a quienes estarían dispuestos a cambiar su aire limpio por el dinero que los ricos les ofrecen. Este tipo de intercambio "mejoraría el bienestar" en ambos tipos de países.

Fuente: "Let Them Eat Pollution", *The Economist*, 8 de febrero de 1992.

El controvertido economista estadounidense Lawrence Summers, director del Consejo Económico Nacional del presidente Obama hasta 2010, testifica ante el Congreso.

Desperdicios de las economías occidentales.

Principios éticos en los negocios 81

Río contaminado con basura.

Desperdicios de los países occidentales llegan como desechos a los países pobres.

1. Explique qué partes del razonamiento de este memorando tendría que aceptar un utilitarista y cuáles podría rechazar.

2. Suponiendo que los cuatro argumentos sean correctos, ¿está usted de acuerdo o en desacuerdo con la conclusión de que los países ricos deben enviar sus desechos a los países pobres (tal vez pagándoles para que los acepten)? Explique por qué.

indirectos probables en el futuro predecible. Por ejemplo, los cálculos que hizo Ford para conocer los costos y los beneficios que tendrían todas las partes afectadas si se cambiaba o no el diseño del Pinto.

Tercero, para cada acción debo restar los costos de los beneficios con la finalidad de determinar la utilidad neta de cada una. Esto es lo que los directivos de Ford hicieron cuando calcularon los costos sociales netos de no modificar el diseño del Pinto ($49.15 millones) y los costos sociales netos de modificarlo ($87.85 millones). Cuarto, la acción que produzca la mayor suma total de utilidad se debe elegir como el curso de acción éticamente adecuado. Los directivos de Ford, por ejemplo, determinaron que la acción que impondría los menores costos y los mayores beneficios sería no modificar el diseño del Pinto.

Aunque fácilmente puede malinterpretarse, el utilitarismo es una teoría atractiva en muchos sentidos. Por un lado, se ajusta bastante a los puntos de vista que tendemos a defender al discutir la elección de políticas y bienes públicos del gobierno. Mucha gente está de acuerdo, por ejemplo, que cuando el gobierno trata de determinar en qué proyectos públicos debe gastar el dinero de los impuestos, la acción correcta sería realizar estudios objetivos que muestren cuáles brindarían los mayores beneficios para los miembros de la sociedad al menor costo. Desde luego, esta es solo otra forma de decir que las políticas acertadas del gobierno son las que tendrán la mayor utilidad mensurable para la gente o, en palabras de un famoso eslogan acuñado por Bentham, las que produzcan "el mayor bien para el mayor número de personas".

El utilitarismo también se ajusta con facilidad al criterio intuitivo que las personas emplean cuando analizan la conducta moral.[10] Por ejemplo, cuando explican por qué tienen una obligación moral de realizar alguna acción, con frecuencia señalan los beneficios y los daños que impone esa acción a las personas. Todavía más, la moralidad requiere que se tome en cuenta el interés de todos de manera imparcial e igualitaria. El utilitarismo cumple con este requisito al tomar en cuenta los efectos que tienen las acciones sobre todos y al requerir que se elija imparcialmente la acción con mayor utilidad neta, sin importar sobre quién inciden los beneficios o los costos.

El utilitarismo también tiene la ventaja de poder explicar por qué sostenemos que determinadas actividades en general son moralmente incorrectas (mentir, cometer adulterio, matar), mientras que otras son moralmente correctas (decir la verdad, ser fiel, cumplir promesas). Sostiene que, por lo común, mentir es incorrecto por los costosos efectos que tiene sobre las personas. Cuando estas mienten están menos dispuestas a confiar unas en otras y a cooperar. Por lo tanto, a menor confianza y cooperación, más declinará el bienestar. Decir la verdad generalmente es correcto porque fortalece la cooperación y la confianza, lo que deriva en bienestar de todos. Entonces, es una buena regla decir la verdad y abstenerse de mentir. Sin embargo, quienes defienden el utilitarismo tradicional negarán que existan acciones que son siempre correctas o incorrectas. Por ejemplo, negarían que ser deshonesto o robar siempre es incorrecto. Si en cierta situación hay mejores consecuencias por ser deshonesto que con cualquier otra acción que pueda realizar una persona, entonces, según la teoría del utilitarismo tradicional, la deshonestidad sería moralmente correcta en esa situación particular.

Los puntos de vista del utilitarismo también han tenido una gran influencia en la economía.[11] A principios del siglo XIX, una larga lista de economistas sostuvieron que el comportamiento económico podía explicarse suponiendo que los seres humanos siempre intentan maximizar su utilidad, y que las utilidades de los bienes se miden por los precios que las personas están dispuestas a pagar por ellos. Con esta y otras suposiciones simplificadas (como el uso de curvas de indiferencia), los economistas podían obtener las conocidas curvas de oferta y demanda de vendedores y compradores en los mercados, y explicar por qué los precios en un mercado perfectamente competitivo gravitan hacia un equilibrio. Y algo más importante, los economistas también fueron capaces de demostrar que un sistema de mercado perfectamente competitivo lleva al uso de recursos y variaciones en los

---

Repaso breve 2.1

Utilitarismo
- Defiende la maximización de la utilidad.
- Se ajusta a las evaluaciones morales de las políticas públicas.
- En apariencia, es intuitivo para muchas personas.
- Ayuda a explicar por qué en general algunas acciones son incorrectas y otras correctas.
- Tiene influencia económica.

precios que permite que los consumidores maximicen su utilidad (definida en términos del óptimo de Pareto) a través de sus compras.[12]

En términos utilitarios, estos economistas concluyeron que tal sistema de mercado es mejor que cualquier otra alternativa.

El utilitarismo también es la base de las técnicas económicas de **análisis de costos y beneficios**.[13] Este tipo de análisis se usa para determinar si es deseable invertir en un proyecto (como una presa, una fábrica o un parque público). Para ello, considera si los beneficios económicos presentes y futuros de dicho proyecto son mayores que sus costos, y establece una comparación con los costos y beneficios de otras maneras de invertir el dinero. Para calcular estos costos y beneficios, se estiman los precios monetarios descontados de todos los efectos que pueda tener el proyecto en el entorno presente y futuro, y sobre las poblaciones presentes y futuras. No siempre es sencillo hacer este tipo de cálculos, pero se han desarrollado varios métodos para determinar los precios monetarios incluso de beneficios intangibles, como la belleza de un bosque (por ejemplo, se pregunta a la gente cuánto pagaría por ver la belleza de un parque similar de propiedad privada). Si los beneficios monetarios de cierto proyecto público superan a los costos monetarios, y si esa cifra es mayor que la cifra excedente que produciría cualquier otro proyecto factible, entonces debe emprenderse. En esta forma de utilitarismo, el concepto de utilidad se restringe a los costos y beneficios que son susceptibles de medición en términos económicos monetarios.

Por último, se observa que el utilitarismo se ajusta bien a un valor que la gente aprecia. La **eficiencia** tiene acepciones distintas para diferentes personas, pero para muchas quiere decir operar de manera que se produzca la cantidad máxima posible con los recursos que se tienen. Esto es, una operación eficiente es la que genera la producción deseada con la menor entrada de recursos. Esta eficiencia es precisamente lo que defiende el utilitarismo, pues sostiene que siempre debe adoptarse la acción que produzca los mayores beneficios al menor costo. Si se lee "producción deseada" en vez de "beneficios", y "entrada de recursos" en lugar de "costos", el utilitarismo implica que el curso de acción correcto siempre es el más eficiente.

análisis de costos y beneficios Tipo de análisis que se usa para determinar si es deseable invertir en un proyecto determinado; consiste en calcular si los beneficios económicos presentes y futuros de dicho proyecto son mayores que sus costos económicos presentes y futuros.

eficiencia Operar de tal manera que se genere una producción deseada con la menor entrada de recursos.

Problemas de medición

Uno de los mayores problemas con el utilitarismo se centra en las dificultades que se encuentran al tratar de medir la utilidad.[14] Un problema es el siguiente: ¿cómo pueden medirse y compararse las utilidades que tienen las diferentes acciones para diferentes personas, como lo requiere el utilitarismo? Suponga que usted y yo disfrutamos de la asignación de cierto trabajo. ¿Cómo podemos decidir si la utilidad que obtendría usted al obtener el trabajo es mayor o menor que la utilidad que yo obtendría? Tal vez cada uno de nosotros tenga la seguridad de que sería el que más se beneficiaría del trabajo, pero como no podemos estar en el lugar del otro, este juicio carece de una base objetiva. Los críticos afirman que no es posible hacer medidas comparativas de los valores que tienen los objetos para diferentes personas, y que, por lo tanto, no hay manera de saber si la utilidad se maximizará al asignar el trabajo a usted o a mí. Si no podemos saber qué acciones generarán las mayores cantidades de utilidad, no podemos aplicar el principio del utilitarismo.

Un segundo problema es que algunos beneficios y costos no se pueden medir. Por ejemplo, preguntan los críticos, ¿es posible medir el valor de la salud o de la vida?[15] Suponga que instalar un costoso sistema de salida de gases en una planta eliminará una gran parte de ciertas partículas cancerígenas a las que están expuestos los trabajadores. Suponga que, como resultado de esta acción, algunos de ellos vivirán 10 años más. ¿Cómo se calcula el valor de esos años adicionales de vida y cómo se compara este valor con los costos de instalar el sistema de salida de gases? Más aún, como no es posible predecir todos los beneficios y costos futuros de una acción, no hay forma de medirlos.[16]

Pero otro problema es que no está claro exactamente lo que se debe considerar como beneficio y como costo.[17] Esta falta de claridad es problemática en especial ante asuntos sociales, por ejemplo, cuando distintos grupos culturales reciben evaluaciones significativamente diferentes. Suponga que un banco debe decidir si amplía la línea de crédito al administrador de un teatro pornográfico o al administrador de un bar exclusivo para homosexuales. Es probable que un grupo de personas vea como beneficio social el incremento de la diversión para los aficionados a la pornografía o para los homosexuales. Sin embargo, tal vez un grupo religioso conservador piense que ese incremento en la diversión de esos grupos es dañino y, por ende, lo considere como un costo.

Por último, la suposición utilitaria de que todos los bienes son mensurables implica que todos se pueden intercambiar por sus equivalentes. Para una cantidad determinada de cualquier bien específico, existe alguna cantidad de sus equivalentes que tiene el mismo valor. Por ejemplo, imagine que para usted, disfrutar de comer dos rebanadas de pizza en este momento tiene el mismo valor que media hora de escuchar su cd favorito. Entonces, estaría dispuesto a cambiar uno por otro (al menos por el momento), puesto que para usted actualmente tienen el mismo valor. Entonces, el utilitarismo afirmaría que lo que es verdad para la pizza y la música es verdad para todo lo demás. Como el valor de cada bien es susceptible de medición, debemos ser capaces de medir el valor de cantidades determinadas de lo que apreciamos de X y el valor de determinadas cantidades de lo que disfrutamos de Y, sin importar qué sean los bienes X y Y. Por lo tanto, una vez que se mide el valor de una cierta cantidad de gozo de X, debemos poder medir cuánto gozo de Y tendrá el mismo valor que la cantidad de gozo de X. Y una vez que sepamos cuánto gozo de X es igual a una cantidad determinada de Y, debemos estar dispuestos a cambiar uno por otro, sin importar qué sean X y Y. El utilitarismo implica, entonces, que todos los bienes son intercambiables por cierta cantidad de algún otro bien.

Los críticos consideran que esto demuestra que el utilitarismo es erróneo. Por ejemplo, esta teoría implica que si uno disfruta al dedicar su tiempo a su hijo (o a su madre o a su amante), y también disfruta tomar una cerveza, entonces uno estaría dispuesto a intercambiar todo el tiempo que dedicará a estar con su hijo (o madre o amante) por cierta cantidad del gozo que obtiene al tomar cerveza. Pero, en este punto —argumentan los críticos—, el utilitarismo nos ha llevado a una conclusión errónea y ridícula: ¿quién estaría de acuerdo en cambiar todo el tiempo que tendrá para disfrutar con su hijo (o madre o amante) por el gozo de beber cerveza? Existen algunos **bienes no económicos**, como el gozo de vivir, la libertad, la salud o la paternidad, que no estaríamos dispuestos a cambiar por ninguna cantidad del gozo de bienes económicos, porque los primeros no se pueden medir en términos de estos últimos.[18] Por ejemplo, no importa la cantidad de dinero que me ofrezca, nunca estaría dispuesto a cambiar todas las horas de gozo con mi hijo, por el gozo de tener en mis manos esa cantidad de dinero. Los críticos del utilitarismo afirman que el gozo que producen algunas situaciones no se puede cambiar por el de otras; se trata, pues, de valores *inconmensurables*.

Los críticos del utilitarismo aseguran que estos problemas de medición destruyen cualquier afirmación que haga la teoría utilitaria para constituir una base que determine cuestiones morales. Consideran que, en muchos casos, no hay medidas cuantitativas objetivas de los valores que apreciamos, y hay demasiadas diferencias de opinión incluso sobre lo que se debe valorar.[19] Una forma de resolver estos problemas es aceptar de manera arbitraria las valoraciones de un grupo social u otro. Pero esto, de hecho, hace que el análisis utilitario de costos y beneficios se base en los sesgos subjetivos y los gustos específicos de ese grupo.

Respuestas del utilitarismo a las objeciones de medición

Los defensores del utilitarismo tienen un conjunto de respuestas listas para rebatir las objeciones de medición que se mencionaron.

Primero, un defensor del utilitarismo diría que, aunque de manera ideal se requieren mediciones cuantificables exactas de todos los costos y los beneficios, este requisito se podría

bienes no económicos Bienes como vida, amor, libertad, igualdad, salud y belleza, cuyo valor es tal que no se puede medir en términos económicos.

relativizar cuando esas mediciones son imposibles.[20] El utilitarismo insiste en que es posible establecer las consecuencias de cualquier acto propuesto en forma explícita con tanta claridad y exactitud como sea humanamente posible, y que toda la información relevante respecto de esas consecuencias se puede presentar de modo que permita compararlas de forma sistemática y ponderarlas de manera imparcial entre sí. Expresar esta información en términos cuantitativos facilita esas comparaciones y ponderaciones. Sin embargo, cuando no se dispone de datos cuantitativos, es legítimo apoyarse en el juicio compartido y de sentido común que la mayoría de las personas valora. Por ejemplo, de sobra se sabe que el cáncer es una enfermedad más grave que la gripe, sin importar quiénes sean los enfermos. De manera similar, un trozo de carne tiene un valor mayor que un cacahuate, sin importar quién tenga hambre.

El defensor del utilitarismo también señalaría varios criterios de sentido común que sirven para determinar los valores relativos que se deben dar a las diferentes categorías de bienes. Un criterio, por ejemplo, depende de la distinción entre bienes *intrínsecos* e *instrumentales*.[21] Los **bienes instrumentales** son aquellos que se consideran valiosos porque conducen a otros bienes. Una visita al dentista, por ejemplo, es solo un bien instrumental (¡a menos que uno sea masoquista!): se desea únicamente como un medio para obtener salud. Por otro lado, los **bienes intrínsecos** son bienes deseables, independientemente de cualquier otro beneficio que puedan generar. Así, la salud es un bien intrínseco: se desea por sí misma. (Desde luego, muchos bienes son, a la vez, intrínsecos e instrumentales. Yo puedo, por ejemplo, usar una tabla para practicar *surf* no solo porque me gusta y es un medio de transporte rápido, sino también porque me gusta este deporte en sí). Ahora, está claro que los bienes intrínsecos tienen prioridad sobre los instrumentales. En casi todas las circunstancias, por ejemplo, el dinero, que es un bien instrumental, no debe tener prioridad sobre la vida o la salud, que tienen valores intrínsecos. En consecuencia, cuando se comparan, un bien instrumental (que es un medio para lograr algún bien intrínseco) y uno intrínseco, sabemos que este último tiene más valor que el primero.

Un segundo criterio de sentido común que resulta útil para ponderar bienes es la distinción entre necesidad y deseo.[22] Decir que alguien necesita algo es decir que, sin ello, el individuo sufriría un perjuicio de alguna manera. Las necesidades básicas de las personas consisten en todo aquello sin lo cual sufrirán un daño fundamental, como lesión, enfermedad o muerte. Entre las necesidades básicas se encuentran el alimento, el vestido y la vivienda que se requieren para subsistir; el cuidado médico y un entorno higiénico que nos permite conservar la salud; y la seguridad requerida para seguir libres de lesiones. Sin embargo, decir que una persona quiere algo es decir que lo desea: esa persona piensa que mejorarán sus intereses de alguna manera. En ocasiones, una necesidad también constituye un deseo: si yo sé que necesito algo, entonces, tal vez también lo quiera. No obstante, muchos deseos no son necesidades, sino tan solo anhelos por cosas sin las cuales el individuo no sufre un daño fundamental. Quizás una persona quiera algo simplemente porque lo disfruta, aunque sea un lujo innecesario para vivir. Los deseos de este tipo, es decir, aquellos que no son al mismo tiempo necesidades se llaman deseos *puros*. En general, satisfacer las necesidades básicas de una persona es más valioso que satisfacer sus deseos. Si la gente no obtiene algo que constituye una necesidad básica, tal vez sufra un daño que le imposibilite disfrutar la satisfacción de deseos puros. Como la satisfacción de las necesidades básicas de una persona hace realidad no solo los valores intrínsecos de la vida y la salud, sino también el disfrute de muchos otros valores intrínsecos, la satisfacción de las necesidades básicas tiene un valor mayor que satisfacer deseos puros.

Sin embargo, estos métodos de sentido común para ponderar bienes se crearon solo como ayuda en situaciones donde los métodos cuantitativos fallan. En realidad, las consecuencias de muchas decisiones son relativamente fáciles de cuantificar; así lo asegurará el defensor convencido del utilitarismo. Esto constituye la segunda réplica importante del utilitarista a las objeciones de medición que ya se mencionaron. El método más flexible para obtener una medida cuantitativa de los beneficios y los costos asociados con una decisión, diría el defensor del utilitarismo, se da en términos de sus equivalentes monetarios.[23] Básicamente,

bienes instrumentales Bienes que se consideran valiosos porque conducen a otros.

bienes intrínsecos Bienes que son deseables independientemente de otros beneficios que puedan generar.

esto implica que el valor que tiene algo para una persona se mide por el precio que está dispuesta a pagar por ello. Si alguien está dispuesto a pagar el doble por un objeto que por otro, entonces, para esa persona, ese objeto tiene exactamente el doble del valor que el otro. Para determinar los valores promedio que tienen los artículos para un grupo de personas, solo es necesario ver los precios promedio de esos artículos cuando todos están en condiciones de hacer ofertas por ellos en el mercado abierto. En resumen, los precios del mercado sirven para tener una medida cuantitativa de los diferentes beneficios y costos asociados con una decisión. En general, para determinar el valor de algo, solo se necesita preguntar en cuánto se vende en el mercado. Si el artículo no se vende en el mercado abierto, entonces se pregunta cuál es el precio de venta de artículos similares. Para determinar el valor de un objeto para una persona específica, tenemos que preguntarle lo que estaría dispuesta a pagar por ello.

El uso de valores monetarios también tiene la ventaja de permitir que se tomen en cuenta los efectos del paso del tiempo y de la incertidumbre. Si los costos y los beneficios monetarios conocidos están en el futuro, entonces sus valores presentes netos se determinan descontando la tasa de interés adecuada. Si los costos o los beneficios solo son probables y no son seguros, entonces los valores esperados se calculan multiplicando los costos o beneficios monetarios por el factor de probabilidad adecuado.

Una objeción común contra el uso de valores monetarios para medir todos los costos y beneficios es que es imposible poner precio a ciertos bienes, en particular a la salud y la vida. Sin embargo, el utilitarismo argumentaría que no solo es posible poner precio a la salud y a la vida, sino que lo hacemos todos los días. Cada vez que una persona pone un límite en lo que está dispuesta a pagar para reducir el riesgo que supone algún suceso en su vida, le está atribuyendo un precio implícito. Por ejemplo, suponga que está dispuesto a pagar $25 por cierto equipo de seguridad que reducirá la probabilidad de morir en un accidente automovilístico de .00005 a .00004, pero no está dispuesto a pagar más que eso. Entonces, de hecho, ha decidido de manera implícita que .00001 de una vida vale $25; en otras palabras, una vida vale $2,500,000. El utilitarismo sostiene que este tipo de valoración es inevitable y necesario, mientras vivamos en un entorno en el que los riesgos de la salud y la vida disminuyen con solo renunciar a otros bienes que quizá queramos y que tienen un precio claro. Usar dinero para medir el valor de todo aquello que realmente apreciamos no está mal en sí mismo. Lo que está mal es fallar en asignar cualquier valor cuantitativo a los objetos y, como resultado, intercambiar sin reflexionar algo de un valor mayor por algo de uno menor porque nos rehusamos averiguar *cuánto* valía cada uno.

Por último, el utilitarismo diría que, cuando los precios en los mercados no brindan un dato cuantitativo para comparar los costos y los beneficios de diferentes decisiones, se dispone de otras fuentes de medidas cuantitativas.[24] Por ejemplo, si los individuos no estuvieran de acuerdo (como ocurre con frecuencia) en los aspectos dañinos o benéficos de las diferentes actividades sexuales, entonces se utilizarían los estudios sociológicos o los votos políticos para medir la intensidad y extensión de las actitudes de las personas. Los expertos en economía también ofrecen juicios informados de los valores cuantitativos relativos de varios costos y beneficios. Por lo tanto, el utilitarismo garantizará que los problemas de mediciones que se encuentren sean suficientemente reales, es decir, que al menos de manera parcial se resuelvan por los métodos mencionados. Pero todavía existen otras críticas al utilitarismo.

Problemas con los derechos y la justicia

La dificultad principal con el utilitarismo, según algunos críticos, es que no logra manejar dos tipos de asuntos morales: los que se relacionan con los derechos y los que se relacionan con la justicia.[25] Esto es, el principio utilitario implica que ciertas acciones son moralmente correctas cuando, de hecho, son injustas o violan los derechos de las personas. Algunos ejemplos sirven para indicar el tipo de contraejemplos difíciles que los críticos presentan al utilitarismo.

Primero, suponga que su tío tiene una enfermedad incurable y dolorosa, de manera que es bastante infeliz, pero no elige morir. Aunque está hospitalizado y probablemente morirá en un año, continúa operando su planta química. Motivado por su propia desdicha, deliberadamente hace la vida imposible a sus empleados y se ha negado a instalar dispositivos de seguridad en su planta, aunque sabe que, como resultado, seguramente se perderá una vida durante el siguiente año. Usted, su único pariente vivo, sabe que a la muerte de su tío heredará el negocio y no solo será rico e inmensamente feliz, sino que también tiene la intención de evitar cualquier pérdida de vida en el futuro instalando los dispositivos de seguridad necesarios. Usted tiene sangre fría y juzga correctamente que podría matar a su tío con discreción sin que lo culparan y sin que su felicidad quedara afectada posteriormente. Si es posible que mate a su tío sin que disminuya la felicidad de nadie más, entonces, según el utilitarismo, tiene la obligación moral de hacerlo. Al matarlo, está intercambiando su vida por la de un empleado, y usted gana su felicidad al mismo tiempo que le quita a él su infelicidad y su dolor; la ganancia en el sentido de utilidad es evidente. Sin embargo, los críticos del utilitarismo aseguran que está bastante claro que el homicidio de su tío sería una violación fuerte de su derecho a la vida. El utilitarismo nos condujo a la aprobación de un acto de homicidio, que es una violación evidente del derecho más importante de un individuo.

Segundo, el utilitarismo también podría equivocarse, aseguran los críticos, cuando se aplica a situaciones que incluyen justicia. Por ejemplo, suponga que los salarios de subsistencia obligan a un pequeño grupo de inmigrantes a continuar haciendo los trabajos agrícolas más indeseables en una economía; sin embargo, producen cantidades inmensas de satisfacción a la vasta mayoría de los miembros de la sociedad, porque estos encuentran en el mercado vegetales a buen precio, lo que les permite hacer ahorros para satisfacer otros deseos. Suponga también que las cantidades de satisfacción producidas de esa forma, cuando se equiparan con la infelicidad y el dolor impuesto al pequeño grupo de trabajadores, da una utilidad neta mayor de la que existiría si todos tuvieran que compartir el peso del cultivo. Entonces, de acuerdo con los criterios utilitarios, sería moralmente correcto continuar con este sistema de salarios de subsistencia para los trabajadores agrícolas. Sin embargo, para los críticos, un sistema social que impone tal desigualdad en las cargas es claramente inmoral y un agravio contra la justicia. Los grandes beneficios que podría tener el sistema para la mayoría no justifica la carga extrema que se impone a un pequeño grupo. El defecto que revela este contraejemplo es que el utilitarismo permite que los beneficios y las cargas se distribuyan entre los miembros de una sociedad de cualquier manera, siempre que la cantidad total de beneficios se maximice. De hecho, algunas formas de distribuir los beneficios y las cargas (como la distribución extremadamente desigual del contraejemplo) son injustas sin importar qué tan grandes sean los beneficios que produzca dicha distribución. El utilitarismo ve solo cuánta utilidad se produce en una sociedad y falla en tomar en cuenta cómo se distribuye esa utilidad entre sus miembros.

Para ver con más claridad la forma en que el utilitarismo ignora las condiciones de justicia y los derechos, considere ahora cómo manejaron los directivos de Ford el diseño del Pinto. Si hubieran decidido cambiar el diseño y agregar $11 al costo de cada vehículo, de manera obligada, los compradores del auto habrían compartido el pago de los $137 millones que hubiera costado el cambio. Cada comprador habría pagado una parte igual del costo total necesario para este aspecto del diseño del Pinto. Pero, al no modificarlo, los directivos de Ford en realidad estaban forzando a que las 180 personas que morirían absorbieran todos los costos. Entonces debemos preguntar: ¿es más justo hacer que 180 compradores soporten todos los costos del diseño del Pinto por sí mismos, o es más justo distribuirlos por igual entre todos los compradores? ¿Cuál es la manera más justa de distribuir esos costos?

Considere ahora que cuando los administradores de Ford decidieron no hacer cambios, no solo estaban haciendo al Pinto más barato, sino que también estaban fabricando un producto que implicaba cierta cantidad de riesgo (para la vida): quienes lo manejaran estarían conduciendo un auto que presentaba un riesgo un poco mayor de morir que lo que razonablemente se podría suponer. Es posible que los conductores del Pinto hubieran aceptado gustosos el mayor riesgo para su vida a cambio del precio más bajo del auto. Pero no tuvieron opción en el asunto, porque no sabían que el vehículo que compraban tenía ese riesgo añadido. Entonces debemos preguntar: ¿las personas tienen derecho a saber lo que compran cuando eligen un producto? ¿Tienen derecho a decidir si sus vidas corren un riesgo mayor? ¿Los fabricantes del Pinto violaron el derecho básico de los clientes de elegir si aceptaban o no un auto que implicaba mayor riesgo a cambio de un precio menor?

Así, el caso del Pinto deja claro que el utilitarismo parece ignorar ciertos aspectos importantes de la ética. Consideraciones acerca de la **justicia** (la cual observa cómo se distribuyen los beneficios y las cargas entre las personas) y los **derechos** (esto es, las facultades de los individuos de tener libertad de elección y bienestar) parecen ignorarse en el análisis que ve solo los costos y los beneficios de las decisiones.

justicia Distribución justa de los beneficios y las cargas entre las personas.

derecho Facultad individual de tener libertad de elección y bienestar.

regla utilitaria Forma de utilitarismo que limita el análisis utilitario a la evaluación de las reglas morales.

Respuestas del utilitarismo a las objeciones de justicia y derechos

Para manejar los tipos de contraejemplos que plantean los críticos del utilitarismo tradicional, los partidarios de este último han ofrecido una versión alternativa importante e influyente del utilitarismo, llamada **regla utilitaria**.[26] La estrategia básica de la regla utilitaria es limitar el análisis utilitario a las evaluaciones de las reglas morales. De acuerdo con la regla utilitaria, cuando se trata de determinar si una acción determinada es ética, no se supone que haya que preguntarse si esa acción particular producirá la mayor cantidad de utilidad. En vez de ello, se supone que se pregunta si se debe realizar la acción de acuerdo con las reglas morales que todos deben seguir. Si estas reglas requieren tal acción, entonces se debe llevar a cabo. Pero, ¿cuáles son las reglas morales "correctas"? Es esta segunda pregunta, de acuerdo con la regla utilitaria, la que debe contestarse en referencia a la maximización de la utilidad. Las reglas morales correctas son aquellas que producirán la mayor cantidad de utilidad si todos las siguen. Un ejemplo aclarará esto.

Suponga que intento decidir si es ético para mí fijar precios en conjunto con un competidor. Entonces, según la regla utilitaria, no debo preguntar si este caso específico de fijar precios producirá más utilidad que cualquier otra acción que pueda tomar. En vez de ello, debo primero preguntarme: ¿cuáles son las reglas morales correctas en relación con el hecho de fijar precios? Después de reflexionar, tal vez concluya que la siguiente lista de reglas incluye todas las posibilidades:

1. Los gerentes nunca deben reunirse con los competidores para fijar precios.
2. Los gerentes siempre deben reunirse con los competidores para fijar precios.
3. Los gerentes pueden reunirse con los competidores para fijar precios cuando están perdiendo dinero.

¿Cuál de las tres es la regla moral correcta? Según la regla utilitaria, es la que producirá la mayor cantidad de utilidad para todos los afectados. Suponga que después de analizar los efectos económicos de fijar precios, concluyo que en el marco de nuestra economía y circunstancias sociales las personas se beneficiarán mucho más si todos siguen la regla 1 en lugar de las reglas 2 o 3. Si esto es cierto, entonces, la regla 1 es la regla moral correcta en relación con la práctica de fijar precios. Ahora que conozco la regla moral correcta para fijar precios, puedo hacer otra pregunta: ¿debo participar en esta acción específica de fijar precios? Para responderla, necesito preguntar: ¿qué requieren las reglas morales correctas? Como ya se observó, la regla correcta es que los gerentes nunca deben reunirse con sus competidores para fijar los precios. En consecuencia, aun cuando en esta ocasión en particular fijar precios de hecho generará más utilidad que no hacerlo, estoy obligado éticamente a no hacerlo porque así lo requieren las reglas con las que todos en mi sociedad obtienen los mayores beneficios.

La teoría de la regla utilitaria tiene dos partes que se resumen en los dos siguientes principios:

I. Una acción es correcta desde el punto de vista ético si, y solo si, las reglas morales que son correctas requieren esa acción.

II. Una regla moral es correcta si la suma total de las utilidades producidas, cuando todos siguen esa regla, es mayor que la suma total de las utilidades producidas si todos siguieran una regla alternativa.

Entonces, de acuerdo con la regla utilitaria, el hecho de que cierta acción maximice la utilidad en una ocasión específica no demuestra que sea correcta desde el punto de vista de la regla utilitaria.

Para la regla utilitaria, la falla en los contraejemplos que ofrecen los críticos del utilitarismo tradicional es que, en cada caso, el criterio utilitario se aplica a las acciones particulares y no a las reglas. Más bien, la regla utilitaria debe exigir que se use el criterio utilitario para encontrar cuál es la regla moral correcta para cada contraejemplo, y luego evaluar las acciones particulares implicadas en él solo en términos de esta regla. Hacer esto permite al utilitarismo escapar incólume del desafío que plantean los contraejemplos.

El contraejemplo que incluye al tío rico y al heredero homicida, por ejemplo, es una situación en la que se mata a una persona enferma. En estas situaciones, la regla utilitaria argumenta que está claro que una regla moral que prohíbe matar sin el debido proceso de la ley, a la larga, tendrá una utilidad mayor para la sociedad que otros tipos de reglas. Por lo tanto, esa regla es la correcta para aplicar en el caso. Sería incorrecto que el heredero matara a su tío porque, al hacerlo, violaría la regla moral correcta, y el hecho de que el homicidio —en esta ocasión específica— maximice la utilidad es irrelevante.

En el caso sobre los salarios de subsistencia, la regla utilitaria indicaría que debe tratarse de manera similar. Está claro que una ley que prohíbe los salarios de subsistencia innecesarios en una sociedad, a la larga, generará una utilidad mayor que una ley que los permite. Sería correcto invocar esa regla al preguntar si la práctica de salarios de subsistencia es moralmente permisible, y entonces la práctica se rechazaría como éticamente incorrecta aun cuando maximice la utilidad en una situación específica.

La táctica de la regla utilitaria, sin embargo, no satisface a los críticos del utilitarismo que han señalado una dificultad importante en la posición de esta regla: según los críticos, la regla utilitaria es utilitarismo tradicional disfrazado.[27] Ellos argumentan que las reglas que permiten excepciones (benéficas) producirán más utilidad que las reglas que no las permiten. No obstante, toda vez que una regla permita excepciones, afirman, permitirá las mismas injusticias y violaciones de los derechos que el utilitarismo tradicional. Algunos ejemplos aclaran lo que estos críticos quieren decir. Ellos aseguran que si una regla permite a las personas hacer una excepción siempre que esta maximice la utilidad, entonces, producirá mayor utilidad que una regla que no tenga excepciones. Por ejemplo, se genera más utilidad mediante una regla que dice "no se debe matar a las personas sin el debido proceso *excepto cuando al hacerlo se produzca más utilidad que al no hacerlo*", que con una regla que establece simplemente que "no se debe matar a las personas sin el debido proceso". La primera regla *siempre* maximiza la utilidad, mientras que la segunda maximizará la utilidad solo *la mayor parte del tiempo* (porque requiere la realización de un juicio o debido proceso, aun cuando prescindir de este produzca más beneficios). Como la regla utilitaria sostiene que la regla moral correcta es la que produce más utilidad, debe sostener que es la regla moral correcta la que permite excepciones cuando estas maximizan la utilidad. Una vez que la cláusula de excepción se hace parte de la regla, señalan los críticos, entonces aplicarla a una acción tendrá exactamente las mismas consecuencias que aplicar el criterio del utilitarismo tradicional directamente a la acción, porque este es ahora parte de la regla.

En el caso del tío enfermo y el heredero homicida, por ejemplo, la regla de que "no se debe matar a las personas sin el proceso debido *excepto cuando hacerlo produzca más utilidad que no hacerlo*" ahora permite al heredero homicida matar a su tío justo como lo permitía el utilitarismo tradicional. De manera similar, se genera más utilidad con una regla que dice "los salarios de subsistencia se prohíben *excepto en aquellas situaciones en que maximicen la utilidad*", que la que se genera por una regla que simplemente establece que "los salarios de subsistencia están prohibidos". Por lo tanto, la regla que permite excepciones será la "correcta".

Repaso breve 2.2

Críticas al utilitarismo
- Los críticos afirman que no todos los valores son mensurables.
- Sus defensores responden que las medidas monetarias y las de sentido común permiten medir todo.
- Los críticos sostienen que el utilitarismo falla en manejar situaciones relacionadas con los derechos y la justicia.
- Sus defensores responden que la regla utilitaria permite manejar los derechos y la justicia.

Pero esta regla "correcta" ahora permite a la sociedad descrita instituir salarios de esclavos como lo hizo el utilitarismo tradicional. La regla utilitaria, entonces, es una forma disfrazada del utilitarismo tradicional, y los contraejemplos que ponen en dificultades a una parecen hacerlo también para la otra.

Muchos defensores de la regla utilitaria no admiten que las reglas produzcan más utilidad cuando permiten excepciones. Como la naturaleza humana es débil y tiene intereses personales, aseguran, los humanos se aprovecharán de cualquier excepción permitida, y esto dejará a todos en peores condiciones. Otros utilitarios consideran que los contraejemplos de los críticos no son correctos. Afirman que si matar a una persona sin el debido proceso en realidad produce más utilidad que todas las demás alternativas factibles, entonces, todas esas otras alternativas deben tener peores consecuencias. Si esto es cierto, entonces, matar a una persona sin el proceso debido en realidad sería moralmente correcto. De igual manera, si en ciertas circunstancias los salarios de subsistencia en realidad son el medio que ocasiona el menor daño (social) para conseguir que el trabajo se realice, entonces, en esas circunstancias, serán moralmente correctos, justo como lo implica el utilitarismo.

Por lo tanto, el utilitarismo enfrenta dos dificultades principales. Primero, nos pide medir valores que es difícil —tal vez imposible— cuantificar. Segundo, parece incapaz de manejar de forma adecuada las situaciones relacionadas con los derechos y la justicia. Un tercer asunto que apenas hemos analizado, pero que no debemos soslayar, es que el utilitarismo supone que los encargados de tomar decisiones —como los directivos de Ford que diseñaron el Pinto— no necesitan consultar a las personas implicadas: si la decisión de un gerente maximizará la utilidad, es moralmente correcta, incluso si no consulta a quienes se verán afectados por ella. Los críticos objetan que se comete una injusticia y se violan los derechos de las personas cuando a estas no se les da la opción de opinar en decisiones que afectarán sus vidas.

2.2 Derechos y obligaciones

El 17 de mayo de 2009, Yiu Wah, un muchacho de 17 años, murió aplastado mientras trataba de limpiar una máquina atascada en la fábrica de un proveedor chino que hacía productos para Walt Disney Company, el segundo conglomerado de medios del mundo. La empresa contrató al chico dos años antes.[28] Testigos reclamaron que el uso de mano de obra infantil era una violación a los derechos humanos y que era algo común en la fábrica del proveedor de Disney.

Esta no era la primera vez que se acusaba a Walt Disney Company de violar derechos humanos en su cadena de suministro. El 3 de marzo de 2004, un grupo de accionistas preocupados por la información sobre los derechos humanos de la compañía en China confrontaron a sus ejecutivos. Además de ser dueños de varios parques de diversiones, redes de televisión y radio (ABC, Disney Channel, ESPN), y estudios de filmación, Walt Disney vende mercancía que se inspira en sus personajes y películas, incluyendo juguetes, ropa, relojes, productos electrónicos y accesorios. Gran parte de esa mercancía se manufactura en China, en fábricas que firman contratos con Disney para producir los artículos de acuerdo con las especificaciones de la compañía. En 2001 el Congreso de Estados Unidos estableció una Comisión Ejecutiva sobre China, la cual informó lo siguiente en 2003:

> El mal historial de China para proteger los derechos reconocidos internacionalmente de sus trabajadores no cambió de manera significativa durante el año pasado. Los empleados chinos no pueden formar organizaciones sindicales ni afiliarse a sindicatos independientes, y quienes intentan corregir las malas acciones que cometen sus empleadores con frecuencia se enfrentan a acoso y cargos criminales. Más aún, la mano de obra infantil continúa siendo un problema en algunos sectores de la economía y es común el trabajo forzado de los prisioneros.

En el informe titulado *Country Reports on Human Rights Practices*, emitido en marzo de 2003, el Departamento de Estado de Estados Unidos dijo que la economía de China también hacía uso masivo de trabajos forzados de los prisioneros.[29] Un gran número de disidentes políticos se encontraban en prisiones y se les forzaba a realizar trabajos pesados, peligrosos y sin paga con la finalidad de "reformarlos" o "reeducarlos". Los materiales que se producen en las prisiones con frecuencia son adquiridos por fábricas que los incorporan a sus productos.

Incluso antes, en 2001, el Comité Industrial Cristiano de Hong Kong realizó visitas personales encubiertas a una docena de fábricas chinas de Walt Disney e informó que el panorama estaba caracterizado por "un número excesivo de horas de trabajo, salarios de pobreza, multas irracionales, condiciones de trabajo peligrosas, mala comida y dormitorios donde prevalece el hacinamiento". Otro informe que publicó en 2002 el National Labor Committee, titulado "Toys of Misery" ("Juguetes de la miseria") observó las terribles condiciones de trabajo en las 19 fábricas de Disney que investigó. Según el informe, no solo se pagaba por debajo del estándar a los empleados, sino que "estos se enfrentaban a largas horas de tiempo extra forzado, que solo se les dejaba dormir durante dos o tres horas en la noche" y que "estaban constantemente expuestos a sustancias químicas que los enfermaban". En 2004 el National Labor Committee volvió a publicar su informe, ahora titulado "Toys of Misery 2004", en el que se afirmaba que las fábricas de Disney seguían realizando las prácticas que se habían descubierto dos años antes.

Alarmados por los informes de las condiciones de las fábricas chinas que producían la mercancía de Disney y preocupados porque estuvieran usando materiales hechos con trabajo forzado, un grupo de accionistas presionó para que todos los accionistas votaran a favor de hacer que la compañía adoptara 11 principios "diseñados para comprometer a la empresa a un conjunto detallado y ampliamente aceptado de estándares de derechos humanos y del trabajo en China". Los seis principios más importantes son los siguientes:

1. Ningún bien o producto fabricado dentro de las instalaciones de nuestra compañía o de nuestros proveedores debe hacerse con trabajo obligado o forzado, ni tampoco dentro de prisiones o como parte de programas de reforma o reeducación a través del trabajo.
2. Nuestras instalaciones y las de nuestros proveedores deben adherirse a un sistema de salarios que permitan cubrir las necesidades básicas de los empleados, y a un horario de trabajo justo y adecuado. También habrán de respetar, como mínimo, los salarios y los horarios de trabajo que determinan las leyes laborales en China.
3. Nuestras instalaciones y las de nuestros proveedores deben prohibir el uso del castigo corporal, y cualquier abuso o acoso físico, sexual o verbal contra los empleados.
4. Nuestras instalaciones y las de nuestros proveedores deben usar métodos de producción que no tengan efectos negativos en la seguridad y la salud ocupacional de los empleados.
5. En nuestras instalaciones y las de nuestros proveedores no se debe recurrir a la fuerza policiaca o militar para evitar que los empleados ejerzan sus derechos.
6. Emprenderemos la promoción de las siguientes libertades entre nuestros empleados y los de nuestros proveedores: libertad de asociación y asamblea, incluyendo los derechos a formar sindicatos y negociar colectivamente; libertad de expresión y libertad de no ser arrestados o detenidos de manera arbitraria.[30]

Los directivos de Disney se mostraron renuentes a firmar esos principios de derechos humanos porque señalaban que la compañía ya tenía un código ético e inspeccionaba las fábricas para garantizar su cumplimiento. Los críticos, sin embargo, contestaron que era evidente que el código de Disney era demasiado limitado y que su sistema de inspección tenía fallas; además, advirtieron, si la compañía no adoptaba los principios de derechos humanos, seguramente continuarían los problemas. Los acontecimientos siguientes parecieron apoyar a los críticos. En 2005, 2006 y 2007 la organización Students and Scholars against Corporate Misbehavior publicó informes denunciando las condiciones de explotación y las violaciones a los derechos humanos que prevalecían en una gran cantidad de fábricas chinas que hacían juguetes para Disney.[31] China Labor Watch, un grupo dedicado a vigilar los derechos de los trabajadores, emitió un informe en 2007 que detallaba las "brutales" condiciones en muchas fábricas chinas donde se producían juguetes para Disney.[32] En 2008, el National Labor Committee informó que una de esas fábricas claramente explotaba a los empleados y abusaba de sus derechos.[33] Y en 2009 llegó la noticia de la terrible muerte de Yiu Wah, el joven de 17 años.

El concepto de *derecho* tiene un papel crucial en muchos de los argumentos y las afirmaciones morales que se citan en las discusiones de ética en los negocios. Los empleados, por ejemplo, argumentan que tienen derecho a recibir "salarios iguales por trabajos iguales". Los gerentes aseguran que los sindicatos violan sus "derechos a administrar". Los inversionistas se quejan de que los impuestos violan su "derecho a la propiedad", mientras que los consumidores afirman que tienen el "derecho a estar informados". Más aún, muchos documentos históricos con frecuencia emplean la noción de *derecho*. La Constitución de Estados Unidos consagra una larga lista de derechos, definidos en su mayor parte en términos de la obligación que el gobierno federal tiene de no interferir en ciertas áreas de la vida de sus ciudadanos. La Declaración de Independencia se basó en la idea de que " [...] el Creador dotó a todos los hombres con ciertos derechos inalienables [...] entre ellos están la vida, la libertad y la búsqueda de la felicidad". En 1948, la Organización de las Naciones Unidas (ONU) aprobó la "Declaración Universal de los Derechos Humanos", que asegura que "todos los seres humanos" tienen:

> el derecho a tener propiedades en forma individual o en asociación con otros...
>
> el derecho a trabajar, a la libre elección del empleo, a condiciones de trabajo justas y favorables, y a la protección contra el desempleo...
>
> el derecho a la remuneración justa y favorable que asegure para [el trabajador] y su familia una existencia de dignidad humana...
>
> el derecho a formar organizaciones sindicales o a unirse a sindicatos...
>
> el derecho a descansar y divertirse, incluyendo la limitación razonable de las horas de trabajo y vacaciones periódicas pagadas...

AL MARGEN

¿Cómo se someten a prueba los medicamentos de Eli Lilly & Company?

Antes de aprobar la venta de un medicamento recién descubierto, la U.S. Food and Drug Administration (FDA) requiere que el fármaco se pruebe en seres humanos sanos para determinar si tiene efectos secundarios peligrosos. Como es fácil suponer, la mayoría de las personas sanas no tomarán una sustancia que no se ha probado y que podría causarles incapacidad o incluso la muerte. Los sujetos de prueba podrían morir, sufrir parálisis, daño en los órganos y otras lesiones crónicas debilitantes. Sin embargo, Eli Lilly, una gran compañía farmacéutica, descubrió un grupo de "voluntarios" dispuestos a tomar los medicamentos no probados por solo $85 al día más alojamiento y alimentos gratis. Se trata de alcohólicos, sin hogar, necesitados de dinero, a quienes se reclutó de las cocinas de caridad, los refugios y las prisiones. Como las pruebas duran meses, esas personas llegan a ganar hasta $4,500, una suma cuantiosa para alguien que sobrevive de la caridad. Las pruebas suponen enormes beneficios para la sociedad y muchas no se realizarían si no fuera por el grupo de alcohólicos sin hogar. Más aún, proporcionar a esos individuos una cama, comida y buen cuidado médico, antes de sacarlos de las adicciones a las drogas y al alcohol, y dejarlos con algo de dinero en sus bolsillos parece benéfico. La FDA requiere que los participantes en estas pruebas médicas den su "consentimiento informado" y tomen una decisión "verdaderamente voluntaria y no coaccionada". Es cuestionable si las circunstancias desesperadas de los alcohólicos sin hogar, hambrientos y sin dinero les permiten tomar una decisión verdaderamente voluntaria y no coaccionada. Cuando se preguntó a uno de ellos, contratado para participar en una prueba, dijo que no tenía idea de qué tipo de fármaco estaba probando, aun cuando había firmado una forma de consentimiento informado.

1. Analice la práctica de Eli Lilly desde la perspectiva del utilitarismo y los derechos.
2. A su juicio, ¿es moralmente adecuada la política de incluir a alcohólicos sin hogar como sujetos en las pruebas?

Fuente: Laurie P. Cohen, "Stuck for Money", *Wall Street Journal*, 14 de noviembre de 1996, p. 1.

Por lo tanto, el concepto de *derecho* y la noción correlativa de *obligación* residen en el corazón de nuestro discurso moral. La siguiente sección se ocupa de examinar esos conceptos y algunos principios éticos y métodos de análisis que fundamentan su uso.

El concepto de derecho

En general, un *derecho* es la prerrogativa que tiene un individuo para algo.[34] Una persona tiene un derecho cuando tiene la facultad de actuar de cierta manera o tiene la prerrogativa de que otros actúen de cierta manera hacia ella. En ocasiones, la prerrogativa se deriva de un sistema legal que permite o autoriza a una persona para actuar de una forma específica, o que requiere que otros actúen de cierta manera hacia ella; en tal caso, la prerrogativa se llama **derecho legal**. La Constitución de Estados Unidos, por ejemplo, concede a todos los ciudadanos el derecho a la libertad de expresión, y los contratos comerciales especifican que cada parte que lo suscribe tiene derecho a que los demás firmantes se desempeñen según lo acordado. Desde luego, los derechos legales están limitados a la jurisdicción particular dentro de la cual es válido el sistema legal.

Algunas prerrogativas se derivan de un sistema de estándares morales independientes de cualquier sistema legal. El derecho a trabajar, por ejemplo, no está garantizado por la Constitución estadounidense, pero muchos argumentan que este es un derecho que todos los seres humanos poseen. Estos derechos, que se llaman *derechos morales* o *derechos humanos*, se basan en normas y principios morales que especifican que todos los seres humanos están autorizados a hacer algo o tienen la prerrogativa de que se haga algo para ellos. Los **derechos morales**, a diferencia de los legales, suelen entenderse como universales en el sentido de que son derechos que todos los seres humanos de cualquier nacionalidad poseen en el mismo grado simplemente porque son seres humanos. Además, a diferencia de los legales, los derechos morales no están limitados a una jurisdicción en particular. Si los seres humanos tienen el derecho moral a no ser torturados, por ejemplo, entonces este es un derecho que tienen todos sin importar la nacionalidad o el sistema legal en el que vivan.

Los derechos son dispositivos poderosos cuyo objetivo principal es permitir al individuo elegir con libertad los intereses que habrá de buscar o las actividades que desea realizar, y proteger esas elecciones. En el discurso ordinario, el término *derecho* se usa para referirnos a una variedad de situaciones en que las personas pueden hacer esas elecciones de maneras muy diferentes. Primero, algunas veces se usa el término *derecho* para indicar simplemente la ausencia de disposiciones que prohíben la búsqueda de algún interés o la realización de cierta actividad. Por ejemplo, yo tengo el derecho de hacer lo que sea siempre que la ley o la moralidad no lo prohíban. En ese sentido débil de un derecho, los aspectos de permitir y proteger son mínimos. Segundo, algunas veces se usa el término *derecho* para indicar que una persona está autorizada o tiene la facultad de hacer algo, ya sea para asegurar los intereses de otros o los propios. Un oficial del ejército o de la policía, por ejemplo, adquieren derechos legales de dar órdenes a sus subordinados en aras de buscar la seguridad de otros, mientras que el dueño de un terreno adquiere el derecho legal de propiedad que le permite disponer de esa superficie como quiera. Tercero, el término *derecho* se usa en ocasiones para indicar la existencia de prohibiciones o requisitos sobre otros que permiten al individuo buscar ciertos intereses o actividades. Por ejemplo, se dice que la Constitución estadounidense otorga a los ciudadanos el derecho a la libre expresión porque contiene una prohibición en contra de que el gobierno la limite, y se dice que la ley federal otorga a los ciudadanos el derecho a la educación porque contiene requisitos de que cada estado proporcione educación pública gratuita para todos sus ciudadanos.[35]

Observe que aunque la violación a los derechos humanos a menudo supone infligir daños a los individuos, puede haber violación de esos derechos sin que el individuo salga perjudicado o afectado de una manera evidente. Este aspecto de los derechos es una de las formas en que las consideraciones referentes a estos difieren de las consideraciones utilitaristas, puesto que hacer

derecho La prerrogativa de un individuo a algo.

derecho legal Prerrogativa que se deriva de un sistema legal que permite o autoriza a una persona para actuar de una forma específica o que requiere que otros actúen de cierta manera hacia ella.

derechos morales o derechos humanos Derechos que todos los seres humanos de cualquier nacionalidad poseen en el mismo grado simplemente porque son seres humanos.

> **Repaso breve 2.3**
>
> **Características de los derechos**
> - Un derecho es la prerrogativa de un individuo para hacer algo.
> - Los derechos derivados de sistemas legales confieren prerrogativas solo a los individuos que viven en el sistema legal vigente.
> - Los derechos humanos o morales son prerrogativas que las normas morales confieren a todas las personas sin importar su sistema legal.

lo incorrecto en esta última teoría siempre implica infligir daño. Para ver cómo se pueden violar los derechos sin lastimar directamente, tomemos el ejemplo del derecho a la privacidad; para que nos sirva como tal, supongamos que se trata de un derecho que todo el mundo tiene.

Supongamos entonces que, un día, una pareja realizó actividades que ellos (y nosotros) consideramos privadas y de las que se sentirían avergonzados si eso se conociera públicamente. Ellos se comportan así solo cuando están seguros de que nadie puede verlos porque están detrás de puertas y ventanas aseguradas y cubiertas. Pero un día, usted se sube a un árbol y con unos potentes binoculares se las ingenia para ver a través de una pequeña abertura en las cortinas de la ventana lo que están haciendo. Aunque lo que usted ve le disgusta, continúa mirando lo que hacen los vecinos dentro de su casa por un tiempo y luego se baja del árbol y vuelve a su casa. Después de eso, usted no comenta el incidente con nadie, y no tiene ningún tipo de contacto con la pareja ni tampoco ejerce algún tipo de influencia en sus vidas; además, la pareja nunca descubre que usted los vio. Felizmente, siguen pensando por el resto de sus vidas que nadie supo lo que hicieron y nunca sintieron la menor incomodidad, pena o agravio acerca de lo que pasó ese día. Es evidente que usted violó los derechos de la pareja —su derecho a la privacidad—, pero esta aparentemente no sufrió ningún tipo de daño por parte de usted.

Tomemos otro ejemplo. Su amigo Joe posee un gran diamante que vale cientos de miles de dólares y lo guarda en su casa en una caja de seguridad con una combinación. Usted descubre la combinación de la caja fuerte y toma el diamante sin que Joe lo sepa. Usa el diamante como garantía para pedir prestados $10,000 que invierte en el mercado de valores; gracias a esa inversión, usted obtiene una ganancia de $100,000. Con este dinero, usted recupera el diamante y lo vuelve a colocar en la caja fuerte de Joe sin que haya cambiado nada. Jamás cuenta a Joe lo que sucedió y él nunca lo descubre; más aún, lo que usted hizo nunca afecta a su amigo de ninguna manera ni repercute en sus interacciones o en su amistad con él. Una vez más, es evidente que aquí usted violó los derechos de su amigo, aun cuando este no haya resultado lastimado. Por lo tanto, los derechos de una persona se pueden violar a pesar de que esta última no resulte afectada o lastimada de una manera evidente. Desde la perspectiva de los derechos, se puede hacer daño a una persona sin que resulte perjudicada de forma patente. Observe también que esto implica que, en lo que se refiere a las violaciones de los derechos, es un error que alguien diga que no hizo nada incorrecto porque "nadie salió lastimado". La ausencia de "daño" no demuestra por sí misma que no se hayan violado los derechos de alguien.

Los derechos morales más importantes —y los que nos ocupan en este capítulo— son aquellos que imponen prohibiciones o requisitos sobre otros y que, por ello, permiten a los individuos elegir con libertad entre seguir o no sus intereses o actividades. Estos derechos morales (y cuando usamos el término *derechos morales* queremos decir estos tipos de derechos) identifican aquellas actividades o intereses que el individuo tiene la facultad de buscar, o debe tener la libertad de buscar, o debe recibir ayuda para buscar, según elija. Además, esos derechos protegen su búsqueda de estos intereses y actividades dentro de los límites que los derechos especifican. Por ejemplo, la libertad de religión identifica las actividades religiosas como actividades protegidas porque los individuos son libres de realizarlas según su elección. Estos tipos de derechos morales tienen tres características importantes que definen las funciones de permitir y proteger.

Primero, los derechos morales tienen una relación estrecha con las obligaciones.[36] Esto se debe a que los derechos morales de una persona generalmente se definen —al menos en forma parcial— en términos de los deberes morales que otros individuos tienen hacia ella. Tener un derecho moral necesariamente implica que otros tienen ciertas obligaciones hacia el titular de ese derecho. Por ejemplo, mi derecho moral de ser devoto como yo elija se define en términos de las obligaciones morales que tienen otras personas de no interferir en la práctica religiosa que elegí. El derecho moral a un nivel de vida adecuado (si se supone que este es un derecho moral) se define en términos de la obligación que tienen los gobiernos (o algún otro agente de la sociedad) de asegurar un nivel de vida adecuado para sus ciudadanos. Así que las obligaciones, en general, son el otro lado de los derechos morales: si yo tengo un derecho moral de hacer algo, entonces otras personas tienen una obligación moral de no interferir conmigo cuando lo haga; si yo tengo un derecho moral de que alguien haga algo por mí, entonces, esa otra persona (o ese grupo) tiene una obligación moral de hacerlo por mí. De esta forma, los derechos morales imponen obligaciones correlativas sobre otros, ya sea obligaciones de no interferencia, o bien, obligaciones de desempeño positivo.

En algunos casos, las obligaciones correlativas que impone un derecho no recaen en un individuo específico, sino en todos los miembros de un grupo. Por ejemplo, si una persona tiene el "derecho a trabajar" (un derecho que se menciona en la Declaración Universal de los Derechos Humanos de las Naciones Unidas), no necesariamente significa que un empleador específico tenga la obligación de dar trabajo a esa persona. Más bien, significa que todos los miembros de la sociedad, a través de sus organismos públicos, tienen la obligación de asegurar que haya trabajos disponibles para todos aquellos que quieran trabajar.

Segundo, los derechos morales brindan a los individuos autonomía e igualdad en la libre búsqueda o consecución de sus intereses.[37] Esto es, un derecho identifica las actividades o los intereses ante los cuales las personas deben tener libertad de elección (o bien, deben recibir ayuda de otros para buscar aquellos que elijan libremente). Esa consecución no debe estar subordinada a los intereses de otros, excepto por razones especiales y excepcionalmente poderosas. Si yo tengo el derecho de elegir una religión, por ejemplo, esto implica que soy libre de practicar mi credo si así lo elijo y no dependo del permiso de nadie para hacerlo. También implica que, en general, no me pueden obligar a abandonar mi religión con base en que la sociedad tendrá más beneficios si yo no soy devoto: los beneficios de otros no justifican la interferencia en la consecución de los intereses o la realización de actividades de un individuo cuando esa búsqueda está protegida por un derecho moral. Reconocer un derecho moral de una persona, entonces, es reconocer que existe cierta área en la que esa persona no está sujeta a mis deseos y en la que sus intereses no están subordinados a los míos. En resumen, existe una esfera dentro de la cual somos autónomos e iguales.

Tercero, los derechos morales constituyen una base para justificar las acciones propias y para pedir la protección o ayuda de otros.[38] Si yo tengo un derecho moral para hacer algo, entonces cuento con una justificación moral. Más aún, si tengo un derecho para hacer algo, entonces no se justifica que otros interfieran conmigo. Por el contrario, los demás tienen justificación de alejar a cualquier persona que intente evitar que yo ejercite mi derecho, y tienen la obligación de ayudarme a ejercer mi derecho. Por ejemplo, cuando una persona más fuerte ayuda a una débil a defender sus derechos, en general, se reconoce que el acto de la persona más fuerte se justifica.

Puesto que los derechos morales tienen esas tres características, constituyen la base para hacer juicios morales que difieren de manera sustancial de los estándares del utilitarismo. Primero, los derechos morales expresan los requisitos de moralidad desde el punto de vista *individual*, mientras que el utilitarismo los expresa desde el punto de vista de la *sociedad como un todo*. Los estándares morales que se refieren a los derechos indican lo que otros deben a un individuo, promueven el bienestar de este y protegen sus elecciones de la interferencia de la sociedad. Los estándares utilitarios promueven la utilidad agregada o colectiva de la sociedad, y son indiferentes al bienestar individual, excepto cuando este afecta al agregado social. Segundo, los derechos limitan la validez de la apelación de los beneficios sociales y los números. Es decir, si una persona tiene el derecho de hacer algo, entonces es incorrecto que alguien interfiera, aunque un gran número de personas pueda ganar una mayor utilidad con la interferencia. Si yo tengo derecho a la vida, por ejemplo, es moralmente incorrecto que alguien me mate aunque muchos otros ganen más con mi muerte de lo yo ganaría viviendo. Si los miembros de una minoría tienen el derecho a la libre expresión, entonces, la mayoría debe dejar que la minoría hable con libertad, aun cuando disienta claramente de lo que la minoría quiera decir.

Aunque los derechos en general invalidan los estándares del utilitarismo, no son inmunes a todas sus consideraciones: si las pérdidas o los beneficios utilitarios que se imponen

Repaso breve 2.4

Derechos morales
- Se pueden violar aun cuando "nadie salga lastimado".
- Tienen una relación estrecha con las obligaciones.
- Proporcionan a los individuos autonomía e igualdad en la libre consecución de sus intereses.
- Constituyen una base para justificar las propias acciones y para solicitar la protección o ayuda de otros.
- Aseguran los intereses del individuo, a diferencia de los estándares del utilitarismo, los cuales se enfocan en la utilidad que obtienen todos los integrantes de una sociedad.

sobre una sociedad se vuelven considerablemente grandes, tal vez sean suficientes para romper los muros de protección que establecen los derechos alrededor de la libertad de una persona para buscar sus propios intereses. En tiempos de guerra o de emergencias públicas importantes, por ejemplo, es legítimo restringir los derechos civiles en pro del "bienestar público". Los derechos a la propiedad de los dueños de fábricas se pueden restringir para evitar la contaminación que provoca grandes daños a la salud de otros. Cuanto más importante sea un interés protegido por un derecho, mayores serán las compensaciones que tenga que buscar el utilitarismo. Los derechos erigen muros más altos para proteger intereses más importantes, por lo que el nivel de beneficios o costos sociales para romper esas paredes debe ser mayor.

Derechos negativos y positivos Un grupo importante de derechos, llamados **derechos negativos**, son aquellos que se definen por completo en términos de las obligaciones que tienen los demás de no interferir en ciertas actividades de la persona que tiene el derecho en cuestión.[39] Por ejemplo, si yo tengo un derecho a la privacidad, esto significa que todas las demás personas, incluyendo a mi empleador, tienen la obligación de no interferir en mis asuntos privados. Si tengo el derecho de usar, vender o destruir los activos de mi negocio, esto significa que todas las demás personas tienen la obligación de no evitar que los use, venda o destruya, según elija.

Por el contrario, los **derechos positivos** hacen más que imponer obligaciones negativas. También implican que algunos otros agentes (quizá la sociedad en general) tienen una obligación positiva de brindar a los titulares del derecho lo que necesitan para buscar lo que este les garantiza.[40] Por ejemplo, si yo tengo derecho a un nivel de vida adecuado, esto no significa solamente que los demás no deban interferir; también quiere decir que si no puedo obtener el ingreso adecuado, entonces alguien más (quizá el gobierno) deba proveer ese ingreso. De manera similar, el derecho a trabajar, a la educación, a un cuidado de la salud adecuado y a la seguridad social son, todos ellos, derechos que van más allá de la no interferencia y que también imponen una obligación positiva de proveer algo a los individuos cuando ellos mismos no están en condiciones de conseguirlo.

En los siglos XVII y XVIII, los escritores de manifiestos (como la Declaración de Independencia de Estados Unidos y la Declaración de Derechos Fundamentales), quienes estaban deseosos de proteger a los individuos contra los abusos de las monarquías, con frecuencia hicieron mención de los derechos negativos. Por otra parte, durante el siglo XX, las personas solo invocaban los derechos positivos (el derecho a la protección frente a la violencia del Estado, por ejemplo, es un derecho positivo ampliamente aceptado mucho antes del siglo XX). Los derechos positivos cobraron importancia en el siglo pasado, cuando la sociedad se vio impelida a suministrar lo necesario para vivir a aquellos de sus miembros que no podían subsistir por sí mismos. Estos incluían el derecho a la educación y a la seguridad social. La Declaración de los Derechos Humanos de las Naciones Unidas, por ejemplo, está influida por esta tendencia cuando otorga los derechos de obtener "alimento, vestido, vivienda y cuidado médico". El cambio en el significado de la frase *derecho a la vida* es otra indicación de la creciente importancia de los derechos positivos. Mientras que en el siglo XVIII se interpretaba el derecho a la vida como el derecho negativo a no ser asesinado (este es el significado que tiene la frase en la Declaración de Independencia de Estados Unidos), el siglo XX reinterpretó la frase para referirla al derecho positivo de ser provisto con lo mínimo necesario para la vida.

Gran parte del debate sobre derechos morales se ha concentrado en si se debe dar prioridad a los derechos positivos o a los negativos. Este es el centro del debate sobre si los esfuerzos del gobierno se deben restringir a proteger la propiedad y asegurar la ley y el orden (es decir, a proteger los derechos negativos de la gente), o si los gobiernos también deben suministrar a los necesitados empleo, capacitación, vivienda, servicios médicos y otros beneficios sociales (es decir, proteger los derechos positivos de la gente). Los llamados

---

derechos negativos
Obligaciones que tienen otros de no interferir en ciertas actividades de la persona que tiene el derecho.

derechos positivos
Obligaciones de otros agentes (no siempre está claro de quién) de brindar al titular del derecho lo que necesite para buscar sus intereses con libertad.

Repaso breve 2.5

Tres tipos de derechos morales
- Derechos negativos que requieren que otros nos dejen actuar.
- Derechos positivos que requieren que otros nos ayuden.
- Derechos contractuales o especiales que requieren que otros cumplan los acuerdos.

autores "conservadores", por ejemplo, afirman que los esfuerzos del gobierno se deben limitar a hacer cumplir los derechos negativos y no extenderse a proveer los derechos positivos.[41] Por el contrario, los llamados autores "liberales" sostienen que se deben cumplir por igual los derechos positivos y los negativos y, en consecuencia, los gobiernos tienen la obligación de garantizar ambos.[42] Los autores liberales señalan que el gobierno debe garantizar a sus ciudadanos los derechos positivos de protección de la propiedad y del orden público. Por lo tanto, la idea de que el gobierno debe hacer cumplir los derechos negativos y no los derechos positivos de las personas es incongruente, porque el gobierno solo puede hacer cumplir los derechos negativos si brinda servicios de seguridad.

Derechos y obligaciones contractuales Los derechos y las obligaciones contractuales (también llamados *derechos y obligaciones especiales* u *obligaciones especiales*) son los derechos limitados y las obligaciones correlativas que surgen cuando una persona participa en un acuerdo con otra.[43] Por ejemplo, si usted me contrata para hacer algo, entonces usted tiene derecho a mi desempeño, esto es, usted adquiere un *derecho* contractual para recibir lo que yo haya prometido, al tiempo que yo tengo una *obligación* contractual para actuar como lo prometí.

Los derechos y las obligaciones contractuales se distinguen, primero, por el hecho de que se asocian a individuos *específicos* y las obligaciones correlativas se imponen solo a otros individuos *específicos*. Si yo estoy de acuerdo en hacer algo para usted, los demás no adquieren por ello nuevos derechos sobre mí, ni yo asumo nuevas obligaciones hacia ellos. Segundo, los derechos contractuales surgen de una transacción determinada entre personas *específicas*. A menos que en realidad yo haga una promesa o participe en algún otro arreglo similar con usted, usted no adquiere derechos contractuales sobre mí.

Tercero, los derechos y las obligaciones contractuales dependen de un sistema públicamente aceptado de reglas que definen las transacciones que originan esos derechos y obligaciones.[44] Los contratos, por ejemplo, crean derechos y obligaciones especiales entre las personas solo si estas reconocen y aceptan el sistema de convenciones que especifica que, al proceder de cierta manera (como firmar un documento), se adquiere una obligación de cumplir lo acordado. Cuando una persona realiza las acciones adecuadas, otros saben que esa persona está adquiriendo una obligación porque el sistema públicamente reconocido de reglas especifica que esas acciones cuentan como un acuerdo contractual. Como el sistema públicamente reconocido obliga o requiere que la persona actúe según lo acordado, o sufra las penalizaciones pertinentes, todos entienden que se puede confiar en que ella cumplirá su contrato y que otros actuarán de acuerdo con el convenio.

Los negocios en las sociedades modernas no podrían operar sin la institución de contratos, derechos y obligaciones. Prácticamente, todas las transacciones de negocios requieren en algún momento que una de las partes confíe en la palabra de la otra respecto a pagos, entrega de servicios, transferencia de bienes con cierta calidad y cantidad. Sin la institución social del contrato, los individuos en esas situaciones no estarían dispuestos a confiar en la palabra de la otra parte, y las transacciones nunca se llevarían a cabo. La institución de contratos ofrece una manera de asegurar que los individuos cumplan su palabra, y esto, a la vez, hace posible que las sociedades de negocios operen. Los empleadores, por ejemplo, adquieren derechos contractuales sobre los servicios de sus empleados en virtud del contrato de trabajo que aceptan, y los comerciantes adquieren derechos contractuales sobre el efectivo que en el futuro pagarán los compradores a quienes otorgan crédito.

Los derechos y las obligaciones contractuales también conforman una base para los derechos y las obligaciones especiales que las personas adquieren cuando aceptan un puesto dentro de una institución u organización social legítima. Por ejemplo, los padres casados tienen una obligación especial de cuidar de los hijos que están criando, los médicos tienen una obligación especial de cuidar la salud de sus pacientes, y los gerentes tienen una obligación especial de cuidar la organización que administran. En cada caso, existe una

---

Repaso breve 2.6

Derechos y obligaciones contractuales
- Se generan mediante acuerdos específicos y conciernen solo a las partes implicadas.
- Requieren reglas públicamente aceptadas sobre lo que constituyen los acuerdos y las obligaciones que estos imponen.
- Subyacen los derechos y las obligaciones especiales que se derivan de aceptar una posición o un rol en una institución u organización.
- Requieren: **1.** que las partes sepan qué es lo que acuerdan, **2.** que no haya distorsión, **3.** que no haya intimidación ni coacción, **4.** que no haya acuerdo para realizar un acto inmoral.

institución (familiar, médica o corporativa) que acepta de manera pública y define cierta posición o rol (como padre, médico o gerente) de la que depende el bienestar de ciertas personas vulnerables (los hijos de los padres, los pacientes del médico, la corporación del gerente).

La sociedad vincula los papeles institucionales a la obligación especial de cuidar a los dependientes vulnerables y protegerlos de lesiones; las personas aceptan esas obligaciones y saben que se espera que cumplan. Cuando un individuo acepta libremente el papel y conoce las obligaciones que la sociedad vincula a la aceptación del mismo, se compromete a cumplir con esas obligaciones a través de un acuerdo. La existencia de un sistema de obligaciones contractuales asegura que los individuos cumplan esos acuerdos y establece obligaciones públicas para que todos los acuerdos se realicen. Como resultado, esas instituciones —familiar, médica y corporativa— continúan existiendo y protegen a sus miembros vulnerables contra daños. Debemos recordar que las obligaciones institucionales de una persona no son ilimitadas. En el primer capítulo se observó que como "agente leal", las obligaciones de un gerente de cuidar a la corporación están limitadas por los principios éticos que rigen a cualquier persona. De manera similar, un médico no puede asesinar a una persona para obtener órganos vitales para pacientes que están a su cargo.

¿Qué tipo de reglas éticas rigen los contratos? El sistema de reglas que fundamenta los derechos y las obligaciones contractuales, por tradición, se ha interpretado de manera que incluye varias restricciones morales:[45]

1. Ambas partes que suscriben un contrato deben tener amplio conocimiento de la naturaleza del acuerdo que están aceptando.
2. Ninguno de los contratantes debe malinterpretar de manera intencional los hechos de la situación contractual con la otra parte.
3. Ninguno de los contratantes debe forzar al otro a aceptar el contrato bajo intimidación o coerción.
4. El contrato no debe obligar a las partes a cometer un acto inmoral.

Los contratos que violan una o más de estas cuatro condiciones, por tradición, se han considerado inválidos.[46] La base de este tipo de condiciones se analiza en seguida.

Una base para los derechos morales: Kant

¿Cómo sabemos que los individuos tienen derechos? Esta pregunta se contesta de manera bastante directa cuando se plantea en términos de los derechos legales: una persona tiene ciertos derechos legales porque vive dentro de un sistema legal que los garantiza. Sin embargo, ¿cuál es la base de los derechos morales?

Los seguidores del utilitarismo consideran que los principios utilitarios constituyen una base satisfactoria para los derechos morales: las personas tienen derechos morales porque estos maximizan la utilidad. Pero es dudoso que el utilitarismo pueda servir como base adecuada para los derechos morales. Decir que alguien tiene un derecho moral de hacer algo equivale a decir que tiene la facultad de hacerlo sin importar los beneficios utilitarios que brinde a otros. No sería fácil que el utilitarismo apoyara este concepto que escapa a su marco de referencia.

Un fundamento más satisfactorio para los derechos morales es el que ofrece la teoría ética que desarrolló Emmanuel Kant (1724-1804).[47] Kant, de hecho, demuestra que existen ciertos derechos y obligaciones morales que poseen todos los seres humanos, sin importar los beneficios utilitarios que su ejercicio pueda brindar a los demás.

La teoría de Kant se basa en un principio moral que llamó **imperativo categórico**, el cual implica tratar a todas las personas como libres e iguales. Es decir, cada uno tiene un derecho moral a este tratamiento, y cada uno tiene la obligación moral correlativa de tratar a los demás de esta manera. Kant presenta más de una manera de formular este principio

imperativo categórico De acuerdo con Kant, es un principio moral que obliga a todos, sin importar sus deseos, y que se basa en la idea de tratar a todos como personas libres e iguales.

moral básico; cada formulación sirve como explicación del significado de ese derecho moral básico y su obligación correlativa.

Primera formulación del imperativo categórico de Kant

La primera formulación de Kant del imperativo categórico es: "Obra sólo de forma que puedas desear que la máxima de tu acción se convierta en una ley universal".[48] Una **máxima** para Kant es la razón que tiene una persona en cierta situación para hacer lo que planea. Una máxima se "convierte en ley universal" si todas las personas en una situación similar eligen hacer lo mismo por la misma razón. Entonces, la primera versión de Kant del imperativo categórico se expresa en el siguiente principio:

> Una acción es moralmente correcta para una persona en cierta situación si, y solo si, esa persona considera que la razón que tiene para realizar la acción es válida para todos los individuos que se encuentren en una situación similar.

Un ejemplo ayudará a clarificar el significado del principio de Kant. Suponga que intento decidir si debo despedir a un empleado porque no me gusta la gente de su raza. Según el principio de Kant, debo preguntarme a mí mismo si estaría dispuesto a aceptar que un empleador despidiera a cualquier empleado siempre que no le gustara su raza. En particular, debo preguntarme si estaría dispuesto a que me despidieran si a mi empleador no le gustara mi raza. Si no estoy dispuesto a aceptar que alguien trate de esa manera a los demás, incluido yo, entonces, es moralmente incorrecto que yo actúe de esta manera con otros. Por lo tanto, las razones de una persona para actuar deben ser *reversibles*: uno debe estar dispuesto a que otros usen esas razones, incluso contra uno mismo. Existe una similitud evidente entre el imperativo categórico y la llamada *regla de oro*: "Trata a los demás como te gustaría que ellos te trataran a ti".

Kant señala que algunas veces no es siquiera posible *concebir* que todos actúen por cierta razón, y mucho menos estamos *dispuestos* a que todos actúen por esa razón.[49] Para entender esto, consideremos un segundo ejemplo. Suponga que estoy pensando en no cumplir un contrato, porque me compromete a hacer algo que no quiero. Entonces, debo preguntarme si estaría dispuesto a que todos dejaran de cumplir un contrato que no quieran cumplir. Pero es imposible concebir que todos firmen contratos y luego quebrantarlos; si así se hiciera, entonces la gente dejaría de realizar contratos (¿de qué servirían?) y dejarían de existir. En consecuencia, como es imposible concebir que todos firmen y rompan contratos de esta manera, también es imposible que yo esté dispuesto a que todos actúen así (¿cómo puedo querer algo que ni siquiera puedo concebir?). Por lo tanto, sería incorrecto no cumplir el contrato simplemente porque no quiero. Entonces, las razones de una persona para actuar también se deben convertir en *universales*: debe ser posible, al menos en principio, que todos actúen por esas razones.

La primera formulación del imperativo categórico incorpora dos criterios para determinar el bien y el mal moral: la universalidad y la reversibilidad.

> UNIVERSALIDAD: Las razones de una persona para actuar deben ser razones por las que todos puedan actuar, al menos en principio.
>
> REVERSIBILIDAD: Las razones de una persona para actuar deben ser razones que esa persona estaría dispuesta a aceptar que otros usaran, incluso como base del trato hacia ella.

Esta formulación del imperativo categórico de Kant es atractiva por varias razones. Una de las principales es porque parece captar algunos aspectos fundamentales de nuestras concepciones morales.

---

máxima La razón que tiene una persona en cierta situación para hacer lo que planea.

Repaso breve 2.7

Primera versión del imperativo categórico de Kant
- Debemos actuar solo por razones que consideremos válidas para todos los individuos que se encuentren en una situación similar.
- Requiere universalidad y reversibilidad.
- Equivale a preguntar: "¿Qué sucedería si todos actuaran así?" y "¿Aceptaría que alguien se comportara así con usted?"

Por ejemplo, con frecuencia preguntamos a una persona que hizo algo incorrecto o que está a punto de hacerlo: "¿Te gustaría que él te hiciera lo mismo a ti?" o "¿te gustaría si estuvieras en su lugar?". Con estas preguntas se invoca la reversibilidad. Estamos diciendo que una acción no puede ser correcta si no pasa la prueba de reversibilidad, que es la base del imperativo categórico de Kant. Por otra parte, podemos preguntar a quien está considerando hacer algo incorrecto: "¿Qué sucedería si todos actuaran así?". Cuando hacemos esta pregunta, se apela a la universalidad. En efecto, estamos diciendo que es incorrecto hacer algo si no pasa la prueba de la universalidad, la cual, otra vez, es un requisito del imperativo categórico de Kant.

¿Cómo defiende Kant el imperativo categórico? Para empezar, consideremos que su teoría se enfoca en las motivaciones internas de una persona y no en las consecuencias externas de sus acciones. El bien y el mal moral para la teoría kantiana se distinguen no por lo que una persona logra, sino por las razones que tiene para actuar. Kant argumenta que una acción "no tiene valor moral", si se realiza *solamente* por el interés propio o *solo* porque le provoca placer. En otras palabras, la moralidad no consiste en buscar el interés propio ni en hacer lo que genera placer, sino en hacer lo que es correcto tanto si es en nuestro interés propio como si no lo es, o independientemente de que nos haga sentir bien o no. La acción de una persona tiene valor moral solo en la medida en que *también* esté motivada por un sentido del deber, es decir, la creencia de que es la manera correcta de comportarse para todas las personas en circunstancias similares. Por lo tanto, dice Kant, estar motivado por el sentido del deber es estar motivado por razones que yo desearía que todos tuvieran al encontrarse en situaciones similares. En consecuencia, mi acción tiene valor moral (es decir, es moralmente correcta) solo en la medida en que esté motivada por razones que yo estaría dispuesto a que todas las personas siguieran. De ahí el imperativo categórico.

Segunda formulación del imperativo categórico de Kant

La siguiente es la segunda formulación del imperativo categórico de Kant: "Obra de tal manera que siempre trates a la humanidad, ya sea en tu propia persona o en la de otros, como un fin y nunca solamente como un medio".[50] O nunca trates a las personas *solo* como un medio, sino *también* como un fin. Lo que Kant quiere decir con "tratar a la humanidad como un fin" es que todos deben tratar a cada ser humano como una persona libre y racional. Para Kant, esto implica dos hechos: *a)* respetar la libertad de cada persona tratándola solo como haya consentido libre y racionalmente ser tratada de antemano, y *b)* desarrollar la capacidad de cada persona para buscar aquellos fines que haya elegido libre y racionalmente.[51] Aquí la frase "libre y racionalmente" se refiere al tipo de elecciones que una persona hace cuando sus decisiones no son obligadas, y sabe y elige lo que más le conviene. Por otra parte, tratar a las personas *solo* como un medio implica considerarlas como un instrumento para hacer prosperar los intereses propios, sin tener en cuenta las decisiones y los intereses de ellas. Esto *no* respeta su libertad de elegir lo que harán, *ni* contribuye a su capacidad de buscar lo que libre y racionalmente han elegido buscar. Por lo tanto, la segunda versión de Kant del imperativo categórico se expresa en el siguiente principio:

> Una acción es moralmente correcta para una persona si, y solo si, al realizarla, esta no considera a otros *únicamente* como un medio para prosperar en sus propios intereses, sino también: **1.** los trata como ellos han consentido ser tratados de manera libre y racional y **2.** contribuye a su capacidad de buscar lo que libre y racionalmente han decidido buscar.

Esta versión del imperativo categórico implica que los seres humanos tienen una dignidad que los diferencia de los objetos, como las herramientas o las máquinas. Esa

---

Repaso breve 2.8

Segunda versión de Kant del imperativo categórico

- Nunca considere a las personas solo como un medio para lograr sus fines, sino trátelas siempre como ellas, libre y racionalmente, consientan en ser tratadas y ayúdelas a buscar los fines que, libre y racionalmente, hayan elegido.
- Se basa en la idea de que los seres humanos tienen dignidad, lo cual los hace diferentes de los objetos.
- Según Kant, es equivalente a la primera formulación.

dignidad es incompatible con el hecho de ser víctimas de la manipulación, el engaño o la explotación contra su voluntad, para satisfacer los intereses personales de alguien más. De hecho, el principio dice que los individuos no deben ser tratados como objetos incapaces de elegir con libertad. Por este principio, es legítimo solicitar a un empleado que realice tareas desagradables (o incluso peligrosas) si este aceptó libre y racionalmente el trabajo a sabiendas de que implicaba esas tareas. Pero sería incorrecto someter a un empleado a riesgos de salud sin su conocimiento. En general, el engaño, la fuerza y la coerción no respetan la libertad de las personas para elegir y, por ello, no son éticas (a menos, quizá, que una persona haya dado su consentimiento para que se usara la fuerza contra ella).

Kant argumenta que hacer contratos fraudulentos engañando a otros es incorrecto, al igual que lo es el hecho de dejar de ayudar deliberadamente a los demás cuando lo necesitan. Al engañar a una persona para que firme un contrato que, de otra manera, no firmaría, se le trata deliberadamente de un modo en que ella no ha consentido de manera libre y racional que la traten; por lo tanto, en este caso, solo se le considera como un medio para satisfacer el propio interés. Al no prestar la ayuda necesaria a otra persona, no se contribuye a su capacidad de buscar los fines que ha elegido.

La segunda formulación del imperativo categórico, según Kant, en realidad es equivalente a la primera.[52] La primera versión dice que lo que es moralmente correcto para mí debe ser moralmente correcto para los demás: todas las personas son iguales en valor. Si esto es cierto, entonces no se debe subordinar la libertad de una persona a la de otros y usarla para satisfacer los intereses ajenos. Puesto que todos tienen el mismo valor, no se puede sacrificar la libertad de elección de una persona en aras de satisfacer los intereses de los demás. Esto, desde luego, es lo que requiere la segunda versión del imperativo categórico. Ambas formulaciones se reducen a lo mismo: las personas se deben tratar unas a otras como seres igualmente libres de buscar la consecución de los intereses que han elegido.

Derechos kantianos

Diversos autores sostienen que el imperativo categórico (en cualquiera de sus formulaciones) explica por qué la gente tiene derechos morales.[53] Como se ha visto, los derechos morales identifican intereses que todos los individuos deben tener libertad para elegir (o deben recibir ayuda para buscarlos si así lo han elegido) y cuya búsqueda no debe estar subordinada a los intereses de los demás. Esto es precisamente lo que ambas formulaciones del imperativo categórico de Kant requieren, al sostener que las personas deben ser respetadas como libres y racionales en la consecución de sus intereses. En resumen, los *derechos morales* identifican las áreas específicas principales en las que las personas deben interactuar unas con otras como libres y racionales, y el *imperativo categórico* de Kant implica que los individuos deben interactuar justo de esta manera.

Sin embargo, el imperativo categórico, por sí mismo, no nos dice qué derechos morales particulares tienen los seres humanos. Para conocerlos, son indispensables dos requisitos. Primero, debemos determinar qué intereses específicos tienen los seres humanos por el simple hecho de serlo. Segundo, debemos determinar qué intereses particulares son tan importantes para que se consideren un derecho. A la luz de las dos versiones de Kant del imperativo categórico, un interés tendría tal importancia **1.** si no estamos dispuestos a que nadie (incluyéndonos a nosotros mismos) nos prive de la libertad de buscar ese interés, y **2.** si la libertad de buscar ese interés es necesaria para vivir como seres libres y racionales. Por ejemplo, para establecer que los humanos tienen derecho a la libre expresión, se debe mostrar que existe interés en la libertad de decir lo que uno elija, y que ese derecho es tan importante que no estamos dispuestos a que nadie nos prive de él y, aún más, que es necesario para vivir como personas libres y racionales. Muchos consideran que la libertad

Repaso breve 2.9

Kant y los derechos morales
- La teoría de Kant implica que generalmente se debe dejar a los individuos igualmente libres (o se les debe ayudar) a buscar sus intereses, mientras que los derechos morales identifican los intereses específicos que los individuos deberían tener derecho a elegir libremente (o a que se les ayude a conseguirlos).
- Un interés es lo suficientemente importante para convertirse en derecho **1.** si no estamos dispuestos a que nadie nos prive de la libertad de buscar ese interés, y **2.** si la libertad de buscarlo es necesaria para vivir como seres libres y racionales.

de expresión, de hecho, es de importancia esencial por muchas razones: protege contra el gobierno y otras entidades poderosas; posibilita que se conozcan las injusticias y la maldad; permite gobernarnos a nosotros mismos; nos ayuda a llegar a la verdad mediante la discusión; y es necesaria para expresar nuestros verdaderos sentimientos y convicciones.[54] Por estas razones, la libertad de expresión parece tan importante que no estaríamos dispuestos a que alguien (incluyéndonos a nosotros mismos) nos privara de ella, además de que parece necesaria para vivir como seres libres y racionales. Si esto es cierto, entonces nuestro interés en la libertad de expresión se puede elevar al estatus de derecho y, por consiguiente, podemos concluir que los humanos tienen un derecho moral a la libertad de expresión. Sin embargo, el derecho a la libre expresión se debe limitar en el grado en que esa libertad entre en conflicto con otros intereses humanos que tienen la misma o mayor importancia (como nuestro derecho a no ser calumniados o difamados).

Aunque en capítulos posteriores se presentan varios argumentos en apoyo de algunos derechos particulares, resulta útil presentar un bosquejo general de cómo se han podido defender algunos derechos con base en las dos formulaciones de Kant del imperativo categórico. Primero, los seres humanos tienen un claro interés en que se les ayude brindándoles trabajo, alimento, vestido, vivienda y servicios médicos necesarios para vivir, cuando ellos mismos no pueden proveerse estos bienes. Suponga que acordamos que no estaríamos dispuestos a que se prive de esa ayuda a alguien (en especial nosotros mismos) cuando la necesita, y que esa ayuda es necesaria si se quiere desarrollar la capacidad de una persona para elegir libre y racionalmente e, incluso, necesaria para sobrevivir.[55] (Es difícil elegir libre y racionalmente si se tiene hambre, se carece de un hogar y se está enfermo). Si es así, entonces no se debe negar esa ayuda a ningún individuo. Esto es, los seres humanos tienen derechos morales o humanos *positivos* de tener trabajo, comida, vestido, vivienda y cuidado médico necesarios para vivir cuando no pueden proveerse a sí mismos y cuando estos bienes están disponibles.

Segundo, los seres humanos también tienen un claro interés de estar libres de maltrato y de no ser víctimas de fraude; además, desean ser libres para pensar, tener privacidad y poder asociarse como decidan. Suponga que se acuerda que no estamos dispuestos a que se prive a nadie de estas libertades, y que interferir en ellas limita la capacidad de una persona de elegir libre y racionalmente por sí misma lo que hará.[56] Si es así, entonces los principios morales de Kant implican que todo el mundo debería estar libre de la interferencia de los demás en esas áreas. Esto es, los seres humanos tienen los derechos negativos siguientes: el derecho a estar libres de lesión o fraude, a la libertad de pensamiento, a la libertad de asociación y expresión, y a la privacidad.

Tercero, como se ha visto, los seres humanos tienen un claro interés en preservar la institución de los contratos. Suponga que se acuerda que esta institución se eliminara (a lo que no estamos dispuestos) si todos dejaran de cumplir sus contratos, o si todos tuvieran que cumplir incluso los contratos firmados bajo coerción o sin la información completa. Suponga que se acuerda mostrar respeto por la libertad y racionalidad de las personas cumpliendo los contratos que hacen libremente con nosotros, y dejándolas libres y con la información completa sobre los contratos que firman.[57] Si es así, entonces, todos deben cumplir sus contratos y todos deben estar completamente informados y celebrar los contratos con libertad. Es decir, los seres humanos tienen un derecho contractual a lo que les promete el contrato, y también todos tienen derecho a ser libres y a estar completamente informados al aceptar los contratos.

Tan solo hemos bosquejado de manera general algunos de los derechos que encuentran apoyo en los principios morales de Kant. Cada uno de esos derechos requiere más precisiones, ajustes con otros intereses (en conflicto) y argumentos que los apoyen por completo. Sin embargo, la descripción anterior, aunque sea somera, da cierta idea de cómo el imperativo categórico de Kant puede explicar y justificar los derechos positivos, negativos y contractuales.

Problemas con Kant

A pesar de lo atractivo de la teoría de Kant, los críticos argumentan que, al igual que el utilitarismo, tiene limitaciones y defectos. Un primer problema que señalan es que la teoría de Kant no es suficientemente clara para utilizarse siempre. Una dificultad radica en tratar de determinar (como lo requiere la primera formulación) si uno estaría "dispuesto a que todos siguieran" cierta conducta. Aunque el impulso general de este requisito suele estar claro, algunas veces conduce a problemas. Por ejemplo, suponga que soy un homicida. ¿Acaso estaría dispuesto a que se aceptara de manera general la disposición de que todos los homicidas deben ser castigados? En un sentido, yo estaría dispuesto, porque querría estar protegido de otros homicidas; pero, en otro sentido, no lo estaría porque no quiero que me castiguen. ¿Qué sentido es correcto?[58] Además, algunas veces es difícil determinar si (según la segunda formulación) una persona considera a otra "solo como un medio". Suponga, por ejemplo, que la señora Jones, una empleadora, solo paga salario mínimo a sus empleados y se niega a instalar el equipo de seguridad que requieren. Sin embargo, asegura que "respeta la capacidad de los empleados de elegir libremente por sí mismos", porque está dispuesta a dejarlos trabajar en otro lado si así lo deciden. ¿Ella está tratándolos solo como un medio o también como un fin? Los críticos se quejan de que no es posible responder a esas preguntas porque la teoría de Kant es demasiado vaga.[59] Entonces, hay casos donde los requisitos de la teoría de Kant no están claros.

Segundo, algunos críticos aseguran que, aunque tal vez podamos estar de acuerdo con los tipos de intereses que tienen el estatus de derechos morales, existe un desacuerdo notable en cuanto a los límites de cada uno de estos derechos y en cuanto a cómo deben equilibrarse los derechos en conflicto.[60] La teoría de Kant no ayuda a resolver estos desacuerdos. Por ejemplo, todos estamos de acuerdo en que debe existir el derecho de asociación, al igual que el derecho a no ser lesionados por otros. Sin embargo, ¿cómo deben equilibrarse estos derechos entre sí cuando cierta asociación de personas comienza a lesionar a otros? Por ejemplo, suponga que la música estridente de un grupo que toca trombones perturba a otros, o suponga que una corporación (o una asociación cualquiera de personas) contamina el aire y el agua de los que depende la salud de otros. El imperativo categórico de Kant no nos dice cómo deben ajustarse los derechos en conflicto: ¿qué derecho debería ceder a favor del otro?

No obstante, tal vez un defensor de Kant contradiga esta segunda crítica afirmando que el imperativo categórico no intenta decirnos cómo deben limitarse y ajustarse los derechos en conflicto. Para decidir si un derecho se debe restringir en favor de otro, hay que examinar la importancia relativa de los intereses que protege cada derecho. ¿Qué argumentos se pueden dar para demostrar, por ejemplo, que los intereses de una corporación en las ganancias financieras son más o menos importantes que la salud de sus vecinos? La respuesta a esta pregunta determina si el derecho de una corporación a usar su propiedad para obtener ganancias financieras debe limitarse en favor del derecho de los vecinos a que no se dañe su salud. Lo que quiere decir el imperativo categórico de Kant es que todos deben tener derechos morales iguales, y que todos deben mostrar tanto respeto por los intereses protegidos de los demás como cada quien quiera que otros muestren respeto por los propios. No dice qué intereses tienen las personas ni cuál es su importancia relativa.

Un tercer grupo de críticas a la teoría de Kant es que existen contraejemplos que demuestran que a veces está equivocada. La mayoría de los contraejemplos se centran en el criterio de universalidad y reversibilidad.[61] Suponga que un empleador logra que no se den cuenta que discrimina a los empleados de color pagándoles salarios más bajos que a los blancos por el mismo trabajo. Suponga también que es tan fanático en su antipatía por la gente de color que está dispuesto a aceptar la proposición de que si su propia piel fuera oscura, los empleadores deberían discriminarlo.

Repaso breve 2.10

Críticas a Kant
- Las dos versiones de los imperativos categóricos son poco claros en algunos sentidos.
- Los derechos pueden entrar en conflicto y la teoría de Kant no los puede resolver.
- La teoría de Kant implica ciertas conclusiones morales equivocadas.

Entonces, de acuerdo con la teoría de Kant, la acción del empleador sería moral. La teoría de Kant, en este caso, nos condujo a una falsa conclusión porque, evidentemente, la discriminación es inmoral.

Los defensores del enfoque de Kant de la ética, desde luego, responderían que son los críticos y no Kant quienes están equivocados. Si el empleador genuina y conscientemente está dispuesto a universalizar los principios sobre los que actúa, entonces, la acción en realidad es moralmente correcta para él.[62] Para nosotros, que no estaríamos dispuestos a universalizar el mismo principio, la acción sería inmoral. Quizá también descubramos que sería moralmente correcto imponer sanciones al empleador para impedir su discriminación. En la medida en que el empleador siga sus propios principios universales, actúa conscientemente y, por lo tanto, de una manera moral.

La objeción libertaria: Nozick

Varios **filósofos libertarios** han planteado algunos puntos de vista importantes sobre los derechos, diferentes a los descritos. Los filósofos libertarios van más allá de la presunción general de que la libertad de las restricciones humanas en general es buena; ellos aseguran que esa libertad es necesariamente buena y que todas las restricciones que imponen otros constituyen un mal, excepto cuando se requieren para evitar la imposición de mayores restricciones humanas. El filósofo estadounidense Robert Nozick, por ejemplo, afirmaba que el único derecho básico que todo individuo posee es el derecho negativo a estar libre de que otros seres humanos lo coercionen.[63] Este derecho negativo a ser libre de coerción, según Nozick, se debe reconocer si se trata a los individuos como personas distintas con vidas separadas, cada una de las cuales tiene el mismo peso moral, de manera que no se puede sacrificar para beneficio de otros. La única circunstancia para ejercer coerción sobre una persona es para evitar que coaccione a otros.

De acuerdo con Nozick, prohibir a la gente ejercer coerción sobre otros constituye una restricción moral legítima que se apoya en "el principio fundamental kantiano de que los individuos son fines y no medios; [los individuos] no deben sacrificarse ni usarse para lograr otros fines sin su consentimiento".[64] De esta forma, Nozick parece sostener que la teoría de Kant apoya sus propios puntos de vista acerca de la libertad.

Nozick afirma que el derecho negativo a ser libre de la coerción de otros implica que las personas son libres para hacer lo que quieran con su propio trabajo y con los productos que fabrican a partir de este.[65] A la vez, ello implica que las personas deben ser libres para adquirir propiedades, usarlas en la forma que deseen e intercambiarlas por otros bienes en mercados libres (siempre que la situación de los demás no se dañe por ello o "empeore"). La perspectiva libertaria de que las restricciones coercitivas sobre la libertad son inmorales (excepto cuando se necesitan para restringir la coerción) también justifica la libertad para usar la propiedad, la libertad de contratación, el mercado libre y la eliminación de impuestos para los programas de beneficio social. Sin embargo, no hay una base para los derechos positivos ni para los programas de beneficio social que pudieran requerirse.

No obstante, Nozick y otros libertarios pasan demasiado rápido por el hecho de que la libertad de una persona necesariamente impone restricciones sobre otras. Esas restricciones son inevitables porque cuando se garantiza libertad a una persona, se puede restringir a otras porque interfieren con ella. Si soy libre para hacer lo que quiero con mi propiedad, por ejemplo, otras personas deben restringirse de entrar a ella y quitármela. Incluso el sistema de libre mercado que Nozick defiende depende de un sistema subyacente de coerción: puedo vender algo sólo si primero lo poseo, y la posesión depende, en esencia, de un sistema (coercitivo) de leyes de la propiedad. En consecuencia, puesto que garantizar libertad a una persona necesariamente impone restricciones sobre otras, se deduce que si las restricciones requieren justificación, la libertad también la requerirá.

---

filósofos libertarios Creen que la libertad de no tener restricciones humanas es necesariamente buena y que todas las restricciones que imponen otros constituyen un mal, excepto cuando se requieren para evitar la imposición de mayores restricciones humanas.

Repaso breve 2.11

Robert Nozick
- Afirma que el único derecho moral es el derecho negativo a la libertad, el cual implica que las restricciones a la libertad son injustificadas, excepto para impedir mayores restricciones a la libertad.
- Sostiene que el derecho a la libertad requiere propiedad privada, libertad de contratación, mercados libres y la eliminación de impuestos para solventar programas de bienestar social.
- Puesto que la libertad de un individuo siempre restringe la de otros, la afirmación de Nozick de que las restricciones a la libertad están injustificadas implica que la libertad, en sí misma, está injustificada.

Es posible plantear el mismo argumento de otra manera. Como existen muchos tipos de libertad, es posible que la libertad de un grupo de agentes para buscar algunos de sus intereses restrinja la libertad que tienen otros para trabajar en pro de intereses que estén en conflicto con los primeros. Asimismo, la libertad de las corporaciones para usar su propiedad y contaminar el ambiente restringe la libertad de los individuos para respirar aire limpio cuando ellos quieran. La libertad de los empleados para formar sindicatos está en conflicto con la libertad de los empleadores para contratar a personal no sindicalizado. En consecuencia, permitir un tipo de libertad a un grupo implica restringir algún otro tipo de libertad para otro grupo: una decisión en favor de la libertad para buscar los propios intereses implica una decisión contra la libertad de otro tipo de interés. Esto significa que no podemos apoyar cierto tipo de libertad afirmando simplemente que las restricciones siempre constituyen un mal y que debemos sustituirlas por libertad. En vez de ello, defender una libertad específica debe mostrar que los intereses que se satisfacen con ese tipo de libertad son, de alguna manera, mejores o más valiosos que los intereses opuestos de otro tipo de libertad. Ni Nozick ni otros libertarios dan esos argumentos.

Más aún, no es que los principios kantianos puedan apoyar la perspectiva libertaria de Nozick. Kant sostiene, como se vio, que se debe respetar la dignidad de cada persona y contribuir a su capacidad para alcanzar los objetivos que libre y racionalmente haya elegido. Como tenemos estas obligaciones unos con otros, la coerción del gobierno es legítima cuando sea necesario asegurar el respeto a la dignidad de los ciudadanos, o cuando sea necesario ayudar a las personas a conseguir los fines que libre y racionalmente eligieron. Esto, como Kant afirma, significa que el gobierno puede, de manera legítima, establecer límites en el uso de la propiedad y en los contratos, e imponer restricciones de mercado e impuestos obligatorios cuando así se requiera para velar por el bienestar y el desarrollo de las personas "que no están en condiciones de mantenerse a sí mismas".[66] Kant no da razón para pensar que solo existen derechos negativos. La gente también tiene derechos positivos, y la teoría de Kant apoya esto tanto como los derechos negativos.

2.3 Justicia y equidad

Hace varios años, un subcomité del Senado de Estados Unidos escuchó el testimonio de varios empleados que habían contraído bisinosis (también conocida como fiebre del lunes), una enfermedad causada por respirar polvo de las fibras de algodón, al trabajar en los molinos del sur.[67] La bisinosis es una enfermedad pulmonar crónica con síntomas similares al asma o al enfisema y es una causa de muerte prematura. Los trabajadores incapacitados buscaban una ley federal que les facilitara el proceso de obtener de los molinos de algodón una indemnización por incapacidad, similar a las leyes federales referentes a la neumoconiosis, una enfermedad pulmonar que se contrae al trabajar en las minas de carbón.

Senador Strom Thurmond:

Varias personas me han hablado de esto y sienten que si el gobierno federal entró al campo de la neumoconiosis, debería entrar al campo de la bisinosis; si quienes han sufrido por la neumoconiosis reciben la consideración federal, entonces parece justo que quienes sufren por la bisinosis reciban también consideración federal. [...] Si nuestros empleados [de los molinos de algodón del estado] tienen lesiones y no se les ha indemnizado de manera adecuada, entonces deben tomarse medidas para proceder en consecuencia. Queremos que se les trate de manera justa y honesta, por lo que hoy esperamos [...] el testimonio.

Señora Beatrice Norton:

Comencé a trabajar en el molino cuando tenía 14 años y tuve que salir en 1968. [...] Trabajé en medio del polvo año tras año, igual que mi madre. Cada día me enfermaba más. [...] De pronto, ya no tenía trabajo ni dinero y estaba enferma, demasiado enferma para volver a trabajar. [...] Los legisladores del estado demostraron en dos sesiones sucesivas que no iban a actuar para ayudar a las víctimas de la bisinosis, por eso estamos en Washington y pedimos ayuda. Hemos esperado mucho tiempo, y muchos de mis compañeros murieron esperando. No quiero morir por una injusticia.

Señora Vinnie Ellison:

Mi esposo trabajó 21 años en [el molino de] Spartanburg, en las zonas con más polvo del molino: en la desfibradora y en la limpieza de conductos de aire acondicionado. [...] A principios de la década de 1960 comenzó a tener dificultades para conservar su trabajo debido a problemas respiratorios. Su jefe le dijo que había sido un buen empleado, pero que ya no valía nada y lo despidió. [...] No tenía pensión ni de qué vivir y tuvimos que solicitar asistencia social. [...] Mi esposo trabajó mucho y muy duro, y perdió su salud y muchos años de salario por el polvo. No es justo que lo haya echado como basura humana cuando no pudo con el trabajo por estar enfermo a causa del polvo. No pedimos limosna; queremos lo que le deben a mi esposo por 25 años de trabajo arduo.

Las disputas entre individuos en los negocios con frecuencia se entrelazan con referencias a la *justicia* o la *equidad*. Este es el caso, por ejemplo, cuando una persona acusa a otra de discriminarla *injustamente*, mostrando favoritismos *injustos* hacia alguien más, o no tomando una parte *justa* de la carga en un proyecto cooperativo. Resolver disputas como estas requiere comparar y ponderar las demandas en conflicto de cada parte, y encontrar un equilibrio entre ellas. Justicia y equidad, en esencia, implican hacer comparaciones. Son conceptos que se centran en cómo se compara el trato que se otorga a los miembros de un grupo con el trato que recibe otro grupo cuando se distribuyen los beneficios y las cargas, cuando se aplican los reglamentos y las leyes, cuando se trabaja en cooperación o en competencia, y cuando se castiga a las personas por los errores que cometen o se las compensa por los males que sufren. Aunque los términos *justicia* y *equidad* se usan casi como sinónimos, se tiende a reservar la palabra *justicia* para asuntos especialmente serios, aunque algunos autores sostienen que el concepto de *equidad* es más fundamental.[68]

Los estándares de justicia suelen considerarse más importantes que los del utilitarismo.[69] Si una sociedad es injusta para muchos de sus miembros, entonces, por lo común, condenamos a esa sociedad, aun cuando las injusticias aseguren más beneficios utilitarios para todos. Si pensamos que la esclavitud es injusta, por ejemplo, entonces condenamos a la sociedad donde esta existe, aun cuando el sistema esclavista haga que esa sociedad sea más productiva. Mayores beneficios para algunos no justifican las injusticias para otros. De cualquier forma, parece que hay una tendencia a pensar que si las ganancias sociales son suficientemente considerables, es legítimo tolerar cierto nivel de injusticia.[70] Tendemos a pensar, por ejemplo, que en los países con pobreza extrema es conveniente renunciar a cierto grado de equidad para obtener mayores ganancias económicas que mejoren la situación de todos.

Los estándares de justicia, en general, no invalidan los derechos morales individuales. Parte de la razón es que, en cierto grado, la justicia se basa en esos derechos. El derecho moral a ser tratado como una persona libre e igual a los demás, por ejemplo, es parte de lo que está detrás de la idea de que los beneficios y las cargas deben distribuirse de forma equitativa.[71]

Repaso breve 2.12

Tipos de justicia
- Justicia distributiva: se refiere a la distribución de beneficios y cargas.
- Justicia retributiva: se refiere a la imposición de castigos y sanciones.
- Justicia compensatoria: se refiere a la compensación por lesiones o actos incorrectos.

Pero todavía más importante es el hecho de que, como se vio, un derecho moral identifica los intereses de las personas, cuya búsqueda libre no se puede subordinar a los intereses de otros, excepto cuando haya razones especiales y excepcionalmente fuertes. Esto significa que, en su mayor parte, los derechos morales de algunos individuos no se deben sacrificar en aras de asegurar una distribución un poco mejor de los beneficios para otros. Sin embargo, corregir las injusticias extremas podría justificar restringir los derechos de algunos individuos. Por ejemplo, es legítimo redistribuir los derechos de propiedad en aras de la justicia. Analizaremos los intercambios de este tipo con mayor detalle después de tener una mejor idea de qué significa la *justicia*.

Los aspectos que incluyen preguntas de justicia y equidad suelen clasificarse en tres categorías. **Justicia distributiva**, la primera categoría básica, se ocupa de la distribución equitativa de los beneficios y las cargas de una sociedad. En las audiencias de los casos de bisinosis, por ejemplo, el senador Thurmond señaló que si la ley federal ayudaba a los trabajadores que padecen neumoconiosis, entonces, era *justo* que también ayudara a los trabajadores que sufren bisinosis. **Justicia retributiva**, la segunda categoría, se refiere a la imposición justa de castigos y sanciones a quienes actúan incorrectamente: una pena justa es aquella que en algún sentido merece la persona que actúa mal. Estaríamos en el marco de la justicia retributiva si preguntáramos si sería justo penalizar a los molinos del algodón por causar neumoconiosis entre sus empleados. **Justicia compensatoria**, la tercera categoría, concierne a la forma justa de compensar a la gente por lo que perdió cuando otros actuaron mal: una compensación justa es aquella que, en cierto sentido, es proporcional a la pérdida que sufrió la persona a la que se debe compensar (como pérdida del sustento). Durante las audiencias sobre los casos de neumoconiosis, por ejemplo, tanto la señora Norton como la señora Elliot alegaban que, por justicia, los molinos de algodón les debían una compensación por las enfermedades causadas.

Esta sección examina cada uno de estos tres tipos de justicia. La sección comienza con un análisis de un principio básico de la justicia distributiva (los iguales deben tratarse como iguales) y luego examina varios puntos de vista sobre los criterios relevantes para determinar si dos personas son iguales. Después, se hace una breve presentación de la justicia retributiva y, finalmente, se realiza un análisis de la justicia compensatoria.

justicia distributiva Requiere la distribución de los beneficios y las cargas de una sociedad de manera equitativa.

justicia retributiva Requiere culpar o castigar a las personas en forma equitativa por actos incorrectos.

justicia compensatoria Requiere que se restituya a una persona lo que perdió cuando alguien actuó incorrectamente contra ella.

Justicia distributiva

Las preguntas acerca de la justicia distributiva surgen cuando personas diferentes hacen demandas en conflicto sobre los beneficios y las cargas de la sociedad y cuando no es posible satisfacer todas las demandas.[72] Los casos centrales son aquellos en los que hay escasez de beneficios —como trabajos, alimentos, vivienda, servicios médicos, ingresos y riqueza— en comparación con el número y los deseos de las personas que quieren estos bienes. El otro lado de la moneda es que tal vez se tenga demasiada carga —trabajo desagradable o pesado, vivienda por debajo del estándar, diversas afecciones de salud— y no haya suficientes personas dispuestas a compartirla. Si hubiera suficientes bienes para satisfacer los deseos de todos y suficientes personas dispuestas a compartir las cargas de la sociedad, entonces no surgirían los conflictos entre la gente y no sería necesaria la justicia distributiva.

Cuando los deseos y las aversiones de las personas no concuerdan con sus recursos, se ven forzadas a desarrollar principios para asignar de manera justa los beneficios escasos y las cargas no deseadas, para así resolver los conflictos de manera equitativa. Desarrollar esos principios es tarea de la justicia distributiva.

El principio fundamental de la justicia distributiva es que los iguales deben ser tratados como tales, y los individuos que no son iguales deben ser tratados de manera desigual.[73] En forma más precisa, el principio fundamental de la justicia distributiva se expresa como sigue:

Los individuos que son similares en todos los aspectos relevantes al tipo de tratamiento en cuestión deberían recibir beneficios y cargas similares, incluso si son diferentes en otros aspectos irrelevantes; y los individuos que no son similares en un aspecto relevante deben tratarse de manera diferente, en proporción a la disimilitud.

Por ejemplo, si Susan y Bill realizan el mismo trabajo y no hay diferencias relevantes entre ellos o en el trabajo que hacen, entonces, en un acto de justicia, deben recibir salarios iguales. Sin embargo, si Susan trabaja el doble de tiempo que Bill y el tiempo de trabajo es la base relevante para determinar los salarios en el tipo de trabajo que realizan, entonces debe pagarse a Susan el doble que a Bill. Para regresar al ejemplo anterior, si el gobierno federal actuó de manera correcta y ayudó a los empleados que sufrieron de neumoconiosis, y no hay diferencias relevantes entre esos trabajadores y los que sufren de bisinosis, entonces, como dijo el senador Thurmond, es "justo que quienes sufren de bisinosis [también] reciban la consideración federal".

El principio fundamental de la justicia distributiva, sin embargo, es puramente formal.[74] Se basa en la idea puramente lógica de ser congruentes en el trato que se da a las personas en situaciones similares. El principio no especifica los "aspectos relevantes" que son legítimos para constituir la base de la similitud o la diferencia del trato. Por ejemplo, ¿es relevante la raza cuando se determina quién debe realizar determinado trabajo? Casi todos diríamos que no, pero entonces, ¿qué características son relevantes al determinar qué beneficios y qué cargas deben tener las personas? Ahora se examinarán diferentes puntos de vista acerca de los tipos de características que son relevantes al determinar quién debe obtener qué. Cada punto de vista supone un principio material de justicia (es decir, un principio que da un contenido específico al principio fundamental de la justicia distributiva). Por ejemplo, un principio sencillo que se usa con frecuencia para decidir quién debe recibir un bien escaso o limitado es el principio según el cual "el primero en llegar es el primero en ser atendido", que opera cuando se espera en una fila para recibir algo, o bien, el principio que sustenta los sistemas de antigüedad laboral que usan las empresas. El principio según el cual "el primero en llegar es el primero en ser atendido" supone que ser el primero es una característica relevante para determinar quién debe ser el primero en recibir el servicio cuando resulta imposible atender a todos a la vez. Sin duda, usted pensará en muchos otros principios sencillos que se usan. No obstante, aquí nos concentraremos en varios principios que muchas veces se piensa que tienen mayor fundamento que los principios del tipo "el primero en llegar es el primero en ser atendido".

La justicia como igualdad: Igualitarismo

Quienes defienden el igualitarismo sostienen que no hay diferencias relevantes entre las personas que justifiquen un tratamiento diferente.[75] Según el igualitarismo, todos los beneficios y las cargas se deben distribuir de acuerdo con la siguiente fórmula:

Toda persona debe tener exactamente igual proporción de beneficios y cargas en una sociedad o un grupo.

El igualitarismo basa su perspectiva en la proposición de que todos los seres humanos son iguales en cierto aspecto fundamental y que, en virtud de esta igualdad, cada persona tiene el mismo derecho a los bienes de una sociedad.[76] Según el igualitarismo, esto implica que los bienes se deben asignar a las personas en partes iguales.

Sociedades enteras e incluso grupos u organizaciones de menores dimensiones proponen a la igualdad como principio de justicia. Dentro de una familia, por ejemplo, con frecuencia se supone que los niños deben, en el curso de sus vidas, recibir partes iguales de los bienes que los padres les procuran. En algunas compañías y en ciertos grupos de trabajo, en particular cuando tienen un fuerte sentimiento de solidaridad y trabajan en tareas que requieren cooperación, los integrantes piensan que todos deben recibir la misma compensación por el trabajo que realizan.

Cuando los miembros de un grupo reciben la misma compensación, tienden a cooperar más entre sí y a sentir mayor solidaridad entre ellos.[77] Es interesante ver que en países como Japón, que se distingue por tener una cultura colectiva, los empleados prefieren el principio de igualdad, a diferencia de lo que sucede en países como Estados Unidos, que se destaca por tener una cultura más individualista.[78]

Desde luego, la igualdad es para muchos un ideal social atractivo, y la desigualdad un defecto. "Todos lo hombres fueron creados iguales", dice la Declaración de Independencia de Estados Unidos, y el ideal de igualdad fue la fuerza que impulsó la emancipación de los esclavos, la prohibición del servilismo obligado por contrato, la eliminación de los requisitos de raza, sexo y propiedad para votar y tener un puesto político, y la institución de la educación pública gratuita. Los estadounidenses se enorgullecen de la falta de conciencia de clases en sus relaciones sociales.

A pesar de su popularidad, los puntos de vista igualitarios han estado sujetos a fuertes críticas. Una línea de ataque se centra en la afirmación igualitaria de que todos los seres humanos son iguales en algún aspecto fundamental.[79] Los críticos aseguran que no existe una cualidad que todos los seres humanos posean exactamente en el mismo grado. Los seres humanos difieren en sus habilidades, inteligencia, virtudes, necesidades, deseos y todas las demás características físicas y mentales. Si esto es así, entonces, los seres humanos son diferentes en todos los aspectos.

Un segundo conjunto de críticas argumentan que el igualitarismo ignora algunas características que se deben tomar en cuenta al distribuir los bienes, tanto en la sociedad como en grupos más pequeños: necesidad, habilidad y esfuerzo.[80] Si se da a todos exactamente lo mismo, dicen los críticos, entonces el perezoso recibirá tanto como el trabajador, aunque no lo merezca, y la persona enferma, aunque necesite más, recibirá tanto como la persona sana. Si todos reciben exactamente lo mismo, la persona discapacitada tendrá que hacer tanto como las personas capacitadas, aunque tenga menos habilidades. Si todos reciben exactamente lo mismo, entonces los individuos no tendrán incentivos para hacer un esfuerzo mayor en su trabajo. Como resultado, la productividad y la eficiencia de la sociedad declinarán.[81] Puesto que la fórmula igualitaria ignora todos estos hechos, y como está claro que se deben tomar en cuenta, aseguran los críticos, el igualitarismo debe estar equivocado.

Algunos defensores del igualitarismo han intentado fortalecer su posición al distinguir dos tipos de igualdad: la política y la económica.[82] La **igualdad política** se refiere a la participación y el trato iguales en los medios para controlar y dirigir el sistema político. Esto significa igualdad en los derechos para participar en el proceso legislativo, así como igualdad en las libertades civiles y en los derechos al proceso debido. La **igualdad económica** se refiere a la igualdad en ingreso, riqueza y oportunidades. Algunos críticos de esta postura señalan que la igualdad solo se aplica a la economía y no a la política. Aunque todos estarán de acuerdo en que las diferencias de necesidad, habilidad y esfuerzo justifican algunas desigualdades en la distribución del ingreso y la riqueza, también hay consenso acerca de que los derechos y las libertades políticas no se deben distribuir de forma desigual. Así, la posición igualitaria se refiere tanto a la igualdad política como a la económica.

Otros partidarios del igualitarismo defienden la igualdad económica si se limita de manera adecuada. Argumentan que toda persona tiene derecho a un nivel de vida mínimo, y que el ingreso y la riqueza se deben distribuir por igual hasta que todos logren ese estándar.[83] El excedente económico después de que todos logran el nivel de vida mínimo se podrá distribuir entonces con diferencias según las necesidades, el esfuerzo, etcétera. Una dificultad importante que debe enfrentar ese tipo de igualitarismo económico limitado es especificar qué significa *nivel de vida mínimo*. Las diversas sociedades y culturas tienen puntos de vista distintos sobre el significado del nivel mínimo necesario para vivir. Una economía relativamente primitiva colocará el mínimo en un punto más bajo que una relativamente abundante. De cualquier forma, la mayoría de la gente estará de acuerdo en

igualdad política Supone igual participación e igual trato por parte de los sistemas políticos.

igualdad económica Supone igualdad de ingreso, riqueza y oportunidades.

que la justicia requiere que las sociedades acaudaladas satisfagan al menos las necesidades básicas de sus miembros y no los dejen morir de hambre, frío o calor, o enfermedades.

Justicia basada en la contribución: Justicia capitalista

Algunos autores consideran que los beneficios de una sociedad se deben distribuir en la misma proporción con la que cada individuo contribuye a esa sociedad o grupo. Cuanto más contribuya una persona a la reserva de bienes económicos de una sociedad, tanto más podrá tomar de la reserva; si un individuo contribuye menos, podrá retirar menos. Cuanto más contribuya un empleado a un proyecto, más se le deberá pagar. De acuerdo con esta perspectiva capitalista, cuando las personas participan en los intercambios económicos, lo que cada una obtiene del intercambio debe ser al menos igual en valor a su contribución. La justicia requiere, entonces, que los beneficios que recibe un individuo sean proporcionales al valor de su contribución. De modo más sencillo:

> Los beneficios se deben distribuir de acuerdo con el valor de la contribución que hace un individuo a una sociedad, una tarea, un grupo o un intercambio.

El principio de contribución es quizá el principio de la equidad que más se usa para establecer salarios y sueldos en las compañías estadounidenses. En los equipos de trabajo, en especial cuando las relaciones entre sus miembros son impersonales y el producto de cada uno es independiente de los esfuerzos de los demás, los empleados tienden a sentir que se les debe pagar en proporción al trabajo que realizan.[84] Por ejemplo, ya sea que se trate de representantes de ventas que deben viajar, o de empleados de costura independientes que elaboran prendas individuales o hacen otros trabajos por pieza, unos y otros consideran que se les debe pagar en proporción a la cantidad de bienes que cada uno vendió o confeccionó. Es interesante señalar que cuando se paga a los empleados de acuerdo con el principio de contribución, estos se muestran renuentes a cooperar con los demás e incluso surge entre ellos una atmósfera competitiva en la que no se comparten recursos o información y donde se destacan las diferencias de estatus.[85] Los empleados en los países que se caracterizan por tener una cultura más individualista, como Estados Unidos, prefieren el principio de contribución, a diferencia de lo que sucede con los empleados en países que tienen culturas colectivistas, como Japón.[86]

La pregunta principal que surge con el principio de contribución de la justicia distributiva es cómo se debe medir el "valor de la contribución" de cada individuo. Una tradición antigua sostiene que las contribuciones se deben medir en términos del *esfuerzo en el trabajo*. Cuanto más se esfuerce una persona en su trabajo, mayor será la participación de los beneficios a los cuales tiene derecho. Cuanto más arduamente se trabaje, más será lo que se merece. Esa es la suposición de la **ética puritana**, la cual sostiene que los individuos tienen una obligación religiosa de trabajar intensamente de acuerdo con su *vocación* (la carrera que Dios asigna a cada individuo), y establece que Dios recompensa de manera justa el trabajo arduo con riqueza y éxito, mientras que castiga la pereza con pobreza y fracaso.[87] En Estados Unidos, esta ética puritana ha evolucionado en una **ética del trabajo** secularizada, que concede un alto valor al esfuerzo individual; además, supone que mientras el trabajo arduo debe conducir, y de hecho conduce, al éxito, la pereza se debe castigar.[88]

No obstante, existen muchos problemas al usar el esfuerzo como base para la distribución.[89] Primero, compensar el esfuerzo de un individuo que produce algo que no tiene valor para nadie equivale a compensar la incompetencia y la ineficiencia. Segundo, si se recompensa a la gente solo por sus esfuerzos y se ignoran sus habilidades y la productividad relativa, entonces los individuos con talento y altamente productivos tendrán poco incentivo para invertir su talento y productividad en elaborar bienes para la sociedad. El resultado sería una disminución en el bienestar social.

ética puritana Ética según la cual cada individuo tiene la obligación religiosa de trabajar intensamente de acuerdo con su *vocación* (la carrera que Dios asigna a cada individuo).

ética del trabajo Punto de vista que valora el esfuerzo individual y cree que el trabajo arduo debe conducir, y de hecho conduce, al éxito.

Una segunda corriente importante sostiene que las contribuciones se deben medir en términos de la **productividad**. A mayor cantidad de productos con los que contribuye una persona, más deberá recibir. (*Producto* aquí se debe interpretar de modo que incluya servicios que se prestan, capital invertido, bienes manufacturados y cualquier tipo de trabajo literario, científico o estético).[90] Un problema crucial con esta segunda propuesta es que se ignoran las necesidades de las personas. Tal vez los individuos discapacitados, enfermos, sin formación o inmaduros no tengan la posibilidad de producir algo que valga la pena; si se recompensa a la gente por su productividad, las necesidades de los grupos en desventaja no se reconocerían. El problema fundamental con esta segunda propuesta es la dificultad para dar una medida objetiva para el valor de la producción de un individuo, en especial en campos como ciencias, artes, entretenimiento, deportes, educación, teología y cuidado de la salud. ¿Quién querrá que el precio de sus productos dependa de las estimaciones subjetivas de alguien más?

Para manejar esta última dificultad, algunos autores sugieren una tercera versión altamente influyente del principio de contribución. Afirman que el valor del producto de una persona se debe determinar por las fuerzas de la oferta y la demanda en el mercado.[91] El valor de un producto dependería no de su valor intrínseco, sino del grado en que es relativamente escaso y de qué tan deseable es para los compradores. En otras palabras, el valor de la contribución de una persona es igual al precio en que se vende esa contribución en un mercado competitivo. Por consiguiente, las personas merecen recibir ese valor de mercado por su producto. Por desgracia, este método de medir el valor del producto de un individuo todavía ignora las necesidades de la gente. Más aún, para muchas personas, los precios del mercado son un método injusto para valorar su producto precisamente porque los mercados ignoran los valores intrínsecos de los objetos. Los mercados, por ejemplo, recompensan a los artistas más que a los médicos. Además, los mercados con frecuencia recompensan a una persona que, por azar, termina con algo (como una herencia) que es escaso y que la gente desea. Para muchos, esto parece ser el grado máximo de la injusticia.

productividad La cantidad que produce de manera individual una persona o un grupo de personas.

Justicia basada en necesidades y habilidades: Socialismo

Puesto que existen tal vez tantos tipos de socialismo como socialistas, es un poco inexacto hablar de *la* posición socialista acerca de la justicia distributiva. De cualquier manera, el dictamen que propuso Louis Blanc (1811-1882) y luego Karl Marx (1818-1883) y Nikolai Lenin (1870-1924), por tradición, representa la perspectiva socialista sobre la distribución: "De cada uno según su cada capacidad, y a cada uno según sus necesidades".[92] El principio socialista, entonces, se expresa como sigue:

> Las cargas de trabajo y los beneficios se deben distribuir de acuerdo con las capacidades y las necesidades de las personas.

Este principio socialista se basa, ante todo, en la idea de que las personas desarrollan su potencial humano cuando ejercitan sus habilidades en el trabajo productivo.[93] Como el desarrollo del pleno potencial es un valor, el trabajo se debe distribuir de tal manera que una persona pueda ser tan productiva como sea posible, y esto implica distribuir el trabajo según sus capacidades. Segundo, los beneficios que se obtienen por el trabajo deben promover la felicidad y el bienestar de los seres humanos. Esto significa distribuirlos de modo que se cumplan las necesidades biológicas y de salud, y luego usar el remanente para satisfacer otras necesidades que no son básicas. Quizá lo esencial de la perspectiva socialista es la noción de que las sociedades deben ser comunidades donde los beneficios y las cargas se distribuyan según el modelo de la familia. Al igual que los integrantes de una familia están dispuestos a mantenerla, y apoyan a sus miembros necesitados, también los miembros de una sociedad contribuyen con sus capacidades aceptando sus cargas, mientras que comparten los beneficios con los necesitados. Como sugiere el ejemplo de la familia, el principio de distribución de acuerdo con las necesidades y las capacidades se usa en grupos pequeños igual que en sociedades más grandes. Sin embargo, este principio es menos reconocido en el ámbito de los negocios. En ocasiones, los gerentes de una compañía citan el principio cuando asignan las actividades más difíciles a quienes son más fuertes y capaces, pero con frecuencia se retractan cuando estos empleados se quejan de que se les asignan cargas más pesadas sin mayores compensaciones. Los gerentes también suelen citar el principio cuando hacen concesiones especiales a empleados que parecen tener necesidades especiales. (De hecho, esta fue una consideración clave cuando el Congreso estadounidense aprobó la Ley para los Ciudadanos con Capacidades Diferentes). Sin embargo, rara vez hacen concesiones de este tipo y, en esos casos, suelen recibir críticas por mostrar favoritismo.

De cualquier manera, hay algo que decir en favor del principio socialista: sin duda se deben tomar en cuenta las necesidades y capacidades al determinar cómo distribuir los beneficios y las cargas entre los miembros de un grupo o una sociedad. La mayoría de las personas, por ejemplo, estarán de acuerdo en que debemos hacer una contribución mayor a los trabajadores de los molinos de algodón con bisinosis, que tienen necesidades mayores en sus vidas que los individuos sanos que tienen todo lo necesario. Muchos también estarán de acuerdo en que los individuos deben desempeñar las actividades laborales en las cuales son más capaces, y esto significa tratar de hacer coincidir las habilidades de una persona con el trabajo adecuado. Se supone que las pruebas vocacionales en la preparatoria y la universidad ayudan a los estudiantes a encontrar las carreras que se ajustan a sus habilidades.

No obstante, el principio socialista también ha recibido críticas. Primero, los opositores señalan que, con este principio, no habría una relación entre la cantidad de esfuerzo que realiza un empleado y la remuneración que recibe (porque esta última depende de las necesidades y no del esfuerzo). En consecuencia, los detractores concluyen que los empleados no tienen incentivos para realizar un mayor esfuerzo sabiendo que al final recibirán la misma remuneración, sin importar si trabajan arduamente o no. El resultado, afirman, será una economía estancada con una productividad decreciente (aunque esta es una aseveración que no parece estar apoyada por los hechos).[94] El fundamento de esta crítica es una objeción más profunda, a saber, que no es realista pensar que una sociedad completa se puede modelar con base en las relaciones familiares. Los críticos del socialismo sostienen que la naturaleza humana, en esencia, es egoísta y competitiva, y por ello las personas no están motivadas por la voluntad fraternal de compartir y ayudar como lo hacen en el seno familiar. Los socialistas suelen responder a esta acusación diciendo que la sociedad moderna enseña a los seres humanos a adquirir los vicios del egoísmo y la competitividad, y que las instituciones económicas inculcan y promueven este comportamiento, pero las personas no tienen estos vicios por naturaleza, sino que los seres humanos nacen dentro de la familia donde, por instinto, valoran la ayuda mutua. Si estas actitudes instintivas y "naturales" se desarrollaran más y no se erradicaran, las personas seguirían valorando la ayuda incluso fuera de la familia y adquirirían las virtudes de cooperación, ayuda y generosidad. El debate sobre a qué tipos de motivaciones está sujeta la naturaleza humana todavía no finaliza.

Una segunda objeción de quienes se oponen al principio socialista es que, si ese principio se hiciera cumplir, extinguiría la libertad individual.[95] De acuerdo con ese principio, la ocupación de cada persona estaría determinada por sus capacidades y no por la libre elección. Si tuviera la capacidad de ser un profesor universitario, pero quiere ser un obrero especializado en hacer excavaciones profundas, tendrá que convertirse en profesor. De manera similar, de acuerdo con el principio socialista, los bienes que obtiene una persona están determinados por sus necesidades y no por su libre elección. Si una persona necesita una hogaza de pan, pero quiere una cerveza, tendrá que tomar el pan. El sacrificio de la libertad es aún mayor, aseguran los críticos. En una sociedad socialista, una oficina central del gobierno decide qué tareas realiza un empleado de acuerdo con sus capacidades y qué bienes obtendrá según sus necesidades. Las decisiones de la oficina central se imponen entonces sobre otras personas a expensas de su libertad de elección. El principio socialista instaura el paternalismo en lugar de la libertad.

La justicia como libertad: Libertarismo

La última sección presentó los puntos de vista libertarios de los derechos morales; los libertarios también tienen algunas perspectivas claras y relacionadas con la naturaleza de la justicia. El libertarismo sostiene que ninguna manera de distribuir los bienes se puede llamar justa o injusta, excepto cuando los individuos realizan elecciones libres. Cualquier distribución de los beneficios y de las cargas es justa si es el resultado de una libre elección de las personas para intercambiar entre sí los bienes que cada una posee. Robert Nozick, un líder libertario, sugería el siguiente principio como básico de la justicia distributiva:

> De cada uno según lo que elija hacer, a cada uno según lo que haga para sí mismo (quizá con la ayuda de otros) y según lo que otros elijan hacer por él y darle de aquello que han recibido previamente (de acuerdo con esta máxima) y que aún no han consumido o transferido.[96]

AL MARGEN

ExxonMobil, Amerada Hess y Marathon Oil en Guinea Ecuatorial

La gente en los países de África Occidental, entre los más pobres del mundo, sobreviven con un dólar por día y tienen un promedio de vida de 46 años. Pero en 2004, Guinea Ecuatorial tuvo un producto interno bruto (PIB) de $4,472 per cápita, el más alto en esa región. En 1995 Guinea Ecuatorial encontró petróleo en sus costas y, para 2004, ExxonMobil, Amerada Hess y Marathon Oil —todas compañías petroleras de Estados Unidos— ayudaban a ese país africano a generar $4,000 millones de ingresos por petróleo al año. El gobierno inexperto de Guinea Ecuatorial acordó dar el 80 por ciento de estos ingresos a las compañías petroleras que extrajeran el petróleo para ellos, aunque en los países en desarrollo estas compañías suelen tomar 50 por ciento de los ingresos de los proyectos de extracción de crudo. Las compañías petroleras —a través del Riggs Bank, según un informe del Senado estadounidense en 2004— canalizan cientos de millones de dólares al presidente de Guinea Ecuatorial, T. Nguema y su familia por "compras de tierras", "servicios de seguridad" y "renta de oficinas". Un informe del Departamento de Energía afirma que como Nguema y su familia controlan el gobierno, el 20 por ciento de los ingresos del petróleo se gasta en "lujos personales", de manera que la mayor parte del dinero procedente del petróleo se "concentra en las manos de los altos funcionarios gubernamentales, mientras que la mayoría de la población sigue en la pobreza". Si Nguema no hubiera recibido su pago, es seguro que el gobierno nunca habría aprobado los proyectos de extracción del petróleo. ExxonMobil afirma que ha gastado $4 millones, y Marathon Oil y Amerada Hess aseguran haber "invertido millones de dólares" en escuelas, bibliotecas, programas para la erradicación de enfermedades como la malaria, la poliomielitis y el sida, clínicas de salud, puentes, acueductos y plantas de generación de energía eléctrica. Un informe de Estados Unidos sobre derechos humanos afirma que el gobierno de Guinea Ecuatorial viola los derechos de libertad de expresión, prensa, reunión, asociación, religión y circulación de los ciudadanos, así como los derechos del proceso debido, y emplea la tortura, los azotes y otros abusos físicos en contra de sus opositores políticos.

> 1. ¿Qué dirían el utilitarismo, la teoría de derechos y la justicia acerca de las actividades de ExxonMobil, Amerada Hess y Marathon Oil en Guinea Ecuatorial?

Es bastante sencillo, "de cada uno según lo que elija, a cada uno según lo elijan". Por ejemplo, si yo elijo escribir una novela o esculpir una estatua en un trozo de madera, entonces, si así lo deseo, puedo conservar la novela o la estatua; o bien, puedo regalarlas o intercambiarlas por otros objetos con quien yo elija. En general, se debe permitir que las personas actúen con libertad para conservar todo lo que hacen y todo lo que les regalan. Es evidente que esto significa que sería incorrecto cobrar impuestos a alguien (esto es, tomar su dinero) para brindar beneficios sociales para alguien más. El principio de Nozick se basa en la afirmación (que ya se analizó) de que cada persona tiene derecho a la libertad y a no ser forzado; este derecho tiene prioridad sobre todos los demás derechos y valores. La única distribución justa, según Nozick, es la que se obtiene de las elecciones libres de los individuos. Por lo tanto, será injusta cualquier distribución que resulte de un intento por imponer cierto patrón en la sociedad (como imponer igualdad para todos o tomar de los que tienen para darlo a los que no tienen).

Ya se observaron algunos problemas asociados con la posición libertaria. La mayor dificultad con esta es que consagra cierto valor —ser libre de la coerción de otros— y sacrifica ante este todos los demás derechos y valores sin dar una razón persuasiva de por qué debe ser así. Quienes se oponen al punto de vista libertario aducen que se deberían garantizar otras formas de libertad, como ser libre de la ignorancia o del hambre. En muchos casos, esas otras formas de libertad tienen más importancia que el hecho de estar libre de coerción. Si un hombre se muere de hambre, por ejemplo, su derecho a ser libre de las restricciones que el hambre le impone es más importante que el derecho de un hombre satisfecho de estar libre de la restricción de ser obligado a compartir su excedente de comida. Para asegurar estos derechos más importantes, la sociedad impone cierto patrón de distribución, aun cuando esto signifique, en algunos casos, forzar a algunas personas a cumplir con la distribución. Quienes tienen excedente de dinero, por ejemplo, quizá tengan que pagar impuestos para proveer a quienes se están muriendo de hambre.

Una segunda crítica a las afirmaciones libertarias es que el principio libertario de la justicia distributiva genera un tratamiento injusto de quienes están en desventaja.[97] De acuerdo con el principio libertario, la parte de bienes de un individuo depende por completo de lo que es capaz de producir con su esfuerzo o de lo que otros elijan darle por caridad (o por algún otro motivo). Tal vez, ninguna de estas dos fuentes esté disponible para una persona, aunque no sea culpa suya. Quizás un individuo esté enfermo, discapacitado, imposibilitado para obtener las herramientas o la tierra necesarias para producir bienes, demasiado viejo o demasiado joven para trabajar o, de alguna manera, sea incapaz de producir algo mediante su esfuerzo personal. Otros individuos (quizá por avaricia) se niegan a proveer lo necesario a esa persona. De acuerdo con el principio libertario, esta última no debería obtener nada. Pero esto, dicen los críticos del principio libertario, sin duda es erróneo. Si las personas sin cometer falta alguna se encuentran incapacitadas para cuidar de sí mismas, su supervivencia no debe depender del azar externo (que otros le suministren lo que necesita). La vida de cada persona es valiosa y, en consecuencia, se debe cuidar a cada uno, incluso si esto significa forzar a otros para distribuir su excedente.

La justicia como equidad: Rawls

Estas discusiones sugieren varias consideraciones que se deben tomar en cuenta para la distribución de los beneficios y las cargas en una sociedad: igualdad política y económica, nivel de vida mínimo, necesidades, capacidad, esfuerzo y libertad. Sin embargo, lo que se necesita es una teoría integral capaz de tomar en cuenta estas consideraciones y colocarlas en un todo lógico. John Rawls ofrece un enfoque para la justicia distributiva que al menos se aproxima a este ideal de una teoría integral.[98]

La teoría de John Rawls supone que los conflictos que se relacionan con la justicia se deben arreglar, primero, diseñando un método para establecer los principios mediante los cuales se resolverá el conflicto. A partir de ahí, los principios elegidos deberían servir como base para la justicia distributiva.

Rawls propone dos principios básicos, los cuales, dice, seleccionaríamos si tuviéramos que usar un método justo para elegir los principios que resolverán nuestros conflictos sociales.[99] Los principios de la justicia distributiva que él propone sostienen que la distribución de los beneficios y las cargas de una sociedad son justos si y solo si:

1. cada persona tiene el mismo derecho a las libertades básicas más amplias compatibles con libertades similares para todos, y
2. las desigualdades sociales y económicas se arreglan de manera que sean
   a) para el mayor beneficio de las personas con mayores desventajas, y
   b) parte de los oficios y los puestos abiertos para todos en condiciones de igualdad de oportunidad justa.

Rawls nos dice que el principio 1 debe tener prioridad sobre el principio 2; en caso de conflicto entre ambos, dentro del principio 2, el inciso *b* tiene prioridad sobre el *a*.

El principio 1 se llama **principio de igual libertad**. En esencia, dice que las libertades de cada ciudadano se deben proteger de la invasión de otros y deben ser iguales a las de estos. Dichas libertades básicas incluyen el derecho a votar, la libertad de expresión y de conciencia, y las demás libertades civiles, como la libertad de tener propiedades personales o la libertad de no ser sujeto a arresto arbitrario.[100] Si el principio de iguales libertades es correcto, entonces implica que es injusto que las empresas invadan la privacidad de los empleados, presionen a los gerentes para votar de cierta manera, ejerzan una influencia indebida en los procesos políticos usando sobornos, o violen de alguna otra forma las libertades políticas iguales de los miembros de la sociedad. Además, según Rawls, como nuestra libertad para celebrar contratos disminuiría si tuviéramos miedo de ser defraudados o de que los contratos no se cumplieran, el principio de igual libertad también prohíbe el uso de la fuerza, el fraude o el engaño en las transacciones contractuales y requiere que se cumplan los contratos justos.[101] Si esto es cierto, entonces las transacciones contractuales con los clientes (incluyendo la publicidad), en general, deben estar libres de fraude y los empleados tienen la obligación moral de prestar los servicios, de manera justa, para los que su empleador los contrató.

El inciso *a)* del principio 2 se llama **principio de diferencias**. Supone que una sociedad productiva tendrá desigualdades, pero dará los pasos necesarios para mejorar la posición de sus miembros más necesitados, como los enfermos y los discapacitados, a menos que esas mejoras impongan tal carga a la sociedad que todos, incluyendo los necesitados, empeoren sus condiciones.[102] Rawls afirma que cuanto más productiva sea una sociedad, mayores beneficios brindará a los miembros con mayores desventajas. Como el principio de diferencias obliga a maximizar los beneficios para quienes se encuentran en mayor desventaja, esto significa que las empresas deben usar sus recursos de la manera más eficiente como sea posible. Si se supone que un sistema de mercado como el nuestro es más eficiente cuando es más competitivo, entonces, el principio de diferencias implicará, de hecho, que los mercados deben ser competitivos y que las prácticas en contra de la competencia, como fijar precios y los monopolios, son injustas. Además, puesto que la contaminación y otros efectos externos dañinos para el ambiente consumen recursos de manera ineficiente, el principio de diferencias también implica que es incorrecto que las empresas contaminen.

El inciso *b)* del principio 2 se llama **principio de justa igualdad de oportunidad** y sostiene que todos deben recibir igual oportunidad para competir por los puestos más privilegiados en las instituciones de la sociedad.[103] Esto significa que la cualificación para el trabajo se debe relacionar con los requisitos de la tarea (por consiguiente, la discriminación racial y sexual se prohíben), y que cada persona debe tener acceso a la capacitación y

principio de igual libertad La afirmación de que las libertades de cada ciudadano se deben proteger de la invasión de otros y deben ser iguales a las de estos.

principio de diferencias La afirmación de que una sociedad productiva incorporará desigualdades, pero dará los pasos necesarios para mejorar la posición de los miembros más necesitados de la sociedad.

principio de justa igualdad de oportunidad La afirmación de que todos deben recibir una oportunidad igual para competir por los puestos más privilegiados de las instituciones sociales.

posición original
Reunión imaginaria de individuos racionales y con intereses personales que deben elegir los principios de justicia que regirán su sociedad.

velo de ignorancia
El requisito de que las personas en la posición original no deben saber las particularidades acerca de sí mismos que pudieran influir en sus elecciones, como su sexo, raza, religión, ingreso, estatus social, etcétera.

Repaso breve 2.13

Principios de la justicia distributiva
- Fundamental: distribuye los beneficios y las cargas por igual entre iguales, y con desigualdad entre desiguales.
- Igualitario: distribuye por igual entre todos.
- Capitalista: distribuye según la contribución de cada uno.
- Socialista: distribuye de acuerdo con la necesidad y la capacidad.
- Libertario: distribuye según la libre elección.
- Rawls: distribuye según igual libertad, igual oportunidad y las necesidades de quienes están en desventaja.

la educación necesarias para desempeñar el trabajo que desea. Los esfuerzos, las habilidades y la contribución de una persona determinarán entonces su remuneración.

Los principios de Rawls son bastante amplios y reúnen las principales consideraciones que señalan otros enfoques de la justicia que ya se analizaron. Además del conjunto de principios de justicia, Rawls también propone un método general para evaluar de manera justa cualquier principio moral. El método que propone consiste en determinar los principios que elegiría un grupo de individuos racionales con intereses personales al saber que van a vivir en una sociedad regida por esos principios, pero desconocen los resultados que daría en la práctica cada uno de ellos.[104] Por ejemplo, podría preguntarse si ese grupo de personas racionales eligen vivir en una sociedad regida por un principio que discrimina a los negros cuando ninguno de ellos sabe si en esa sociedad habrá personas de color. La respuesta clara es que ese principio racista se rechazaría y, en consecuencia, según Rawls, el principio sería injusto. Así, Rawls afirma que un principio de justicia está moralmente justificado si, y solo si, un grupo de personas con intereses personales racionales lo acepta porque sabe que vivirá en una sociedad regida por los principios aceptados, pero sin saber qué sexo, origen étnico, habilidades, religión, intereses, posición social, ingreso u otras características particulares poseerá cada uno de ellos en esa sociedad futura.

Rawls se refiere a la situación de este grupo imaginario de personas racionales como la *posición original*, y a su ignorancia sobre las particularidades acerca de sí mismos como el *velo de ignorancia*.[105] El objetivo y el efecto de decretar que las personas en la posición original no saben qué características particulares poseerá cada uno de ellos intenta asegurar que ninguno proteja sus intereses especiales. Puesto que ignoran sus cualidades particulares, quienes están en la posición original se ven obligados a ser justos e imparciales y a no mostrar favoritismos hacia grupos especiales: deben buscar el bien de todos.

De acuerdo con Rawls, los principios que aceptan los grupos imaginarios en la posición original serán, *ipso facto*, moralmente justificados,[106] porque la posición original incorpora las tres ideas morales de Kant de **reversibilidad** (los grupos eligen principios que ellos aplicarían a sí mismos), **universalidad** (los principios se deben aplicar a todos por igual), y la idea de tratar a las personas como un fin (cada persona tiene una voz igual en la elección de los principios). Los principios se justifican aún más, dice Rawls, porque son congruentes con nuestras intuiciones más profundas acerca de la justicia. Los principios que eligen los grupos en la posición original se ajustan a casi todas las convicciones morales que ya tenemos; cuando no es así, estaríamos dispuestos a cambiarlos para que se ajusten a los principios de Rawls una vez que reflexionemos sobre sus argumentos.

Rawls asegura que los grupos en la posición original, de hecho, elegirían sus principios de justicia, es decir, de iguales libertades, de diferencias y el de la justa igualdad de oportunidades.[107] El principio de iguales libertades se elegiría porque los grupos querrán ser libres para buscar sus intereses especiales, cualesquiera que estos fueren. En la posición original, cada persona ignora qué intereses especiales tendrá; de esta forma, todos querrán asegurar la máxima libertad al entrar en esa sociedad. El principio de diferencias se elegiría porque todos querrán protegerse contra la posibilidad de terminar en la peor posición. Al adoptar este principio, los grupos aseguran que se cuide incluso la posición de los más necesitados. El principio de la justa igualdad de oportunidades se seleccionaría, según Rawls, porque todos en la posición original querrán proteger sus intereses si se encuentran entre los talentosos. Este principio de igual oportunidad asegura el progreso de todos al usar sus habilidades, esfuerzos y contribuciones.

Si Rawls está en lo correcto al asegurar que si los grupos eligen los principios de la posición original, entonces, dichos principios están moralmente justificados para servir como nuestros principios de justicia y serían los adecuados de la justicia distributiva. Sin embargo, los críticos objetan varias partes de la teoría de Rawls.[108] Algunos arguyen que la posición original no es un método adecuado para elegir los principios morales. Según estos críticos, el solo hecho de que grupos hipotéticos en la posición original seleccionen un conjunto de principios no nos permite saber si estos están moralmente justificados. Otros críticos argumentan que los grupos en la posición original no elegirían los principios de Rawls. Los utilitarios, por ejemplo, afirman que los grupos hipotéticos en la posición original elegirían el utilitarismo y no los principios de Rawls. Otros más aseguran que los principios de Rawls están equivocados, porque se oponen a nuestras convicciones básicas concernientes a lo que es la justicia.

A pesar de las críticas a la teoría de Rawls, sus defensores afirman que sus ventajas sobrepasan sus defectos. Por un lado, aseguran, la teoría preserva los valores básicos que se han integrado en nuestras creencias morales: libertad, igualdad de oportunidad y preocupación por quienes están en desventaja. Segundo, la teoría se ajusta con facilidad a las instituciones económicas básicas de las sociedades occidentales; no rechaza el sistema de mercados, los incentivos de trabajo ni las desigualdades consecuentes en la división del trabajo. En vez de ello, puesto que las desigualdades funcionan para beneficio de los menos privilegiados y al requerir la igualdad de oportunidad, la teoría muestra cómo se pueden compensar las desigualdades que se originan por la división del trabajo y la libertad de los mercados libres y, por ello, convertirse en justas. Tercero, la teoría incorpora las presiones comunitarias e individuales intrínsecas en la cultura occidental. El principio de las diferencias promueve que los más talentosos usen sus habilidades de manera que redunden en el beneficio de conciudadanos que son menos afortunados, lo cual promueve un tipo de preocupación comunitaria o fraternal.[109] El principio de iguales libertades deja al individuo libre para buscar sus intereses especiales. Cuarto, la teoría de Rawls toma en cuenta los criterios de necesidad, habilidad, esfuerzo y contribución. El principio de diferencias distribuye los beneficios de acuerdo con la necesidad, mientras que el principio de igualdad de oportunidad justa, en efecto, distribuye los beneficios y las cargas de acuerdo con las habilidades y las contribuciones.[110] Quinto, los defensores de Rawls argumentan que la posición original ofrece una justificación moral. Dicha posición original se define de manera que los integrantes elijan principios imparciales que tomen en cuenta los intereses iguales de todos, y esto, aseguran, es la esencia de la moralidad.

Justicia retributiva

La **justicia retributiva** se ocupa de la justicia al culpar o castigar a las personas por hacer algo incorrecto. Los filósofos han debatido mucho sobre la justificación de la culpa y el castigo, pero no es necesario detenernos en esas discusiones aquí. Más relevante para nuestros objetivos es la cuestión de las condiciones en que es justo castigar a una persona por una acción incorrecta.

El primer capítulo examinó algunas condiciones importantes en que las personas no se consideran moralmente responsables por lo que hicieron: ignorancia e incapacidad. Estas condiciones también son relevantes para determinar la justicia de castigar o culpar a alguien por actuar indebidamente. Si las personas no saben o no eligen con libertad lo que hacen, no es justo castigarlas o culparlas por ello. Por ejemplo, si los dueños de los molinos de algodón que se mencionan al principio de esta sección no sabían que las condiciones de sus molinos causarían bisinosis, entonces, sería injusto castigarlos porque el trabajo en sus molinos provoca esa enfermedad.

Un segundo tipo de condición para los castigos justos es la certeza de que la persona a la que se va a castigar actuó de manera incorrecta. Por ejemplo, muchas empresas usan sistemas más o menos complejos para los procesos legales, cuya finalidad es asegurar si la conducta de un empleado fue en realidad tal que merece ser despedido o algún otro castigo.[111] Penalizar a un empleado con base en evidencia frágil o incompleta se considera, con razón, una injusticia.

justicia retributiva Consiste en culpar o castigar con justicia a las personas por sus actos incorrectos.

Un tercer tipo de condición para los castigos justos es que deben ser congruentes y proporcionales al error. Un castigo es congruente solo cuando se impone a todos la misma penalización por la misma infracción; el castigo es proporcional al error cuando la penalización no es mayor en magnitud que el daño infligido.[112] Es injusto, por ejemplo, que un gerente imponga multas fuertes por infracciones menores a las reglas o que sea tolerante con sus favoritos, pero demasiado estricto con los demás. Si el objetivo de un castigo es disuadir a otros de cometer el mismo error o evitar que quien actuó mal reincida, entonces, el castigo debe ser congruente para lograr esos propósitos.

Justicia compensatoria

justicia compensatoria
Implica restituir con justicia lo que perdió una persona a causa de un acto incorrecto que otra cometió.

La **justicia compensatoria** se refiere a restituir con justicia lo que perdió una persona a causa de un acto incorrecto que otra cometió. En general, afirmamos que cuando una persona actúa con dolo y daña los intereses de otra, quien actúa mal tienen una obligación moral de compensar de alguna forma a quien resultó dañada. Por ejemplo, si yo destruyo la propiedad de alguien o le robo, seré moralmente responsable de pagarle los daños.

No existen reglas contundentes y directas para determinar lo que debe compensar el malhechor a la víctima. La justicia compensatoria requiere que la compensación deje a la víctima igual de lo que hubiera estado si el malhechor no la hubiera lastimado. Esto quiere decir que la restitución debe ser igual a la pérdida que se produjo. Sin embargo, algunas pérdidas son imposibles de medir. Si yo pongo en entredicho con malicia la reputación de alguien, por ejemplo, ¿qué restitución debo hacer? Incluso hay pérdidas que son irremplazables: ¿cómo se podría compensar la pérdida de la vida o de la vista? En situaciones como la del Ford Pinto, donde la lesión es tal que no es posible una restitución completa de la pérdida, es común determinar que el malhechor debe, por lo menos, pagar los daños materiales mensurables presentes, pasados y futuros que la víctima sufrió, además de una cantidad razonable del valor de las pérdidas intangibles o no cuantificables. Estas pérdidas podrían surgir de dolor temporal o crónico, estrés mental y sufrimiento, desfiguración, incapacidad física o mental, pérdida del gozo de vivir, pérdida de compañía, reputación dañada, etcétera.

No todos los daños merecen compensación. Supongamos, por ejemplo, que mientras camino por una calle saturada de gente sin hacer nada malo, alguien me empuja y, aunque intento evitarlo, caigo sobre usted lastimándolo. Aunque yo soy quien directamente le causó la lesión, como no soy moralmente responsable de lo que ocurrió, no estoy obligado a darle una compensación. ¿En qué condiciones tiene una persona que compensar a quien lastima? Los moralistas tradicionales argumentan que una persona tiene la obligación moral de compensar a la parte lesionada si están presentes tres condiciones:[113]

1. La acción que provocó el daño era incorrecta o negligente. Por ejemplo, si al administrar con eficiencia mi empresa vendo más barato que mi competidor y lo saco del negocio, no estoy moralmente obligado a compensarlo, ya que esa competencia no es incorrecta ni negligente; pero si robo a mi empleador, entonces le debo una compensación, o si no tengo el debido cuidado cuando manejo, debo una compensación a aquellos a quienes lesione.
2. La acción de la persona es la causa real del perjuicio. Por ejemplo, si un banquero presta dinero a un cliente y este lo utiliza para engañar a otros, el banquero no está moralmente obligado a compensar a las víctimas. Pero si el banquero defrauda a un cliente, lo debe compensar.

3. La persona infligió el daño de manera voluntaria. Por ejemplo, si deterioré la propiedad de alguien por accidente y sin negligencia, no estoy moralmente obligado a compensar a esa persona. (Pero, quizá tenga la obligación legal de hacerlo, dependiendo de cómo determine la ley que se distribuyan los costos sociales de un daño). Pero si, de manera deliberada, prendo fuego a la casa de una persona que me desagrada, entonces, estoy obligado a compensarla por las pérdidas que le causé.

2.4 La ética del cuidado

En la noche del 11 de diciembre de 1995, a las 8 p.m., una explosión cerca de un calentador de agua cimbró la fábrica de Malden Mills en Lawrence, Massachusetts.[114] El fuego se inició fuera del viejo edificio de ladrillo de la fábrica textil. Atizado por el viento, el incendio destruyó con rapidez tres edificios, lesionó a 25 trabajadores, devastó toda la planta y dejó sin trabajo a cerca de 1,400 personas dos semanas antes de Navidad.

Malden Mills, propiedad de una familia, se fundó en 1906. Era una de las pocas fábricas de textiles que todavía operaban en Nueva Inglaterra. Casi todos los fabricantes de textiles se habían mudado al sur y después a Asia en busca de mano de obra barata y no sindicalizada. Sin embargo, el presidente y dueño mayoritario de la compañía, Aaron Feuerstein, se había negado a abandonar la comunidad y a sus empleados, de quienes decía que eran "el activo más valioso de Malden Mills, [...] no un gasto que se puede reducir". En 1982, al salir de una inminente bancarrota, Feuerstein había reenfocado la compañía al mercado de los textiles más costosos, donde la tecnología de vanguardia y los bienes de alta calidad eran más importantes que los bajos costos. Evitando las telas que dan un escaso margen de ganancia, como el poliéster liso, la compañía se centró en un nuevo material sintético, al que denominó *Polartec*, y que los empleados descubrieron por ensayo y error durante los primeros años de la década de 1980. El nuevo material era afelpado, ligero y caliente; podía eliminar la transpiración, y requería las combinaciones precisas de hilos artificiales y de una labor de rasurado. Para elaborarlo, se necesitaban máquinas especiales (y patentadas) que operaban exactamente a la temperatura, la humedad y la velocidad correctas. Los empleados tuvieron que desarrollar habilidades especiales para lograr el tejido y la calidad perfectos. Pronto se reconoció a Polartec como la tela de más alta calidad y tecnológicamente más avanzada disponible para confeccionar prendas de vestir de alto rendimiento. Patagonia, L.L. Bean, Eddie Bauer, Land's End, North Face, Ralph Lauren y otros diseñadores de renombre adoptaron el costoso material. Las ventas de Polartec subieron de $5 millones en 1982 a más de $200 millones en 1995. Con los ingresos adicionales de las telas de tapicería de alta calidad, los ingresos de Malden Mills en 1995 sumaron $403 millones, y sus empleados, que ya eran cerca de 3,200, eran los mejores pagados de todo el país. Feuerstein, quien con frecuencia brindaba ayuda especial al personal con necesidades especiales, mantenía una política de puertas abiertas con sus empleados, a quienes trataba como miembros de una gran familia.

Sin embargo, a la mañana siguiente al incendio de diciembre, con la fábrica casi en ruinas, los periódicos predijeron que el dueño Aaron Feuerstein sería inteligente y cobraría a las aseguradoras más de $100 millones, vendería los bienes rescatables y cerraría la fábrica o la reconstruiría en un país en vías de desarrollo, donde la mano de obra es más barata. En vez de ello, Feuerstein anunció que la compañía reconstruiría la fábrica en Lawrence. Con una decisión que confundió a la industria, prometió que todo empleado que había quedado sin trabajo por el incendio continuaría recibiendo su sueldo íntegro, las prestaciones de servicio médico, y tendría garantizado su empleo cuando reiniciaran las operaciones en unos cuantos meses. Reconstruir en Lawrence costaría más de $300 millones,

Repaso breve 2.14

Ética del cuidado

- A diferencia de las teorías de ética tradicional, considera que la ética no debe ser imparcial.
- Pone énfasis en la preservación y el fortalecimiento de relaciones valiosas específicas.
- Afirma que debemos cuidar de aquellas personas que dependen de nosotros o con quienes tenemos relación cercana.
- Argumenta que, puesto que el yo requiere entablar relaciones de cuidado con otros, esas relaciones son valiosas y deberían fortalecerse.

Repaso breve 2.15

Ética del cuidado
- El cuidado no implica hacerse cargo de alguien con desapego, sino que se centra en la persona.
- Las relaciones no son valiosas cuando se caracterizan por la dominación, la opresión, el daño, el odio, la violencia, la falta de respeto, la crueldad, la injusticia o la explotación.
- Las demandas de cuidado y de justicia pueden entrar en conflicto, el cual se debe resolver de tal manera que no traicione las relaciones ni los compromisos que, de manera voluntaria, establecemos con los demás.

y pagar el salario íntegro a 1,400 empleados durante tres meses costaría otros $20 millones. "Yo tengo una responsabilidad con el personal, tanto el de la planta como el administrativo", declaró Feuerstein, "tengo una responsabilidad igual con la comunidad. Poner a 3,000 empleados en la calle y entregar un certificado de muerte a las ciudades de Lawrence y Methuen sería no tener conciencia. Quizás en papel nuestra compañía valga menos [ahora] para Wall Street, pero les puedo decir que [realmente] vale más".

El incidente de Malden Mills sugiere una perspectiva de la ética que no capta en forma adecuada los puntos de vista morales que se han examinado. Considere que desde la perspectiva utilitaria, Feuerstein no tenía obligación alguna de reconstruir la fábrica en Lawrence ni de seguir pagando a sus empleados mientras no trabajaran. Más aún, ubicar las operaciones de Malden Mills en un país en vías de desarrollo, donde la mano de obra es menos costosa, no solo habría beneficiado a la compañía, sino que también habría dado empleo a los trabajadores del tercer mundo que tienen mayor necesidad que los estadounidenses. Desde una perspectiva utilitaria imparcial, entonces, se habría producido una utilidad mayor al llevar trabajo a las personas del tercer mundo que al gastar el dinero para preservar los trabajos del personal de Malden Mills en Lawrence, Massachusetts. Es cierto que los empleados de Malden Mills eran cercanos a Feuerstein y que, a través de los años, habían sido leales y tenían estrechas relaciones con él. No obstante, desde un punto de vista imparcial, el utilitarismo diría que esas relaciones personales son irrelevantes y que se deberían hacer a un lado en favor de lo que maximiza la utilidad.

Una perspectiva de los derechos tampoco apoyaría la decisión de permanecer en Lawrence ni de continuar pagando salarios íntegros al personal durante la reconstrucción. Sin duda, los empleados no podían argumentar que tenían un derecho moral a que les pagaran mientras no trabajaran. Tampoco podían decir que tenían un derecho moral a que la fábrica se reconstruyera para ellos. La perspectiva imparcial de una teoría de derechos, entonces, no sugiere que Feuerstein tenía obligaciones especiales con sus empleados después del incendio.

Por último, tampoco se podía argumentar que la justicia demandaba que Feuerstein reconstruyera la fábrica en Lawrence y continuara pagando a los trabajadores. Aunque los empleados eran el pivote del éxito de la compañía, esta los había compensado al pagarles salarios generosos durante muchos años. La justicia imparcial no parece requerir que la compañía apoye a las personas mientras no trabajan, y tampoco requeriría que Feuerstein les reconstruyera la fábrica a un costo considerable para él mismo. De hecho, siendo imparciales, parece más justo mudar la fábrica a un país en desarrollo donde las personas están más necesitadas, que mantener a los trabajos de Estados Unidos, donde las personas están relativamente bien.

Parcialidad y cuidado

Los enfoques de la ética que hemos analizado suponen que esta debe ser imparcial y, en consecuencia, cualquier relación especial que se tenga con individuos en particular, como parientes, amigos o empleados, debe hacerse a un lado.[115] Algunos utilitarios, de hecho, afirman que si un extraño y alguno de sus padres se estuviera ahogando y usted solo puede salvar a uno de ellos, deberá salvar al que "produzca más utilidad"; tal vez el extraño es un brillante cirujano que salvará muchas vidas, por lo que usted tendrá la obligación moral de salvarlo y dejar que su padre se ahogue.[116] Muchos alegan que tal conclusión es perversa y equivocada.[117] En esa situación, la relación especial de amor y cuidado que tiene con sus padres le da una obligación especial de cuidar de ellos en una forma que invalida las obligaciones que tenga hacia los extraños. De manera similar, en el incidente de Malden Mills, Feuerstein sentía una obligación especial de cuidar de sus empleados, precisamente porque dependían de él y habían desarrollado una relación especial con él, lo ayudaron a construir su negocio y a crear telas revolucionarias que dieron a Malden Mills su asombrosa ventaja competitiva en la industria textil. Esta obligación hacia sus empleados, que tenían una relación especial con él y que dependían de él, invalidó otras obligaciones que hubiera podido tener hacia los extraños del tercer mundo.

Este punto de vista —que tenemos la obligación de prodigar un cuidado especial a las personas con quienes tenemos relaciones cercanas valiosas, en especial, a quienes dependen de nosotros— es un concepto clave en la **ética del cuidado**, un enfoque de la ética que muchos feministas han propuesto recientemente. Ya en el primer capítulo se presentó de manera breve, cuando se observó el nuevo enfoque al desarrollo moral de la psicóloga Carol Gilligan. Una moralidad del cuidado "se apoya en una comprensión de las relaciones como respuesta a otro en sus términos".[118] Según la perspectiva de "cuidado" de la ética, la tarea moral no es seguir principios morales imparciales y universales, sino atender y responder por el bien de personas específicas, y en particular, de aquellas con quienes tenemos una relación cercana y valiosa.[119] La compasión, la preocupación, el amor, la amistad y la bondad son sentimientos o virtudes que suelen manifestar esta dimensión de la moralidad. Así, una ética del cuidado destaca dos demandas morales:

ética del cuidado
Ética que hace hincapié en cuidar el bienestar concreto de aquellos con los que tenemos una relación cercana, en especial aquellos que dependen de nosotros.

1. Cada uno de nosotros se desenvuelve en una red de relaciones, y debemos preservar y alimentar aquellas relaciones concretas y valiosas que tenemos con personas específicas.
2. Cada uno de nosotros debe dedicar cuidado especial a aquellos con quienes tiene una relación específica, atendiendo a sus necesidades, valores, deseos y bienestar concreto —según se ve desde su propia perspectiva—, y responder de manera positiva a sus necesidades, valores, deseos y bienestar, considerando en particular a aquellos que son vulnerables y dependen de nuestro cuidado.

Por ejemplo, la decisión de Feuerstein de permanecer en la comunidad de Lawrence y cuidar de sus empleados pagándoles su salario íntegro después del incendio fue una respuesta al imperativo de preservar las relaciones concretas que había forjado con ellos y de velar de manera especial por las necesidades específicas de quienes dependían económicamente de él. Este requisito de cuidar de este grupo específico de individuos es más significativo que cualquier requisito moral de cuidar de los extraños en los países en desarrollo.

Es importante no restringir la noción de una relación concreta a las relaciones entre dos individuos o a las relaciones entre un individuo y un grupo específico. Los ejemplos de relaciones que hasta ahora se presentaron son de ese tipo. Muchos defensores de la ética del cuidado observan que también debe abarcar los sistemas más grandes de relaciones que constituyen las comunidades concretas.[120] Por lo tanto, se puede ver que una ética del cuidado engloba los tipos de obligaciones que defiende la llamada *ética comunitaria*. Una **ética comunitaria** es la que considera que las comunidades concretas y las relaciones comunales tienen un valor fundamental que se debe preservar y mantener.[121] Lo importante en una ética comunitaria no es el individuo aislado, sino la comunidad dentro de la cual los individuos descubren quiénes son al verse como parte integral de una comunidad más grande con sus tradiciones, cultura, prácticas e historia.[122] Entonces, la amplia red de relaciones concretas que conforman una comunidad en particular se debe preservar y nutrir tanto como las relaciones interpersonales más limitadas que surgen entre los individuos.

ética comunitaria
Ética que considera a las comunidades concretas y las relaciones comunales como un valor fundamental que se debe preservar y mantener.

¿Qué tipo de argumento se puede dar en apoyo a una ética del cuidado? Esta se apoya en la afirmación de que la propia identidad —quién soy— se basa en las relaciones que una persona tiene con otras. El individuo no existiría, ni siquiera sería quien es si se encontrara aislado y sin relaciones de cuidado.[123] Yo necesito a otros para que me alimenten y cuiden cuando nazco; necesito a otros para educarme y cuidarme mientras crezco; necesito a otros como amigos y amantes para cuidarme cuando llego a la madurez, y siempre debo vivir en una comunidad cuyo lenguaje, tradiciones, cultura y otros beneficios contribuyen a definirme y de los cuales dependo. Es en estas relaciones concretas con los demás que obtengo mi comprensión de *quién* y *qué* soy. Por lo tanto, en el grado que sea que la persona tenga valor, en ese mismo grado las relaciones que son necesarias para que el ser exista y sea lo que es también tienen valor y deben mantenerse y nutrirse. El valor del ser, entonces, se deriva en último instancia del valor de la comunidad.

También es importante en este contexto distinguir tres formas diferentes de cuidado: de *algo*, de *alguien* y *para* alguien.[124] El tipo de cuidado que demanda una ética del cuidado es el que expresa la frase "cuidado de alguien". Los especialistas en ética han sugerido que el ejemplo del paradigma de cuidado de alguien es el tipo de cuidado que una madre prodiga a su hijo,[125] el cual se enfoca en las personas y su bienestar, no en las cosas; no busca fomentar la dependencia, sino que promueve el desarrollo de la persona de manera que esta sea capaz de tomar sus decisiones y vivir su propia vida. El cuidado no implica hacerse cargo de alguien con desapego, sino que se centra en la persona, e intenta ver al mundo a través de los ojos y los valores de esta. Por el contrario, cuidar de algo implica un tipo de preocupación e interés que se puede tener por los objetos o las ideas cuando no hay una segunda persona en cuya realidad subjetiva uno quede absorto. Este cuidado por los objetos no es el tipo de cuidado que demanda una ética del cuidado. Sin embargo, uno también puede ocuparse de cuidar de las personas de tal manera que se cumplan sus necesidades, al tiempo que permanece distante de ellas, como ocurre con frecuencia en las instituciones de servicio burocrático, por ejemplo, el servicio postal o el de bienestar social. Cuidar de las personas de esta manera, aunque con frecuencia es necesario, no es el tipo de cuidado que demanda una ética del cuidado.

Es importante observar dos aspectos adicionales. Primero, no todas las relaciones tienen valor y, por consiguiente, no todas generarán las obligaciones de cuidado. Las relaciones en las que una persona intenta dominar, oprimir o dañar a otra, las que se caracterizan por odio, violencia, falta de respeto y crueldad, y las que se definen por injusticia, explotación y lesión a otros carecen del valor que requiere una ética del cuidado. Una ética de este tipo no nos obliga a cuidar y nutrir esas relaciones. Sin embargo, las que muestran virtudes de compasión, preocupación, amor, amistad y lealtad sí tienen el tipo de valor que una ética del cuidado requiere y esto implica que esas relaciones se deben mantener y atender.

Segundo, es importante reconocer que las demandas de cuidado algunas veces están en conflicto con las demandas de justicia. Considere dos ejemplos. Primero, suponga que una de las empleadas que supervisa una gerente es amiga de esta última. Suponga que un día la sorprende robando artículos de la compañía. ¿Ella debería delatar a su amiga, como lo requiere la política de la compañía? ¿O no debe reportarla para proteger su amistad? Segundo, suponga que una gerente supervisa a varias personas, una de las cuales es una amiga cercana. Suponga que ella debe recomendar a uno de sus subordinados para una promoción a un puesto particularmente deseable. ¿Debería recomendar a su amiga solo por la amistad que las une? ¿O debe ser imparcial y seguir la política de la compañía recomendando al subordinado más calificado, aun cuando esto signifique dejar a su amiga sin promoción? Es claro que, en cada caso, la justicia requiere que la gerente no favorezca a su amiga; sin embargo, las demandas de una ética del cuidado parecen requerir que la gerente favorezca a su amiga por el bien de la amistad. ¿Cómo se deben resolver los conflictos de este tipo?

Primero, observe que no existe una regla fija capaz de resolver todos estos conflictos. Uno podría imaginar situaciones en las cuales las obligaciones de justicia de la gerente hacia la compañía serían claramente más fuertes que las obligaciones que tiene con su amiga. (Imagine que su amiga robó varios millones de dólares y se preparaba para robar más). Uno también podría imaginar situaciones donde las obligaciones con su amiga son más importantes que las que tiene con la compañía. (Imagine, por ejemplo, que lo que robaba su amiga era insignificante, que ella necesitaba con desesperación lo que robó, y que la reacción de la compañía será imponer a su amiga un castigo excesivamente severo).

Aunque no hay una regla fija para resolver todos los conflictos entre las demandas de cuidado y los requerimientos de justicia, hay ciertos lineamientos que ayudarán a encontrar una solución. Considere que cuando contrataron a la gerente, voluntariamente aceptó el cargo junto con las obligaciones y los privilegios que definen su puesto. Entre las obligaciones que prometió cumplir está su deber de proteger los recursos de la compañía y acatar las políticas de la misma. Por lo tanto, la gerente traiciona su relación con las personas a quienes hizo estas promesas si ahora muestra favoritismos hacia su amiga y viola las políticas de la empresa que voluntariamente aceptó apoyar. Entonces, las obligaciones institucionales que aceptamos y a las que nos comprometemos de manera voluntaria requerirán que seamos imparciales hacia nuestros amigos y que pongamos más atención a las demandas de la justicia imparcial que a las demandas de la ética del cuidado. ¿Qué ocurre con las situaciones en las que existe un conflicto entre nuestras obligaciones institucionales y las demandas de una relación que está por encima de esas obligaciones institucionales? En tal caso, la moralidad parece requerir que renunciemos al papel institucional que voluntariamente aceptamos. Así, la gerente que se siente obligada a favorecer a su amiga y que no puede ser imparcial, como acordó por voluntad propia cuando aceptó el cargo, debería renunciar a este. De otra manera, la gerente estará, de hecho, viviendo una mentira: si conserva su trabajo mientras favorece a su amiga, parecería que cumple con su acuerdo voluntario de imparcialidad cuando en realidad es parcial hacia su amiga.

El enfoque de la ética del cuidado lo desarrollaron principalmente los éticos feministas. El enfoque del cuidado, de hecho, se originó por la afirmación de la psicóloga Carol Gilligan de que las mujeres y los hombres manejan los asuntos morales desde dos perspectivas diferentes: ellos se aproximan a estos desde un punto de vista individualista, enfocándose en los derechos y la justicia; mientras que las mujeres lo hacen desde una perspectiva no individualista, enfocándose en las relaciones y el cuidado. Sin embargo, la investigación empírica ha demostrado que esta afirmación en su mayor parte está equivocada, aunque se reconoce que existen algunas diferencias evidentes en la manera en que los hombres y las mujeres responden a los dilemas morales.[126] Casi todos los estudiosos de la ética han abandonado la perspectiva de que una ética del cuidado es exclusiva de las mujeres y, en vez de esto, argumentan que así como ellas deben reconocer las demandas de justicia e imparcialidad, también los hombres deben reconocer las demandas de cuidado y parcialidad.[127] El cuidado no es una tarea exclusiva de las mujeres, sino un imperativo moral para todos, hombres y mujeres.

Objeciones al cuidado

El enfoque de la ética del cuidado se ha criticado por varias razones. Primero, se asegura que una ética del cuidado podría degenerar en favoritismos injustos.[128] Actuar de forma parcial, por ejemplo, hacia los miembros del grupo étnico propio, hacia una red sexista de viejos amigos, o hacia los miembros de la propia raza o nación es una forma injusta de parcialidad. No obstante, quienes defienden una ética del cuidado responderán que aunque las demandas de la parcialidad entren en conflicto con otras demandas de moralidad, esto es cierto para todos los enfoques de la ética. La moralidad consiste en un amplio espectro de consideraciones morales que podrían estar en conflicto entre sí. Tal vez las consideraciones utilitarias entren en conflicto con las consideraciones de justicia, y estas con las consideraciones de derechos morales.

Asimismo, es posible que las demandas de parcialidad y cuidado también entren en conflicto con las demandas de utilidad, justicia y derechos. Lo que requiere la moralidad no es que se eliminen todos los conflictos morales, sino que aprendamos a ponderar las consideraciones morales y a equilibrar sus diferentes demandas en situaciones específicas. Entonces, el hecho de que el cuidado, algunas veces, entre en conflicto con la justicia no hace a la ética del cuidado menos adecuada que otros enfoques; simplemente señala la

Repaso breve 2.16

Objeciones al enfoque de la ética del cuidado

- Objeción: La ética del cuidado podría degenerar en favoritismos.
- Respuesta: Las demandas morales en conflicto son una característica inherente de las opciones morales.
- Objeción: La ética del cuidado podría conducir al agotamiento.
- Respuesta: La comprensión adecuada de la ética del cuidado se refiere a la necesidad de cuidar también a quien brinda el cuidado.

necesidad de ponderar y equilibrar la importancia relativa del cuidado frente a la justicia en situaciones específicas.

Una segunda crítica importante a la ética del cuidado es que sus demandas podrían conducir a un agotamiento. Al demandar que las personas cuiden de hijos, padres, hermanos, cónyuges, amantes, amigos y otros miembros de la comunidad, la ética del cuidado parece demandar que las personas sacrifiquen sus propias necesidades y deseos para velar por el bienestar de otros. Sin embargo, quienes defienden la ética del cuidado responderían que un punto de vista adecuado equilibra el cuidado de quien lo provee con su preocupación por los demás.[129]

2.5 Integración de utilidad, derechos, justicia y cuidado

Repaso breve 2.17

Los juicios morales deberían basarse en:
- Maximizar la utilidad neta de nuestras acciones.
- El respeto por los derechos morales de los individuos.
- La distribución justa de los beneficios y las cargas.
- El cuidado de aquellos con quienes tenemos relaciones concretas.

Las últimas tres secciones describieron los cuatro tipos principales de estándares morales que hoy son la base de casi todos nuestros juicios morales y que nos fuerzan a incluir consideraciones de distintos tipos en nuestro razonamiento moral. Los estándares utilitarios se deben usar cuando se tienen recursos limitados, pero valiosos, que se pueden usar de diferentes maneras. En esos casos es importante evitar el desperdicio de los recursos que tenemos y, por lo tanto, estamos obligados a considerar los beneficios y los costos al decidir usarlos de una u otra manera, e identificar aquella que genere más beneficios. Cuando alguien trata de tomar este tipo de decisiones utilitarias, debe incluir mediciones, estimaciones y comparaciones de los costos y los beneficios relevantes. Esas mediciones, estimaciones y comparaciones constituyen la información en la que se basa el juicio moral del utilitarismo.

Nuestros juicios morales también se basan parcialmente en los estándares que especifican cómo se deben tratar y respetar los individuos. Estos tipos de estándares se deben usar cuando es probable que las acciones y políticas afecten de manera importante los derechos positivos y negativos de los individuos. Cuando se decide llevar a cabo este tipo de acciones, el razonamiento moral debe identificar los derechos de las personas que se verán afectadas por nuestras acciones, los acuerdos o las expectativas que entran en juego y que nos imponen obligaciones especiales, y si nuestras acciones tratan a todos los afectados como personas libres y racionales. Esto, a la vez, requiere contar con la información concerniente a la forma en que el comportamiento afectará las necesidades básicas de los seres humanos implicados; saber qué tan informados están de lo que les ocurrirá; conocer el grado en que se aplicará la fuerza, la coerción, la manipulación o el engaño; y estar conscientes de qué acuerdos tenemos con ellos o qué expectativas legítimas tienen ellos de nosotros.

Tercero, nuestros juicios morales también se basan en parte en estándares de justicia que indican cómo se deben distribuir los beneficios y las cargas entre los miembros de un grupo. Estos tipos de estándares se deben emplear cuando se evalúan las acciones cuyos efectos distributivos difieren de manera importante. El razonamiento moral en el que se basan esos juicios incorpora consideraciones acerca de si el comportamiento distribuye los beneficios y las cargas por igual o de acuerdo con las necesidades, las capacidades, las contribuciones y las elecciones libres de las personas, así como acerca del grado de sus acciones incorrectas. Estos tipos de consideraciones, a la vez, se basan en las comparaciones de los beneficios y las cargas que van hacia diferentes grupos (o individuos) y en las comparaciones de sus necesidades, esfuerzos y contribuciones relativos.

Cuarto, nuestros juicios morales también se basan en los estándares que indican el tipo de cuidado que se debe a aquellos con quienes tenemos una relación especial y valiosa. Los estándares del cuidado son esenciales cuando surgen las preguntas morales que implican a personas integradas en una red de relaciones, en particular, cuando estas son cercanas o de dependencia. El razonamiento moral que cita los estándares de cuidado incorpora información sobre las características y necesidades particulares de esas personas con quienes se tiene una relación concreta, la naturaleza de las relaciones propias con esas personas, las formas de cuidado y parcialidad que requieren esas relaciones y el tipo de acciones que son necesarias para mantenerlas.

Nuestra moralidad, entonces, contiene cuatro tipos principales de consideraciones morales básicas, cada uno de los cuales destaca ciertos aspectos importantes de la moralidad de nuestro comportamiento, pero ninguno incluye todos los factores que se deben tomar en cuenta al hacer juicios morales. Los estándares utilitarios consideran solo el bienestar social agregado, pero ignoran al individuo y la manera en que se distribuye ese bienestar. Los derechos morales consideran al individuo, pero descartan tanto el bienestar agregado como las consideraciones distributivas. Los estándares de justicia contemplan aspectos distributivos, pero ignoran el bienestar social agregado y al individuo como tal. Aunque los estándares del cuidado toman en cuenta la parcialidad que se debe mostrar hacia las personas cercanas, ignoran las demandas de imparcialidad. Esos cuatro tipos de consideraciones morales no parecen ser reducibles, más bien, todos parecen ser necesarios para nuestra moralidad. Esto es, existen algunos problemas morales para los cuales las consideraciones utilitarias son adecuadas; para otros, los aspectos decisivos son los derechos individuales o la justicia de las distribuciones implicadas, y para otros lo más significativo es cómo se debe cuidar a quienes están cerca de nosotros. Esto sugiere que el razonamiento moral debe incorporar los cuatro tipos de consideraciones morales, aunque solo resulte relevante uno u otro para una situación en particular. Una estrategia sencilla para asegurar que se incorporan los cuatro tipos de consideraciones en el razonamiento moral es revisar sistemáticamente la utilidad, los derechos, la justicia y el cuidado que surgen en la situación para la que se realiza un juicio moral, como se ve en la figura 2.1. Uno puede, por ejemplo, hacerse una serie de preguntas acerca de una acción que se está examinando: *a*) ¿La acción maximiza el beneficio social y minimiza los daños? *b*) ¿La acción es congruente con los derechos morales de quienes resultan afectados? *c*) ¿La acción conducirá a una distribución justa de los beneficios y las cargas? *d*) ¿La acción muestra el interés adecuado en el bienestar de quienes tienen una relación cercana o dependen de uno?

Sin embargo, unir los diferentes estándares morales de esta manera implica recordar cómo se relacionan entre sí. Como se ha visto, los derechos morales identifican las áreas en las que otras personas no pueden interferir, aunque se demuestre que es posible derivar mayores beneficios de esa interferencia. Entonces, en términos generales, los estándares que se refieren a los derechos morales tienen mayor peso que los utilitarios o los de justicia. De manera similar, a los estándares de justicia se les otorga mayor peso que a los utilitarios. Los estándares del cuidado parecen tener mayor peso que los principios de imparcialidad en situaciones que implican relaciones cercanas (como la familia y los amigos) y los recursos propios.

Pero estas relaciones se cumplen solo en general. Si cierta acción (o política o institución) promete generar beneficios sociales suficientemente considerables o prevenir un daño grave, la dimensión de estas consecuencias utilitarias puede justificar la violación limitada de los derechos de algunos individuos.

Los grandes costos y beneficios sociales también son suficientes para justificar algunas desviaciones de los estándares de justicia. La corrección de injusticias grandes y

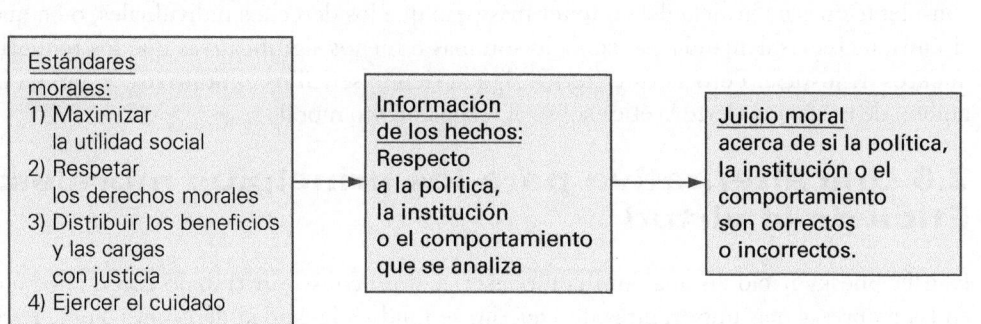

Estándares morales:
1) Maximizar la utilidad social
2) Respetar los derechos morales
3) Distribuir los beneficios y las cargas con justicia
4) Ejercer el cuidado

→ Información de los hechos: Respecto a la política, la institución o el comportamiento que se analiza

→ Juicio moral acerca de si la política, la institución o el comportamiento son correctos o incorrectos.

Figura 2.1
Vea la **imagen** en **mythinkinglab.com**

generalizadas en ocasiones también es tan importante como para justificar violaciones limitadas de algunos derechos individuales. Cuando están en juego una injusticia grande, una violación considerable de los derechos o incluso costos sociales importantes, las demandas de cuidado tienen que dejar libre el camino a las demandas de imparcialidad.

En este momento no se cuenta con una teoría moral completa capaz de determinar con precisión cuándo las consideraciones utilitarias se vuelven "tan importantes" que pesan más que las limitadas violaciones de un derecho en conflicto, un estándar de justicia o las demandas de cuidado. Tampoco es posible dar una regla universal que nos diga cuándo las consideraciones de justicia son "suficientemente importantes" para superar las violaciones de los derechos en conflicto o de las demandas de cuidado. Los filósofos de la moral no han podido llegar a un acuerdo sobre reglas absolutas para formular estos juicios. Sin embargo, existen varias reglas generales que sirven de guía en estos asuntos. Suponga, por ejemplo, que solamente invadiendo los derechos de privacidad de mis empleados (con cámaras escondidas y teléfonos de la oficina interferidos legalmente) podré detener los robos continuos de varios medicamentos que se usan para salvar vidas, y que es claro que algunos de ellos sustraen sin consentimiento. ¿Cómo se podría determinar si los beneficios utilitarios en este caso son suficientemente considerables para justificar la violación de los derechos del personal? Primero, habrá que preguntar si son más importantes los *tipos* de valores utilitarios implicados que los *tipos* de valores que protege el derecho (o que distribuye el estándar de justicia). Los beneficios utilitarios en este ejemplo incluyen salvar la vida humana, mientras que el derecho a la privacidad de los empleados protege (supongamos) los valores de estar libres de vergüenza o chantaje, o libres para vivir la vida que cada uno elija. Considerando esto, se llega a la conclusión de que es evidente que la vida humana es un tipo más importante de valor, porque, sin la vida, la libertad tiene poco valor. En segundo lugar, me pregunto si al asegurar el tipo más importante de valor afectará en esta situación los intereses de más (o menos) personas que las que se verían afectadas al asegurar el valor menos importante. Por ejemplo, puesto que los medicamentos recuperados salvarán (suponemos) varios cientos de vidas, mientras que la invasión de la privacidad afectará solo a una docena de personas, los valores utilitarios afectarán los intereses de muchas más personas. Tercero, me pregunto si los daños reales que recaen en las personas cuyos derechos se violaron (o que son víctimas de una injusticia) serán mayores o menores. Por ejemplo, suponga que puedo asegurar que mis empleados no sufrirán vergüenza, chantaje o restricción de su libertad como resultado de que yo averigüe información acerca de sus vidas privadas (mi intención es destruir toda esa información); de esta manera, los daños que sufran serán relativamente pequeños. Cuarto, me pregunto si la ruptura potencial de una relación de confianza como resultado de la investigación es más o menos importante que el robo de los recursos para salvar vidas. Supongamos, por ejemplo, que el daño potencial que infligirá la investigación en las relaciones de confianza de los empleados no es grande. Entonces, parecería que invadir la privacidad de los empleados se justifica.

Así, existen criterios sencillos e intuitivos capaces de guiar nuestro pensamiento cuando parece que, en cierta situación, las consideraciones utilitarias son suficientemente importantes para invalidar los derechos en conflicto, los estándares de justicia o las demandas de cuidado. Habría criterios similares para determinar si, en cierta situación, las consideraciones de justicia deben tener más peso que los derechos individuales, o en qué circunstancias las demandas de cuidado son más o menos significativas que los requerimientos de justicia. Pero estos criterios siguen siendo sencillos e intuitivos. Están en el umbral de la luz que vierte la ética sobre el razonamiento moral.

2.6 Una alternativa para los principios morales: Ética de la virtud

Ivan F. Boesky nació en una familia modesta y, al no conseguir trabajo como abogado en las empresas más importantes de Detroit, se mudó a la ciudad de Nueva York. Para mediados de la década de 1980, el tenaz Boesky había acumulado una fortuna personal de más de $400 millones y era director ejecutivo de una importante firma de servicios financieros. Era famoso en los círculos financieros por su extraordinaria habilidad en el arbitraje, el arte de detectar diferencias en los precios de los valores financieros en los distintos mercados del mundo y obtener ganancias al comprar acciones a precio bajo y venderlas donde el precio era alto. Como miembro prominente de la sociedad neoyorquina, Boesky tenía la reputación de ser un filántropo generoso.[130]

No obstante, el 18 de diciembre de 1987, Boesky fue sentenciado a tres años de prisión y pagó una multa de $100 millones por lucrar de forma ilegal con *información privilegiada*. De acuerdo con las sentencias, Boesky pagó a David Levine, un amigo que trabajaba en una firma especializada en gestionar fusiones y adquisiciones, para que le diera información acerca de las compañías que estaban a punto de ser compradas por otra (generalmente, una corporación) por sumas que rebasaban de forma considerable el precio actual de sus acciones en el mercado. Confiando en la información de este empleado y antes de que la noticia se hiciera pública, Boesky compraba las acciones de la compañía en el mercado de valores; de hecho, las compraba a accionistas que no estaban conscientes de que sus compañías serían adquiridas en una suma que rebasaba el precio actual de mercado. Cuando se anunciaba la compra de la compañía, el precio de las acciones subía y Boesky vendía sus acciones con una ganancia muy atractiva. Aunque comprar y vender acciones con base en información de un empleado es legal en diversos países (como Italia, Suiza y Hong Kong), y a pesar de que muchos economistas argumentan que los beneficios económicos de la práctica (tiende a hacer que los precios de las acciones de una compañía reflejen el verdadero valor de la empresa) son mayores que los daños (tiende a desalentar la participación en el mercado de valores de quienes no son accionistas de la compañía), dicha práctica es ilegal en Estados Unidos, debido a la inequidad percibida y al daño potencial al mercado de valores.

¿Que llevó a un hombre, que ya tenía cientos de millones de dólares y todo lo que la mayoría de las personas desean o necesitan, a estar tan obsesionado con ganar dinero como para quebrantar deliberadamente la ley? Gran parte de la respuesta, se asegura, está en su carácter. En palabras de un viejo amigo de Boesky, él "tal vez es avaro más allá de la más descabellada imaginación de mortales como usted y yo".[131] Boesky describió en una ocasión su obsesión de acumular cada vez más dinero como "una enfermedad que padezco y ante la cual estoy indefenso".[132] En un discurso en la Universidad de California, Berkeley, dijo a los estudiantes: "La avaricia está bien. Creo que la avaricia es saludable. Quiero que sepan que creo que la avaricia es sana. Se puede ser avaro y, aun así, sentirse bien con uno mismo".[133] Otros dijeron que:

> Le impulsaba el trabajo, era fanático y manifestaba cambios drásticos de humor. Los amigos íntimos del señor Boesky dicen que vacilaba entre "gritar, ser rudo y agresivo, y hablar con tono meloso, agradable y cortés". También era malévolo en su búsqueda de información. "Cuando alguien tenía una noticia especial, se volvía loco". Cuando se refería al dinero y a tratos de negocios, era implacable y perseguía su meta con un propósito firme. [...] Aunque su primer amor era el dinero, anhelaba ser respetado y tener un estatus que, en general, se niega a los nuevos ricos.[134]

La historia de la caída de Ivan Boesky es la historia de un hombre embargado por la avaricia. Lo sobresaliente aquí son las descripciones de su carácter moral, el carácter de un hombre impulsado por su amor obsesivo al dinero. Describen a Boesky como "avaro, enfermo, agresivo, malvado y cruel". Como lo que decía de sí mismo no era congruente con sus tratos subrepticios, algunos decían que "le faltaba integridad" y otros que era "hipócrita y deshonesto". Todas estas descripciones eran juicios acerca del carácter moral del hombre, no juicios de la moralidad de sus acciones. De hecho, aunque está claro que es ilegal utilizar información de empleados de una compañía, el hecho de que esta práctica sea legal en diversos países, aunado a la opinión de muchos economistas que la apoyan, sugiere que inherentemente es moral. Lo que sí se considera inmoral es la avaricia que llevó a Boesky a infringir la ley que tenía la obligación de cumplir.

Como deja en claro esta historia, evaluamos la moralidad del carácter de una persona al igual que sus acciones. Todos los enfoques de la ética que se han examinado hasta ahora se centran en la acción como la clave del asunto e ignoran el carácter del agente que lleva a cabo la acción. El utilitarismo, por ejemplo, nos dice que las "*acciones* son correctas en la proporción en que tienden a promover la felicidad", y la ética kantiana indica que "debo *obrar* de modo tal que pueda desear que la máxima de mi acción se convierta en una ley universal". Sin embargo, el aspecto central que surge en el caso de Boesky, y en muchos casos similares de comportamiento no ético de hombres y mujeres de negocios, no es lo incorrecto de sus acciones, sino la naturaleza fallida de su carácter.

Muchos especialistas en el tema han criticado la suposición de que las acciones son el aspecto fundamental de la ética. Esta, argumentan, debería analizar no solo los tipos de acciones que un agente tiene la obligación de realizar, sino también poner atención al tipo de persona que debe ser un agente. Un enfoque basado en el agente, esto es, centrado en lo que uno *debe ser* —al contrario de un enfoque basado en la acción, que se centra en lo que uno *debe hacer*— examinará con cuidado el carácter moral de una persona y determinará, en particular, si ese carácter moral exhibe virtudes o vicios. Un enfoque más adecuado para la ética, de acuerdo con esta postura, sería tomar las virtudes (como honestidad, valor, moderación, integridad, compasión, control personal) y los vicios (como deshonestidad, crueldad, avaricia, falta de integridad, cobardía) como los puntos de inicio básicos para el razonamiento ético.

Aunque la ética de la virtud ve los aspectos morales desde una perspectiva muy diferente que la ética basada en la acción, no se deduce que las conclusiones de la primera difieran radicalmente de las conclusiones de la segunda. Como se observa, existen virtudes que se correlacionan con el utilitarismo (por ejemplo, la benevolencia), virtudes que se correlacionan con los derechos (como el respeto), y virtudes correlacionadas con la justicia y el cuidado. Entonces, las virtudes no se deben ver como una quinta alternativa a la utilidad, los derechos, la justicia y el cuidado. Más bien, ofrecen una perspectiva que investiga lo mismo que los cuatro enfoques, pero desde un ángulo totalmente diferente. Lo que hacen los principios de utilidad, derechos, justicia y cuidado, desde el punto de vista de evaluar las acciones, también lo hace la ética de la virtud desde la perspectiva de evaluar el carácter.

Naturaleza de la virtud

virtud moral Una disposición que se adquiere y valora como parte del carácter de un ser humano moralmente bueno y que se exhibe en su comportamiento habitual.

¿Qué es exactamente una virtud moral? Una **virtud moral** es una disposición que se adquiere para comportarse de ciertas maneras, que se valora como parte del carácter de un ser humano moralmente bueno y que se exhibe en su comportamiento habitual. Una persona tiene una virtud moral cuando está dispuesta a comportarse habitualmente en la manera y con las razones, sentimientos y deseos que son característicos de una persona moralmente buena. La honestidad, por ejemplo, es una virtud de las personas moralmente buenas. Un individuo es honesto cuando está dispuesto, por hábito, a decir la verdad y lo hace porque cree que es lo correcto. Además, se siente bien cuando dice la verdad e incómodo cuando miente, y siempre desea decir la verdad por respeto a la verdad misma y porque está consciente de su importancia en la comunicación humana. Si una persona dice la verdad ocasionalmente o lo hace por las razones y los deseos equivocados, no se le considera honesta. Por ejemplo, no diremos que es honesta si miente con frecuencia, si dice la verdad solo porque piensa que es la forma de quedar bien ante la gente, o si dice la verdad por miedo y con renuencia. Más aún, una virtud moral se adquiere y no es una característica natural como la inteligencia, la belleza o la fuerza. Una virtud moral es digna de elogio porque es un logro, es decir, su desarrollo requiere esfuerzo.

Las virtudes morales

Encontramos los aspectos básicos de la ética de la virtud en las respuestas a las preguntas: ¿cuáles son los rasgos de carácter que hacen que una persona sea un ser humano moralmente bueno?, y ¿qué rasgos son virtudes morales? Al respecto, hay numerosos puntos de vista. El filósofo griego Aristóteles propuso una teoría de la virtud que aún en la actualidad tiene gran influencia.

Aristóteles aseguró que una virtud moral es un hábito que permite a un ser humano vivir de acuerdo con la razón. Esto significa que la persona sabe y elige el punto medio razonable entre ir demasiado lejos y no ir suficientemente lejos en sus sentimientos y acciones: "La virtud moral es [...] la media entre dos vicios, uno por exceso y otro por defecto, y [...] se dirige a la media en las emociones y acciones". En lo referente al miedo, por ejemplo, la *fortaleza* es la virtud de sentir un nivel de miedo apropiado a una situación y enfrentar lo que atemoriza cuando merece la pena hacerlo así. La *cobardía* es el vicio de sentir más miedo que el que amerita la situación y que impele al individuo a huir de lo que le atemoriza aun cuando debería mantenerse firme. En el extremo opuesto, la *temeridad* es el vicio de sentir menos miedo del que uno debería experimentar y que impulsa a un individuo a adentrarse en situaciones de mayor riesgo aun cuando no haya razón para ello. Con respecto al placer, la *templanza* es la virtud de disfrutar de cantidades razonables de placer, mientras que intemperancia o desenfreno es el vicio de gozar de los placeres en exceso, y la insensibilidad o autoprivación es el vicio de limitarse en exceso. Por otro lado, la justicia es la virtud de dar a la gente lo que merece, mientras que la injusticia es el vicio de darle más o menos. Además de estas tres virtudes clave (fortaleza, templanza y justicia), Aristóteles describe otras más y sus correspondientes vicios por exceso y por defecto, como se señala en la figura 2.2. Entonces, según el pensamiento clásico de este filósofo griego, las virtudes son los hábitos de manejar las propias emociones y acciones de modo que el individuo pueda ubicarse en un punto medio razonable entre los extremos de exceso y deficiencia, mientras que los vicios son los hábitos de ubicarse en los extremos, ya sea por exceso o por defecto.

Aristóteles sugiere que las virtudes, como los demás hábitos, se adquieren mediante la repetición. Al mantenerse firme de forma repetida cuando se tiene miedo, uno se vuelve

Figura 2.2
Vea la imagen en mythinkinglab.com

La emoción o acción implicada	El vicio por exceso de la emoción o acción	La virtud del punto medio de la emoción o acción	El vicio por defecto de la emoción o acción
Miedo	Temeridad	Fortaleza	Cobardía
Placer	Intemperancia o desenfreno	Templanza	Insensibilidad o autoprivación
Tomar lo justo		Justicia	
Donar dinero	Injusticia: tomar más	Generosidad	Injusticia: tomar menos
Gastar dinero		Refinamiento	
Sentirse admirado	Derroche	Confianza	Avaricia
Buscar honor	Ostentación	Ambición	Tacañería
Enojo	Vanidad	Buen humor	Autodegradación
Vergüenza	Ambición desmedida	Autoestima	Falta de ambiciones
Hablar de uno mismo	Irascibilidad	Honestidad	Apatía
Entretener a las personas	Timidez	Ingenio	Arrogancia
Socializar	Fanfarronería	Simpatía	Falsa modestia
	Bufonería		Rudeza
	Servilismo		Espíritu pendenciero

fuerte; al controlar los apetitos de manera repetida, se logra la templanza; y al dar constantemente a las personas lo que merecen, uno se hace justo. Pero esta sugerencia de cómo se adquieren las virtudes conduce a un enigma: ¿cómo puedo participar en actos virtuosos antes de ser virtuoso? Por ejemplo, ¿cómo puedo comportarme con fortaleza antes de ser fuerte? Aristóteles señala que cuando un individuo aún no tiene una virtud, se le puede entrenar u obligar a hacer lo que una persona virtuosa haría. Por ejemplo, es posible obligar a un niño a comportarse con fortaleza aunque aún no posea esa virtud. Quien aún no tenga la virtud llegará a adquirirla, poco a poco, al actuar repetidamente conforme esta lo requiere.

Aristóteles sostenía que la persona virtuosa elige el punto medio *razonable* entre los extremos de exceso y deficiencia. ¿Cómo se determina lo que es razonable? La prudencia, sostiene Aristóteles, es la virtud de nuestro intelecto que permite saber qué es razonable en una situación determinada. Este filósofo argumentaba que el objetivo de la vida humana es la felicidad y, por lo tanto, la opción razonable en una situación es la que contribuya a una vida feliz. Un individuo con prudencia tiene la capacidad de saber qué opciones son esas, y tal capacidad se adquiere mediante el aprendizaje y la experiencia. Las virtudes morales, como la fortaleza, la templanza y la justicia, le permiten controlar sus deseos, emociones y acciones. Así, la persona tomará las decisiones que la prudencia determine que son las correctas para la situación, y se reprimirá de hacer elecciones erróneas "excesivas" que sus deseos y emociones pudieran tentarle a realizar. Por lo tanto, la prudencia y otras virtudes morales funcionan juntas. La prudencia determina las opciones que contribuirán a que la vida de una persona sea feliz, mientras que las otras virtudes la dan el autocontrol necesario para actuar en consecuencia.

Santo Tomás de Aquino, un filósofo cristiano de la Edad Media, se basó en la obra de Aristóteles y afirmó que las virtudes morales permiten a las personas seguir a la razón al manejar sus deseos, emociones y acciones. Santo Tomás aceptó que las cuatro virtudes cardinales o esenciales son fortaleza, templanza, justicia y prudencia. Pero como cristiano, y a diferencia de Aristóteles, Aquino sostenía que el objetivo de una persona no es solo la felicidad en esta vida, la cual se logra mediante el ejercicio de la razón, sino una felicidad en la siguiente vida, la cual se logra mediante la unión con Dios. Por lo tanto, a la lista de virtudes morales de Aristóteles agrega las virtudes cristianas o teologales: fe, esperanza y caridad. Según Santo Tomás, son estas virtudes las que permiten a una persona lograr la unión con Dios. Más aún, Aquino amplió la lista de Aristóteles para incluir otras virtudes morales que tienen sentido para la vida de un cristiano, pero que habrían sido muy extrañas para el ciudadano griego aristócrata en quien Aristóteles centró su atención. Por ejemplo, Aquino sostenía que la humildad es una virtud cristiana y que el orgullo es un vicio; Aristóteles, en cambio, afirmaba que, para el aristócrata griego, el orgullo era una virtud y la humildad, un vicio.

Hace menos tiempo, el filósofo estadounidense Alasdair MacIntyre aseguró que la virtud es cualquier disposición humana que se elogia porque permite a una persona lograr el bien, lo cual es el objetivo de las "prácticas" humanas:

> Las virtudes [...] se deben entender como aquellas disposiciones que no solo sustentan las prácticas y nos permiten lograr los bienes inherentes a estas, sino que también nos sostienen en los tipos relevantes de búsqueda del bien, al permitirnos superar los daños, los peligros, las tentaciones y las situaciones que encontramos, y que nos proveen un conocimiento creciente de nosotros mismos y del bien.[135]

Sin embargo, los críticos argumentan que el enfoque de MacIntyre no parece correcto. Cuando Ivan Boesky, por ejemplo, fue criticado por avaro, deshonesto, cruel, etcétera, la gente no lo culpaba por no tener las virtudes adecuadas a las prácticas dentro de las cuales él seguía su visión del bien. Los defectos morales por los que se le criticaba eran sus

---

Repaso breve 2.18

Teorías de la virtud moral

- Aristóteles: Las virtudes son hábitos que permiten a una persona vivir de acuerdo con la razón, al elegir habitualmente el punto medio entre dos extremos en sus acciones y emociones.
- Aquino: Las virtudes son hábitos que permiten a la persona vivir de manera razonable en este mundo y unirse con Dios en el siguiente.
- MacIntyre: Las virtudes son disposiciones que permiten a la persona lograr el bien, lo cual es el objetivo de las prácticas humanas.
- Pincoffs: Las virtudes son disposiciones que usamos al elegir entre las personas o los yos potenciales futuros.

supuestas fallas como ser humano, sin importar qué tan bien o mal actuara en las diferentes prácticas humanas que emprendía. Las virtudes morales parecen ser esas disposiciones que nos permiten vivir una vida humana moralmente correcta en general, y no solo las que nos permiten participar con éxito en algún conjunto de prácticas humanas.

Edmund L. Pincoffs, en particular, critica a MacIntyre por asegurar que las virtudes incluyen solamente las cualidades que se requieren en el conjunto de prácticas sociales que realizamos. En vez de ello, Pincoffs sugiere que las virtudes incluyen todas las disposiciones para actuar, sentir y pensar de cierta manera, que se usan como base para elegir entre las personas o entre los yos potenciales futuros.[136] Al decidir, por ejemplo, a quién elegir como amigo, cónyuge, empleado o gerente, observamos las disposiciones de las personas: ¿son honestas o deshonestas, sinceras o falsas, avaras o generosas, responsables o irresponsables, dignas o indignas de confianza, formales o informales? De manera similar, cuando pensamos en una decisión moral, con frecuencia no lo hacemos por obligación, sino pensando en el tipo de persona que seríamos al hacerlo: al llevar a cabo cierta acción, ¿sería yo honesto o deshonesto, sincero o hipócrita, egoísta o caritativo?

No obstante, ¿qué hace de una disposición una virtud moral, y de otra un vicio moral? No hay una respuesta sencilla a esta pregunta, asegura Pincoffs, y rechaza el punto de vista de Aristóteles de que todas las virtudes se pueden entender como "un punto medio entre dos extremos". En vez de ello, argumenta que se deben entender en términos del papel que desempeñan en la vida humana. Algunas disposiciones, señala, dan bases específicas para preferir a una persona porque la hacen buena o mala para determinadas tareas, como pintar casas. Esas disposiciones específicas que se dirigen a tareas específicas *no* son virtudes. Pero otras disposiciones son deseables, en general, porque hacen a un individuo capaz de manejar los tipos de situaciones que con frecuencia surgen en la vida humana. Las virtudes consisten en este tipo de "disposiciones generalmente deseables", que sería grato que las personas tuvieran en vista "de la situación humana, esto es, de las condiciones en las cuales los seres humanos deben vivir (considerando la naturaleza del mundo físico, la naturaleza de los humanos y las asociaciones entre estos últimos)". Por ejemplo, como la situación humana con frecuencia requiere esfuerzos combinados, es deseable que tengamos persistencia y fortaleza. Como los temperamentos muchas veces estallan, necesitamos tacto y tolerancia. Como los bienes con frecuencia se deben distribuir mediante criterios congruentes, necesitamos justicia y una actitud no discriminatoria. Sin embargo, el egoísmo, el engaño, la crueldad y la injusticia son vicios: en general son indeseables porque destruyen las relaciones humanas. Las virtudes morales, entonces, son esas disposiciones que en general se desea que las personas tengan en los tipos de situaciones con las que se suelen encontrar al vivir en comunidad. Son deseables porque son útiles, ya sea "para todos en general o para quien posee la cualidad".

La teoría de Pincoffs de la virtud parece más adecuada que una teoría como la de MacIntyre, que confina la virtud a rasgos vinculados con las prácticas, ya que las virtudes parecen ser disposiciones que nos permiten manejar adecuadamente todas las exigencias de la vida y no solo las que se asocian con las prácticas. Tanto Aristóteles como Aquino, por ejemplo, consideraban que al articular las virtudes morales, estaban organizando en un conjunto coherente esos hábitos que permiten a una persona vivir una vida buena, y no solo actuar adecuadamente en las prácticas sociales.

No obstante, como se vio, Aristóteles y Aquino tenían puntos de vista distintos en cuanto a lo que la vida humana requiere. Esto sugiere que, en cierto grado, lo que cuenta como virtud moral dependerá de las creencias personales acerca de los tipos de situaciones que enfrentan los individuos. De cualquier manera, como sugiere Pincoffs, "compartimos de manera fundamental una buena parte de los acuerdos acerca de cómo es el tipo de persona correcta en general", porque los individuos en todas las sociedades enfrentan problemas similares al vivir juntos. Los católicos, por ejemplo, tal vez reconozcan a un budista que no solo es un buen budista, sino también una persona de buen carácter moral:

"la fortaleza no es una virtud católica o budista; tanto los presbiterianos como los católicos coptos elogian la honestidad". Así, las virtudes morales incluyen esa amplia variedad de disposiciones que las personas de todas las sociedades reconocen como deseables porque "sirven como razones para las preferencias en las exigencias ordinarias y no tan ordinarias de la vida". Las cuatro virtudes cardinales en las que están de acuerdo Aristóteles y Aquino —fortaleza, templanza, justicia y prudencia— se ubican en esta clase. Sin embargo, las tres virtudes teologales —fe, esperanza y caridad— que agrega Aquino, por su importancia especial para una vida cristiana, no cuentan como virtudes morales, porque son deseables solo dentro de la vida dedicada a la búsqueda de objetivos religiosos específicos. De manera similar, el orgullo, que era una cualidad que admiró la sociedad griega, no cuenta como virtud moral porque también es deseable solo dentro de un tipo específico de sociedad.

Virtudes, acciones e instituciones

Hasta ahora se ha ignorado un aspecto clave de la teoría de la virtud: ¿cómo nos ayuda a decidir qué debemos hacer? ¿Una ética de la virtud hace algo más que decirnos el tipo de personas que debemos ser? ¿Una ética de la virtud brinda una guía sobre cómo vivir y cómo nos debemos comportar? Una de las mayores críticas contra la teoría de la virtud, de hecho, es que no ofrece una guía de cómo debemos actuar. Cuando una mujer intenta decidir si se practica un aborto, por ejemplo, quizá pregunte a una amiga: "¿Qué debo hacer?". En tales situaciones, no ayuda que nos digan qué tipo de carácter debemos tener. En esos casos, necesitamos consejos sobre qué acciones son adecuadas, y la teoría de la virtud no brinda ese consejo. Esta crítica —de que la teoría de la virtud no da una guía de acción— es natural, porque la teoría de la virtud se aleja de manera deliberada de la acción y se centra en el carácter moral como la categoría moral fundamental. Pero aunque la virtud es la esencia de su teoría, esto no significa que no dé una guía de acción.

La **teoría de la virtud** argumenta que la meta de una vida moral es desarrollar esas disposiciones generales que se llaman *virtudes morales*, y practicarlas y exhibirlas en las muchas situaciones en las cuales nos coloca la vida. En la medida en que practiquemos las virtudes en nuestras acciones, y en la medida en que estas últimas manifiesten las virtudes o nos hagan virtuosos, esas acciones serán moralmente correctas. Pero si nuestras acciones son el resultado de la práctica de vicios o desarrollan un carácter vicioso, en ese grado, las acciones serán moralmente incorrectas. La implicación clave de guiarse por las acciones, de acuerdo con la teoría de la virtud, se resume en la siguiente afirmación:

> Una acción es moralmente correcta si, al llevarla a cabo, el agente practica, exhibe o desarrolla un carácter moralmente virtuoso, y es moralmente incorrecta en el grado en que, al realizar la acción, el agente practica, exhibe o desarrolla un carácter moralmente vicioso.

Desde esta perspectiva, entonces, lo incorrecto de una acción se determina examinando el tipo de persona que la acción tiende a producir, o el tipo de persona que tiende a realizar la acción. En cualquier caso, la ética de la acción depende de su relación con las virtudes y los vicios del agente. Por ejemplo, se ha afirmado que la moralidad del aborto, el adulterio o cualquier otra acción se deben evaluar examinando el tipo de carácter que evidencian las personas que se involucran en esas acciones. Si la decisión de emprenderlas tiende a desarrollar el carácter de una persona haciéndola más responsable, cuidadosa, con principios, honesta, abierta y dispuesta al sacrificio, entonces esas acciones son moralmente correctas. Sin embargo, si la decisión de emprender esas acciones tiende a hacer a las personas más egocéntricas, irresponsables, deshonestas, descuidadas y egoístas, entonces esas acciones son moralmente incorrectas. Las acciones no solo se evalúan por el tipo de carácter que desarrollan; también se condenan ciertas acciones precisamente porque son el resultado de

---

teoría de la virtud La teoría de que la meta de la vida moral es desarrollar esas disposiciones generales llamadas *virtudes morales*, y practicarlas y exhibirlas en las muchas situaciones en las cuales nos coloca la vida.

Repaso breve 2.19

Afirmaciones de la teoría de la virtud
- Debemos practicar, exhibir y desarrollar las virtudes.
- Debemos evitar practicar, exhibir y desarrollar vicios.
- Las instituciones deben promover las virtudes, no los vicios.

un carácter moralmente vicioso. Por ejemplo, se condenan las acciones crueles porque son evidencia de un carácter vicioso, y las mentiras porque derivan de un carácter deshonesto.

La teoría de la virtud no solo proporciona un criterio para evaluar las acciones, también ofrece un criterio útil para evaluar nuestras instituciones y prácticas sociales. Por ejemplo, se afirma que algunas instituciones económicas crean gente codiciosa, que las grandes organizaciones burocráticas hacen a los individuos menos responsables, y que la práctica del gobierno de brindar servicios asistenciales vuelve a las personas perezosas y dependientes. Todos esos argumentos evalúan las instituciones y las prácticas con base en la teoría de la virtud y, aunque sean falsos, todos apelan a la idea de que las instituciones son moralmente defectuosas cuando tienden a formar personalidades moralmente defectuosas.

Antes mencionamos que, según Pincoffs, las virtudes morales son disposiciones deseables, en general, porque se requieren en las situaciones que manejan las personas en cualquier lugar. Por ejemplo, algunas disposiciones son virtudes morales porque las personas, en todos lados, se sienten tentadas por sus emociones y deseos a no hacer lo que saben que deben hacer. La fortaleza, la templanza y, en general, las virtudes del control de uno mismo son de ese tipo. Algunas virtudes, como la honestidad, son disposiciones a comprometerse voluntariamente en tipos específicos de acciones morales que son valoradas por la sociedad. Pincoffs sugiere que algunas disposiciones se clasifican como *virtudes instrumentales* porque permiten que las personas en todos lados busquen sus metas de manera efectiva como individuos (persistencia, esmero, determinación) o como parte de un grupo (cooperación); mientras que algunas son *virtudes no instrumentales* porque son deseables por sí mismas (serenidad, nobleza, ingenio, gracia, tolerancia, sensatez, gentileza, cordialidad, modestia y cortesía). Algunas virtudes son cognitivas y consisten en comprender los requisitos de la moralidad hacia nosotros mismos y hacia otros, como la sabiduría y la prudencia. Otras son disposiciones que nos inclinan a actuar según los principios morales generales. La virtud de la benevolencia, por ejemplo, nos inclina a maximizar la felicidad de los demás, la del respeto a otros nos impulsa a tener consideración por los derechos de los individuos, la de la imparcialidad nos estimula a comportarnos de acuerdo con los principios de la justicia, y la virtud del cuidado nos incita a vivir según los principios del cuidado hacia otros.

Objeciones a la teoría de la virtud Algunos filósofos argumentan que la teoría de la virtud no es congruente con los hallazgos de la psicología moderna.[137] En una investigación entre estudiantes de la Escuela de Teología de la Universidad de Princeton, se les pidió que leyeran la historia de la Biblia que trata del buen samaritano, quien ayuda a un hombre herido que yace en el camino; luego, se les pidió que fueran a toda prisa a otro edificio para una cita extremadamente importante para la que apenas si tenían tiempo de llegar puntuales.[138] Cuando cada alumno se apresuraba a llegar al otro edificio, encontraba tirado en el suelo a un hombre que parecía enfermo o herido. El 90 por ciento de los estudiantes de teología miraron al hombre, lo esquivaron y siguieron deprisa su camino sin ayudarlo. Pero los estudiantes no solo acababan de leer sobre eso y, presumiblemente, pensaron en la importancia de ayudar (en especial a una persona herida que está en el suelo), también eran personas que se consideraban buenas y con un carácter virtuoso, ya que aspiraban a ser pastores. Los autores del estudio concluyeron que el comportamiento de una persona está determinado por su situación externa y no por su carácter moral.

En un estudio diferente con estudiantes de la Universidad de Stanford, se asignó de manera aleatoria a 21 estudiantes varones el papel de "prisionero" o "guardián" en una "prisión" situada en el sótano del Departamento de Psicología.[139] Los estudiantes se seleccionaron de entre 75 voluntarios y fueron sometidos a pruebas psicológicas para poder elegir, entre ellos, a los más estables emocionalmente, más maduros, menos antisociales, más normales y más sanos psicológicamente. Los guardias tenían que portar uniformes, usar lentes espejados para impedir el contacto visual, y llevar bastones de madera solo

Repaso breve 2.20

Objeciones a la teoría de la virtud
- Es incongruente con los estudios de psicología realizados en Princeton y Stanford, según los cuales el comportamiento está determinado por la situación externa, no por el carácter moral.
- Los defensores de la teoría de la virtud consideran que el carácter moral determina el comportamiento de una persona en los ambientes que le resultan familiares, y los estudios recientes en psicología indican que el comportamiento está determinado por la identidad moral de cada uno, lo cual incluye sus virtudes y sus vicios.

para establecer su autoridad, no para castigar a los prisioneros. A los prisioneros se les vistió con batas amplias blancas, que les llegaban hasta las rodillas y con un número en la espalda. Cada uno llevaba una cadena en los tobillos y se le llamaba por su número, no por su nombre. El experimento debía durar dos semanas, pero se detuvo después de seis días porque se salió de control. A medida que progresaba, los guardias se volvían cada vez más dominantes y abusivos, acosaban a los prisioneros, los castigaban obligándolos a hacer flexiones o a dormir en el suelo de concreto sin colchón, los desnudaban para degradarlos y los humillaron de muchas maneras. Casi un tercio de los guardianes se convirtió en sádico o cruel. Los prisioneros se volvieron cada vez más pasivos, serviles, deshumanizados, erráticos y con mayor odio hacia los guardias. Manifestaron depresión profunda, llantos, rabia y ansiedad aguda. Philip Zimbardo, el autor del experimento, concluyó que este mostró que el comportamiento de una persona no está determinado por sus rasgos psicológicos o morales personales, sino por el ambiente externo. Si se coloca a la gente en un ambiente que aprueba, legitima y apoya el comportamiento dominante y cruel, exhibirá esos comportamientos sin importar las virtudes que pueda tener. Zimbardo declaró más tarde que la tortura y el comportamiento sádico que los soldados estadounidenses infligieron a los prisioneros en la cárcel de Abu Ghraib, en 2004, fue el resultado del mismo tipo de ambiente que generó en su experimento.[140]

Sin embargo, un estudio más reciente en psicología se ha inclinado a apoyar más la teoría de la virtud.[141] Algunos psicólogos afirman que las personas pueden aprender a actuar según sus virtudes dentro de ciertos tipos familiares de situaciones, pero no más allá. Si esos psicólogos tienen razón, entonces quizá los sujetos que participaron en los estudios de Princeton y Stanford no actuaron según sus virtudes solo porque las situaciones en las que los estudios los colocaron eran extrañas y no les resultaban familiares. El comportamiento de las personas puede estar regido por sus virtudes, pero solo dentro de determinados tipos de situaciones más o menos familiares. Los estudios de ambas universidades no nos deben llevar a abandonar el estudio de las virtudes, sino que nos deberían estimular a descubrir cómo ampliar el rango de situaciones en las que entran en juego.

Aún más, otros estudios directos entre carácter y comportamiento sugieren que las virtudes influyen en nuestras decisiones morales aproximadamente como lo predice la teoría de la virtud. Un conjunto de estudios indica que las decisiones morales que armonizan con aquellos rasgos del carácter que una persona considera como parte de quién es —esto es, como parte de su identidad— son características más estables y duraderas de ella que las decisiones que entran en conflicto con esos rasgos.[142] Otros estudios indican que la comprensión de un individuo de su propio carácter o identidad moral influye en su comportamiento, porque el hecho de no vivir de acuerdo con la identidad moral de uno genera incomodidad emocional y el sentimiento de haberse traicionado a sí mismo.[143] Aunque los factores ambientales extraños o poco habituales pueden reducir la influencia de la virtud en el comportamiento (como indicaron los estudios de Princeton y Stanford), entender el carácter de uno mismo, por lo general, influirá en el comportamiento que muestre. Como sugiere la teoría de la virtud, al tomar una decisión moral, las personas que tienen una fuerte imagen de sí mismas como cuidadosas, justas, amigables, generosas, colaboradoras, trabajadoras, honestas y amables considerarán cómo debería comportarse un individuo que sea como ellas. Normalmente, su decisión será congruente con su sentido del tipo de personas que son.[144]

Virtudes y principios

¿Cuál es la relación entre una teoría de la virtud y las teorías de la ética que se han estudiado (utilitarismo, derechos, justicia y cuidado)? Como sugiere un rápido vistazo a los muchos tipos de disposiciones que cuentan como virtudes, las virtudes morales apoyan o facilitan el apego a los principios morales, pero de diferentes maneras. Por lo tanto, no hay una relación sencilla y única entre las virtudes y nuestros principios morales. Algunas virtudes permiten a las personas hacer lo que requieren los principios morales. Por ejemplo, la fortaleza nos permite seguir nuestros principios morales aun cuando el temor a las consecuencias nos tiente a obrar de otra manera. Algunas virtudes consisten en presteza para actuar según los principios morales. La justicia, por ejemplo, es la virtud de estar dispuesto a seguir los principios de la justicia. Algunas virtudes son disposiciones que nuestros principios morales requieren que desarrollemos. El utilitarismo, por ejemplo, requiere que desarrollemos disposiciones, como la bondad y la generosidad, que nos conducirán a aumentar la felicidad de la gente.

Por consiguiente, no existe conflicto entre las teorías éticas que se basan en principios y las que se basan en virtudes. Sin embargo, una teoría de la virtud difiere de una ética de los principios en la perspectiva desde la cual realiza las evaluaciones morales. Una teoría de la virtud juzga las acciones en términos de las disposiciones que se asocian con ellas, mientras que una ética de principios juzga las disposiciones en términos de las acciones asociadas con estas. Para una ética de principios, las acciones son primordiales, mientras que para una ética de la virtud, las disposiciones son esenciales. Entonces, se puede decir que tanto una ética de principios como una de virtudes identifican de qué se trata la vida moral. No obstante, los principios analizan la vida moral en términos de las acciones que la moralidad nos obliga a realizar, mientras que las virtudes la analizan en términos del tipo de persona que la moralidad nos obliga a ser. Una ética de la virtud, entonces, cubre en gran parte los mismos fundamentos que una ética de principios, pero desde diferentes puntos de vista.

Por lo tanto, una ética de la virtud no es un quinto tipo de principio moral que debe tomar su lugar junto con los principios de utilitarismo, derechos, justicia y cuidado. En vez de ello, completa y enriquece estos principios al analizar no solo las acciones que las personas deben realizar, sino el carácter que es necesario que posean. Así, una ética de la virtud adecuada analizará las virtudes que se asocian con el utilitarismo, con los derechos, con la justicia y con el cuidado. Además, analizará (y en este sentido una ética de la virtud va más allá que una ética de principios) las virtudes que las personas deben cumplir junto con sus principios morales cuando sus sentimientos, deseos y pasiones las tienten a hacer lo contrario. Analizará las muchas otras virtudes que los principios de utilitarismo, derechos, justicia y cuidado requieren que cultive una persona. Así, una ética de la virtud trata el mismo cúmulo de aspectos que una ética de principios, pero además estudia los aspectos relacionados con la motivación y los sentimientos que la ética de principios suele ignorar.

2.7 Decisiones morales inconscientes

Vimos en este capítulo y en el anterior que el razonamiento moral es el proceso de aplicar nuestros principios morales al conocimiento o a la comprensión que tenemos sobre una situación, y de hacer un juicio sobre cómo conviene proceder. Por ejemplo, los directivos de Ford Motor Company se enfrentaron con el diseño de un automóvil que podía lastimar a los pasajeros en un choque real. Buscaron más información, encontraron una solución al problema y calcularon los costos y beneficios de modificarlo. Aplicaron sus principios utilitarios al conocimiento que habían reunido y juzgaron que no deberían modificar el diseño del auto.

Ahora piense por un momento en todas las veces que hoy decidió hacer lo que era moralmente correcto. Por ejemplo, probablemente mantuvo diversas conversaciones en las que dijo la verdad, en lugar de mentir, o pasó al lado de la propiedad de alguien y no se la robó, o mantuvo su promesa cuando dijo a alguien que lo vería después de clase, o devolvió la pluma que le prestaron.

Observe que cuando tomó estas decisiones éticas en este día, no realizó el proceso consciente y deliberado de razonamiento moral que hemos analizado. Al hablar, por lo general, dice la verdad sin tener que pensarlo, respeta la propiedad de los demás sin razonar lo que dicen sus principios morales, y mantiene sus promesas sin pensar en ello.

Parece que tomamos muchas de nuestras decisiones éticas sin el tipo de razonamiento moral consciente sobre la utilidad, los derechos, la justicia, el cuidado y la virtud que hemos analizado. En vez de ello, parece que tomamos muchas de nuestras decisiones morales automáticamente y sin un razonamiento consciente. ¿Qué es lo que sucede aquí?

Un gran número de estudios psicológicos del cerebro y sus procesos señalan que existen dos formas de tomar decisiones morales: mediante el razonamiento consciente y mediante procesos mentales inconscientes. El cerebro es capaz de asimilar información y luego tomar decisiones de manera automática e inconsciente, y también es capaz de emprender procesos de razonamiento consciente y deliberado. Los tipos de razonamiento moral que hemos analizado hasta ahora son parte de nuestras capacidades conscientes de razonamiento, pero muchas de nuestras decisiones éticas cotidianas parecen surgir de procesos mentales inconscientes. Ahora se analizará brevemente lo que se sabe de estos procesos inconscientes. Es importante hacerlo por dos razones. En primer término, parece que tomamos la gran mayoría de nuestras decisiones morales mediante los procesos inconscientes. Aun así, no se ha dicho casi nada acerca de ellos. Por lo tanto, para entender el razonamiento moral es importante entender estos procesos inconscientes, ya que desempeñan un papel tan importante en la toma de decisiones morales. En segundo lugar, como estos procesos son inconscientes y automáticos, es fácil concluir que no están relacionados con los procesos conscientes y lógicos de razonamiento que hemos estudiado. Sin embargo, si no están relacionados con estos últimos, ¿no estamos diciendo prácticamente que no son lógicos ni racionales? ¿Podrían incluso ser completamente irracionales? Y si la mayoría de nuestras decisiones morales se toman mediante procesos que no son lógicos ni racionales (posiblemente irracionales), entonces, ¿no se concluye que, al final, la mayor parte de nuestra vida moral se basa en un fundamento posiblemente irracional del que no somos conscientes? ¿Cuál sería el objetivo de estudiar todo esto sobre el razonamiento moral, los estándares morales, etcétera? Es importante, entonces, que se analicen estos procesos y se trate de contestar a esas preguntas apremiantes.

Toma de decisiones morales inconscientes

El psicólogo Scott Reynolds llama sistema X a los procesos inconscientes con los que tomamos automáticamente muchas de nuestras decisiones morales, y sistema C al razonamiento consciente mediante el que tomamos otras tantas.[145] El sistema X, que Reynolds y otros han estudiado, se basa en el uso de esquemas o prototipos.[146] Los prototipos son recuerdos generales de los tipos de situaciones que se han experimentado en el pasado, junto con los tipos de sonidos, palabras, objetos o personas que estuvieron presentes en esas situaciones, el tipo de emociones experimentadas, la forma en que nos comportamos en ellas, el tipo de normas morales o reglas que seguimos, etcétera. El cerebro usa estos prototipos almacenados para analizar las nuevas situaciones que enfrentamos cada día y para determinar cómo nos comportaremos en ellas. Lo hace tratando de asociar cada nueva situación que experimentamos con alguna de su almacén de prototipos. Si la nueva situación coincide con un prototipo almacenado, entonces, el cerebro reconoce que la nueva situación es similar al prototipo. Así, usa la información almacenada en este último para identificar qué tipo de comportamiento es adecuado para esa situación, qué tipo de normas morales se aplican en ella, qué emociones son habituales para esas situaciones, etcétera.

Aunque estos procesos de acoplamiento ocurren de manera inconsciente, una vez que se establece la correspondencia, el cerebro consciente se percata de la misma. Es decir, cuando el cerebro hace corresponder una situación con un prototipo almacenado, reconocemos de manera consciente el tipo de situación en la que nos encontramos y qué comportamiento es el adecuado para ella. Por ejemplo, durante una conversación, reconocemos de manera consciente que estamos platicando y sabemos qué hacer, aunque no seamos conscientes

---

Repaso breve 2.21

Decisiones morales inconscientes

- Comprenden la mayoría de las decisiones morales.
- Según los psicólogos, se toman con el sistema X del cerebro, usando prototipos almacenados para identificar de manera automática e inconsciente lo que se percibe y lo que se debe hacer.

de todo lo que el cerebro tuvo que hacer para llegar a ese reconocimiento y a ese conocimiento. De esta manera, no hay que desaprovechar nuestros limitados recursos de razonamiento consciente para descubrir lo que sucede y lo que se debe hacer cada vez que se experimenta algo. Sin hacer esfuerzos de razonamiento consciente, inmediatamente sabemos en qué tipo de situación nos encontramos y cómo debemos actuar porque todo el trabajo de hacer surgir ese conocimiento consciente lo hizo el cerebro con sus procesos inconscientes de acoplamiento.

Los prototipos no son fijos ni inmutables. A medida que transcurre la vida y se experimentan los mismos tipos de situaciones una y otra vez, se añade a los prototipos cualquier nueva información que obtengamos de cada experiencia. Por ejemplo, un prototipo puede ser el que almacena información sobre las conversaciones que hemos mantenido. A medida que pasa el tiempo y sostenemos más conversaciones, podemos aprender que en esas situaciones lo adecuado es un comportamiento sincero. El prototipo almacenará esa información, y la próxima vez que conversemos, el cerebro hará corresponder esta nueva situación con ese prototipo, sabrá que está conversando y automáticamente decidirá ser sincero. Gracias a los miles de prototipos que almacenamos en el cerebro, no solo reconocemos una gran cantidad de situaciones diferentes, sino que también sabemos cómo comportarnos en ellas sin tener que pensarlo de manera consciente.

Sin embargo, una vez que estamos conscientes del tipo de situación en la que nos encontramos, podemos comenzar a usar nuestros procesos de razonamiento consciente —esto es, nuestros procesos del sistema C— para manejarla. Por ejemplo, podemos ser conscientes de que estamos conversando con un amigo y que, en este tipo de situación, decimos la verdad. Pero supongamos que esta vez sabemos que, si decimos la verdad, lastimaremos los sentimientos de nuestro amigo, así que pensamos en mentir. Entonces, nuestros procesos de razonamiento consciente tienen que pasar a la acción para descubrir deliberadamente qué hacer: ¿mentimos o decimos la verdad? Estos procesos de razonamiento consciente son parte de nuestro sistema C.

Este sistema (o sistema de razonamiento consciente) realiza procesos que, como se vio en este capítulo, son más complicados que la simple correspondencia de prototipos que usa el sistema X. Como se vio en el capítulo anterior, el razonamiento moral consciente puede reunir información de manera deliberada sobre una situación que se esté considerando. Puede extraer de nuestro almacén de principios morales para ver cuáles aplicar a este tipo de situación, y luego determinará qué requieren esos principios morales para la situación que enfrentamos.

También dependemos del razonamiento consciente cuando nos encontramos en una situación nueva o poco habitual que, por lo mismo, nuestro sistema inconsciente X no logra asociar con ninguno de sus prototipos almacenados. Por ejemplo, quizá nos encontramos con un objeto que no hemos visto jamás. Entonces el sistema C toma el control e intenta razonar qué es. Tal vez conscientemente tratemos de reunir información sobre el objeto extraño, podemos recordar las reglas y los principios que conocemos para ver si alguno nos dice qué hacer con algo así. ¿Debemos tocarlo? ¿Deberíamos echarle agua? ¿Comerlo? ¿Alejarnos? Finalmente, descubrimos qué hacer y luego almacenamos un nuevo prototipo que contiene la información sobre este nuevo tipo de objeto. Por lo tanto, nuestros procesos de razonamiento consciente constituyen una fuente fundamental de los prototipos que usa el sistema X y de la información que estos contienen.

De esta forma, las incontables decisiones morales que tomamos de manera automática y sin pensar a lo largo de un día normal se pueden entender como los resultados de nuestra dependencia inconsciente de los prototipos de situaciones pasadas, los cuales incluyen información sobre las acciones que son moralmente adecuadas para la situación en la que nos encontramos. Aunque estas decisiones morales se toman sin pensar mucho, esto es posible en parte porque antes hemos experimentado situaciones similares y, por consiguiente, ya determinamos previamente de manera consciente qué hacer. Esas experiencias pasadas nos permitieron desarrollar un almacén de prototipos —una especie de sabiduría— que podemos usar ahora sin tener que averiguar todo otra vez de manera consciente desde el principio. De esta forma, los prototipos tienen un objetivo importante y liberador: nos eximen de tener que emprender las tareas de un razonamiento moral de manera repetida durante el día. ¡Piense en lo imposible que se volvería la vida si tuviéramos que detenernos continuamente a realizar el tipo de razonamiento moral consciente, lógico y lento que hemos analizado en estos dos capítulos! El sistema de prototipos del cerebro nos salva —nos libera— de estar continuamente atorados en los laboriosos procesos de este tipo de razonamiento.

Legitimidad de la toma de decisiones morales inconscientes

Si bien el uso de los prototipos es un proceso inconsciente, esto no significa que sea una clase de proceso irracional o de dudosa reputación. Para ver que no es así, hagamos una comparación con algunas formas conscientes de razonamiento que son muy semejantes al uso de prototipos, pero que son claramente racionales y legítimas. Una forma de razonamiento moral consciente que es similar al uso inconsciente de prototipos es la casuística, la cual se usó mucho hasta el siglo XVII, y empezó a utilizarse de nuevo hacia finales del siglo XX, especialmente en la ética médica, donde aún influye y es ampliamente aceptada como racional y legítima.

La casuística es una forma de tomar decisiones morales con base en casos paradigmáticos que se presentaron con anterioridad.[147] Un caso paradigmático es una situación pasada en la que quedó claro cuál debió ser la respuesta ética y las razones para ella. El razonamiento casuístico usa esos casos claros anteriores para decidir lo que es ético en una situación nueva. Este tipo de razonamiento primero trata de identificar un caso paradigmático anterior que se parezca a esta nueva situación. Luego, trata de determinar si esta se parece lo suficiente al paradigma para justificar que se tome la misma decisión en el presente que la que se tomó en ese caso anterior. Sin embargo, si se descubre que la nueva situación es diferente al paradigma anterior de una forma moralmente relevante, entonces, no se justifica basarse en el antiguo paradigma para resolver la situación actual, sino que se debe recurrir al razonamiento moral regular para descubrir qué hacer. Algunos ejemplos aclararán cómo funciona el razonamiento casuístico.

Supongamos que un vendedor se está preguntando si debe advertir a un cliente sobre los peligros de usar un producto que este quiere comprar, aun cuando el hecho de decírselo podría significar perder la venta. Si el vendedor usara el razonamiento casuístico para tomar su decisión, recordaría situaciones como la que se encuentra ahora, pero en las que sabía lo que tenía que hacer. Quizá recuerde cuando consideró mentir a un cliente, pero se dio cuenta de que eso era incorrecto, porque le habría engañado en lugar de permitirle tomar una decisión informada. Su situación actual no encaja mucho con la experiencia anterior porque durante esta se trataba de mentir de forma activa, mientras que ahora, de manera pasiva, retendría información. Sin embargo, se da cuenta de que las dos situaciones son similares en tanto que ambas implican engañar al cliente e impedir que este tenga la oportunidad de tomar decisiones informadas. Puesto que su situación actual coincide con la anterior en estos aspectos morales importantes, y como el vendedor sabe que engañar al cliente hubiera sido incorrecto en el caso anterior, decide que sería igual de incorrecto retener información en la situación actual.

El razonamiento casuístico también podría concluir que una situación nueva *no* se parece a un caso paradigmático. Supongamos, por ejemplo, que usted pidió prestada un arma a un amigo, quien ahora le pide que se la regrese, y usted sospecha que con ella quiere lastimarse a sí mismo o lesionar a alguien más. ¿Qué debería hacer? Usted recuerda muchos casos en los que pidió prestado algo y creyó que tenía la obligación moral de devolverlo.

Repaso breve 2.22

Prototipos y racionalidad
- La manera en que el cerebro usa los prototipos es similar al uso de paradigmas en la casuística o en el derecho consuetudinario; ambos son procesos racionales.
- Esta semejanza implica que el uso de prototipos también es un proceso racional.
- El razonamiento consciente también puede corregir y moldear nuestros prototipos.

Sin embargo, hay una diferencia moral importante entre su situación actual y las anteriores: en esta una persona puede morir si usted devuelve lo que pidió prestado. Como la obligación de preservar la vida supera la obligación de devolver lo que pidió prestado, usted decide que la diferencia entre esta situación y las anteriores es moralmente importante y justifica *no* seguir el mismo procedimiento de los casos anteriores. En vez de ello, considera otros casos que supusieron un daño potencial a otros. Quizás en algunos de esos casos usted estuvo seguro de que sería incorrecto cooperar en dañar a otra persona. Las semejanzas entre su situación actual y los casos que tenían que ver con cooperar para dañar a alguien son lo suficientemente significativas para que usted decida que sería incorrecto devolver el arma, porque estaría contribuyendo a un daño potencial.

Observe que el razonamiento moral casuístico usa paradigmas que funcionan de una manera muy semejante a los prototipos que usa el cerebro en sus procesos inconscientes de toma de decisiones. El razonamiento casuístico es prácticamente una versión consciente del uso inconsciente de prototipos que hace el cerebro. La casuística no es el único tipo de razonamiento que es similar a nuestra dependencia inconsciente de los prototipos. Los jueces en los sistemas legales de derecho consuetudinario, como el sistema de Estados Unidos, dependen de hechos *precedentes* para decidir qué hacer en el caso que enfrentan en el momento.[148] Un precedente es un recurso legal que sirve para decidir sobre casos similares. Si en el caso actual hay aspectos o hechos que son iguales a los que se observaron en un precedente, entonces, el juez normalmente tomará la misma decisión. Pero otra forma de razonamiento que es similar al uso de prototipos del cerebro es el *razonamiento basado en casos*, que se usa ampliamente en los sistemas de cómputo de inteligencia artificial.[149] Una vez más, el proceso implica depender de casos de correspondencia anteriores para decidir qué hacer en el caso actual.

Por lo tanto, el uso inconsciente de prototipos, que es como se toman muchas de las decisiones morales, no es un proceso irracional ni tampoco ilegítimo. Es, de hecho, una versión inconsciente de los procesos de toma de decisiones que se usan de manera legítima en muchos campos, incluyendo una forma importante de razonamiento moral consciente como la casuística. La semejanza entre el uso inconsciente de prototipos y los procesos legítimos y conscientes de razonamiento que hemos analizado constituye una buena razón para pensar que nuestros procesos de toma de decisiones basados en prototipos no son ilegítimos ni irracionales.

Influencias culturales e intuición

Ya se mencionó que algunos de los prototipos sobre los que se basan las acciones son producto del razonamiento moral consciente. Pero no siempre es así. Al menos hay dos formas en las que adquirimos nuestras convicciones sobre lo que la moralidad requiere de nosotros. En el capítulo 1 se explicó que muchas de nuestras creencias morales se derivan de las influencias culturales que nos rodearon mientras crecíamos, esto es, las influencias que ejercieron la familia, los grupos de compañeros, historias, canciones, revistas, televisión, radio, iglesia, novelas, periódicos, etcétera. No hay duda de que estas influencias culturales se incorporan a nuestros prototipos y, por lo tanto, moldean nuestras acciones. Desde luego, el hecho de que adquiramos una creencia moral de la cultura que nos rodea no significa que esa creencia sea necesariamente correcta o incorrecta. En realidad, una de las funciones del razonamiento moral tradicional es evaluar de manera crítica las creencias que hemos captado de la familia, los amigos, etcétera, y que han llegado a formar parte de los prototipos que usamos, para determinar si tales creencias son razonables o no.

El razonamiento moral consciente y las influencias culturales no son las únicas fuentes de los prototipos que guían las acciones ordinarias. Algunas de nuestras creencias morales más fuertes y que sostenemos con mayor vehemencia se basan en la pura intuición, es decir, no las adquirimos del ambiente, ni se basan en alguna razón moral o no moral o en el razonamiento.[150] El psicólogo Jonathan Haidt sugiere que consideremos la siguiente historia que él inventó y la cual revela una creencia moral que todos compartimos, pero no se basa en el razonamiento moral consciente:

> Julie y Mark son hermanos. Viajan juntos a Francia para pasar sus vacaciones de verano de la universidad. Una noche que están solos en su cabaña cerca de la playa deciden que sería interesante y divertido si tienen relaciones. Por lo menos, será una nueva experiencia para los dos. Julie ya tomaba píldoras anticonceptivas y Mark usará condón, solo para estar seguros. Ambos disfrutan de la experiencia, pero deciden no volver a hacerlo. Guardan esa noche como un secreto especial, lo que les hace sentirse más unidos. ¿Qué opina de esto? ¿Estuvo bien que hicieran el amor?[151]

Probablemente su respuesta a la última pregunta de Haidt es que Julie y Mark hicieron algo moralmente incorrecto. (¡Esa sería también mi respuesta!). ¿Pero qué razonamiento nos llevó a esa conclusión? ¿Qué razones tenemos para estar convencidos de que el incesto fue inmoral? Nadie resultó dañado por lo que hicieron, y supongamos que ellos tampoco sufrieron consecuencias adversas, no se sintieron culpables, su relación no se vio afectada, etcétera. Además, lo que hicieron no fue injusto, ni violó los derechos morales de nadie más, ni fue falta de cuidado. Hay una razón biológica por la que los parientes muy cercanos no deben tener hijos juntos (en especial porque la endogamia aumenta la probabilidad de tener descendencia con malformaciones), pero esta situación no se aplica a Julie y Mark. ¿Qué razones tenemos usted y yo para estar convencidos de que lo que hicieron es incorrecto? La mayoría de las personas no podremos encontrar una razón clara, pero eso no cambiará nuestra opinión. Quizá acabemos diciendo algo como: "Aunque no sé por qué está mal, ¡simplemente sé que lo está!". Haidt argumenta que el hecho de que no podamos hallar una justificación para nuestra convicción de que el incesto es incorrecto implica que no adquirimos esta convicción por el razonamiento, esto es, que no se basa en razones. Aún más, el hecho de que esta convicción es compartida por casi todo el mundo y se ha aceptado en cada cultura y época sugiere que simplemente se inserta en el cerebro humano. Se basa en la intuición que parece estar "programada" en nuestros cerebros. Esto, desde luego, no significa que la convicción sea errónea o correcta; solo significa que originalmente no se basa en un proceso de razonamiento. (Para saber si la convicción es errónea o correcta, hay que examinarla con mucho más detalle con el uso del razonamiento moral consciente).

Hay otras creencias morales que parecen basarse en la intuición, al igual que la que sostiene que el incesto es incorrecto; las tenemos, pero no podemos dar ninguna razón de por qué las consideramos válidas. El psicólogo social Marc Hauser explica tres principios que, según sus estudios, la mayoría de las personas aceptan cuando juzgan sobre la moralidad de dañar a la gente:

El principio de acción: El daño que una acción causa es moralmente peor que el daño equivalente que provoca una omisión. (Por ejemplo, es peor matar a una persona que dejar que muera sin hacer nada para evitar su muerte).

El principio de intención: El daño que se quiere hacer como el medio para lograr un fin es moralmente peor que el daño equivalente previsto como un efecto colateral de un fin. (Por ejemplo, es peor saltar de un bote deliberadamente con la intención de suicidarse, que saltar del bote salvavidas para que haya espacio para otros supervivientes de un barco que se está hundiendo, aun cuando eso signifique ahogarse).

Repaso breve 2.23

Intuiciones morales
- Los prototipos se pueden moldear por las intuiciones morales "programadas" en el cerebro, así como por el razonamiento moral consciente y las influencias culturales.
- Las intuiciones "programadas" parecen incluir: el incesto es erróneo; dañar por acción es peor que dañar por omisión; dañar como medio para lograr un fin es peor que dañar como un efecto colateral previsto; dañar por contacto físico es peor que dañar sin él.

El principio de contacto: Usar el contacto físico para causar daño a una víctima es moralmente peor que causar un daño equivalente sin contacto físico. (Por ejemplo, el hecho de que un soldado acuchille y mate a un civil inocente es peor que el caso de un piloto que deja caer una bomba que sabe que va a matar a un civil inocente al que no ve).[152]

Al analizar las respuestas que dan las personas a los diferentes escenarios (como los ejemplos en los paréntesis anteriores), Hauser muestra que casi todas aceptan estos principios cuando deciden si es moralmente peor causar daño de una manera o de otra. Pero cuando se les presiona para que den las razones por las que aceptan estos principios, la mayoría no sabe dar ninguna. Parece que estos principios se aceptan, no porque se hayan razonado, sino porque se basan en la intuición.

Los prototipos que se usan de manera inconsciente para tomar la mayor parte de las decisiones morales cotidianas también pueden estar inspirados en estos principios morales que se conocen por intuición, así como por las influencias culturales del ambiente y del razonamiento moral consciente. Merece la pena recalcar que el solo hecho de que un principio se acepte con base en la intuición no significa que este sea correcto o incorrecto. Por ejemplo, el razonamiento moral puede demostrarnos en última instancia que los principios de acción, intención y contacto son correctos; o bien, el razonamiento futuro podría mostrar que son un error. De hecho, algunos filósofos argumentan que estos principios son erróneos, mientras que otros afirman lo contrario.[153] Para probar o desaprobar esos tres principios morales se utiliza, desde luego, el razonamiento moral consciente, es decir, aquel que deliberadamente reúne evidencias, apela a principios morales como el utilitarismo, y llega a un juicio ponderado. Aunque el razonamiento moral consciente probablemente no sea el que "esté al mando" todo el tiempo, desempeña un papel crucial cuando se quiere determinar si las intuiciones son correctas o incorrectas, o si las creencias que se aprenden a partir de la cultura son razonables o no.

Por lo tanto, las decisiones morales se basan en dos procesos diferentes: el uso inconsciente y automático de prototipos que se acumulan gradualmente a medida que transcurre la vida, y el uso consciente del razonamiento moral que apela a la evidencia y a estándares morales como utilidad, derechos, justicia y cuidado. Los procesos inconscientes de los prototipos son los responsables de muchas —quizá de la mayoría— de las decisiones morales automáticas cotidianas, y estos prototipos se moldean por el ambiente cultural, las intuiciones morales y el razonamiento moral consciente del pasado. Por otra parte, hay una dependencia del razonamiento moral consciente cuando hay que decidir qué hacer en una situación nueva o poco habitual (una que no encaje con ningún prototipo), así como cuando se quiere averiguar si las creencias que adquirimos por intuición o por la cultura son razonables o no. Aunque durante gran parte de la vida dependemos del tipo de comportamiento automático —e irreflexivo— que los prototipos nos permiten realizar, a menudo también nos encontramos con que es necesario recurrir al razonamiento moral para corregir o ampliar nuestros prototipos, cuando estos no brindan el tipo de guía que se necesita.

De esta forma, los procesos en los que se basan las decisiones morales pueden ser racionales aun cuando sean inconscientes. El uso inconsciente de prototipos se parece mucho a la casuística y a otras formas de razonamiento consciente que aceptamos como justificadas racionalmente. Es más, las reglas y normas que forman parte de los prototipos del cerebro a menudo se originan en episodios anteriores de razonamiento moral consciente. Y, lo más importante de todo, es posible desapegarse y pensar conscientemente sobre las normas y reglas que el cerebro parece haber incorporado a sus prototipos y preguntar si estas pueden recibir algún tipo de apoyo racional. De esta forma, es posible corregir estas reglas y normas previamente aceptadas. Esto se puede hacer no solo con las reglas y normas que hemos tomado de nuestra cultura (de padres, amigos, películas, libros y otras

Repaso breve 2.24

Razonamiento moral consciente
- Se utiliza en situaciones nuevas, extrañas o inusuales, para las cuales el cerebro no tiene prototipos.
- Consiste en procesos conscientes y lógicos, aunque lentos, del "sistema C" del cerebro.
- Evalúa qué tan razonables son nuestras intuiciones y creencias culturales, así como las normas almacenadas en los prototipos que poseemos.

influencias culturales), sino también con las normas y reglas que conocemos por intuición y que parecen estar "programadas" directamente al cerebro. Sin embargo, pensar y sopesar todas las normas que hemos acumulado a medida que envejecemos es un proceso largo y difícil. Este es el trabajo de la ética, un trabajo que dura toda la vida.

✓• Estudie y repase en mythinkinglab.com

Preguntas de repaso y análisis

1. Defina los siguientes conceptos: utilitarismo, utilidad, bien intrínseco, bien instrumental, necesidad básica, deseos puros, regla utilitaria, derechos, derechos legales, derechos morales, derechos negativos, derechos positivos, derechos contractuales, imperativo categórico (o formal), perspectiva libertaria de los derechos, justicia distributiva, principio fundamental (o formal) de la justicia distributiva, principio material de justicia, justicia igualitaria, justicia capitalista, justicia socialista, justicia libertaria, la justicia como igualdad, principio de igual libertad, principio de diferencias, principio de la justa igualdad de oportunidades, la "posición original", justicia retributiva, justicia compensatoria, cuidado, ética del cuidado, relación concreta, virtud, ética de la virtud, prototipo, razonamiento casuístico.
2. Un estudiante definió, incorrectamente, el *utilitarismo* como sigue: "Utilitarismo es el punto de vista de que mientras una acción me proporcione más beneficios económicos mensurables que costos, la acción es moralmente correcta". Identifique todos los errores que contiene esa definición.
3. En su opinión, ¿el utilitarismo ofrece un estándar más objetivo que los derechos morales para determinar lo correcto e incorrecto? Explique detalladamente su repuesta. ¿El utilitarismo ofrece un estándar más objetivo que los principios de justicia? Explique.
4. "Todo principio de justicia distributiva, ya sea igualitario, capitalista, socialista, libertario o de Rawls, al final defiende de manera ilegítima algún tipo de igualdad". ¿Está de acuerdo o en desacuerdo? Explique su respuesta.
5. "Una ética del cuidado está en conflicto con la moralidad porque esta última requiere imparcialidad". Analice esta crítica a la ética del cuidado.
6. "Una ética de la virtud implica que el relativismo moral es correcto, mientras que una ética centrada en las acciones no lo implica". ¿Está de acuerdo o en desacuerdo? Explique su respuesta.

Recursos en Internet

Si usted desea realizar una investigación en Internet sobre la ética tal vez deba comenzar en los siguientes sitios Web: Council for Ethical Leadership (*http://www.businessethics.org*); Business Social Responsibility Organization (*http://www.bsr.org*); Guide to Philosophy on the Internet (*http://www.earlham.edu/~peters/gpi/index.htm*); The Stanford Encyclopedia of Philosophy (*http://www.iep.utm.edu*); Utilitarianism Resources (*http://www.utilitarianism.com*); Kant en la Web (*http://www.hkbu.edu.hk/~ppp/Kant.html*); John Rawls (*http://people.wku.edu/jan.garrett/ethics/johnrawl.htm*); y Julia Anna´s Page on Virtue Ethics (*http://u.arizona.edu/~jannas/forth/coppvirtu.htm*).

CASOS

Triodos Bank y las pruebas de medicamentos de Roche en China

Explore el concepto en mythinkinglab.com

El 23 de septiembre de 2010, Triodos Bank, una pequeña institución financiera británica que en 2009 obtuvo ingresos por $127.3 millones y una utilidad neta de $13.6 millones, anunció públicamente que había excluido a la compañía farmacéutica suiza Roche de su portafolio de inversiones porque "las pruebas clínicas de Roche en China con órganos trasplantados no cumplen con los criterios de selección de Triodos".[1]

Triodos Bank hizo notar en su sitio Web que era "un banco ético que ofrece cuentas de ahorros e inversiones" y que se enorgullece por ser "el banco ético y sustentable líder en el mundo". También en su sitio Web, Triodos afirma que toma decisiones cotidianas a partir de seis principios:

Nosotros

- **Promoveremos el desarrollo sustentable** considerando los efectos ambientales, sociales y financieros de todo lo que hacemos.
- **Respetaremos y obedeceremos la ley** en cada país en el que hacemos negocios.
- **Respetaremos los derechos humanos** de los individuos, dentro de las diferentes sociedades y culturas, apoyando los objetivos de la Declaración Universal de los Derechos Humanos de Naciones Unidas.
- **Respetaremos el medio ambiente** haciendo todo lo que podamos para generar y fomentar efectos medioambientales positivos.
- **Seremos responsables** de todas nuestras actividades.
- **Mejoraremos continuamente** buscando siempre las mejores formas de trabajar en todas las áreas de nuestro negocio.[2]

Además de ofrecer cuentas de ahorros y otorgar préstamos a "organizaciones que llevan un beneficio social, cultural o ambiental real", Triodos Bank ofrecía 13 fondos en los que los individuos podían invertir su dinero. Los fondos, a la vez, invertían este dinero en negocios "sustentables" o compraban acciones de empresas que cumplían sus "estrictos criterios éticos" y que "ofrecen productos o servicios sustentables o alcanzan un desempeño social o ambiental por arriba del promedio, y que contribuyen activamente al desarrollo sustentable".

En 2009 Triodos Bank revisó las operaciones de Roche y determinó que la empresa farmacéutica cumplía con los criterios éticos que pedía y, por lo tanto, sus acciones podían incluirse en el portafolio de inversiones del banco. De hecho, Roche representaba un significativo incremento a su portafolio de inversiones:

> Nuestros resultados colocan a Roche dentro del 50 por ciento de las empresas farmacéuticas con mejor desempeño en Europa. Consideramos que Roche es transparente en relación con los asuntos de sustentabilidad, tiene una excelente posición en el campo de la ingeniería genética y claros lineamientos éticos para realizar ensayos clínicos. Tiene instalados sistemas para monitorizar y hacer cumplir los estándares sociales en su cadena de suministros, y favorece a los proveedores con sistemas certificados de administración medioambiental. Roche también tiene ambiciosas metas para reducir el consumo de energía y las emisiones de gases de efecto de invernadero.[3]

Pero algunos meses después, el banco tuvo conocimiento acerca de los programas de investigación de Roche en China y, después de realizar algunas investigaciones, decidió que la farmacéutica ya no cumplía con sus requisitos éticos. Lo que el banco descubrió fue que en enero de 2010:

> Roche recibió el Public Eye Award que otorgan la Declaración de Berna y Greenpeace. El reconocimiento nombra y ridiculiza a las corporaciones con comportamiento social o ecológico no ético... Roche recibió el premio por sus pruebas clínicas no éticas en China para el medicamento CellCept, que ayuda a evitar el rechazo de los órganos trasplantados. Ya que una gran parte de los órganos trasplantados en el país asiático provienen de prisioneros ejecutados, y como Roche no verifica el origen de los órganos en sus pruebas en China, su posición es cuestionable.[4]

Roche probaba el medicamento CellCept con pacientes chinos con trasplantes porque las leyes de ese país exigen que cualquier medicamento que se venda dentro de sus fronteras debe someterse a prueba con pacientes chinos. CellCept es un medicamento que evita que el sistema inmunitario del paciente rechace un órgano que se le trasplanta. Los órganos trasplantados se toman de individuos que acaban de morir o de aquellos que sufren muerte cerebral, o bien, de personas vivas que donan un órgano o parte de este siempre que su organismo pueda regenerarse o compensar el trabajo del órgano donado (como el riñón o una parte del hígado). En la mayoría de los países, hay estrictas regulaciones que rigen el retiro de órganos de un donador. En particular, no permiten que los órganos sean tomados de donadores, ya sea vivos o muertos, a no ser que antes hayan dado su formal consentimiento libre e informado; además, muchos países prohíben la venta de órganos. Tales requisitos son problemáticos en China, de acuerdo con el banco, porque la mayoría de los órganos trasplantados provienen de prisioneros y, con frecuencia, se desconocen las condiciones en las cuales el órgano fue retirado:

> Hasta 90 por ciento de todos los órganos trasplantados en China provienen de prisioneros ejecutados. La regulación en torno a los trasplantes en China ha mejorado en el último par de años e incluye mejores salvaguardas para los derechos de los prisioneros. Pero aun cuando un prisionero acepte donar un órgano, tal consentimiento, mientras se encuentre en prisión, no puede considerarse como plenamente libre. [...] En nuestra evaluación final sopesamos los datos obtenidos y concluimos que el enfoque de Roche en sus pruebas clínicas en China no es aceptable. El tamaño y la influencia de la empresa garantizan una posición más clara con respecto al origen de los órganos trasplantados. Puesto que la empresa ya no satisface nuestros estándares mínimos de derechos humanos, ha sido excluida del universo de inversiones sustentables de Triodos y será retirada de todas las inversiones a corto plazo.[5]

Roche estaba preocupada por la creciente controversia sobre su participación en operaciones de trasplante y sabía que, en muchos casos, los órganos provenían de convictos que no habían dado su consentimiento o que eran forzados a donarlos. Según la compañía farmacéutica, aunque era verdad que un cierto porcentaje de los órganos de sus pacientes provenía de prisioneros, no le fue posible determinar cuál era el origen de los órganos de sus pacientes chinos. Sin embargo, señaló que si no probaba su medicamento en pacientes que habían recibido un trasplante en China, cualquiera que fuera el origen de esos órganos, no podría comercializar su producto en ese país. La empresa sentía que se obtendría un bien mayor si continuaba con las pruebas de su medicamento, aun cuando muchos de los órganos trasplantados fueran de prisioneros. De otra manera, no solo se privaría a miles de futuros pacientes chinos de un trasplante, sino que, en muchos casos, los pacientes podrían sufrir efectos nocivos y costosos porque necesitarían el medicamento, pero este no estaría disponible. En un informe emitido en la reunión anual de accionistas de la empresa el 2 de marzo de 2010, Roche entregó un resumen de la declaración del doctor Schwan, su portavoz, quien dejó en claro la posición de la empresa:

> El doctor Schwan declaró que CellCept era un medicamento que había salvado y continuaba salvando las vidas de miles de pacientes al prevenir el rechazo de los órganos trasplantados. El retiro del medicamento del mercado en cualquier país sería moralmente impensable, dijo, ya que esto pondría en riesgo vidas humanas. Hizo notar que, en todos los países, instituciones independientes se encargan del proceso de donación de órganos y que la información de los donantes era confidencial. Roche no tiene manera de influir directamente en ese proceso, expresó. [...] Roche estaba estudiando la dosis óptima de CellCept para los pacientes chinos, cuyas respuestas al medicamento pueden variar de aquellas que presentan los pacientes occidentales, debido a factores étnicos o diferencias en la constitución, afirmó Schwan. El enfoque de los estudios en pacientes chinos estaba en la seguridad y eficiencia de CellCept.[6]

En mayo de 2007, el gobierno chino prohibió la venta de órganos humanos y determinó que los donadores vivos pudieran donar sus órganos solo a cónyuges, parientes consanguíneos o miembros adoptados o políticos de la familia. De todas maneras, el tráfico de órganos continuó proliferando en China.[7] No solo eran los órganos de personas muertas (incluyendo a los prisioneros ejecutados cuyos órganos aún era legal tomar como donación) los que se vendían subrepticiamente a médicos, hospitales o comerciantes de órganos, sino también los de donadores vivos que vendían sus órganos usando documentos fácilmente falsificables que testificaban que estaban emparentados con el receptor.[8]

Un gran número de prisioneros chinos son disidentes políticos o han sido encarcelados por sus creencias políticas o religiosas, pero no porque hayan violado la ley o infligido daño a otros. Desde 2006, Falun Gong, un grupo espiritual chino cuasi budista proscrito en 1999 y al que el gobierno persigue de manera activa, ha aportado evidencias creíbles de que muchos de los cientos de miles de sus miembros que el gobierno chino encarceló, y a quienes después declaró como "desaparecidos", fueron asesinados para luego vender o donar sus órganos a pacientes que requerirían algún trasplante.[9] En el verano de 2010, grupos de derechos humanos informaron que sus investigaciones habían descubierto evidencia de que más de 9,000 miembros de Falun Gong fueron ejecutados en prisiones chinas para obtener de ellos córneas, pulmones, hígados, riñones y piel. Miembros de otras religiones, incluyendo cristianos, musulmanes y budistas tibetanos, también han sido encarcelados y ejecutados para obtener sus órganos.[10] Los críticos de Roche temían que muchos de los órganos que se trasplantaron a los pacientes de las pruebas de esta compañía se hubieran obtenido de tales prisioneros de conciencia en contra de su voluntad.

Preguntas

1. Explique cómo podría el utilitarismo sustentar la defensa de Roche y cómo la ética basada en los derechos podría, en cambio, condenar las pruebas clínicas de esa compañía en China. ¿Cuál de estos dos enfoques es más fuerte o más razonable? Explique sus razones.
2. ¿Es ético que Roche continúe probando CellCept en pacientes chinos a quienes se trasplantó un órgano?
3. ¿Está el banco Triodos éticamente justificado para excluir las acciones de Roche de los fondos que ofrece a sus clientes? Considere su respuesta a la luz del deber del banco de invertir dinero de manera sensata y a la luz de

su conclusión de que Roche estaba dentro "del 50 por ciento de las empresas farmacéuticas europeas con mejor desempeño", era "transparente en relación con los asuntos de sustentabilidad", tenía "una posición destacada en el campo de la ingeniería genética y claros lineamientos éticos para realizar ensayos clínicos", hacía cumplir "altos estándares" a sus proveedores, y se esforzaba por "reducir el consumo de energía y las emisiones de gases de efecto de invernadero".

4. ¿Los estándares de Triodos Bank son demasiado altos?

Notas

1. Sitio Web de Triodos Bank, fecha de acceso: 14 de enero de 2010, en *www.triodos.com/en/about—triodos—bank/news/newsletters/newsletter—sustainability—research/pharmaceutical—company*
2. Sitio Web de Triodos Bank, fecha de acceso: 14 de enero de 2010 en *www.triodos.co.uk/en/about—triodos/who—we—are/mission—principles/business—principles/*
3. Sitio Web de Triodos Bank, fecha de acceso: 14 de enero de 2010 en *www.triodos.com/en/about—triodos—bank/news/newsletters/newsletter—sustainability—research/pharmaceutical—company*
4. *Ibid.*
5. *Ibid.*
6. Minutas de la XCII Reunión Anual General de Accionistas de Roche Holding Ltd, Basel, celebrada en el Centro de Convenciones, Basel Trade Fair Complex, Basel, el 2 de marzo de 2010 a las 10:30 a.m.; fecha de acceso: 12 de enero de 2010 en *www.roche.com/annual_general_meeting_2010_en—pdf*
7. Zhen, Liu y Emma Graham—Harrison, "Organ Trafficking Trial Exposes Grisly Trade", *Reuters*, 19 de mayo de 2010.
8. Shan, Juan, "Organ Trafficking Ring to Go on Trial", *China Daily*, 17 de marzo de 2010; fecha de acceso: 15 de enero de 2011 en *http://www.chinadaily.com.con/china/2010—03/17/content_9599832.htm*
9. Matas, David y David Kilgour, *Bloody Harvest: Organ Harvesting of Falun Gong Tractitioners in China* (Woodstock, ON, Canada: Seraphim Editions, 2009).
10. "Chinese Accused of Vast Trade in Organs", *The Washington Times*, 27 de abril de 2010.

CASOS

Unocal en Birmania[1]

La Union Oil Company of California, o Unocal, fue fundada en 1890 para explotar yacimientos petrolíferos alrededor de Los Ángeles y otras partes de California. En 1990 tenía operaciones en todos los aspectos del negocio del petróleo, incluyendo extracción, refinación, distribución, comercialización y venta al menudeo (la compañía poseía la cadena de gasolineras Union 76). Con la mayoría de sus yacimientos petrolíferos en Estados Unidos próximos a agotarse, la empresa decidió invertir en proyectos de energía fuera de ese país. Su estrategia era presentarse ante los gobiernos como una compañía experta en todos los aspectos de la producción de petróleo y gas. De acuerdo con Roger C. Beach, director ejecutivo de la empresa, "lo que a todo gobierno le gusta de Unocal es que le permite comprar con un solo proveedor, un grupo capaz de tomar el proyecto completo desde el desarrollo hasta la venta".[2]

Uno de los proyectos internacionales que atrajo la atención de la compañía fue el yacimiento de gas natural llamado Yadana, que pertenecía a Birmania. El yacimiento de Yadana se localiza en el mar Andamán a 46 metros de profundidad en la costa de Birmania. Las estimaciones indicaban que el yacimiento contenía más de cinco billones de pies cúbicos de gas natural, suficiente para la producción continua durante cerca de 30 años.[3] En 1992 el gobierno de Birmania había constituido una compañía estatal llamada Myanmar Oil and Gas Enterprise (MOGE) para encontrar compañías privadas que ayudaran al desarrollo del yacimiento de Yadana. En 1992 firmó un contrato con Total S.A., una compañía francesa, mediante el cual esta tendría el derecho de desarrollar el yacimiento y construir una red de tuberías para transportar el gas de Yadana a Tailandia, cuyo gobierno lo compraría. El gobierno de Birmania había estimado que obtendría un ingreso neto de $200 a $400 millones al año durante la vida del proyecto. Una porción de estos ingresos se pagaría a las compañías que se asociaran con Birmania.

MOGE, la compañía estatal, firmó un contrato con Total para "brindar la protección, los derechos de vía y permisos de acceso conforme lo requieran" las compañías asociadas.[4] En tanto que las compañías asociadas se encargarían de construir el proyecto, el gobierno de Birmania brindaría seguridad con su ejército, aseguraría que los terrenos se despejaran y otorgaría los derechos de vía para el paso de la red de tubos a través de Birmania.

El proyecto de Birmania atrajo a Unocal. Birmania era atractiva por varias razones. Primero, la mano de obra era barata y relativamente capacitada. Segundo, era un país rico no solo en recursos de gas natural, sino en muchos otros que aún no se explotaban, por lo que presentaba oportunidades importantes. Tercero, era un punto de entrada a otros mercados internacionales potencialmente lucrativos. Birmania no solo ofrecía un mercado potencialmente grande, sino también ocupaba un lugar estratégico que podía servir como vínculo a los mercados de China, India y otros países del sureste de Asia. Por último, el gobierno mantenía un clima político estable. Como el ejército se encargaba de mantener la ley y el orden, el entorno político era bastante confiable.

Antes de comprometerse con el proyecto, Unocal evaluó su posición de riesgo realizando una investigación del entorno político y social del país. Birmania es un país del sureste de Asia con una población de 42 millones de habitantes y una extensión territorial equivalente al espacio que ocupa el estado de Texas. Colinda con India al noroeste,

China al norte y noreste, Laos al este, Tailandia al este y sureste, y el mar de Andamán al sur. La mayor parte de la población, cerca del 69 por ciento, es originaria de Birmania, e incluye minorías de karens, kachins, shans, chins, rakhines, indios y chinos. Los karens, agrupados en las zonas rurales del sur, han formado periódicamente grupos rebeldes contra el gobierno.

Birmania es un país pobre. El PIB es de alrededor de $200 a $300 per cápita, y la inflación rebasa el 20 por ciento. Socialmente, registra una tasa de mortalidad infantil alta (95 muertes por cada 1,000 nacidos vivos) y una baja esperanza de vida (53 años para los hombres y 56 para las mujeres). El proyecto del gas natural representaría ingresos muy necesarios y beneficios significativos para los habitantes de esa nación empobrecida.

El único problema real que identificó la compañía para iniciar el proyecto era que el gobierno de Birmania, del cual sería socio, era una dictadura militar acusada de violar continuamente los derechos humanos de su pueblo. En 1988, después de reprimir las manifestaciones a favor de la democracia en todo el país, los militares tomaron el poder y formaron, con 19 miembros, el Consejo de Estado para la Restauración de la Ley y el Orden (CERLO) como cabeza de gobierno. El CERLO, que estaba integrado por militares del más alto rango, impuso la ley marcial en todo el país. El Departamento de Estado de Estados Unidos, en su informe anual "Country Reports on Human Rights Practices, 1991", afirmaba que los militares del CERLO mantenían la ley y el orden mediante "arrestos, acoso y tortura de los activistas políticos [...] La tortura, las detenciones arbitrarias y los trabajos forzados persisten. [...] La libertad de expresión, prensa, asamblea y asociación prácticamente no existen".[5]

Muchos organismos, incluyendo el Departamento de Estado estadounidense, acusaron al CERLO de cometer numerosos abusos de derechos humanos, en particular contra las minorías de Birmania. En su informe "Country Report in Human Rights Practices, 1995", el Departamento de Estado expresó:

El historial inaceptable del gobierno [de Birmania] en relación con los derechos humanos cambió muy poco en 1994. [...] La milicia de Birmania forzó a cientos de miles, si no es que a millones, de habitantes comunes (incluyendo mujeres y niños) a "contribuir" con su mano de obra, con frecuencia en condiciones de trabajo forzado, a los proyectos de construcción del país. La reubicación forzada de civiles también continuó. [...] El CERLO siguió restringiendo con severidad los derechos básicos de libertad de expresión, asociación y asamblea.[6]

El informe de Amnistía Internacional sobre Birmania, publicado en agosto de 1991, afirmaba que la milicia gobernante "continúa deteniendo, maltratando y ejecutando sin juicio a miembros de las minorías étnicas y religiosas en las áreas rurales del país. Las víctimas [...] incluyen personas aprehendidas [por la milicia] y forzadas a realizar acarreo —llevar alimentos, municiones y otros suministros— o trabajos de remoción de minas explosivas".[7] En respuesta a estos informes, el Congreso de Estados Unidos, el 30 de abril de 1994, votó para colocar a Birmania en la lista internacional de Estados "fuera de la ley", y en 1996 el entonces presidente Bill Clinton prohibió la entrada a Estados Unidos a los oficiales del gobierno de Birmania.

Para verificar la situación por sí misma, la empresa Unocal contrató una firma de consultores, Control Risk Group. El informe les advertía: "En todo el territorio de Birmania, el gobierno habitualmente recurre a trabajos forzados para construir carreteras. [...] En esas circunstancias, Unocal y sus asociados tendrán poca libertad para maniobrar".[8]

A pesar de los riesgos, la empresa decidió invertir en el proyecto. Uno de sus vicepresidentes, S. Lipman, declararía después que los directivos de Unocal habían discutido con Total los "peligros" que suponía tener al ejército de Birmania como responsable de la "seguridad" del proyecto: "Dijimos que [...] si el ejército de Birmania brindaba protección para la construcción de la tubería, [...] tal vez procedería [...] de una forma que nos gustaría, quiero decir, podría llegar al exceso".[9] De todas maneras, la compañía consideró que los beneficios, tanto para sí misma como para la gente de Birmania y Tailandia, pesaban más que los riesgos. Más aún, la empresa aseguraría después que el "curso de acción adecuado para lograr el cambio social y político en los países en desarrollo con gobiernos represivos" era el compromiso antes que el aislamiento.[10] La compañía declaró que "con base en casi cuatro décadas de experiencia en Asia, [Unocal] creía que el compromiso era una manera mucho más efectiva de fortalecer a las economías emergentes y promover sociedades más abiertas".[11]

En diciembre de 1992, Unocal, a través de una subsidiaria, pagó $8.6 millones a Total, S.A. como parte de su riesgo en el proyecto. Unocal se convirtió en uno de los cuatro inversionistas en el yacimiento de Yadana, cada uno de los cuales contribuiría financieramente en proporción a su participación en el proyecto. Unocal tenía el 28.26 por ciento de la inversión, Total, el 31.24 por ciento; PPT Exploration & Production Public Co. de Tailandia tenía el 25.5 por ciento, y el gobierno de Birmania (MOGE), el 15 por ciento.[12]

Se acordó que Total sería responsable de la coordinación del proyecto, construiría los pozos en Yadana y extraería el gas. Unocal construiría la tubería de 410 kilómetros que llevaría el gas de Yadana a Tailandia. La mayor parte de la tubería estaría bajo el mar, pero los 65 kilómetros finales cruzarían el sur de Birmania por una región que habitaban los karens, la minoría étnica más hostil hacia el gobierno. Los militares, al parecer, tendrían que usar la fuerza para asegurar el área antes de comenzar la construcción. También habría que construir caminos y otras instalaciones como campamentos base, edificios, barracas, bardas, pistas de aterrizaje, muelles en el río y helipuertos. El periodo entre 1993 y 1996 se dedicó a preparar el camino para la construcción de la tubería, incluyendo despejar el terreno y construir caminos, campamentos, viviendas y otras instalaciones. La construcción real de la tubería se inició en 1996 y concluyó en 1998. Durante el tiempo de preparación y construcción, grupos de derechos humanos, entre ellos Human Rights Watch y Amnistía Internacional, publicaron numerosos informes que aseguraban que el ejército de Birmania recurría a los trabajos forzados y se comportaba de manera cruel con la población de los karens, para brindar "seguridad" a los empleados y al equipo de Unocal. Los críticos afirmaban que caminos, edificios y otras estructuras se construían utilizando el trabajo forzado de los grupos karens de la región, obligados por los militares de Birmania, y cientos de los karens eran forzados a allanar el camino para instalar la tubería y a trabajar como esclavos para el proyecto. Todavía más, aseguraban, Unocal era consciente de esto y de los métodos brutales que usaban los militares para brindar "seguridad" al personal y al equipo de Unocal.[13] Varios grupos de derechos humanos, incluyendo Greenpeace, Amnistía Internacional y Human Rights Watch, se reunieron con los ejecutivos de Unocal en Los Ángeles y les informaron del trabajo forzado y otras violaciones a los derechos humanos que tenían lugar en la región de la tubería.

En mayo de 1995, Joel Robinson, un funcionario de Unocal que supervisaba el proyecto de Yadana, habló con los funcionarios de la embajada de Estados Unidos en Birmania. La embajada informó que:

> En el aspecto general de la relación de trabajo cercana entre Total/Unocal y la milicia de Birmania, Robinson [de Unocal] no tenía disculpas que pedir. Él declaró correctamente que la compañía había contratado a la milicia de Birmania para brindar seguridad al proyecto y pagaba esto a través de Myanmar Oil and Gas Enterprise (MOGE). Dijo que los oficiales de seguridad de Total se reunían con sus contrapartes militares para comunicarles las actividades del día siguiente con la finalidad de que los soldados pudieran asegurar el área y cuidar el perímetro de trabajo mientras el equipo de sondeo realizaba sus actividades. [...] Total/Unocal usa [fotos aéreas, sondeos de precisión y mapas topográficos] para mostrar a los militares [de Birmania] dónde necesitaban construir helipuertos y asegurar las instalaciones".[14]

Unocal contrató a otro consultor en 1995 para investigar las condiciones del proyecto de Yadana. El consultor informó en una carta a los funcionarios de Unocal:

> Mi conclusión es que han ocurrido enormes violaciones de los derechos humanos, y siguen ocurriendo, en el sur de Birmania. [...] Las más comunes son la reubicación forzada sin compensación de familias que se hallan en las tierras cercanas y a lo largo de ruta de la tubería; trabajo forzado para construir la infraestructura que requiere la tubería (CERLO llama a esto servicio al gobierno a cambio de la exención del pago de impuestos); y encarcelamiento y/o ejecuciones de quienes se oponen a estas acciones.[15]

El trabajo en el proyecto continuó y la producción de gas natural en Yadana se inició en 2000. Para entonces, las compañías habían instaurado varios programas socioeconómicos para beneficiar a los habitantes que vivían alrededor de la tubería. Unocal aseguró que había generado 7,551 empleos pagados a los trabajadores de Birmania durante la construcción y que, mientras la producción continuara, seguiría empleando a 587 trabajadores de Birmania. En 2004 el proyecto entregaba de 14.1 a 16.9 millones de metros cúbicos de gas al día a Tailandia, lo que beneficiaba la economía en rápida expansión de ese país, le brindaba una fuente confiable de energía y le permitía usar gas natural para alimentar sus plantas eléctricas en vez de petróleo, el cual resulta más contaminante. Los ingresos por las ventas a Tailandia dejaron varios cientos de millones de dólares al año al gobierno militar de Birmania. Unocal reportó que, además de su inversión inicial de $8.6 millones, había gastado un total de $230 millones en la construcción de la tubería. Se estima que operar el proyecto tiene un costo de $10 millones anuales para Unocal. A cambio, la participación de Unocal de los ingresos del gas fue de $75 millones por año, que continuarán durante los 30 años del contrato. Se espera que la ganancia total de la empresa llegue a cerca de $2,200 millones.

Unocal y las otras compañías implementaron programas para beneficiar a los habitantes de la región cercana a la tubería:

> Un programa multimillonario de desarrollo socioeconómico extenso asociado con el proyecto ha traído beneficios reales e inmediatos a miles de familias que viven en la región de la tubería. Estos beneficios incluyen un cuidado de la salud que mejoró significativamente, mejoras en la educación, nueva infraestructura de transporte y oportunidades de iniciar pequeños negocios. El efecto de estos programas ha sido enorme. La mortalidad infantil en la región de la tubería, por ejemplo, bajó a 31 muertes por 1,000 niños nacidos vivos para el año 2000, en comparación con 78 muertes por 1,000 niños nacidos vivos en otras regiones del país. En 2002 la tasa de mortalidad infantil declinó de nuevo a 13 muertes por 1,000 nacimientos vivos (las cifras nacionales no están disponibles).[16]

Estas aseveraciones fueron corroboradas por Collaborative for Development Action, Inc. (CDA), un grupo independiente con sede en Massachusetts y fundado por los gobiernos de Holanda, Dinamarca, Canadá y Alemania y por el Banco Mundial. Después de tres visitas a la región, el CDA informó en febrero de 2004 que "el número de personas beneficiadas con el programa socioeconómico aumenta de manera estable".[17] Aunque "el programa ha beneficiado principalmente a la clase media" esta "clase media se ha convertido en relativamente rica" y el programa se está reenfocando con "programas para las personas más pobres en el corredor". El CDA observó, sin embargo, que "la clase media educada" todavía quiere "libertad" y un gobierno "basado en una Constitución".[18] Más aún, parece que los beneficios del proyecto de Yadana no benefician a las personas de Birmania fuera de la región de la tubería, con excepción del gobierno militar, cuya participación en el proyecto le aseguró un ingreso estable.

No todos los ciudadanos de Birmania estaban contentos con el desarrollo del yacimiento de Yadana. En octubre de 1996, 15 miembros de la minoría karen, que afirmaban que ellos o miembros de su familia habían sido sometidos a reubicación, trabajos forzados, tortura, homicidio y violación en el proyecto Yadana, interpusieron demandas contra Unocal ante las cortes de Estados Unidos; una demanda en una corte federal (*Doe contra Unocal*) y una segunda en una corte estatal de California. Ambas demandas afirmaban que Unocal debería ser reconocida como responsable por los perjuicios que la milicia de Birmania infligió a cientos de karens, porque las actividades se realizaban para desarrollar el proyecto de la tubería en el cual Unocal tenía una participación primordial y del cual se benefició. La demanda ante la corte federal se basó en el estatuto federal 1789 Alien Tort, que se ha interpretado para autorizar demandas civiles en los tribunales de Estados Unidos por violaciones a derechos humanos internacionalmente reconocidos. El 29 de junio de 2004, la Suprema Corte de Estados Unidos apoyó el derecho de los extranjeros de usar el estatuto para buscar compensación en las cortes por violaciones en el extranjero. El 20 de diciembre de 2004, Unocal anunció que llegaría a un acuerdo en la demanda federal, compensaría a los karens y otorgaría fondos para programas sociales que beneficiarían la gente de la región del corredor. Los términos del acuerdo no se revelaron.

Cuatro meses después del acuerdo, Chevron Corporation anunció que compraría Unocal por $16,200 millones y, por lo tanto, asumiría su participación en el proyecto de Yadana. Chevron fue acusada ahora de complicidad en la continuación de los abusos a los derechos humanos en la zona de la tubería. Earth Rights International (ERI), una organización no gubernamental que había ayudado a los habitantes con sus demandas, afirmó en una serie de informes que el ejército birmano todavía brindaba seguridad a las compañías petroleras y que, al hacerlo, cometía abusos a los derechos humanos, entre ellos, "torturas, violaciones, asesinatos y trabajos forzados". En 2007 el régimen militar reprimió brutalmente manifestaciones en contra de su gobierno, disparando y matando a miles de monjes budistas que dirigían las protestas pacíficas; también encarcelaron a otros miles. ERI afirmó que los ingresos del proyecto Yadana financiaron estas y otras brutalidades del régimen militar. En el informe de 2009 titulado *Total Impact*, ERI calculó que la participación del régimen de los ingresos de Yadana fue de $1,020 millones en 2008. Desde el año 2000, según un informe de ERI de 2010, *Energy Insecurity*, el proyecto dio al régimen $9 mil millones. ERI afirmaba que buena parte de ese dinero ingresó a las cuentas bancarias que los generales birmanos poseían en el extranjero, mientras que los gastos públicos en salud y educación seguían siendo los más bajos de la región, y la pobreza estaba muy extendida.

Preguntas

1. Evalúe si desde la perspectiva del utilitarismo, los derechos, la justicia y el cuidado, Unocal actuó correctamente al decidir invertir en la tubería y luego realizar el proyecto como lo hizo. Suponiendo que no había manera de modificar el resultado de este caso y que el resultado era previsible, ¿Unocal tenía justificación para decidir invertir en la tubería?
2. Desde su punto de vista, ¿Unocal es moralmente responsable por las lesiones provocadas en algunos miembros del pueblo karen? Explique su respuesta. ¿Lo es Chevron?
3. ¿Está o no de acuerdo con la perspectiva de Unocal de que "el curso de acción adecuado para lograr el cambio social y político en países en desarrollo con gobiernos represivos" es el compromiso antes que el aislamiento. Explique su respuesta.

Notas

1. En este caso fue coautor, Matthew Brown, ex alumno de leyes en Santa Clara University.
2. A. Pasztor y S. Kravetz, "Unocal is Shifting Strategy to International Operations", *The Wall Street Journal*, 20 de noviembre de 1996, p. B4.
3. Unocal, "Background: The Yadana Project & The Activist Lawsuits", 2 de diciembre de 2003, fecha de acceso: 26 de mayo de 2003, en *http://www.unocal.com/myanmar/suit.htm*.
4. *Doe v. Unocal*, 110 F. Supp. 2d 1294 (2000); fecha de acceso: 22 de febrero de 2003, en *http://www.earthrights.org/unocal/index.shtml*; también disponible como 2000 U. S. Dist. Lexis 13327.
5. fecha de acceso: abril de 2003, en *http://www.state.gov/www/global/human_rights/hrp_reports_mainhp.html*.
6. *Ibid*.
7. Amnistía Internacional, "Myanmar (Burma): Continuing Killings and Ill—treatment of Minority Peoples", agosto de 1991, fecha de acceso: 20 de mayo de 2004, en *www.web.amnesty.org/library/index/engasa160051991*.
8. *Doe v. Unocal*.
9. *Ibid*.
10. Declaración de Unocal, fecha de acceso: 20 de junio de 2004, en *http://www.unocal.com/myanmar/index.htm*.
11. *Ibid*.
12. Unocal, "Background: The Yadana Project & The Activists Lawsuits", 2 de diciembre de 2003, fecha de acceso: 5 de junio de 2004 en *http://www.unocal.com/myanmar/suit.htm*.
13. U.S. Department of Labor, Bureau of International Labor Affairs, "Report on Labor Practices in Burma", fecha de acceso: 20 de abril de 2004, en *http://purl.access.gpo.gov/GPO/LPS5259*
14. *Doe v. Unocal*.
15. *Ibid*.
16. Unocal, "Background: The Yadana Project", *loc. cit*.
17. Zandvliet, Luc y Doug Fraser, "Corporate Engagement Project, Field Visit Report, Third Visit, Yadana Gas Transportation Project", (Cambridge, MA: Collaborative for Development Action, febrero de 2004), p. 5; fecha de acceso: 20 de junio de 2004, en *http://www.cdainc.com/cep/publications.php*
18. *Ibid*., p. 13.

PSA
PSA
HANJIN
Hapag-Lloyd
Hapag-Lloyd
Hapag-Lloyd
Hapag-Lloyd
EVERGREEN
EVERGREEN
EVERGREEN
EVERGREEN
GENSTAR
GENSTAR

# 3

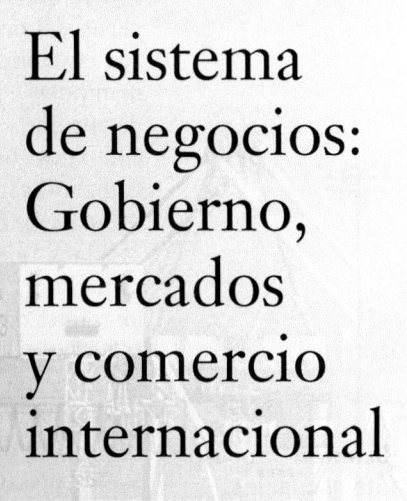

El sistema de negocios: Gobierno, mercados y comercio internacional

¿Por qué dijo John Locke que el gobierno no tiene el derecho de quitarle a nadie sus propiedades privadas?

¿Por qué Adam Smith creía que el gobierno no debería interferir con el libre mercado?

¿Qué beneficios atribuía David Ricardo al libre comercio?

¿Qué injusticias dijo Karl Marx que son inherentes al capitalismo de libre mercado?

INTRODUCCIÓN

La **globalización** tuvo un auge en la década de 1980 y, desde entonces, ha avanzado en un grado que no tiene precedente en la historia mundial.[1] Ha vinculado a las naciones para que los bienes, los servicios, el capital y el conocimiento se desplacen cada vez con más libertad entre ellas, gracias a los sistemas de transporte y comunicación que son menos costosos y más rápidos, y estos flujos se facilitan por acuerdos de libre comercio e instituciones internacionales como la Organización Mundial del Comercio (OMC) y el Banco Mundial (BM). Conforme las naciones abren sus fronteras al libre comercio, los negocios enfrentan muchos desafíos. En todos los países, diversas empresas e industrias enteras fueron aniquiladas conforme la globalización las obligó a competir con compañías de otras partes del mundo. Los empleados quedaron sin trabajo cuando sus empleadores reubicaron las fábricas en otros países con salarios más bajos. Y se ha acusado a las compañías de manipular a las instituciones que regulan el comercio entre las naciones con la finalidad de enriquecerse a expensas de los pobres. Para entender estas acusaciones consideremos cómo dos compañías, Swingline —un fabricante de engrapadoras— y Abbott Labs —una compañía farmacéutica— aprovecharon, cada una de diferente forma, las oportunidades de negocios que ofrece la globalización.

Jack Linsky, un inmigrante ucraniano, inventó la moderna engrapadora fácil de usar Swingline. En 1925 construyó una fábrica de engrapadoras en Nueva York y contrató a inmigrantes de todas partes del mundo. Agradaba a sus empleados y, con el trabajo de estos, la compañía prosperó hasta 1987, año en que Linsky la vendió por $210 millones.[2] Pero la globalización y los acuerdos de la OMC del año 1995 comenzaron a permitir que las compañías extranjeras importaran y vendieran libremente en Estados Unidos las engrapadoras que copiaban a partir de los modelos originales. En 1997 la compañía se esforzaba por competir contra esas empresas que tenían costos de mano de obra mucho más bajos que los suyos. En 2000 la compañía despidió a todos sus empleados de la planta de Nueva York, cerró la fábrica y trasladó sus operaciones a Nogales, Sonora, en México.[3] Allí, el nuevo Tratado de Libre Comercio de América del Norte (TLCAN) le permitía fabricar las engrapadoras Swingline con mano de obra barata de México y luego importarlas a Estados Unidos sin pagar aranceles.[4] La mano de obra barata era abundante en Nogales porque el TLCAN también permitía que los agricultores estadounidenses vendieran su maíz en México. Como el gobierno de Estados Unidos otorga a los cultivadores de maíz subsidios anuales de entre $5,000 y $10 mil millones, era posible vender el maíz estadounidense a un precio más bajo que el de los productores mexicanos.[5] Esto provocó que 1.5 millones de agricultores mexicanos perdieran, entre 1994 y 2004, su única fuente de ingresos, así que migraron a Nogales y a otras ciudades fronterizas para trabajar en compañías estadounidenses como Swingline. Pero en 2003 las compañías instaladas en México comenzaron a abandonar el país para dirigirse a China,[6] un país cuyos obreros aceptan menores salarios que los mexicanos, y quienes a menudo trabajan en terribles condiciones de explotación laboral. En 2010 la fábrica Swingline volvió a despedir a todos sus empleados, cerró su planta en Nogales y contrató a una fábrica china para que hiciera sus engrapadoras.

El ejemplo de Swingline suscita varias preguntas de carácter moral. ¿Es correcto que una compañía abandone a los empleados que le han dedicado durante décadas parte de sus vidas para hacerla exitosa? ¿Qué obligaciones tiene una compañía, si es que tiene alguna, con los empleados que deja atrás cuando se traslada a otro país? ¿Debería el gobierno permitir que las compañías trasladaran de esta manera sus operaciones a otros países? ¿Qué tipo de obligaciones tienen las compañías hacia sus empleados extranjeros? A medida que las empresas buscan mano de obra cada vez más barata, ¿se generará una competencia por ver quién baja más los salarios, cuyo resultado será la reducción del nivel de vida de los empleados de todo el mundo? ¿Es bueno o malo para los países que entren en acuerdos de libre comercio que amenazan el sustento de su fuerza laboral? ¿El libre comercio, por sí mismo, es bueno o malo?

Se ha criticado al libre comercio mundial no solo por las repercusiones que ha tenido en la fuerza laboral, como los empleados de Swingline, sino también por el efecto que ha tenido en todas las personas, en especial, aquellas que viven en los países pobres. Muchos críticos del libre comercio argumentan que los acuerdos y las instituciones internacionales benefician a las empresas multinacionales, pero perjudican a los pobres e indefensos del

globalización Proceso mediante el cual los sistemas económico y social de las naciones se conectan para que bienes, servicios, capital y conocimiento se desplacen con libertad entre ellas.

mundo. Para entender estas críticas, consideremos cómo respondió Abbott Laboratories cuando el gobierno de Tailandia anunció una nueva política cuyo objetivo era suministrar a sus ciudadanos más pobres un medicamento vital.

El 21 de marzo de 2007, Abbott Laboratories, un fabricante estadounidense de medicamentos con ingresos anuales de $26 mil millones y utilidades de $4,500 millones, anunció que no permitiría que siete de sus nuevos medicamentos especiales se vendieran en Tailandia, entre los que se encontraba el medicamento para el VIH/SIDA, Aluviathat, que (a diferencia de otros medicamentos similares) no tenía que refrigerarse en el clima cálido de ese país. Abbott estaba castigando a Tailandia porque había decidido fabricar una versión de bajo costo del Kaletra, un medicamento que la compañía había desarrollado y del cual tenía la patente. El jefe de AIDS Healthcare Foundation dijo: "Me horroriza pensar que Abbott va a privar a los pobres que necesitan esos medicamentos vitales, en particular, a aquellos que viven con VIH/SIDA en un país tan castigado por la epidemia como Tailandia".[7]

Con aproximadamente 600,000 individuos enfermos de VIH/SIDA y un ingreso anual promedio de solo $2,190 per cápita, Tailandia luchaba para suministrar a sus pacientes los medicamentos llamados antirretrovirales. Aunque esta enfermedad es incurable, en 1996 los científicos descubrieron que si los pacientes de VIH tomaban de manera regular una combinación de tres antirretrovirales, la cantidad del virus presente en sus cuerpos disminuía al grado que podían seguir vidas normales y saludables. Pero las compañías farmacéuticas cobraban tanto por la combinación de los medicamentos antirretrovirales (de $10,000 a $15,000 anuales en 2000), que las víctimas del SIDA de los países pobres en vías de desarrollo no podían afrontar los gastos.[8]

Sin embargo, en 2001, Cipla, una compañía farmacéutica india, comenzó a elaborar versiones genéricas de las combinaciones de medicamentos antirretrovirales, de manera que podía ofrecer la dotación necesaria para un año por la módica suma de $350; en 2007 su precio estaba por debajo de $100.[9] Un producto genérico es una copia químicamente equivalente de un medicamento de marca, pero la compañía que lo produce no posee la patente del mismo. Las grandes compañías farmacéuticas descubren, desarrollan y prueban nuevos medicamentos de marca a un costo estimado de aproximadamente $800 millones por fármaco,[10] y pueden solicitar a sus gobiernos la patente, la cual, si se concede, deja en claro que la fórmula del medicamento es propiedad de la compañía y que solo esta tiene el derecho de producirlo durante determinado número de años. Las grandes compañías farmacéuticas de Estados Unidos y Europa sostienen que, sin las patentes y el respeto por sus derechos de propiedad, no podrían recuperar los elevados costos de desarrollar y probar nuevos medicamentos; es más, ni siquiera tendrían incentivos para pagar esos costos, con lo que la investigación farmacéutica terminaría. Estas compañías, como era de esperarse, objetaron la acción de Cipla, especialmente cuando esta comenzó a vender las versiones genéricas de bajo precio de sus medicamentos en otros países.

Hasta 1994, la ley de patentes estadounidense daba a un nuevo medicamento solo 17 años de protección y únicamente dentro de ese país. Pero a principios de la década de 1990, las compañías farmacéuticas iniciaron un intenso cabildeo para lograr que el gobierno estadounidense presionara a todos los países para hacer que las leyes de patentes formaran parte de la normativa para la Organización Mundial del Comercio (OMC), que apenas estaba en formación en aquel entonces.[11] La OMC estaría conformada por un grupo de países que acordaban sujetarse a unas reglas para establecer mercados libres y abiertos entre ellas. Presionados por las compañías farmacéuticas de su país, que hicieron espléndidas donaciones a los políticos, los funcionarios del gobierno estadounidense insistieron en que las reglas de la OMC debían requerir a todos sus países miembros que adoptaran estrictas leyes de patentes y de derechos de autor, como las vigentes en Estados Unidos. Aunque las naciones pobres objetaron la medida con vehemencia, cuando se constituyó la OMC en 1995, sus reglas incluyeron un capítulo titulado "Aspectos comerciales relacionados con los derechos de propiedad intelectual", el cual requería que todos los países pertenecientes a la OMC adoptaran leyes de patente y de derechos de autor similares a las de Estados Unidos.[12] Como es difícil para un país vender sus bienes a las naciones de la OMC a menos que también pertenezca a este organismo, la mayoría de los países se adhirieron a la OMC a pesar de sus objeciones al capítulo referente a las patentes.

De acuerdo con ese documento, cuando alguno de los miembros de la OMC concede una patente a una compañía farmacéutica, los demás países miembros tienen que respetarla durante 20 años. Sin embargo, los países menos desarrollados y los más pobres, como India y Brasil, no tenían que cumplir con esa disposición sino hasta 2006, aunque después esa fecha límite se extendió hasta 2016. El capítulo referente a la propiedad intelectual también incluyó el artículo 31, que permitía una excepción a sus estrictas reglas de patentes. De acuerdo con ese artículo, en caso de "emergencias nacionales" o de "otras circunstancias de extrema urgencia", un país pobre puede elaborar un medicamento patentado sin la autorización de la compañía que posee la patente. En 2001 la OMC emitió una norma que afirmaba que el artículo 31 del capítulo referente a las patentes permitía a una nación pobre proteger la salud de sus habitantes otorgando a su propia compañía farmacéutica una "licencia obligatoria" para elaborar un medicamento de patente (una licencia obligatoria es aquella que el poseedor de una patente tiene que conceder a un gobierno en circunstancias especiales). El reglamento de la OMC también estableció que una nación pobre que no esté en condiciones de fabricar medicamentos puede, en vez de ello, importar un medicamento de patente que otro país pobre elabore bajo una "licencia obligatoria". Aún más, la OMC declaraba que cada nación tenía el derecho "de determinar las bases sobre las que se otorgaban dichas licencias". Las compañías farmacéuticas europeas y estadounidenses habían cabildeado mucho para eliminar el artículo 31, pero al final hubo suficientes países del organismo que lo apoyaron y se convirtió en una de sus reglas oficiales. Sin embargo, las compañías juraron que seguirían oponiéndose al artículo y a su uso, especialmente por parte de Cipla, una compañía que se amparaba en esta disposición para elaborar y vender a bajo costo copias de medicamentos con patente.

El 25 de enero de 2007, Tailandia anunció que emitiría una "licencia obligatoria" para una de sus compañías farmacéuticas estatales de manera que pudiera elaborar una versión genérica de Kaletra, de Abbott. Este medicamento formaba parte de un nuevo grupo de antirretrovirales caros de "segunda línea" que Abbott había desarrollado y patentado. Cuando una víctima del SIDA inicia el tratamiento, los medicamentos antirretrovirales que recibe se llaman tratamiento de primera línea, y son relativamente baratos puesto que compañías, como Cipla, están en condiciones de ofrecer versiones genéricas económicas. Sin embargo, a menudo el VIH del paciente se hace resistente a los medicamentos de primera línea y estos dejan de tener efecto, por lo que hay que administrar una nueva combinación de antirretrovirales, que se conoce como la "segunda línea" de tratamiento. Como era de esperarse, los medicamentos de segunda línea eran costosos, ya que solo las grandes compañías farmacéuticas fabricaban esos medicamentos. El gobierno de Tailandia estimaba que aproximadamente 800,000 pacientes con SIDA necesitaban en ese momento un medicamento de segunda línea como el Kaletra de Abbott. Sin embargo, de acuerdo con el gobierno tailandés, esos pacientes no podían siquiera pagar el precio "de descuento" de $2,200 que la compañía insistía en que pagaran los países pobres por el suministro de dosis de Kaletra suficientes para un año de tratamiento.

Abbott Laboratories dijo que si Tailandia comenzaba a fabricar una versión del Kaletra, estaría usurpando la propiedad de la compañía, ya que esta poseía la patente y había descubierto, desarrollado y probado el medicamento usando varios cientos de millones de dólares de su propio dinero. Además, afirmó que, de acuerdo con su interpretación del capítulo referente a patentes de la OMC, Tailandia no tenía el derecho de ignorar la patente de la compañía simplemente porque no quería pagar el medicamento; la renuncia a pagar no constituía una "emergencia".[13] El jefe de la organización Médicos sin Fronteras en Tailandia habló sobre la postura de Abbott: "Para mí, es simplemente una actitud maliciosa. Es vergonzoso… Da una pésima imagen de las compañías multinacionales".[14]

El conflicto entre Tailandia y Abbott Laboratories muestra la controversia de la globalización y el libre comercio en asuntos bastante más diferentes al tema de mano de obra que surgió al trasladar Swingline primero a México y luego a China. Muchas naciones pobres argumentan que las reglas del libre comercio benefician a las compañías multinacionales al mismo tiempo que los ponen a ellas en desventaja. Afirman que las multinacionales —como las grandes farmacéuticas— influyen en las reglas que rigen el comercio internacional y favorecen sus propios intereses corporativos. En nombre del libre comercio, las naciones ricas obligan a las pobres a aceptar reglas que benefician a sus compañías, a la vez que ignoran el bienestar de los habitantes de las naciones pobres. Aún más, los críticos aseguran que las nuevas formas de propiedad —como las patentes de los medicamentos— se han desarrollado de tal forma que parece que en realidad entran en conflicto con el libre comercio, puesto que restringen el libre flujo de las fórmulas y el conocimiento que constituyen estas nuevas formas de "propiedad intelectual".

Tales controversias sobre la globalización y el libre comercio no son más que el último episodio de un gran debate que lleva siglos: ¿deberían los gobiernos imponer restricciones sobre las actividades empresariales y los intercambios económicos, o debería dejarse a las compañías en libertad de satisfacer sus propios intereses en los mercados libres, y permitirles también comerciar libremente con miembros de otras naciones? ¿Los gobiernos se alinean con los intereses de las compañías ricas y, si es así, es correcto que lo hagan? Una parte afirma que los mercados y el comercio libres tienen defectos porque son incapaces de enfrentar muchos de los problemas que generan las prácticas de negocios, como la competencia injusta, la contaminación mundial, prácticas laborales de explotación e indiferencia al bienestar de los pobres. Otra parte asevera que las restricciones de los gobiernos a las empresas son nocivas porque violan los derechos que estas tienen a la propiedad y a la libertad, conducen a la injusticia y empeoran la situación. Este capítulo examina esos argumentos morales en favor y en contra de permitir que los negocios operen en sistemas de mercado y de comercio libres.

Sistemas económicos

Los argumentos acerca de los mercados y el comercio libres se refieren a sistemas económicos. Un **sistema económico** es el sistema del que se vale una sociedad para proveer los bienes y servicios que necesita para sobrevivir y progresar.[15] Este sistema debe lograr dos tareas económicas básicas. La primera consiste en producir bienes y servicios, lo que significa determinar qué producir, cómo hacerlo y quién se encargará de ello. La segunda tarea es distribuir esos bienes y servicios entre sus miembros, lo que requiere determinar quién obtendrá qué y en qué cantidad. Para cumplir estas dos tareas, los sistemas económicos se apoyan en tres tipos de dispositivos sociales: tradiciones, autoridad y mercados. Cada uno representa una manera de organizar las actividades de las personas, una manera de motivarlas y una forma de decidir quién tiene o controla los recursos productivos de la sociedad.

Las llamadas sociedades primitivas tienen sistemas económicos basados primordialmente en la tradición. Las **sociedades basadas en la tradición** son pequeñas y se apoyan en los roles, las costumbres y las tradiciones colectivas para realizar las dos tareas económicas básicas. Los individuos están motivados por las expresiones de aprobación o desaprobación de la comunidad y con frecuencia los recursos productivos —como sus moradas— son de propiedad comunitaria. Por ejemplo, una tribu nómada pequeña que sobrevive a partir de la caza y el pastoreo se basa en los roles tradicionales de esposo, esposa, madre, padre, hijo o hija para decidir quién realiza qué actividades y quién obtiene qué, además de que se sostiene su rebaño en común. Aún en la actualidad existen sociedades que se basan casi por completo en sus tradiciones, como los bushem, los inuit, los cazadores kalahari y las tribus beduinas.

Las grandes sociedades modernas realizan las dos tareas económicas primordiales con dos maneras muy diferentes de organizarse: la autoridad y los mercados.[16] En un sistema económico basado de manera primordial en la **autoridad**, esta reside en un gobierno (ya sea una persona o un grupo), que se encarga de tomar las decisiones económicas sobre lo que las empresas deben producir, cuáles lo harán y quién obtendrá los productos.[17] Los recursos productivos, como la tierra y las fábricas, en su mayoría, son propiedad del gobierno o están bajo su control, y se considera que pertenecen al público o "al pueblo". El gobierno establece las recompensas y los castigos, los cuales, junto con las exhortaciones a servir a la sociedad, motivan a los individuos para hacer el esfuerzo que se requiere. China, Vietnam, Corea del Norte, Cuba, la ex Unión Soviética y otras naciones en diferentes épocas han manejado sus economías primordialmente con base en la autoridad.

Por el contrario, en un sistema basado en los **mercados**, las compañías privadas toman las decisiones principales acerca de qué producirán y quién obtendrá los productos.[18]

sistema económico El sistema del que se vale una sociedad para proveer los bienes y servicios que necesita para sobrevivir y progresar.

sociedades basadas en la tradición Sociedades que se apoyan en los roles, las costumbres y las tradiciones colectivas para realizar tareas económicas básicas.

economía dirigida Sistema económico que se basa principalmente en una autoridad de gobierno (ya sea una persona o un grupo) que toma las decisiones económicas acerca de lo que se debe producir, quién lo producirá y quién lo obtendrá.

economía de mercado Sistema económico basado principalmente en individuos que toman las decisiones importantes de qué producirán y quién obtendrá los productos.

Los recursos productivos, como la tierra y las fábricas, son propiedad y están bajo la administración de los particulares (no del gobierno) y se consideran propiedad privada de los individuos. Las personas están motivadas a trabajar más que nada por el deseo de obtener un pago a cambio de ofrecer de manera voluntaria los bienes que otros están dispuestos a adquirir. Inglaterra en el siglo XIX se cita con frecuencia como el ejemplo más sobresaliente de una economía que se basó en su mayor parte en un sistema de mercado.

Actualmente las economías presentan rasgos de estos tres elementos: tradiciones, autoridad y mercados.[19] Estados Unidos, por ejemplo, está muy orientado al mercado, pero todavía algunos de sus ciudadanos consideran ciertos trabajos como "propios de la mujer" (como la de profesoras de primaria o enfermeras) o "del hombre" (como policías y camioneros), así que para ellos la tradición determina quién realiza esos trabajos. Aún más, el gobierno de Estados Unidos no solo emite mandatos que regulan las actividades empresariales, la mano de obra y el comercio internacional, sino que también es dueño de varios negocios importantes, como el Export—Import Bank, el servicio postal, las Industrias de Prisiones Federales, Ginnie Mae, el Tennessee Valley Authority, Amtrak, la Corporation for Public Broadcasting y algunos otros. En 2010 el gobierno estadounidense adquirió en propiedad parcial o total docenas de negocios en quiebra, incluyendo compañías automovilísticas (General Motors), bancos (Citigroup) y de seguros (AIG).

De hecho, no sería deseable manejar una economía basada exclusivamente en las tradiciones, en la autoridad o en los mercados. Por ejemplo, si una economía fuera un sistema de mercado puro, sin intervenciones económicas del gobierno, no habría restricciones sobre la propiedad individual o sobre lo que se podría hacer con esta. La esclavitud sería totalmente legal, así como la prostitución y todas las drogas, incluyendo las que causan adicción física y psicosocial. En la actualidad, incluso los gobiernos de las economías más orientadas al mercado establecen ciertas restricciones a la propiedad, por ejemplo, la prohibición de la esclavitud y la limitación de determinadas acciones con la propiedad, como producir contaminación. También señalan que algunos intercambios son ilegales, como hacer uso de la mano de obra infantil, en tanto que otros son obligatorios, como el pago de impuestos. Estas limitaciones sobre los mercados son intrusiones de un sistema de autoridad: la preocupación del gobierno por el bienestar público lleva a establecer mandatos en relación con los bienes que está permitido fabricar o intercambiar. De manera análoga, en un sistema de autoridad como el régimen de la ex Unión Soviética —bajo el gobierno de Stalin—, existían mercados locales —muchos de ellos llamados "mercados negros"—, donde los trabajadores podían intercambiar sus salarios por los bienes que querían.

Desde el siglo XVIII, ha habido acalorados debates acerca de si las economías se deben basar en la autoridad o en los mercados.[20] ¿Deberíamos tener más mandatos gubernamentales en la forma de más reglamentos económicos y más control gubernamental sobre las actividades empresariales, o el gobierno se debe retirar y confiar la economía más al trabajo del mercado y a las decisiones de los dueños de las empresas? Algunas veces estos debates se expresan en términos de si las actividades económicas deberían estar más o menos libres de las intrusiones del gobierno, y entonces la discusión gira en torno a los **mercados libres** (es decir, libres de los límites de gobierno) y el libre comercio.[21] En ocasiones el debate se centra en las políticas de *laissez faire*, que en francés significa "dejar hacer" o "dejar actuar" sin los controles del gobierno.

En la actualidad esos debates continúan en dos niveles: **1.** si la economía interna de una nación se debe organizar como economía de libre mercado, y **2.** si los intercambios entre las naciones se deben basar en los principios del libre comercio. El lector no debe confundir los dos niveles diferentes de estos debates, aunque estén relacionados. En un primer nivel, cabe preguntar si el gobierno de una nación debe regular los intercambios comerciales entre sus ciudadanos o permitir que estos intercambien bienes libremente. En un segundo nivel, cabe preguntar si el gobierno de una nación debe permitir a sus ciudadanos intercambiar bienes de manera libre con los ciudadanos de otras naciones, o si debe imponer aranceles o cuotas sobre los bienes que sus ciudadanos quieran comprar a ciudadanos extranjeros. Nos podemos referir a la primera cuestión como el debate sobre el libre mercado y al segundo sobre libre comercio. En este capítulo se examinarán los

mercados libres Mercados en los que cada individuo puede intercambiar los bienes en forma voluntaria con otros y decidir qué hará con lo que posee, sin interferencia del gobierno.

argumentos de ambos debates, que versan, en última instancia, sobre el papel adecuado de los gobiernos y los mercados, tanto en la dimensión nacional como en la internacional.

Al analizar estos argumentos sobre los mercados y el comercio libres, o sobre la autoridad gubernamental y los mercados, de hecho se examina lo que los sociólogos llaman *ideologías*.[22] Una **ideología** es un sistema de creencias normativas que comparten los miembros de un grupo social. La ideología expresa las respuestas del grupo a preguntas acerca de la naturaleza humana (por ejemplo, ¿solo se motiva a los seres humanos con incentivos económicos?), el propósito básico de nuestras instituciones sociales (¿cuál es el objetivo del gobierno, de las empresas, del mercado?), la forma como funcionan las sociedades actuales (¿son los mercados realmente libres?, ¿las grandes empresas controlan al gobierno?), y acerca de los valores que la sociedad debe tratar de proteger (libertad, productividad e igualdad).

ideología Sistema de creencias normativas que comparten los miembros de algún grupo social.

Las ideologías que sostienen los estadounidenses en la actualidad incorporan ideas del pensamiento de Adam Smith, John Locke, David Ricardo y otros pensadores influyentes, cuyas perspectivas normativas se examinan y evalúan en este capítulo. Se analizarán estas ideas no solo por su influencia significativa en nuestras ideologías, sino porque muchos afirman actualmente que estas se deben ajustar para satisfacer las necesidades contemporáneas de las empresas y la sociedad.[23] Conforme avance en el estudio de este capítulo, el lector podrá hacer un ejercicio valioso de identificar la ideología que sostiene para examinar y criticar sus elementos.

Comenzaremos por analizar dos argumentos importantes a favor de los mercados libres en las secciones 3.1 y 3.2. El primer argumento, que se examina en la sección 3.1, se deriva del pensamiento de John Locke y se basa en una teoría de derechos morales que incorpora muchos de los conceptos que se estudiaron en la segunda sección del capítulo 2. El segundo argumento a favor de los mercados libres, que se examina en la sección 3.2, tiene claramente su origen en el pensamiento de Adam Smith y se basa en los principios utilitarios que se estudiaron en la primera sección del capítulo 2. En la sección 3.3 se dejan a un lado los argumentos del libre mercado para centrarnos en los del libre comercio internacional. Ahí se analizan las ideas de David Ricardo, quien fue contemporáneo de Adam Smith y que, al igual que este último, basó sus puntos de vista acerca del libre comercio en ciertos principios utilitarios. Por último, en la sección 3.4, se estudian los importantes argumentos —opuestos a los anteriores— de Karl Marx, quien sostenía que sin controles del gobierno, los sistemas de libre mercado promueven la injusticia tanto nacional como internacional.

3.1 Mercados libres y derechos: John Locke

Uno de los argumentos más difundidos que justifican que el gobierno desempeñe sólo un papel muy limitado en los mercados se deriva de la idea de que los seres humanos tienen ciertos *derechos naturales* que solamente se preservan en un sistema de libre mercado. Los dos derechos naturales que, según este argumento, protegen los mercados libres son el derecho a la libertad y el derecho a la propiedad privada. Se supone que los mercados libres protegen el primero en la medida en que permiten que cada individuo intercambie bienes con otros de forma voluntaria y libre del poder coercitivo del gobierno. Se supone que preservan el derecho a la propiedad privada en la medida en que cada individuo es libre de decidir qué hará con lo que le pertenece sin interferencia del gobierno.

En general, se reconoce a John Locke (1632-1704), un filósofo político inglés, como el precursor de la idea de que los seres humanos tienen un derecho natural a la libertad y un derecho natural a la propiedad privada.[24] Locke afirmó que, sin gobiernos, los seres humanos se encontrarían en un *estado de naturaleza*, en el cual cada individuo estaría en igualdad política con respecto a todos los demás y se vería perfectamente libre de cualquier restricción que no fuera la *ley de la naturaleza*, es decir, los principios morales que Dios confirió a la humanidad y que cada individuo puede descubrir mediante la razón que Dios le otorgó. Como él declara, en un estado de naturaleza, todos estarían en:

> un *estado de libertad perfecta* para ordenar sus acciones y disponer de sus posesiones y personas como consideren que es adecuado, dentro de los límites de la ley de la

naturaleza, sin pedir permiso o depender de la voluntad de otro hombre. También [sería] un estado de igualdad, en el que todo el poder y la jurisdicción serían recíprocos, nadie tendría más que otro [...] sin subordinación o sujeción [a otro]. Pero [...] el estado de naturaleza tiene una ley de la naturaleza que lo rige y que obliga a todos; y la razón, que es esa ley, enseña a toda la humanidad, que sin duda la consultará, que al ser todos iguales e independientes, nadie debe dañar a otro en su vida, salud, libertad o posesiones.[25]

Según Locke, la ley de la naturaleza "enseña" que cada uno tiene el derecho a la libertad y que, en consecuencia, "nadie puede ser despojado de este estado [natural] y sujeto al poder político de otro sin su consentimiento".[26] La ley de la naturaleza también nos informa que todos los individuos tienen derechos de propiedad sobre sus cuerpos, su trabajo y los productos de este, y que tales derechos de propiedad son "naturales", es decir, que no los inventa o crea un gobierno, ni son el resultado de una concesión gubernamental:

Cada hombre detenta la propiedad de su persona: nadie tiene derecho sobre esta, excepto él mismo. El trabajo de su cuerpo y el trabajo de sus manos, podemos decir, son suyos. Cualquier cosa que él obtenga del estado que la naturaleza le otorgó y le dejó, y que mezcle con su trabajo y una a algo que es suyo, esto la hace de su propiedad. [Ya que] este trabajo es de incuestionable propiedad del trabajador, ningún hombre, más que él, puede tener derecho a lo que alguna vez se unió [al trabajo], al menos donde hay suficiente, e igualmente bueno, que queda en común para los demás.[27]

Sin embargo, el estado de naturaleza es un estado riesgoso en el que los individuos están en constante peligro de que alguien les dañe, "porque siendo todos reyes tanto como él, todo hombre su igual, y [puesto que] la mayor parte no observa de manera estricta la equidad y la justicia, el disfrute de la propiedad que tiene en este estado es muy inseguro".[28] En consecuencia, los individuos inevitablemente se organizan en un cuerpo político y crean un gobierno, cuyo propósito fundamental es brindar la protección de sus derechos naturales, una condición ausente en el estado de naturaleza. Como el ciudadano acepta que exista el gobierno "solamente con la intención [...] de preservarse a sí mismo, su libertad y su propiedad [...], el poder de la sociedad o de la legislatura constituida por ellos no debería extenderse más allá" de lo que es necesario para preservar estos derechos.[29] El gobierno no puede interferir con los derechos naturales de los ciudadanos a la libertad y a la propiedad, excepto cuando esa interferencia sea necesaria para proteger la libertad o propiedad de una persona de sufrir la invasión de otros.

Aunque Locke nunca usó de manera explícita su teoría de los derechos naturales para defender el libre mercado, varios autores de siglo xx la emplearon con esta finalidad.[30] Friedrich A. Hayek, Murray Rothbard, Gottfried Dietze, Eric Mack y muchos otros aseguran que cada persona tiene el derecho a la libertad y la propiedad que Locke asignaba a cada ser humano y que, en consecuencia, el gobierno debe dejar a los individuos libres para intercambiar de manera voluntaria su trabajo y su propiedad como lo elijan.[31] Solo una economía de intercambio de empresas privadas libres, en la que el gobierno queda fuera del mercado y protege los derechos de propiedad de los individuos, permite esos intercambios voluntarios. Entonces, la existencia de los **derechos lockeanos** a la libertad y la propiedad implica que las sociedades deben incorporar las instituciones de propiedad privada y los mercados libres.

También es importante observar que los puntos de vista de Locke sobre el derecho a la propiedad privada han tenido una influencia significativa en las instituciones estadounidenses de la propiedad, incluso en la sociedad computarizada de nuestros días. Primero, y lo más importante, desde el principio de su historia, la ley estadounidense ha sostenido la teoría de que los individuos tienen un derecho casi absoluto a hacer lo que deseen con su propiedad, y que el gobierno solo tiene un derecho limitado de interferir o de confiscar la propiedad privada de un individuo aun cuando sea por el bien de la sociedad. La quinta enmienda a la Constitución de Estados Unidos establece que "ninguna persona debe ser [...] privada de

---

Repaso breve 3.1

El estado de naturaleza de Locke
- Todas las personas son libres e iguales.
- Cada persona es dueña de su cuerpo, su trabajo y del resultado de lo que mezcle con este último.
- El disfrute de las personas de la vida, la libertad y la propiedad es inseguro.
- Las personas acuerdan formar un gobierno para proteger su derecho a la vida, la libertad y la propiedad.

derechos lockeanos
El derecho a la vida, la libertad y la propiedad.

la vida, la libertad o la propiedad sin el debido proceso de la ley; tampoco se tomará la propiedad privada para uso público sin la justa compensación". Esta enmienda (que cita la frase de Locke, "vida, libertad y propiedad") en última instancia se deriva del punto de vista de que los derechos a la propiedad privada se establecen "por naturaleza" (cuando un individuo mezcla su trabajo con algún objeto), por lo que son anteriores al gobierno. Este último no otorga ni crea los derechos de propiedad privada. En vez de ello, debe respetar y proteger los derechos a la propiedad que se generan de manera natural a través del trabajo y el comercio.

Solo hasta hace relativamente poco, en los siglos XIX y XX, este punto de vista de Locke dejó su lugar en Estados Unidos a la perspectiva más "socialista" de que el gobierno puede limitar los derechos a la propiedad privada de un individuo por el bien de la sociedad. Incluso en la actualidad, en ese país, existe una fuerte presunción de que el gobierno no crea los derechos a la propiedad, sino que debe respetarlos y cuidar que se cumplan esos derechos que generaron los individuos con su propio esfuerzo. Por ejemplo, la ley estadounidense reconoce explícitamente que si una persona escribe un texto literario, este es de su propiedad incluso sin el registro de derechos de autor que emite el gobierno. Es importante ver que este punto de vista de Locke de la propiedad no es universal. En algunos países, como Japón, los recursos no se conciben como objetos sobre los cuales los individuos tienen un derecho absoluto de propiedad privada. Más bien, allí y en muchas otras sociedades de Asia, los recursos se consideran como una función primaria para servir a las necesidades de la sociedad como un todo, y por ello los derechos a la propiedad de los individuos deben ceder el paso a las necesidades de la sociedad cuando hay un conflicto entre ambos.

Segundo, como fundamento de muchas leyes estadounidenses respecto a la propiedad está el punto de vista de Locke de que, cuando una persona consume trabajo y esfuerzo para crear o mejorar un objeto, esa persona adquiere "por naturaleza" los derechos de propiedad sobre este. Si una persona escribe un libro o desarrolla un programa de software, por ejemplo, entonces automáticamente estos se convierten en su propiedad porque mezcló su trabajo en él. Por supuesto, es factible que una persona esté de acuerdo en vender su trabajo a un empleador, y con ello acuerda que este último obtendrá la propiedad de lo que crea. Sin embargo, incluso esos acuerdos laborales suponen que el empleado tiene el derecho de vender su trabajo, y esto significa que el empleado es el propietario original del trabajo para crear el objeto. Así por ejemplo, quienes desarrollan programas de software son los propietarios legítimos de estos, no solo porque han invertido gran cantidad de tiempo y energía en su diseño, sino también porque pagaron a los ingenieros de software quienes les vendieron su trabajo para desarrollar esos programas. Se debe observar que todos estos puntos de vista de la propiedad suponen, desde luego, que un derecho a la propiedad privada en realidad es un conjunto de derechos. Decir que X es mi propiedad privada equivale a decir que tengo el derecho de usarla, consumirla, venderla, regalarla, prestarla, rentarla, conservar cualquier resultado que produzca, modificarla, destruirla y, lo más importante, excluir a otros de hacer cualquiera de las acciones anteriores sin mi consentimiento.

Consideremos las acciones de Abbott Laboratories a la luz de los puntos de vista de Locke. Recordemos que la farmacéutica retiró varios medicamentos vitales al pueblo de Tailandia cuando su gobierno anunció que tenía la intención de fabricar un medicamento que Abbott había patentado, ya que reclamaba que ese país estaba "robando la propiedad intelectual" de la compañía.[32] Abbott insistía en que, sin importar lo que cualquier gobierno u otro organismo regulador pudiera decir, había creado la fórmula para el medicamento e invertido el dinero necesario para desarrollarlo, y por lo tanto era de su propiedad y nadie más tenía el derecho a usarlo sin su consentimiento. La postura de Abbott se basaba en el punto de vista lockeano de que la propiedad privada se genera a partir del trabajo propio y no porque el gobierno la conceda. El derecho a la propiedad, así como el derecho a la libertad, existen antes que la autoridad del gobierno (o son más básicos que ella) y, como Locke insistía, el gobierno se crea para proteger esos derechos fundamentales. El director de una asociación farmacéutica, que representaba a Abbott y a otras compañías multinacionales del ramo, declaró: "Después de que la compañía dedicó 10 años a la investigación, repentinamente al gobierno tailandés le gustaría imponer una licencia obligatoria, arrebatándole su propiedad y sus activos. Eso no es correcto".[33]

Por otra parte, el gobierno de Tailandia emitió un informe en el que declaraba que "había cumplido plenamente con [todos] los marcos legales nacionales e internacionales", incluyendo el capítulo referente a las patentes.[34] Señaló que la Organización Mundial del Comercio (OMC) había declarado explícitamente que para proteger la salud de sus ciudadanos, un país podía emitir una licencia obligatoria y elaborar un medicamento sin la autorización de la compañía poseedora de la patente. En consecuencia, dijo Tailandia, no fue incorrecto que fabricara el medicamento aunque Abbott tuviera la patente, puesto que el marco legal que la creó, y que convirtió la fórmula del medicamento en un tipo de "propiedad", les permitía explícitamente usar la fórmula. Por lo tanto, el punto de vista de Tailandia era que los derechos de propiedad los crea el gobierno y sus leyes, un punto de vista que decididamente no es lockeano.[35] También a diferencia de Locke, Tailandia sostenía que los derechos de propiedad no son absolutos. En su informe explicaba que su decisión se basó en su "compromiso de poner el derecho a la vida por encima de los intereses comerciales". Entonces, los derechos de propiedad están limitados por el "derecho a la vida", porque la vida humana es más importante que las reglas internacionales que protegen los "intereses comerciales" mediante los derechos de propiedad.

Fue así como los puntos de vista de Abbott Laboratories y de Tailandia se moldearon por sus ideologías, esto es, por sus puntos de vista sobre qué derechos son más básicos, sobre la finalidad del gobierno y sobre la naturaleza de la propiedad privada.

Críticas a los derechos lockeanos

Las críticas a la defensa del derecho a la libertad de Locke dentro y fuera de los mercados se centran en cuatro de sus debilidades más importantes: *a*) la suposición de que los individuos poseen los "derechos naturales" que Locke afirma, *b*) el conflicto entre estos derechos positivos y los negativos, *c*) el conflicto entre los derechos lockeanos y los principios de justicia, y *d*) la suposición individualista que hace Locke y sus conflictos con las demandas de cuidado.

En primer término, la defensa de Locke de los mercados libres se apoya en la suposición de que las personas tienen derechos a la libertad y la propiedad, y que estos son prioritarios frente a todos los demás derechos. Si los humanos no tienen los derechos primordiales a la libertad y la propiedad, entonces el hecho de que los mercados libres los preserven no significa mucho. No obstante, ni Locke ni sus seguidores del siglo XX ofrecen los argumentos necesarios para establecer que los seres humanos tienen tales derechos "naturales". Locke simplemente asevera que "la razón [...] enseña a toda la humanidad, que sin duda la consultará", que estos derechos existen.[36] En vez de argumentar a favor de estos derechos, Locke se quedó en la escueta aseveración de que la existencia de estos derechos es "evidente por sí misma": se supone que todos los seres humanos racionales son capaces de intuir que los supuestos derechos a la libertad y la propiedad existen. Sin embargo, muchas personas racionales han tratado de tener esta intuición y no lo han logrado.[37]

El fracaso de Locke de brindar argumentos a favor de su punto de vista principal surge con mayor claridad si se observa con más detalle lo que dice sobre el derecho natural a la propiedad. Locke asegura que cuando una persona "mezcla" su trabajo en un objeto que no está reclamado, este se convierte automáticamente (de forma natural) en su propiedad. Por ejemplo, si encuentro una pieza de madera que flota en la orilla del mar y tallo en ella una escultura, esta se convierte en mi propiedad porque tomé algo mío (mi trabajo) y lo mezclé con la madera para hacer algo más valioso. Invertir esfuerzo y trabajo para hacer algo más valioso hace que ese objeto sea mío. Pero, ¿por qué debe ser así? Como el filósofo Robert Nozick pregunta, si yo "mezclo" mi trabajo en algo que no es mío, ¿por qué esto no es solo una forma de perder mi trabajo?[38] Suponga que yo tengo una taza llena de agua y la arrojo al mar, de manera que mezclo mi agua con el agua *sin dueño* del océano. ¿Esto hace al océano mío? Como es evidente, al menos en este caso, mezclar algo mío con algo que no lo es, es solo una manera de perder lo que es mío, no una manera de adquirir algo que no era mío. ¿Por qué cuando invierto mi trabajo en mejorar o modificar un objeto para que sea más valioso, este se convierte en mi propiedad? Locke no da una respuesta a esta pregunta, al parecer, porque piensa que es "evidente por sí misma".

Segundo, incluso si los seres humanos tienen un derecho natural a la libertad y la propiedad, no se deduce que este derecho deba invalidar los demás derechos. El derecho a la libertad y la propiedad es un derecho negativo en el sentido que se definió en el capítulo 2. Como se vio, los derechos negativos en ocasiones entran en conflicto con el derecho positivo de una persona. Por ejemplo, el derecho negativo a la libertad podría estar en conflicto con el derecho positivo de alguien más a obtener alimento, asistencia médica, vivienda o aire limpio. ¿Por qué debemos creer que en esos casos el derecho negativo tiene prioridad sobre el positivo? Los críticos argumentan, de hecho, que no existe una razón para creer que los derechos a la libertad y la propiedad tienen más peso. En consecuencia, tampoco tenemos una razón para inclinarnos por el argumento de que deben preservarse los mercados libres porque protegen esos derechos.[39]

La tercera crítica importante que se dirige a Locke como defensor de los mercados libres se basa en la idea de que estos crean desigualdades injustas.[40] En una economía de libre mercado, el poder productivo de un individuo está en relación directa con la cantidad de trabajo o propiedad que ya posee. Los individuos que han acumulado una gran cantidad de riqueza y que tienen acceso a educación y capacitación podrán acumular aún más riqueza al adquirir más activos productivos. Los individuos que no tienen propiedades, que no pueden trabajar o que no tienen habilidades (como los discapacitados, enfermos, pobres o ancianos) no podrán adquirir bienes sin ayuda del gobierno. Como resultado, sin la intervención gubernamental, la diferencia entre los más ricos y los más pobres crecerá hasta que surjan grandes disparidades en la riqueza. A menos que el gobierno intervenga para ajustar la distribución de la propiedad que se deriva de los mercados libres, enormes grupos de ciudadanos permanecerán en el nivel de subsistencia, mientras que otros serán cada vez más ricos.

Para probar su argumento, los críticos citan los altos niveles de pobreza y las grandes desigualdades evidentes en las naciones de libre mercado como Estados Unidos. En 2008, por ejemplo, 39.8 millones de estadounidenses, que representan el 13.2 por ciento de la población, vivían en la pobreza; ese mismo año, el 20 por ciento más rico de los hogares estadounidenses tenía un ingreso promedio de $171,057.[41] En 2008 el 20 por ciento más pobre tenía un ingreso promedio de $11,984, mientras que el ingreso promedio del 5 por ciento más rico de los hogares fue de $322,881, esto es, 27 veces el promedio del 20 por ciento más pobre.[42] Cerca de 17 millones de hogares estadounidenses —alrededor de 51 millones de personas— sufrieron hambre durante 2008 porque no tuvieron suficiente alimento para satisfacer las necesidades básicas de todos los miembros de la familia.[43] Cerca de 46.3 millones de personas no tenían seguro de salud durante 2008.[44] Entre 2.3 y 3.5 millones de personas (1.35 millones de los cuales son niños) no tienen casa en un año determinado.[45] En contraste, el 1 por ciento de la población de nivel más alto tenía en sus manos cerca de la mitad de la riqueza financiera del país, poseía más de un tercio del valor de la nación, recibió la quinta parte de los ingresos del país y vivía en casas con valor promedio de $18,529,000.[46] Los críticos señalan la distribución tan desigual del ingreso y la riqueza en Estados Unidos, tal como lo muestra la tabla 3.1. Según las medidas estándar de desigualdad, como el llamado *índice de Gini*, la desigualdad en ese país se ha acentuado a ritmo constante (véase las figuras 3.1 y 3.2). La figura 3.3 muestra cómo el 20 por ciento que corresponde a las familias más ricas del país ahora recibe más ingresos que todos los demás grupos juntos.

La desigualdad a nivel mundial también ha aumentado, en parte debido a las fuerzas de la globalización. Recuerde el caso de Swingline, la compañía que fabrica engrapadoras y grapas. Cuando liquidó a sus empleados de Nueva York y se trasladó a México, disminuyó la posición económica de los trabajadores a los que se abandonó. Luego, cuando la compañía abandonó México y se instaló en China atraída por sus políticas de salarios más bajos, una vez más descendió el nivel de vida de los trabajadores que abandonó. De esta forma, los acuerdos de libre comercio y la globalización han permitido a las compañías transferir

Tabla 3.1 — Distribución del ingreso y la riqueza entre los estadounidenses en 2007

Grupo	Porcentaje del ingreso total de EUA	Porcentaje de riqueza financiera total en EUA	Porcentaje de riqueza neta total en EUA	Promedio de la riqueza neta por familia	Porcentaje del total de acciones de capital de EUA
1% superior	21.3	42.7	34.6	$18,529,000	38.3
20% superior	61.4	93.0	85.0	$2,278,000	91.1
Segundo 20%	17.8	6.8	10.9	$291,000	6.4
Tercer 20%	11.1	1.3	4.0	$71,200	1.9
40 % inferior	9.6	−1.0	0.2	$2,200	0.6

(El "20 por ciento superior" incluye el "1 por ciento superior"; el signo negativo bajo riqueza financiera indica deuda).

Fuente: Edward N. Wolff "Recent Trends in Households Wealth in the United States: Rising Debt and the Middle-Class Squeeze—An Update to 2007", documento de trabajo 589 de Levy Economics Institute Paper Collection, marzo de 2010, fecha de consulta: 2 de junio de 2010 en *www.levyinstitute.org/pubs/wp_589.pdf*.

Figura 3.1

Vea la **imagen** en **mythinkinglab.com**

Creciente desigualdad en Estados Unidos desde 1968
Según el índice de Gini

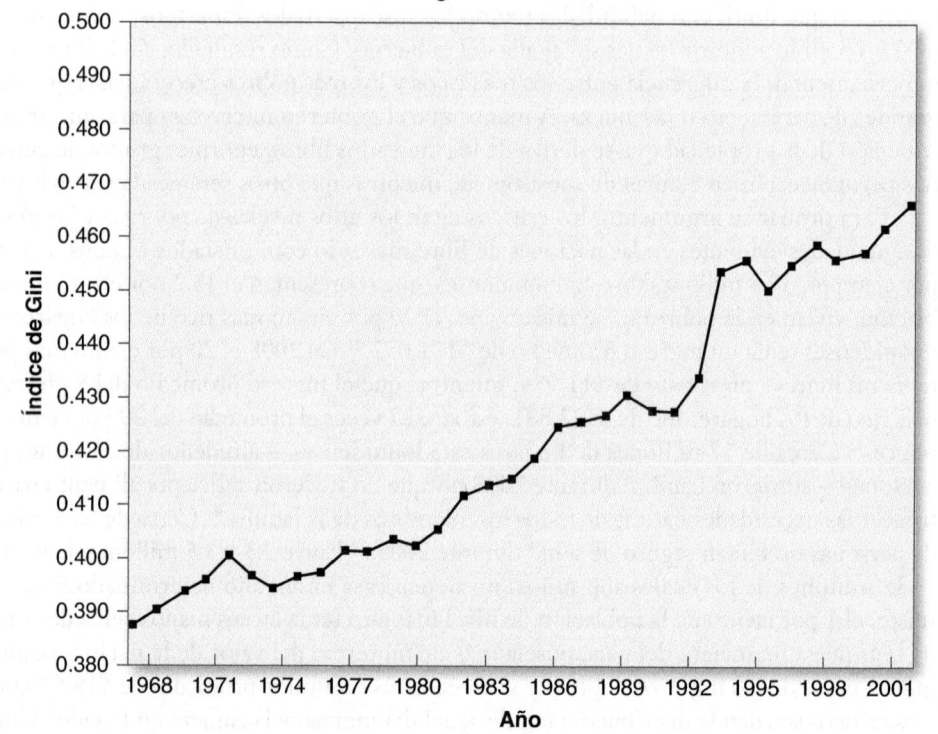

Repaso breve 3.2

Debilidades del punto de vista de Locke sobre los derechos

- Locke no demuestra que los individuos tienen derechos "naturales" a la vida, a la libertad y a la propiedad.
- Los derechos naturales de Locke son negativos y no demuestra que estos tengan más importancia que los positivos cuando ambos entran en conflicto.
- Los derechos de Locke implican que los mercados deben ser libres, pero estos pueden ser injustos y llevar a desigualdades.
- Locke supone de manera errónea que los seres humanos son individuos atomísticos.

---

sus operaciones de un país a otro y, como resultado, los trabajadores pobres del mundo se empobrecen cada vez más, y esto, finalmente, aumenta la desigualdad.

Por último, dicen los críticos, el argumento de Locke supone que los seres humanos son individuos atomísticos con derechos personales a la libertad y la propiedad, los cuales emanan de su naturaleza personal de modo independiente de sus relaciones con la comunidad más grande. Como se supone que estos derechos son precedentes e independientes de la comunidad, esta última no está en condiciones de reclamar la propiedad o libertad del individuo. Sin embargo, los críticos aseguran que estas suposiciones individualistas son completamente falsas: ignoran el papel clave del cuidado de las relaciones en las sociedades humanas y las demandas de cuidado que surgen de estas relaciones. Los críticos de Locke

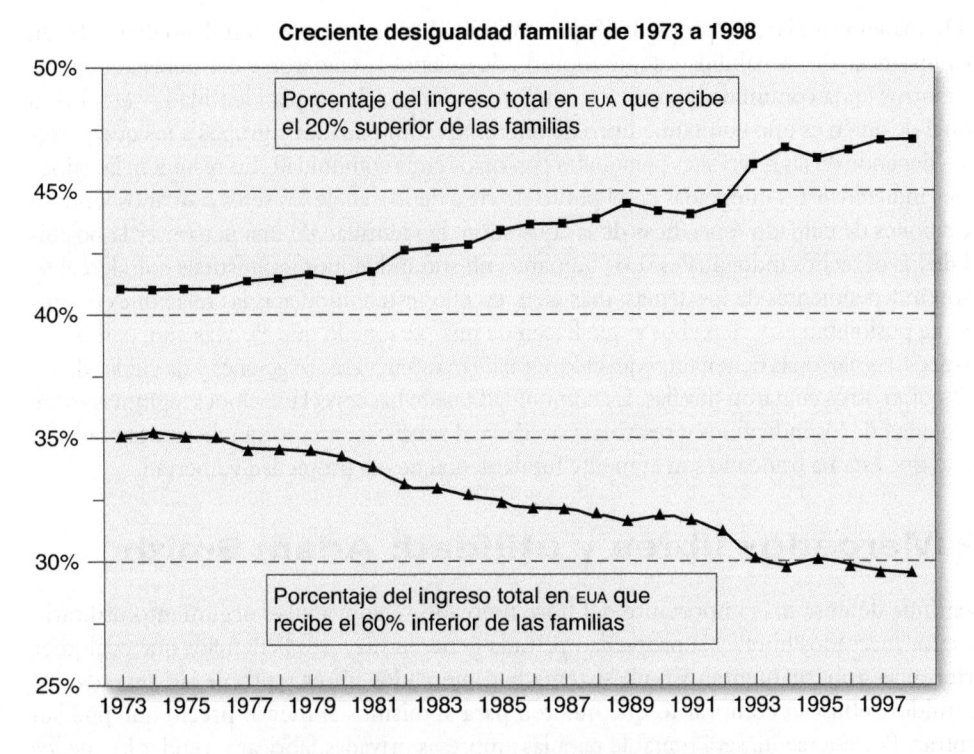

Figura 3.2
Vea la **imagen** en
mythinkinglab.com

Creciente desigualdad familiar de 1973 a 1998

[Gráfica que muestra el porcentaje del ingreso total en EUA que recibe el 20% superior de las familias (línea que sube de ~41% en 1973 a ~47% en 1998) y el porcentaje del ingreso total en EUA que recibe el 60% inferior de las familias (línea que baja de ~35% en 1973 a ~30% en 1998).]

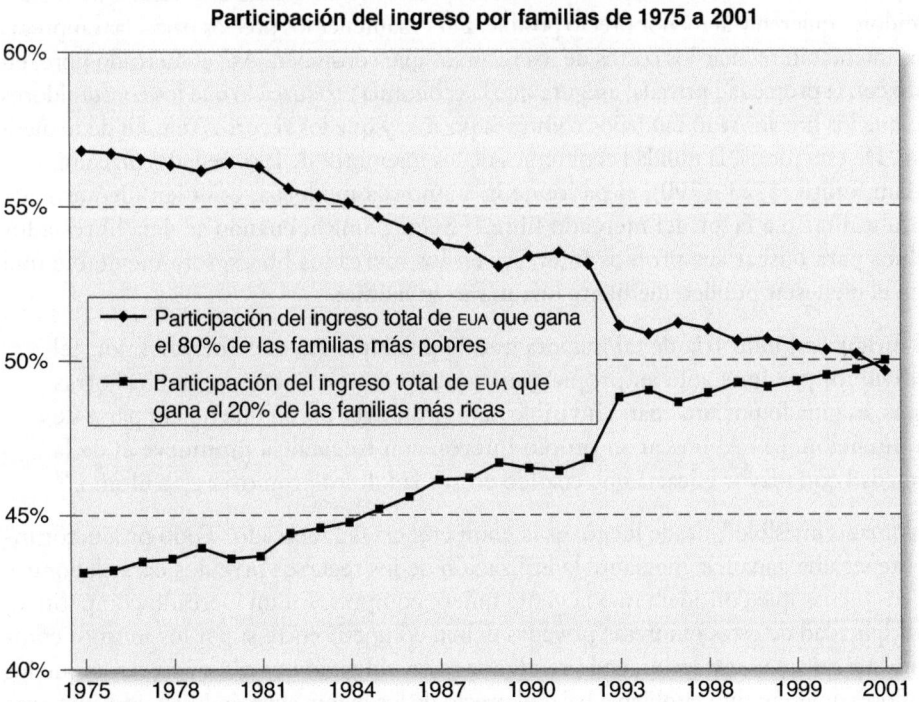

Figura 3.3
Vea la **imagen** en
mythinkinglab.com

Participación del ingreso por familias de 1975 a 2001

[Gráfica que muestra: Participación del ingreso total de EUA que gana el 80% de las familias más pobres (baja de ~57% en 1975 a ~50% en 2001) y Participación del ingreso total de EUA que gana el 20% de las familias más ricas (sube de ~43% en 1975 a ~50% en 2001).]

señalan que los seres humanos nacen dependientes del cuidado de otros; mientras crecen, son dependientes del cuidado de otras personas para adquirir lo que necesitan hasta convertirse en adultos. Pero incluso en la edad adulta dependen de la cooperación de otros en sus comunidades, casi para todo lo que hacen o producen. Incluso su libertad depende de otros. El grado de libertad que tiene un individuo depende de lo que es capaz de hacer: cuanto menos pueda hacer, menos libre es para hacerlo. Pero sus habilidades dependen de lo que aprende de quienes lo han cuidado y de lo que los otros quieran ayudarlo o le permitan hacer.

De manera similar, la "propiedad" que un individuo genera con su trabajo depende, en última instancia, de las habilidades que adquirió de quienes lo cuidaron y del trabajo cooperativo de otros en la comunidad, como los empleados. Incluso la propia identidad —el sentido personal de quién es uno como miembro de diferentes comunidades y grupos a los que pertenece— depende de las relaciones personales con otros en la comunidad. En resumen, las suposiciones individualistas integradas en el punto de vista de Locke de los seres humanos ignoran las relaciones de cuidado específicas de las que surge la identidad de una persona y la posibilidad de los derechos individuales. Los humanos no son individuos atomísticos con derechos que son independientes de los demás; más bien, en ellos están implícitas las relaciones de cuidado que posibilitan esos derechos y que hacen de una persona lo que es. Más aún, continúan los críticos, las personas tienen un requisito moral de mantener esas relaciones y de cuidar de los demás como otros cuidaron de ellas. La comunidad puede hacer reclamaciones legítimas sobre la propiedad de los individuos y restringir su libertad precisamente porque la comunidad y el cuidado que esta ha brindado son la fuente fundamental de esa propiedad y libertad.

3.2 Mercados libres y utilidad: Adam Smith

La segunda defensa más importante del libre mercado se apoya en el argumento utilitario de que los mercados libres y la propiedad privada generan mayores beneficios que cualquier interferencia gubernamental. En un sistema con mercados libres y propiedad privada, los consumidores buscan comprar lo que quieren para sí mismos al menor precio que puedan encontrar. Por esa razón, será rentable para las empresas privadas fabricar y vender lo que los consumidores quieren y al menor precio posible. Para mantener los precios bajos, las empresas privadas intentarán reducir los costos de los recursos que consumen. Así, el mercado libre, en conjunto con la propiedad privada, asegura que la economía produzca lo que los consumidores desean, que los precios sean tan bajos como sea posible y que los recursos se usen de manera eficiente. De esta forma, la utilidad económica de los miembros de la sociedad se maximiza.

Adam Smith (1723-1790), el padre de la economía moderna, es quien ideó este argumento utilitario a favor del mercado libre.[47] Según Smith, cuando se deja libres a los individuos para buscar sus propios intereses en los mercados libres, será inevitable que mejoren el bienestar público mediante una **mano invisible**:

mano invisible De acuerdo con Adam Smith, la mano invisible es la competencia del mercado que impulsa a los individuos con intereses personales a actuar de maneras que sirven a la sociedad.

> Al dirigir [su] industria de tal manera que su producto sea el de mayor valor, [el individuo] persigue sólo su propia ganancia, y en esto, como en muchas otras cosas, es guiado por una mano invisible para promover un fin que no era parte de su intención. [...] Al buscar su propio interés, con frecuencia promueve el de la sociedad con mayor eficacia que cuando en verdad desea promover este último.[48]

La "mano invisible", desde luego, es la competencia del mercado. Todo productor intenta obtener una ganancia mediante la utilización de los recursos privados para elaborar y vender los bienes que considera que la gente quiere comprar. En un mercado competitivo, una multiplicidad de estas empresas privadas deben competir entre sí por los mismos compradores. Así que, para atraerlos, cada vendedor se ve obligado no solo a ofrecer lo que los compradores quieren, sino también a bajar el precio de los bienes acercándose tanto como sea posible al "costo real para la persona que los pone en el mercado".[49] Para aumentar las ganancias personales, cada productor debe reducir los costos, y con ello los recursos que consume. La competencia que generan los múltiples vendedores privados con intereses personales sirve para bajar los precios, conservar los recursos y hacer que los productores respondan a los deseos del consumidor. Motivadas inicialmente por el interés personal, las empresas privadas terminan por servir a la sociedad. Como afirmó Smith sobre este asunto en un pasaje famoso:

> No es de la benevolencia del carnicero, el panadero y el cervecero que esperamos nuestra comida, sino de la atención de todos ellos a su propio interés. Nos

dirigimos no a su humanidad, sino al amor por sí mismos, y nunca les hablamos de nuestras necesidades, sino de sus beneficios.[50]

Smith también aseguraba que un sistema de mercados competitivos asigna recursos de manera eficiente entre las distintas industrias de la sociedad.[51] Cuando el suministro de ciertos bienes no es suficiente para satisfacer la demanda, los compradores hacen que el precio suba más allá del *precio natural* del que hablaba Smith (es decir, el precio que sólo cubre los costos de producir el bien, incluyendo la tasa de utilidad que se puede obtener en otros mercados). Los productores de ese bien entonces cosechan ganancias más altas que las disponibles para los productores de otros bienes. Las ganancias más altas inducen a los fabricantes de otros productos a destinar sus recursos a la producción del bien más rentable. Como resultado, la escasez de ese bien desaparece y su precio baja a su nivel natural. Por el contrario, cuando el abastecimiento de un bien es mayor que la cantidad demandada, el excedente resultante hace que su precio caiga, lo que induce a los productores a dirigir sus recursos a la producción de otros bienes más rentables. La fluctuación de los precios de los bienes en un sistema de mercados competitivos fuerza a los productores a asignar sus recursos a las industrias con mayor demanda y a retirar esos recursos de las que tienen un sobreabastecimiento relativo de bienes. En resumen, el mercado asigna los recursos para satisfacer la demanda de los consumidores de la manera más eficiente y, de esta forma, promueve la utilidad social.

La mejor política de un gobierno que espere avanzar hacia el bienestar público es no actuar: dejar que cada individuo busque su "libertad natural", para que sea libre de comprar y vender lo que desee.[52] Cualquier intervención del gobierno en el mercado solo interrumpiría el efecto de autorregulación de la competencia y reduciría sus muchas consecuencias benéficas al generar escasez y excedentes. Cuando Abbott Laboratories objetó la decisión de Tailandia de elaborar el medicamento que había patentado en realidad sostenía el punto de vista de que las intervenciones del gobierno en el mercado no son beneficiosas. La compañía argumentaba que los elevados precios de sus medicamentos eran necesarios para recuperar los altos costos de desarrollarlos, y si las compañías no cobraban esos precios no tendrían incentivos para continuar haciéndolos, lo cual conduciría a una escasez de desarrollo de nuevos medicamentos. Cuando el gobierno de Tailandia intervino en el mercado de medicamentos al tomar la patente, interfirió con la capacidad de la compañía de recuperar sus costos y, en cierto grado, eliminó sus incentivos de seguir desarrollando nuevas soluciones para el SIDA, disminuyendo así potencialmente el suministro futuro de nuevos medicamentos para esta enfermedad. Por lo tanto, a largo plazo, la intervención del gobierno en el mercado, como argumentaba Smith, siempre acabará dañando a los consumidores.

A principios del siglo XX, los economistas Ludwig von Mises y Friedrich A. Hayek complementaron las teorías de mercados de Smith con un ingenioso razonamiento.[53] Argumentaron que un sistema de libre mercado y propiedad privada no solo sirve para asignar recursos con eficiencia, sino que, en principio, es imposible que el gobierno o un individuo asignen esos recursos con la misma eficiencia. Los seres humanos son incapaces de asignar recursos con eficiencia porque nunca tendrán suficiente información ni podrán efectuar cálculos tan rápido como para coordinar de forma eficiente los cientos de miles de intercambios diarios que se requieren en una economía industrial compleja. En un mercado libre, los precios altos indican que se necesitan recursos adicionales para satisfacer la demanda del consumidor, y eso motiva a los productores a asignar sus recursos a esos consumidores. Entonces, el mercado asigna recursos con eficiencia de un día a otro a través del mecanismo de fijación de precios. Si un gobierno intentara hacer lo mismo, aseguran Von Mises y Hayek, tendría que saber qué productos desean los consumidores cada día, qué materiales necesitaría cada fabricante para elaborar los numerosos bienes que desean los consumidores, y luego tendría que calcular la mejor manera de asignar los recursos entre los productores interrelacionados para permitirles satisfacer los deseos de los consumidores.

Repaso breve 3.3

Según Adam Smith,
- La competencia del mercado asegura que la búsqueda de los propios intereses en los mercados conduzca hacia el bienestar público, lo cual constituye un argumento utilitario.
- La interferencia del gobierno en los mercados disminuye el bienestar público al generar escasez y excedentes.

Mercantilización o qué tan libres deberían ser los mercados libres

Mercantilizar algo significa convertir un bien en algo que se puede comprar y vender, o tratarlo como si esto fuera posible. Muchas personas creen que se debería ser libre de mercantilizar todo lo que queramos. Citemos al juez Richard Posner, del Tribunal de Apelaciones del Séptimo Circuito de Chicago, Estados Unidos, quien en su artículo "La economía de la escasez de bebés: Una propuesta modesta" afirma que hay más parejas que quieren adoptar un bebé que bebés disponibles para la adopción. Sugiere que esta "escasez" se podría arreglar si se inicia un "mercado de bebés" en el cual se pudieran vender los bebés disponibles, y las parejas que quisieran uno los pudieran comprar. En tal "mercado de bebés", señala, una escasez haría que su precio aumentara, y los precios al alza llevarían a que se pusieran más bebés a la venta y menos parejas se ofrecerían a comprarlos, con lo que la escasez disminuiría. Hay otros bienes, además de los bebés, que a las personas les gustaría mercantilizar, pero el gobierno no lo permite; por ejemplo, partes del cuerpo, sexo y drogas duras. En Estados Unidos hay 80,000 personas enfermas en listas de espera para recibir un trasplante de riñón, pero no hay suficientes donantes para otorgar los órganos de manera gratuita (o fallecidos dentro del tiempo necesario o cadáveres disponibles), así que aproximadamente 3,500 de ellas mueren cada año. Algunos emprendedores de negocios han iniciado servicios de correduría (ilegales) en los que los estadounidenses pueden comprar riñones (o córneas, ojos, piel y partes de hígados) a las personas pobres de India, Pakistán, Irak, Moldavia, Rumania, China, Perú y Rusia. El corredor cobrará al estadounidense $150,000 por un trasplante de riñón, pagará aproximadamente $10,000 al donante pobre que esté dispuesto a vender el órgano a ese precio, y hará que la operación se realice en Sudáfrica. Por ejemplo, un iraquí, Raad Bader al-Muhssin, con problemas para mantener a su familia cuando a su esposa le diagnosticaron cáncer, aceptó rápidamente cuando le ofrecieron $12,000 por uno de sus riñones:

> Toda mi vida he sido pobre y temía que mis hijos fueran a tener el mismo destino, y que mi esposa muriera por no tener el dinero para ayudarla. Era [mi] única oportunidad en la vida. Todavía tengo un riñón sano y con el dinero que me dieron nunca me volverán a humillar otra vez. Mis hijos volvieron a la escuela y nuestra vida cambió.

A muchas personas les gustaría que el gobierno permitiera la venta abierta de las relaciones íntimas sexuales, pero puesto que vender sexo es ilegal en todas las entidades de Estados Unidos, excepto en Nevada, "los trabajadores sexuales" deben comercializar sus servicios en secreto y anunciarlos en los directorios bajo la categoría de "acompañantes". A otros les gustaría que los gobiernos permitieran la compra y venta de drogas duras, esto es, las que causan dependencia tanto física como psíquica, por ejemplo, la cocaína y la heroína.

---

1. ¿La mercantilización de un bien cambia la forma en la que lo conceptualizamos? ¿Hay algo que no debería mercantilizarse? ¿Por qué?
2. Explique por qué cada una de las propuestas anteriores para ampliar el mercado libre es una buena o una mala idea. ¿Qué dirían John Locke y Adam Smith de las explicaciones que usted da?

Fuentes: Afif Sarhan, "Helpless Iraquis Sell Their Organs", *QatarLiving.com*, 17 de octubre de 2009, fecha de consulta: 15 de junio de 2010 en *http://www.qatarliving.com/nodel/754107*; Larry Rohter, "The Organ Trade: A Global Black Market", *The New York Times*, 23 de mayo de 2004; "The International Organ Trafficking Market", *National Public Radio*, 30 de julio de 2009, fecha de acceso de la transcripción: 15 de junio de 2010 en *http://www.npr.org/templates/story/story.php?storyId=111379908*; Larry Smith, "Does the War on Drugs Still Make Sense?", *The New Black Magazine*, fecha de consulta: 10 de junio de 2010 en *http://www.the-newblackmagazine.com/view.aspx?index=638*.

Von Mises y Hayek consideran que la cantidad infinita de información detallada y el número exorbitante de cálculos que necesitaría un gobierno en tal caso está más allá de la capacidad de cualquier grupo de seres humanos. Así, los mercados libres no solo asignan los bienes con eficiencia, sino que es prácticamente imposible que la planeación del gobierno iguale su desempeño.

Por último, es importante observar que, aunque Adam Smith no analizó la idea de la propiedad privada con profundidad, es una suposición clave de sus puntos de vista. Antes de que los individuos estén en condiciones de operar juntos en los mercados para vender bienes entre sí, deben tener algún acuerdo acerca de lo que cada uno posee y de lo que tiene derecho de vender a otros. Solo si una sociedad tiene un sistema de propiedad privada que asigne sus bienes a los individuos, podrá tener un sistema de libre mercado. Por esta razón, Adam Smith supuso que la sociedad con mercados libres tendría un sistema de propiedad privada, aunque no dio argumentos explícitos que demostraran que un sistema de propiedad privada era mejor que, por ejemplo, un sistema en el que todos los recursos productivos fueran propiedad común o del gobierno. Sin embargo, filósofos anteriores habían dado argumentos utilitarios en apoyo de un sistema de propiedad privada que, como los propios argumentos de Smith a favor de los mercados libres, se basaban en consideraciones utilitarias. En el siglo XIII, por ejemplo, el filósofo Tomás de Aquino argumentó que la sociedad no debería tener un sistema en el que todos los bienes fueran propiedad común. En su opinión, la mejor forma de que la sociedad prosperara sería que sus recursos fueran propiedad de los individuos que, de esa manera, tendrían un interés en mejorar y cuidar tales recursos. Un sistema de propiedad privada, dijo:

> [...] es necesario para la vida humana por tres razones. Primero, porque cada hombre tiene más cuidado de procurarse lo que es para sí mismo que lo que es común a muchos o a todos, ya que cada uno eludirá el trabajo y dejará a otro lo que se refiere a la comunidad. [...] Segundo, porque los asuntos de los seres humanos se realizan de una manera más ordenada si cada uno se encarga de cuidar cierto objeto específico para sí mismo, mientras que habrá confusión si todos tienen que cuidar lo mismo de manera indeterminada. Tercero, porque se asegura un estado más pacífico si cada quien está contento con lo suyo. Así, debe observarse que surgen pleitos con más frecuencia cuando no hay división de las cosas que se poseen.[54]

Desde la perspectiva de Tomás de Aquino, la propiedad privada no es algo que se produzca de manera "natural" cuando se "mezcla" el trabajo con los objetos, como afirma Locke. Más bien, la propiedad privada es una construcción social, una institución social artificial, pero útil, que creamos y que es susceptible de formarse de muchas maneras. Estos argumentos utilitarios en favor de un sistema de propiedad privada sobre un sistema de propiedad común se han repetido con frecuencia. En particular, muchos filósofos han esgrimido el argumento de que, sin un sistema de propiedad privada en el que los individuos obtienen los beneficios que resultan de cuidar de los recursos que poseen, la gente dejaría de trabajar porque no tendría incentivo para hacerlo.[55] Un sistema de propiedad privada es el mejor porque brinda incentivos para que los individuos inviertan su tiempo, trabajo y esfuerzo en mejorar y explotar los recursos que poseen y cuyos beneficios saben que recibirán personalmente.

Críticas a Adam Smith

Desde diversos frentes, los críticos han atacado el argumento utilitario clásico de Smith que defiende los mercados libres y sus suposiciones referentes a la propiedad privada. La crítica más común es que el argumento se apoya en suposiciones no realistas.[56] Los argumentos de Smith suponen, primero, que las fuerzas impersonales de la oferta y la demanda hacen que los precios bajen hasta niveles mínimos porque los vendedores de productos son tan numerosos y cada empresa es tan pequeña que ningún vendedor, por sí mismo, es

Repaso breve 3.4

Apoyo adicional a Adam Smith
- Hayek y Von Mises argumentan que los gobiernos no deben interferir en los mercados porque no pueden tener la información suficiente para asignar los recursos de manera tan eficiente como los mercados libres.
- Smith supone un sistema de propiedad privada como el que defiende Aquino con el argumento utilitario de que la propiedad privada lleva a cuidar y usar los recursos de una mejor manera que la propiedad común.

capaz de controlar el precio de un producto. Esta suposición quizás era cierta en la época de Smith, cuando las empresas más grandes empleaban solo a unas cuantas docenas de hombres, y una multitud de tiendas pequeñas y comercios insignificantes competían por la atención del consumidor. Sin embargo, en la actualidad, muchas industrias y mercados están monopolizados por completo o parcialmente, y la pequeña empresa ya no es una regla. En estas industrias monopolizadas, donde una o varias empresas grandes están en condiciones de establecer sus precios, ya no siempre es cierto que estos descienden hacia sus niveles ínfimos. El poder del monopolio de los gigantes industriales permite mantener de manera artificial los precios a niveles altos y la producción a niveles bajos.

Por ejemplo, muchos observadores han señalado que las patentes son una forma de monopolio. Un monopolio es un mercado en el que solo hay un vendedor. Cuando una compañía recibe la patente de un medicamento, solo ella tiene el derecho de venderlo, así que tiene su monopolio. Si el medicamento es capaz de curar algunas enfermedades importantes, la compañía podrá fijar el precio tan alto como quiera. En un mercado libre no hay límites al precio que un monopolio puede cobrar por sus medicamentos. Como vimos en el caso de Abbott Laboratories, la empresa que tenía las patentes de determinados medicamentos que podían mantener bajo control el SIDA, el precio de venta era tan alto que quedaba fuera del alcance de las personas de países pobres como Tailandia. Por ejemplo, Abbott fijó el precio de Kaletra, su medicamento para el SIDA, en $7,000 al año en la mayoría de los países, y en $2,200 para el caso de Tailandia. Otras compañías que contaban con patentes de sus propios medicamentos para el SIDA —lo que también podría considerarse como un monopolio— vendían hasta en $12,000 la cantidad del fármaco suficiente para un año de tratamiento. En mercados libres y monopolizados como esos, los precios no se desplazan hacia sus niveles más bajos como sugería Adam Smith.

En segundo lugar, aseguran los críticos, los argumentos de Smith suponen que el fabricante pagará todos los recursos que se emplean para elaborar un producto y que tratará de reducir estos costos para maximizar sus ganancias. Como resultado, existe una tendencia hacia una utilización más eficiente de los recursos de la sociedad. También se ha demostrado que esta suposición es falsa cuando los fabricantes de un producto consumen recursos que no tienen que pagar y que, por lo tanto, no intentan economizar. Por ejemplo, cuando los fabricantes utilizan aire limpio y lo contaminan, o cuando generan problemas de salud al desechar sustancias químicas dañinas en ríos, lagos y mares, están usando recursos de la sociedad por los que no pagan. En consecuencia, no existe una razón para que intenten minimizar estos costos, y el resultado es el desperdicio social. Ese desperdicio es un ejemplo particular de un problema más general que el análisis de Smith ignoró, ya que él no tomó en cuenta los efectos externos que las actividades de negocios tienen con frecuencia sobre el entorno inmediato. La contaminación es un ejemplo, pero hay otros, como los efectos en la sociedad de introducir tecnología avanzada, el efecto psicológico de la creciente mecanización sobre los trabajadores, los efectos dañinos que el manejo de materiales peligrosos provoca sobre la salud de los empleados, y la conmoción económica que surge cuando los recursos naturales se agotan al buscar obtener ganancias en el corto plazo. Por ejemplo, los trabajadores de Estados Unidos que la compañía de engrapadoras Swingline dejó sin empleo en Nueva York cuando se trasladó a México, y los mexicanos que dejó en Nogales cuando se fue a China, pagaron los costos de los movimientos de la empresa conforme esta buscaba mano de obra más barata. Smith ignoró esos costos externos como los que impone la empresa a otras partes, y supuso, en vez de ello, que esta es un agente autocontenido cuyas actividades solo repercuten sobre sí misma y sobre sus clientes. Sin embargo, las actividades empresariales a menudo tienen efectos indirectos que dañan a terceras partes, incluso cuando estas ayudan a las empresas a disminuir sus costos y aumentar sus beneficios.

En tercer lugar, afirman los críticos, el análisis de Smith erróneamente supone que todo ser humano está motivado por un deseo de interés personal y "natural" de obtener ganancias. Smith, al menos en su libro *La riqueza de las naciones*, supone que una persona, en todos sus tratos, "busca solo su propia ganancia".[57] La naturaleza humana sigue la regla de la "racionalidad económica": dar tan poco como sea posible a cambio de tanto como se pueda obtener. Ya que el ser humano "busca solo su propia ganancia" de todas maneras, el mejor arreglo económico es el que reconoce esta motivación "natural" y permite su juego libre en los mercados competitivos que fuerzan al interés personal a servir al interés público. No obstante, esta teoría de la naturaleza humana, dicen los críticos, es falsa a todas luces. En primer término, porque los seres humanos, por lo regular, muestran preocupación por el bien de otros y restringen su interés personal en beneficio de otros. Aun cuando compramos y vendemos en los mercados, las restricciones de honestidad y equidad afectan nuestra conducta. Segundo, aseguran los críticos, no es necesariamente racional el hecho de seguir la regla de "dar tan poco como sea posible a cambio de tanto como se pueda obtener". En numerosas ocasiones, todos los individuos están en mejor posición cuando muestran preocupación por los demás, y entonces es racional manifestar esa preocupación. Tercero, los críticos afirman que si los seres humanos muchas veces se comportan como "hombres económicos racionales", no es porque ese comportamiento sea natural, sino porque la amplia adopción de las relaciones del mercado competitivo los obliga a relacionarse como tales. El sistema de mercado de una sociedad hace a los humanos egoístas, y este egoísmo generalizado hace que piensen que el motivo de las ganancias es "natural".[58] Son las instituciones del capitalismo las que engendran egoísmo, materialismo y competitividad. En realidad, los seres humanos nacen con una tendencia natural a mostrar preocupación por otros miembros de su especie (como sus familias). De hecho, un defecto moral importante de una sociedad edificada alrededor de mercados competitivos es que, en el seno de tales sociedades, esta tendencia benevolente natural hacia la virtud se sustituye de forma gradual por el interés personal hacia el vicio. En resumen, esas sociedades son defectuosas desde el punto de vista moral, porque promueven un carácter moralmente malo.

En cuanto al argumento de Von Mises y Hayek —referente a que quienes planean no pueden asignar recursos de manera eficiente—, los ejemplos de los franceses, holandeses y suecos han demostrado que la planeación dentro de algunos sectores de la economía no es tan imposible como imaginaron esos analistas.[59] Más aún, el argumento de Von Mises y Hayek recibió respuesta en términos teóricos por parte del economista socialista Oskar Lange, quien demostró que un consejo de planeación central podría asignar bienes con eficiencia en una economía sin tener que conocer todo acerca de los consumidores y productores, y sin hacer cálculos elaborados imposibles.[60] Todo lo que se necesita es que los encargados de hacer la planeación central reciban informes de las dimensiones de los inventarios de los productores y que determinen los precios de sus bienes en concordancia. Un superávit en los inventarios indica que es necesario bajar los precios, mientras que un déficit indica que los precios deberían elevarse. Al fijar los precios de todos los bienes de esa manera, el consejo central de planeación creará un flujo eficiente de recursos en toda la economía. Se debe reconocer, sin embargo, que el tipo de planeación a gran escala que se ha intentado en algunas naciones socialistas —en particular en la ex Unión Soviética— dio como resultado un fracaso también a gran escala. Parece que la planeación es posible siempre que sea solo un componente dentro de una economía donde la mayor parte de los intercambios se basen en las fuerzas del mercado.

La crítica keynesiana

La crítica más sobresaliente a los argumentos clásicos de Adam Smith la emprendió John Maynard Keynes (1883-1946), un economista inglés.[61] Smith suponía que sin ayuda del gobierno, el juego automático de las fuerzas del mercado aseguraría el empleo total de todos los recursos económicos, incluida la mano de obra. Si algunos recursos no se utilizan, entonces, sus costos bajan y esto induce a los empresarios a aumentar su producción usando estos recursos de menor costo. La compra de tales recursos, a la vez, genera los ingresos que permiten a los individuos adquirir los productos que se elaboran con ellos. Así se emplean todos los recursos disponibles, y la demanda siempre crece para absorber la oferta de bienes elaborados a partir de ellos (una relación que ahora se llama **ley de Say**).

Repaso breve 3.5

Críticas al argumento de Smith
- Se apoya en la suposición poco realista de que no hay monopolios.
- Supone falsamente que el fabricante paga todos los costos relevantes, lo que ignora, por ejemplo, los costos de la contaminación.
- Supone falsamente que los seres humanos solo están motivados por el deseo de obtener ganancias para sí mismos.
- A diferencia de lo que Hayek y Von Mises dijeron en apoyo de Smith, es posible y deseable cierta planeación gubernamental y regulación de los mercados.

ley de Say En una economía se usan todos los recursos disponibles, y la demanda siempre se expande para absorber la oferta de bienes elaborados a partir de ellos.

demanda agregada
Según John Maynard Keynes, la suma de la demanda de tres sectores de la economía: las familias, las empresas y el gobierno.

economía keynesiana
La teoría de John Maynard Keynes según la cual los mercados libres, por sí solos, no necesariamente son el medio más eficiente para coordinar el uso de recursos de una sociedad.

escuela post-keynesiana
Corriente encabezada por economistas que intentaron desafiar y modificar la economía keynesiana.

Repaso breve 3.6

Críticas de Keynes a Smith
- Keynes decía que Smith suponía, de manera equivocada, que la demanda siempre es suficiente para absorber la oferta de bienes.
- Pero si las familias renuncian a gastar, la demanda puede ser menor que la oferta, lo que conduce a recortes en el gasto, desempleo y depresión económica.
- El gasto gubernamental puede compensar esa reducción en el gasto de las familias, así que la intervención del gobierno en los mercados está justificada.
- Pero los puntos de vista de Keynes se vieron desafiados cuando el gasto público no mitigó el alto desempleo y solo generó inflación.

No obstante, desde Keynes, los economistas han argumentado que, sin las intervenciones del gobierno, es probable que la demanda de bienes no sea suficientemente alta para absorber la oferta. El resultado es el desempleo y una depresión económica.

Keynes consideraba que la demanda total de bienes y servicios es la suma de la demanda de tres sectores de la economía: las familias, las empresas y el gobierno.[62] La **demanda agregada** de estos tres sectores tal vez sea menor que la cantidad agregada de bienes y servicios que la economía suministra a un nivel de pleno empleo. Esta falta de equilibrio entre la demanda y la oferta agregadas ocurre cuando las familias prefieren ahorrar parte de su ingreso en valores en vez de gastarlo en bienes y servicios. Cuando, como consecuencia, la demanda agregada es menor que la oferta agregada, el resultado es una contracción de la oferta. Los negocios se dan cuenta de que no están vendiendo todos sus bienes, de manera que frenan la producción y, con esto, reducen el empleo. Conforme la producción se reduce, disminuyen los ingresos de las familias, pero la cantidad que estas destinan al ahorro disminuye con mayor rapidez. Con el tiempo, la economía llega a un punto de equilibrio estable en el que la demanda de nuevo se iguala a la oferta, pero donde hay un desempleo generalizado de mano de obra y otros recursos.

El gobierno, según Keynes, tiene la posibilidad de influir en la tendencia a ahorrar (la cual disminuye la demanda agregada y genera desempleo), ya que es capaz de prevenir el exceso de ahorro a través de su política de tasas de interés, y de ejercer control en estas últimas regulando la oferta de dinero: cuánto más alta sea la oferta de dinero, menores serán las tasas de interés a las que se presta. Segundo, el gobierno tiene influencia directa sobre la cantidad de dinero que las familias tienen disponible al elevar o bajar los impuestos. Tercero, el gasto de gobierno permite reducir cualquier disparidad entre la demanda y la oferta agregadas al compensar la reducción en la demanda de familias y empresas (lo que, por cierto, genera inflación).

Así, en oposición a las afirmaciones de Smith, la intervención del gobierno en la economía es un instrumento necesario para maximizar la utilidad de la sociedad. Los mercados libres, por sí solos, no siempre son los medios más eficientes para coordinar el uso de los recursos de una sociedad. El gasto público o gubernamental y las políticas fiscales sirven para generar la demanda necesaria que permita disminuir el desempleo. Estos puntos de vista fueron el núcleo de la **economía keynesiana**.

No obstante, los puntos de vista de Keynes han enfrentado tiempos difíciles. Durante la década de 1970, Estados Unidos (y otros países occidentales) experimentaron de manera simultánea inflación y desempleo, un fenómeno llamado *estanflación*. El análisis estándar de Keynes lleva a creer que estos dos fenómenos no ocurren juntos: un mayor gasto del gobierno, aunque inflacionario, aumenta la demanda y con ello alivia el desempleo. Sin embargo, en la década de 1970, el remedio estándar de Keynes para el desempleo (mayor gasto gubernamental) tuvo el efecto esperado de generar más inflación, pero no redujo el desempleo.

En particular durante los años 70 se presentaron varios diagnósticos que señalaron el fracaso aparente de la economía de Keynes para manejar los problemas gemelos de la inflación y el desempleo persistente.[63] Al respecto, destacan los nuevos enfoques keynesianos de la llamada **escuela post-keynesiana**.[64] Por ejemplo, John Hicks, un entusiasta keynesiano y, a la vez, un post-keynesiano, sostiene que en muchas industrias actuales los precios y salarios ya no están determinados por las fuerzas del mercado competitivo, como supuso Keynes. En vez de ello, se establecen por acuerdos convencionales entre productores y sindicatos.[65] El efecto final de esas convenciones para fijar precios es una inflación continua frente a un desempleo continuo. Sin considerar por ahora si el análisis de Hicks es correcto, una floreciente escuela post-keynesiana ha desarrollado nuevos enfoques a la teoría de Keynes que pretenden dar cuenta de los problemas de estanflación. Las teorías post-keynesianas, como las de Hicks, conservan la afirmación clave de Keynes de que el desempleo se reduce si se aumenta la demanda agregada (el principio de demanda efectiva) mediante el gasto público. A diferencia de Keynes, Hicks y otros post-keynesianos toman más en serio la naturaleza oligopólica de la mayoría de las industrias modernas y los mercados de trabajo sindicalizados, al igual que el papel que tienen las convenciones sociales y los acuerdos en estos mercados de oligopolios, donde los fuertes sindicatos y las grandes compañías luchan por la participación de los ingresos. Así, el papel del gobierno es todavía mayor que el que previó Keynes. El gobierno no solo debe impulsar la demanda agregada con mayor gasto, sino que también debe frenar el poder de los grandes oligopolios.

Durante la llamada Gran Recesión que se registró entre 2008 y 2009, los gobiernos de todo el mundo regresaron con entusiasmo a las políticas de Keynes. Por ejemplo, Estados Unidos inyectó más de $700 mil millones a su economía para tratar de sacarla de la recesión. Los gobiernos europeos y asiáticos también inyectaron enormes cantidades de dinero a sus economías. Aunque el mundo se ha recuperado poco a poco de la Gran Recesión, aún no está del todo claro si lo logró gracias a las medidas keynesianas implementadas.

La utilidad de la supervivencia del más apto: Darwinismo social

El darwinismo social del siglo XIX imprimió un nuevo giro a las justificaciones utilitarias de los mercados libres, al afirmar que estos tienen consecuencias benéficas más allá de las que Adam Smith identificó. El argumento es que la competencia económica genera progreso humano. Las doctrinas del **darwinismo social** recibieron su nombre en honor de Charles Darwin (1809-1882), quien afirmaba que las diferentes especies de seres vivos evolucionaron como resultado de la acción de un entorno que favorecía la supervivencia de unos mientras que aniquilaba a otros: "A esta preservación de las diferencias y variaciones individuales favorables y la destrucción de aquellas que son perjudiciales la he llamado selección natural o supervivencia del más apto".[66] Los factores ambientales que dieron como resultado la *supervivencia del más apto* fueron las presiones competitivas del mundo animal. Darwin sostiene que, como resultado de esta "lucha por la existencia" competitiva, las especies cambian de manera gradual porque solo los más aptos sobreviven para transmitir sus características favorables a sus descendientes.

Aun antes de que Darwin publicara sus teorías, el filósofo Herbert Spencer (1820-1903) y otros pensadores habían sugerido que el proceso evolutivo que describía Darwin también se aplicaba a las sociedades humanas. Spencer afirmaba que, al igual que la competencia en el mundo animal asegura que solo sobrevive el más apto, la libre competencia en el mundo económico asegura que solo los individuos más capaces sobreviven y llegan a la cima. La implicación es que:

> Inconveniencia, sufrimiento y muerte son las penas que impone la Naturaleza a la ignorancia, lo mismo que a la incompetencia; pero también son los medios para subsanarlos. Al eliminar a los de menor desarrollo, y al someter a los que quedan a la disciplina continua de la experiencia, la Naturaleza asegura el crecimiento de una raza que deberá entender las condiciones de la existencia y será capaz de actuar según ellas.[67]

De acuerdo con esta perspectiva, aquellos individuos cuyo trato agresivo en los negocios les permite tener éxito en el competitivo mundo empresarial son los "más aptos" y, por lo tanto, los mejores. Al igual que la supervivencia del más apto asegura el progreso continuo y la mejora de una especie animal, también la libre competencia que enriquece a algunos individuos y reduce a otros a la pobreza da como resultado una mejora gradual de la raza humana. No debe permitirse al gobierno interferir con esta competencia severa porque solo impediría el progreso. En particular, el gobierno no debe prestar ayuda económica a quienes se quedan atrás en la competencia por sobrevivir. Si sobreviven los individuos que no son aptos económicamente, transmitirán sus cualidades inferiores y la raza humana declinará.

Las deficiencias del punto de vista de Spencer eran evidentes, incluso para sus contemporáneos. Los críticos se apresuraron en señalar que las habilidades y los rasgos que ayudan a los individuos y a las empresas a avanzar y "sobrevivir" en el mundo de los negocios no son necesariamente las que ayudan a la humanidad a sobrevivir en el planeta. El avance en el mundo de los negocios en ocasiones se logra a través de la cruel indolencia

darwinismo social Creencia de que la competencia económica genera el progreso humano.

supervivencia del más apto Término que utilizó Charles Darwin para referirse al proceso de selección natural.

frente a otros seres humanos. Sin embargo, la supervivencia de la humanidad bien podrá depender del desarrollo de las actitudes de cooperación y de la disposición de los individuos para ayudarse unos a otros.

Pero el problema básico que fundamenta esta perspectiva del darwinismo social es la suposición normativa de que *supervivencia del más apto* significa *supervivencia del mejor*. Es decir, cualesquiera que sean los resultados del trabajo de la naturaleza son necesariamente buenos. La falacia —que los autores modernos llaman *falacia naturalista*— implica, desde luego, que cualquier suceso natural es siempre para bien. Sin embargo, es una falla de lógica básica inferir que lo que es debería ser así, o lo que hace la naturaleza es lo que se debería hacer.

Sin embargo, a pesar de sus muchas deficiencias, muchas personas de negocios actualmente creen firmemente en una versión del darwinismo social. Esto es, muchos empresarios creen que las compañías deben competir por sus vidas en un ambiente económico en el que solo los fuertes sobrevivirán. Las versiones modernas del spencerismo sostienen que la competencia es buena, no porque aniquile al individuo débil, sino porque elimina a las empresas débiles. La competencia económica asegura que las "mejores" empresas de negocios sobrevivan y, como resultado, el sistema económico mejorará poco a poco. La conclusión de los modernos darwinistas sociales es la misma: el gobierno debe quedar fuera del mercado porque la competencia es benéfica. Por esa razón, muchas personas de negocios objetan los "rescates" gubernamentales. Durante las últimas décadas, cuando las empresas muy grandes fracasaron y parecía que tendrían que cerrar y despedir a todos sus empleados, el gobierno de Estados Unidos intervino dándoles dinero suficiente para rescatarlas de sus problemas. Esto ocurrió a menudo durante la recesión que se registró entre 2008 y 2009, cuando el gobierno estadounidense aportó $700 mil millones para apoyar a docenas de bancos, compañías de seguros y automotrices, y a otros negocios. Los darwinistas sociales objetaron que lo que hizo esta medida fue apoyar compañías débiles e ineficientes que debían haberse dejado hundir.

3.3 Libre comercio y utilidad: David Ricardo

Hasta ahora, el análisis se ha centrado en los argumentos a favor y en contra de los mercados libres. Pero los argumentos utilitarios también han avanzado en favor del libre comercio entre las naciones. De hecho, el trabajo más importante de Adam Smith, *La riqueza de las naciones*, en principio estaba dirigido a demostrar los beneficios del libre comercio. En esa obra, Smith escribió:

> Es la máxima de cualquier jefe de familia prudente, nunca intentar hacer en casa lo que le costará más hacer que comprar. El sastre no hace sus propios zapatos, sino que los compra al zapatero. [...] Lo que se ve como prudencia en la conducta de toda familia, podría ser absurdo en un gran reino. Si un país extranjero está en condiciones de suministrarnos un bien a un precio más bajo que si lo hacemos nosotros, es mejor comprarlo con cierta parte del producto de nuestra industria, de manera que tengamos alguna ventaja.[68]

Aquí el argumento de Adam Smith es sencillo. Al igual que los individuos, los países difieren en su habilidad para producir bienes. Tal vez uno produzca un bien a menor costo que otro y entonces, se dice que tiene una **ventaja absoluta** al elaborar ese bien. Tales diferencias en costos se basan en las diferencias en mano de obra y habilidades, en el clima, la tecnología, el equipo, la tierra o los recursos naturales. Supongamos que, a causa de estas diferencias, nuestro país elabora un producto con menos dinero que otro, y que este último fabrica otro producto con menos dinero que nosotros. Entonces, es claro que sería mejor para ambas naciones especializarse en hacer el producto para el que cada una tiene ventaja absoluta e intercambiarlo por bienes para los que otro país tiene una ventaja absoluta al producirlos.

Pero, ¿qué sucede si un país produce todo más barato que otro? David Ricardo (1772-1823), un economista inglés, recibe el crédito por demostrar que, aun cuando un país tenga

---

falacia naturalista La suposición de que lo que ocurre de manera natural siempre es para bien.

Repaso breve 3.7

Perspectivas de Herbert Spencer
- La evolución opera en la sociedad cuando la competencia económica asegura que solo los más aptos sobreviven, lo cual mejora la raza humana.
- Si el gobierno interviene en la economía para proteger de la competencia a los individuos, los no aptos sobrevivirían y la raza humana declinaría, así que el gobierno debe abstenerse de hacerlo.
- Spencer supone que quienes sobreviven en los negocios son "mejores" personas que los que no.

ventaja absoluta Situación en la que los costos de producción de un bien (costos en términos de los recursos consumidos al elaborar el artículo) son más bajos para un país que para otro.

una ventaja absoluta al producir todo, es mejor para él especializarse y comerciar. En su trabajo más importante, *Principios de economía política y tributación*, Ricardo cita el ejemplo de Inglaterra y Portugal para demostrar que incluso si Inglaterra es mejor que Portugal al producir tela y vino, es mejor para ambos países especializarse y comerciar:

> Inglaterra se limita a producir tela y sabe que para ello requiere de la mano de obra de 100 personas durante un año; si intenta elaborar vino, requerirá la mano de obra de 120 personas el mismo tiempo. Entonces, Inglaterra se dará cuenta de que es conveniente importar el vino y comprarlo con lo que obtiene por la exportación de tela.
>
> Producir vino en Portugal podría requerir solo la mano de obra de 80 personas durante un año, y producir tela en ese país tal vez requiera la mano de obra de 90 personas durante el mismo tiempo. Entonces, habría una ventaja para Portugal al exportar el vino a cambio de telas. Este intercambio sería posible incluso a pesar de que el bien que Portugal importaría podría fabricarse ahí con menos mano de obra que en Inglaterra. Aunque podría fabricar la tela con el trabajo de 90 personas, la importaría de un país que requiere la mano de obra de 100 hombres porque sería ventajoso usar su capital en la producción de vino por el cual obtendrá más tela de Inglaterra que la que fabricaría si destinara una parte de su capital de la elaboración de vinos a la manufactura textil.[69]

El argumento de Ricardo nos pide imaginar un mundo que consiste en solo dos países, Inglaterra y Portugal. A Inglaterra le cuesta la mano de obra de 120 personas que trabajan durante un año producir cierta cantidad de vino (de forma arbitraria suponga que esa cantidad es 100 barriles), mientras que a Portugal le cuesta solo la mano de obra de 80 personas durante un año producir la misma cantidad. Y mientras que Inglaterra necesita 100 personas para fabricar cierta cantidad de tela (por ejemplo, una cantidad arbitraria de 100 rollos), Portugal necesita solo 90 personas para fabricar la misma cantidad. Es evidente que Portugal tiene una ventaja absoluta al elaborar el vino y la tela, ya que es capaz de hacer ambos con menor costo que Inglaterra.

	100 barriles de vino	100 rollos de tela
	Costo en años-hombre	Costo en años-hombre
Inglaterra:	120	100
Portugal:	80	90

Suponga que Portugal rehúsa comerciar con Inglaterra porque es capaz de elaborar tanto el vino como la tela a menor costo. Entonces, ambos países deciden producir todo por sí mismos y ninguno comercia con el otro. Suponga que Inglaterra solo tiene 220 trabajadores disponibles para dedicarse a la producción de vino o tela, mientras que Portugal tiene 170 trabajadores para esas actividades. Y suponga que ambos países deciden no especializarse y poner cada uno a sus trabajadores a producir 100 barriles de vino y 100 rollos de tela. Entonces, al final del año, cada uno habrá producido las cantidades que aparecen en la siguiente tabla, para generar una producción total de 200 barriles de vino y 200 rollos de tela:

	Vino	Tela
Inglaterra:	100 barriles	100 rollos
Portugal:	100 barriles	100 rollos
Producción total:	200 barriles	200 rollos

Fue el ingenio de Ricardo el que se dio cuenta de que ambos países podían beneficiarse con la especialización y el comercio aun cuando uno de ellos fuera capaz de hacer todo a un menor costo que el otro. Considere que si Inglaterra usa la mano de obra que requiere producir un barril de vino (1.2 años-hombre) para fabricar tela, podría hacer 1.2 rollos de tela. Entonces, para que Inglaterra produzca un barril de vino debe dejar de producir 1.2 rollos de tela (el llamado "costo de oportunidad" de un barril de vino). En Portugal, la mano de obra que requiere producir un barril de vino (0.8 años-hombre) podría utilizarse para fabricar 0.89 rollos de tela; entonces, para producir un barril de vino, Portugal debe dejar de producir 0.89 rollos de tela. Como Portugal deja de producir menos (0.89 rollos de tela) para elaborar un barril de vino que la tela que deja de producir Inglaterra (1.2 rollos de tela),

Portugal tiene una **ventaja comparativa** en la producción de vino. Por otro lado, en Inglaterra la mano de obra requerida para fabricar un rollo de tela podría hacer 0.83 barriles de vino, mientras que para Portugal la mano de obra para fabricar un rollo de tela sería capaz de elaborar 1.1 barriles de vino. Como Inglaterra deja de producir menos vino (0.83 barriles) para elaborar un rollo de tela que Portugal (1.1 barriles de vino), Inglaterra tiene la ventaja comparativa en la producción de tela. En resumen, comparados entre sí, Portugal es más eficiente al elaborar vino e Inglaterra es más eficiente al fabricar tela.

Ricardo comprendió que Inglaterra y Portugal se beneficiarían si cada uno se especializaba en aquello que hacía con mayor eficiencia, y si ambos comerciaban para obtener lo que el otro producía de modo más eficiente. Suponga que cada país se especializa y que Inglaterra tiene 220 trabajadores y Portugal 170. Entonces, al final de cada año, habrán producido las cantidades que aparecen en la siguiente tabla. Observe que esto tiene como resultado una producción total *mayor* que cuando ninguno estaba especializado:

	Vino	Tela
Inglaterra:	0	220 rollos
Portugal:	212 barriles	0
Producción total:	212 barriles	220 rollos

Ahora, si Inglaterra intercambia 106 de sus rollos de tela por 102 barriles de vino de Portugal (se supone que la tasa de intercambio es de 1.04 rollos de tela por un barril de vino, que está justo entre el 1.2 rollos de tela que le cuesta a Inglaterra elaborar un barril de vino y los 0.89 rollos de tela que le cuesta a Portugal elaborar un barril de vino), entonces, ambos países terminarían con las cantidades que se indican a continuación:

	Vino	Tela
Inglaterra:	102 barriles	114 rollos
Portugal:	110 barriles	106 rollos
Producción total:	212 barriles	220 rollos

Es importante observar que después de especializarse y comerciar, ambos países tienen *más* de ambos productos que lo que tenían cuando no se habían especializado ni comerciaban. La especialización en ventajas comparativas aumenta la producción total de bienes producidos por los países y, mediante el comercio, todos tienen la posibilidad de compartir esta recompensa agregada.

El ingenioso argumento de Ricardo se reconoce como el descubrimiento económico "más importante" y "más significativo" que jamás se haya hecho. Algunos consideran que es el concepto más sorprendente en economía, ya que se opone a lo que sugiere el sentido común. Sin duda, la ventaja comparativa es el concepto más importante de la teoría de comercio internacional actual y es el corazón de los argumentos económicos más significativos que se utilizan cuando se defiende la globalización. De hecho, es el argumento clave para esta y para el libre comercio. Todos los argumentos que sostienen los políticos y los economistas en favor de ambos se reducen al argumento de Ricardo: la globalización es buena porque la especialización y el libre comercio impulsan la producción económica total y todos tienen la posibilidad de compartir esta producción mayor.

ventaja comparativa Situación donde los costos de oportunidad (costos en términos de otros bienes que no se producen) de elaborar un bien son menores para un país que para otro.

Repaso breve 3.8

Libre comercio
- Apoyado por Smith, quien demostró que todo el mundo prospera si las naciones se especializan en elaborar y exportar los bienes cuyos costos de producción les resultan menores que a las otras naciones.
- Apoyado por Smith, quien demostró que todo el mundo prospera si las naciones se especializan en elaborar y exportar los bienes cuyos costos de oportunidad son menores que los que enfrentan otras naciones para fabricar los mismos bienes.
- Los argumentos de Smith y Ricardo apoyan la globalización.

Críticas a Ricardo

Aunque la mayoría de los economistas aceptan el argumento básico de Ricardo como correcto desde el punto de vista teórico, muchos cuestionan si su argumento utilitario se aplica en la práctica al mundo real de la actualidad. Desde luego, Ricardo hace varias suposiciones simplificadoras que no se cumplen en el mundo real, como por ejemplo, que hay solo dos países que fabrican únicamente dos productos con un número fijo de trabajadores. Pero estas son nada más suposiciones que hizo en aras de la simplificación para explicar sus ideas con mayor facilidad, y su conclusión resiste las pruebas sin estas suposiciones.

Sin embargo, existen otras suposiciones que no son tan fáciles de sortear. En primer término, Ricardo supone que los recursos empleados para elaborar los bienes (mano de obra, equipo, fábricas, etcétera) no se desplazan de un país a otro. Pero las compañías multinacionales existentes sí pueden mover su capital productivo entre los países y, de hecho, lo hacen con facilidad. En segundo lugar, Ricardo supone que los costos de producción de cada país son constantes y no declinan cuando se incrementa la producción (es decir, no existen las economías de escala) o cuando adquieren nueva tecnología. Pero sabemos que los costos de producir bienes siempre disminuyen cuando las compañías incrementan su producción y cuando desarrollan mejores tecnologías de fabricación.

Tercero, Ricardo supone que para los empleados es posible moverse de una industria a otra con facilidad y sin costo (por ejemplo, de hacer vino a fabricar tela). Pero cuando una compañía en un país cierra porque no está en condiciones de competir con las importaciones de otro que tiene ventajas comparativas en esos bienes, hay despido de trabajadores, quienes sufren las graves consecuencias de esto, necesitan capacitarse de nuevo, y no es frecuente que encuentran empleos comparables. Por esa razón, muchas personas rechazan la globalización y el libre comercio. Como vimos anteriormente, los trabajadores estadounidenses de la fábrica de engrapadoras Swingline tuvieron que soportar grandes cargas y costos cuando el fabricante cerró su planta en Nueva York y se trasladó a Nogales, México. Y unos cuantos años después, esos empleados sufrieron un destino similar cuando la compañía se trasladó a China.

Por último, y quizá lo más importante, Ricardo ignora a quienes establecen las reglas internacionales. Es inevitable que el comercio internacional lleve a desacuerdos y conflictos, y por lo tanto, los países acuerdan acatar algún conjunto de reglas. En la actualidad, la principal organización que establece los reglamentos que rigen la globalización y el comercio es la Organización Mundial del Comercio (OMC), aunque también el Banco Mundial y el Fondo Monetario Internacional imponen reglas a los países que les solicitan fondos en préstamo. Los críticos aseguran que estas organizaciones imponen requisitos que dañan a los países pobres en vías de desarrollo, mientras que benefician a las naciones ricas más desarrolladas y a sus compañías. Por ejemplo, durante los últimos años de la década de 1980 y principios de la siguiente, Abbott Laboratories y otras grandes compañías farmacéuticas destinaron millones de dólares a los políticos estadounidenses y consiguieron que su gobierno buscara la aceptación mundial de las protecciones de patente que ellos disfrutaban en Estados Unidos. Como resultado, cuando se negociaron los acuerdos de la OMC en esos años, Estados Unidos insistió en que todos los países de la organización reconocieran e hicieran cumplir las patentes para medicamentos durante 20 años. Como los países en desarrollo eran demasiado pobres para emprender la costosa investigación necesaria para inventar nuevos medicamentos, las patentes obligatorias de medicamentos no les beneficiaban. Por el contrario, reconocerlas les obligaría a pagar a las compañías farmacéuticas por los medicamentos cuyas fórmulas antes copiaban libremente. No obstante, los países en vías de desarrollo aceptaron el requisito que les obligaba a respetar las patentes de medicamentos, porque la OMC les ofreció la oportunidad de exportar hacia los mercados de Estados Unidos y de otras naciones industrializadas, que eran, por mucho, los mercados más grandes del mundo. Pero al final, las reglas de patente de la OMC obligaron a las personas pobres de las naciones en vías de desarrollo a pagar en total aproximadamente $60 mil millones al año a las compañías farmacéuticas de las naciones ricas e industrializadas.[70]

Repaso breve 3.9

Objeciones a la teoría de Ricardo

- Su argumento ignora el fácil movimiento de capital que hacen las compañías.
- Supuso equivocadamente que los costos de producción de un país son constantes.
- Ignoró la influencia de quienes establecen las reglas internacionales.

Tailandia, como vimos antes, intentó evitar estas costosas condiciones, apelando a una excepción incluida en el artículo 31 de las reglas de patentes de la OMC.

Es difícil decir qué tan convincentes son estas críticas. Muchos apoyan el libre comercio con entusiasmo y repiten el argumento de "ventaja comparativa" de Ricardo. Muchos otros se han convertido en severos críticos de la globalización. De hecho, se han organizado manifestaciones violentas en su contra en las calles de ciudades de todo el mundo, muchas de las cuales han afectado directamente a importantes reuniones de la OMC.

3.4 Marx y la justicia: Crítica a los mercados y el comercio libres

Karl Marx (1818-1883), sin duda, es el crítico más influyente y más severo de las instituciones de propiedad privada, los mercados libres, el libre comercio y las desigualdades que estos provocan. Al escribir en el momento culminante de la Revolución Industrial, Marx fue testigo de los efectos de represión y explotación que ocasionó la industrialización en las clases trabajadoras de campesinos en Inglaterra, Europa continental y el resto del mundo. En sus escritos detalló el sufrimiento y la miseria que el capitalismo imponía en sus trabajadores: horarios de trabajo de explotación, enfermedades pulmonares y muertes prematuras provocadas por las condiciones insalubres de las fábricas, niños de 7 años que trabajaban de 12 a 15 horas al día, y ejemplos como el de las 30 costureras que trabajaban 30 horas sin descanso en una habitación que solo podía albergar a 10 personas.[71]

Marx aseguraba que la explotación de los trabajadores eran meros síntomas de los extremos de desigualdad que produce el capitalismo. De acuerdo con él, los sistemas capitalistas ofrecen solo dos fuentes de ingreso: la venta del propio trabajo y la propiedad de los **medios de producción** (edificios, maquinaria, tierra y materia prima por medio de los cuales se producen los bienes). Como los trabajadores no producen si no tienen acceso a los medios de producción, se ven obligados a vender su trabajo a los dueños de estos a cambio de un salario. Sin embargo, el empleador no les paga el valor completo de su trabajo, sino solo lo que necesitan para subsistir, y conserva la diferencia (o plusvalía) entre el valor de su trabajo y el salario de subsistencia que reciben y que es la fuente de sus ganancias. Así, el empleador explota a los trabajadores al adueñarse del excedente de lo que producen, usando el poder que le da la propiedad de los medios de producción. Como resultado, aquellos que poseen los medios de producción se vuelven cada vez más ricos y los trabajadores relativamente más pobres. El capitalismo promueve la injusticia y la desigualdad.

Alienación

Las condiciones de vida que imponía el capitalismo en los trabajadores contrastaban de manera tajante con la perspectiva de Marx de cómo debían vivir los seres humanos. De acuerdo con Marx, el capitalismo y su sistema de propiedad privada generan **alienación** entre los trabajadores.

Marx usaba la palabra *alienar* (que significa *volverse ajeno*) para referirse a la condición de estar separado o alejado del verdadero yo o de la verdadera naturaleza propia de cada uno. Marx creía que la naturaleza del ser humano implicaba determinarse a sí mismo y ser capaz de satisfacer sus verdaderas necesidades, esto es, controlar su propia vida y lograr satisfacer las verdaderas necesidades humanas propias de cada uno. Si una persona pierde el control de su vida y la capacidad de sentirse plena mediante la satisfacción de sus necesidades humanas, y en vez de ello, es controlada por algún poder externo y obligada a cumplir las necesidades de alguien más, esa persona es "alienada" de su propia naturaleza. Las críticas fundamentales de Marx al capitalismo señalaban que este sistema económico alienaba a los trabajadores al robarles el control de sus vidas y obligarles a satisfacer necesidades que no eran las suyas.

---

medios de producción El conjunto de edificios, maquinaria, tierra y materias primas que se emplean en la producción de bienes y servicios.

alienación En la perspectiva de Marx, la condición de estar separado o alejado de la verdadera naturaleza de uno o del verdadero ser humano.

Según Marx, las economías capitalistas alienan a los trabajadores de cuatro maneras.[72] En primer lugar, el capitalismo aliena a los trabajadores de su propio trabajo productivo, ya que por lo general son obligados a trabajar para otro y a servir bajo la supervisión o el control de ese otro. Como el propósito de su trabajo es hacer dinero para el dueño o los dueños de su lugar de trabajo, su actividad laboral no está diseñada para ser una forma gratificante de productividad y satisfacer sus propias necesidades:

> Entonces, ¿en qué consiste la alienación de la mano de obra? Primero, en el hecho de que esta es externa al trabajador, es decir, no pertenece a su naturaleza; por consiguiente, el obrero no se realiza en su trabajo, sino que se niega a sí mismo, tiene un sentimiento de miseria y no de bienestar, no desarrolla libremente sus energías físicas y mentales, sino que está físicamente exhausto y mentalmente deprimido. [...] Su trabajo, por lo tanto, no es voluntario, sino obligado, forzado. No es la gratificación de su necesidad, sino solo un medio para gratificar las necesidades de alguien más. Finalmente, el carácter externo del trabajo para el obrero aparece en el hecho de que este no es de su propiedad, sino de otro, es decir, no le pertenece, por lo que él no se pertenece a sí mismo, sino a otro.[73]

Segundo, las sociedades capitalistas enajenan a los individuos de los productos de su trabajo porque estos no tienen el control de lo que hacen con sus propias manos. Cuando los obreros de una fábrica terminan de hacer algo, su empleador se queda con el producto terminado y lo usa para aumentar sus propias ganancias al venderlo. Lo único con lo que se quedan los obreros es con el desgaste que el trabajo provoca en sus cuerpos y mentes:

> El trabajo, sin duda, produce cosas maravillosas para los ricos, pero al obrero le produce privación. Genera palacios para los ricos, pero casuchas para el trabajador. Produce belleza, pero deja lisiado al trabajador. Remplaza el trabajo por máquinas, pero lanza a algunos obreros a un tipo de trabajo bárbaro y convierte a otros en máquinas. Produce sofisticación, pero en los trabajadores genera deficiencia mental e imbecilidad.[74]

Tercero, el capitalismo aliena a los individuos al darles poco control sobre cómo se deben relacionar unos con otros y al obligarlos a entablar relaciones antagónicas entre sí. El empleador los organiza de modo que deben trabajar con quien él quiera, y no con quien ellos deseen. Luego, se les hace enfrentarse entre sí cuando se les obliga a competir en busca de empleo. Y las sociedades capitalistas alienan a las personas unas de otras al separarlas en clases sociales antagónicas y desiguales que rompen a las comunidades y las relaciones de cuidado.[75] Según Marx, el capitalismo divide a la humanidad en una clase trabajadora *proletaria* y una clase *burguesa* de dueños y empleadores: "La sociedad como un todo está cada vez más dividida en dos grandes campos hostiles, en dos grandes clases enfrentadas de manera directa: la burguesía y el proletariado".[76]

Y cuarto, el capitalismo aliena a los trabajadores de sí mismos al inculcarles ideas falsas sobre cuáles son sus necesidades humanas reales. El capitalismo nos hace pensar que nuestra plenitud radica en hacer cada vez más dinero cuando, de hecho, esto no satisface nuestras propias necesidades, sino las del mismo capitalismo. Cuanto más dinero haga, dice sarcásticamente, "más podrá ahorrar y mayor será su tesoro, de modo que ni la polilla ni el polvo corromperán su capital. Cuanto menos sea, cuanto menos de usted exprese en su vida, mayor será la alienación de su vida, y mayor será el ahorro de su ser alienado".[77] Marx describe la alienación producida por esta incesante lucha por el dinero y los bienes económicos como "la renuncia de la vida y de las necesidades humanas".[78] Una causa clave de la alienación, afirmaba Marx, era la forma en que las sociedades capitalistas llegaban a ver todo en términos de sus precios de mercado. Las interacciones humanas,

---

Repaso breve 3.10

La alienación según Marx

- En el capitalismo, los trabajadores llegan a alienarse cuando pierden el control de las actividades de su propia vida y la capacidad de satisfacer sus verdaderas necesidades humanas.
- El capitalismo aliena a los individuos de su propio trabajo productivo, de los productos de su trabajo, de sus relaciones con los demás y de sí mismos.
- La alienación ocurre también cuando el valor de todo se considera en términos de su precio de mercado.

Los niños de Marx

Las terribles condiciones en las cuales los obreros —particularmente los niños— del siglo XIX tenían que trabajar inspiraron gran parte de los escritos de Marx. Pero muchas de esas condiciones continúan actualmente. La Organización Internacional del Trabajo (OIT) estima que 218 millones de niños trabajan en la actualidad. Según un informe de 2010 de Human Rights Watch, muchas compañías agrícolas estadounidenses tienen a niños trabajando para ellas:

> Sudas. Caminas hasta que te duelen los pies, te salen ampollas y tienes las manos llenas de cortadas. Las edades [de los compañeros de trabajo] siempre variaron, 11 y 12 años, incluso de 10. [...] Los cultivadores saben [que los niños están ahí]. Ven eso, pasan de largo cuando ellos dormitan en el agua. Nadie iba a decir nada. [...] La paga [menos del salario mínimo] era terrible. Tenías que apurarte realmente. Tenías que agacharte durante horas hasta la siguiente pausa. Hubo quienes se enfermaron [por los pesticidas]. Nunca nos dijeron que estaban rociando [pesticidas], solo decían que estaban "regando". Un verano los vimos rociar algo que no sabíamos que eran. Oímos que eran sustancias químicas.

En los países en vías de desarrollo, es habitual que los niños trabajen. En Uzbekistán, aproximadamente 2 millones de niños son obligados a trabajar en los campos de algodón cada año, particularmente en la época de cosecha. Durante la temporada de crecimiento de las plantas, tienen que retirar la maleza y rociar los cultivos con pesticidas. Un niño dijo: "Hace mucho calor en los campos y los químicos queman la piel si los tocas". Aunque muchas compañías estadounidenses han acordado no usar algodón de Uzbekistán, otras han rehusado boicotear el algodón cultivado con mano de obra infantil obligada, entre ellas Cargill y Fruit of the Loom.

En la industria del futbol *soccer*, la mano de obra infantil se sigue usando para coser los balones, a pesar de que en 1997 la industria acordó no hacerlo. Un informe de 2010 de International Labor Rights Forum indica que la mano de obra infantil es común en China e India, donde la costura se hace en las casas de los trabajadores y no en las fábricas. Geeta, una niña de 12 años, costurera de Kamalpur, India, dijo: "He cosido balones desde que puedo recordar. Las manos me duelen constantemente. Siento que me arden". Los niños deben trabajar en una posición encorvada de 5 a 7 horas para hacer los balones por 3 o 4 rupias por balón (un total de $0.075 a $0.10). Nike, Adidas y Puma están entre las compañías más grandes que compran balones a los fabricantes indios.

Niños que trabajan en los campos de algodón de Uzbekistán (arriba); niños tejiendo alfombras en Nepal (derecha).

El sistema de negocios: Gobierno, mercados y comercio internacional 179

1. ¿Cómo calificaría Marx lo que ocurre con estos niños? ¿Está usted de acuerdo?
2. ¿Cómo explicaría Marx por qué hay tanta mano de obra infantil en el mundo actualmente?
3. ¿Qué obligaciones éticas tienen que enfrentar Adkin Blue Ribbon Packing Company, Cargill, Fruit of the Loom, Nike, Adidas y Puma con estos temas? ¿Por qué?

Manifestaciones en contra del trabajo infantil en los campos de algodón en Uzbekistán (arriba a la derecha); niños en clases financiadas por el fabricante paquistaní de balones de soccer aki, que brinda educación a los hijos de los empleados (foto al centro).

Fuentes: Human Rights Watch, *Fields of Peril: Child Labor in US Agriculture*, (2010); International Labor Rights Forum, *Missed the Goal for Workers: The Reality of Soccer Ball Stitchers in Pakistan, India, China and Thailand*, (2010).

decía, se han comercializado y mercantilizado tanto que todo el mundo y todo tiene su precio. En su *Manifiesto comunista*, Marx escribió que el capitalismo burgués:

> No ha dejado tras de sí ningún otro vínculo entre los hombres que el frío interés, el cruel "pago al contado". Ha ahogado el más sagrado éxtasis del fervor religioso, el entusiasmo caballeresco o el sentimentalismo ignorante en las aguas heladas del cálculo egoísta. Ha transformado el valor personal en un simple valor de cambio y, en lugar de las incontables libertades decretadas, ha establecido esa única libertad poco escrupulosa: el libre comercio.[79]

Como ejemplo de lo que quería decir, Marx podría haber señalado que cuando los directivos de Swingline consideraron mudar la fábrica a México, no pensaron en sus relaciones con el personal; lo único que importaba era si harían más dinero en Nueva York o en México. En vez de pensar en su relación con las personas que les rodeaban, estos directivos usaron "el cálculo egoísta" para hallar si "el pago al contado" de trasladarse a México era mayor que el "pago al contado" de quedarse en Nueva York. Quizá Marx también hubiera señalado cómo actualmente tendemos a valorar nuestro "valor personal" en términos de cuánto podemos ganar, esto es, nuestro "valor de intercambio". Así, el capitalismo parece valorar todo en términos de su precio de mercado y aparentemente convierte todo en bienes que se puedan mercantilizar. Marx pensaba que, al tratar los objetos de esa manera, pareciera que estos tuvieran valor y vida por sí mismos, un proceso que llamó *fetichismo de la mercancía*.

El capitalismo y los mercados libres no regulados, por lo tanto, necesariamente producen desigualdades de riqueza y poder: una clase burguesa de propietarios que son dueños de los medios de producción y acumulan cada vez más grandes cantidades de capital, y una clase proletaria de obreros que deben vender su trabajo para subsistir y están enajenados de lo que producen, de su propio trabajo, de sus necesidades humanas y de otros seres humanos con quienes deberían constituir una comunidad de cuidado. Aunque la propiedad privada y los mercados libres aseguran la libertad de la clase rica, lo hacen creando una clase trabajadora alienada. Y tanto el capitalista como el trabajador consideran que todo tiene un precio. Esta enajenación es injusta y está en conflicto con las demandas de cuidado.

Marx no dudó en aclarar que sus puntos de vista implicaban que la propiedad privada de los medios de producción era incorrecta. Sostenía que esos sistemas eran la base de la alienación y de las grandes desigualdades que caracterizan a las sociedades capitalistas:

> Ustedes se horrorizan porque intentamos que no haya propiedad privada. Pero en su sociedad de propiedad privada, esta no existe para nueve décimos de la población; su existencia para los pocos solo se debe a su inexistencia en las manos de esos nueve décimos. Nos reprochan entonces que intentemos eliminar una forma de propiedad privada, cuya condición necesaria para existir es la inexistencia de propiedad para la inmensa mayoría de la sociedad.[80]

En este párrafo Marx no dice que quiera que la gente elimine la propiedad privada de su ropa, casas o comida, esto es, él no objeta "el poder de apropiarse de los productos de la sociedad".[81] En vez de ello, objeta la propiedad privada de fábricas, compañías, minas, granjas y otras entidades productivas, esto es, del *capital*. La propiedad productiva debería beneficiar a todo el mundo y, por lo tanto, debería ser propiedad de todos. Al argumento utilitario de que sin la propiedad privada de los activos de producción no hay incentivo para que los individuos trabajen, Marx respondió:

> Se ha objetado que con la abolición de la propiedad privada todo el trabajo cesará y la pereza universal se adueñará de nosotros. De acuerdo con esto, la sociedad burguesa hace mucho que debería estar inmóvil por el ocio puro; ya que aquellos de sus miembros que trabajan, no adquieren nada, y aquellos que adquieren algo, no trabajan.[82]

Repaso breve 3.11

Marx y la propiedad privada
- La propiedad privada de los medios de producción es la fuente de la pérdida de control de los obreros sobre el trabajo, los productos, las relaciones y su yo.
- La propiedad productiva debe servir a las necesidades de todos y no debería ser propiedad privada, sino de todos.

De acuerdo con Marx, la propiedad debe verse con un propósito social: algo que pertenece a la comunidad y que debe servir a las necesidades de todos. La propiedad no debe ser privada, sino que debería ser común y para el disfrute de todos. Si no hubiera propiedad privada de los medios de producción, creía Marx, las personas seguirían siendo productivas porque el deseo de serlo y de expresarnos a través de lo que hacemos con nuestras manos y mentes es un instinto integrado en nuestra misma naturaleza.

Propósito real del gobierno

La función real que históricamente han desempeñado los gobiernos, según Marx, es la de proteger los intereses de la clase en el poder. Quizá pensemos que el gobierno moderno existe para proteger la libertad y la igualdad y que gobierna por consentimiento (como insistía Locke), pero de hecho esas creencias son mitos ideológicos que ocultan la realidad: la clase pudiente controla el proceso político y moldea nuestras creencias. Para apoyar esta afirmación, Marx ofreció un detallado y asombroso análisis de la sociedad, que aquí solo bosquejamos.

De acuerdo con Marx, toda sociedad es susceptible de analizarse en términos de sus dos componentes principales: la **infraestructura económica** y la **superestructura social**.[83] La infraestructura económica de una sociedad consiste en los materiales y los controles sociales que usa para producir sus bienes económicos. Marx se refiere a los materiales (tierra, mano de obra, recursos naturales, maquinaria, energía, tecnología) que se emplean en la producción como las *fuerzas de producción*. Las sociedades de la Edad Media, por ejemplo, se basaban en las economías agrícolas en las que las fuerzas de producción eran métodos de cultivo primitivos, mano de obra y herramientas manuales. Las fuerzas de producción de las modernas sociedades industrializadas son las técnicas de manufactura de líneas de ensamblaje, electricidad y maquinaria fabril.

Marx llamó *relaciones de producción* a los controles sociales que se usan para producir los bienes (es decir, los controles sociales mediante los cuales la sociedad organiza y controla a sus trabajadores). Marx sugiere que existen dos tipos principales de relaciones de producción: *a*) el control que se basa en la propiedad de los materiales necesarios para producir bienes, y *b*) el control que se basa en la autoridad para dar órdenes. En la sociedad industrial moderna, los capitalistas controlan a los obreros de sus fábricas porque *a*) poseen la maquinaria en la que los obreros deben laborar si quieren sobrevivir, y *b*) los trabajadores deben firmar un contrato de salario mediante el cual otorgan al dueño (o administrador) la autoridad legal de mando. Según Marx, las relaciones de producción de una sociedad definen las clases principales que existen en ella. En la sociedad medieval, por ejemplo, las relaciones de producción crearon la clase gobernante de los señores feudales y la nobleza, y la clase explotada de los siervos, mientras que en la sociedad industrial, las relaciones de producción dieron origen a la clase capitalista de propietarios (que Marx llamaba *burguesía*) y la clase trabajadora explotada de los asalariados (que llamaba *proletariado*).

Marx también aseguraba que los tipos de relaciones de producción que adopta una sociedad dependen de los tipos de sus fuerzas de producción. Esto es, los métodos que usa una sociedad para producir bienes determinan la manera en que organiza a su fuerza laboral. Por ejemplo, el hecho de que la sociedad medieval tuviera que depender de los métodos manuales de cultivo para sobrevivir la obligaba a adoptar un sistema social en el que una pequeña clase de señores feudales organizaba y dirigía a la gran clase de siervos que proveía la mano de obra que se requería en los feudos. De manera similar, el hecho de que la sociedad moderna dependa de los métodos de producción en masa le ha exigido adoptar un sistema social —el capitalismo— en el que una pequeña clase de propietarios acumula el capital necesario para construir grandes fábricas, donde la gran clase de obreros provee la mano de obra que necesitan las líneas de ensamblaje mecanizadas. En resumen, las fuerzas de producción de una sociedad determinan sus relaciones de producción, y estas, por su parte, determinan sus clases sociales.

infraestructura económica Conjunto de materiales y controles sociales que la sociedad utiliza para producir sus bienes económicos.

superestructura social El gobierno de una sociedad y sus ideologías imperantes.

fuerzas de producción Los materiales (tierra, mano de obra, recursos naturales, maquinaria, energía, tecnología) empleados en la producción.

relaciones de producción Los controles sociales usados en la producción de los bienes (es decir, los controles sociales mediante los cuales la sociedad organiza y controla a sus trabajadores).

La revolución que perdió Napster

En 1999 Shawn "Napster" Fanning, que en ese entonces tenía 18 años y cursaba el primer año de la carrera en Northwestern University, fundó Napster, Inc. e inició una revolución de la propiedad. En la universidad desarrolló un software y un sitio Web que permitían a los usuarios conectarse entre sí y luego copiar sin pagar (esto es, descargar) música en sus computadoras por la que hubieran tenido que pagar en las tiendas. Muchos estudiantes sentían que la música que descargaban les pertenecía a todos y que estaba bien copiarla porque no afectaba a los originales. Sin embargo, dos grupos industriales de música demandaron a Napster por ayudar a otros a robar su propiedad y argumentaron que si sus derechos de propiedad no se respetaban, los músicos tal vez dejarían de componer música. El 12 de febrero de 2001, las cortes determinaron que el sitio Web de Napster contribuía de manera activa a violaciones de los derechos de autor, y en 2002 la compañía fue obligada a bloquear a los usuarios que querían descargar música registrada con derechos de autor. Pero Napster había allanado el camino para el desarrollo de los programas descentralizados para compartir archivos "P2P" que permiten a los usuarios conectarse entre sí directamente; así surgieron compañías como Grokster, StreamCast, Freenet, Gnutella, eDonkey, Kazaa, Poisoned, Morpheus, BitTorrent y LimeWire. Algunas compañías de música demandaron a las dos primeras. En 2004 la corte federal de distrito determinó que Grokster y StreamCast eran diferentes porque sus programas dejaban a los usuarios conectarse directamente sin pasar por su sitio Web, de modo que ninguna de las dos podía controlar lo que los usuarios hicieran con su programa. Las compañías de música ahora demandan a usuarios individuales. Una víctima comentó: "Me asusta, uno no tiene poder contra estas personas". Aún más, las compañías de música apelaron la sentencia de Grokster/StreamCast en la Suprema Corte de Estados Unidos, y el 23 de junio de 2005 esta determinó que ambas compañías habían creado su software P2P con la "intención" de "inducir" a los consumidores a descargar materiales con derechos de autor y, por lo tanto, violaron las leyes que protegen esos derechos. En 2007 se ordenó a StreamCast que distribuyera un nuevo software que bloqueara a los usuarios para que no pudieran descargar material con derechos de autor. No obstante, los jóvenes seguían descargando material con derechos de autor al recurrir a otros proveedores de software como BitTorrent y LimeWire. Pero las compañías disqueras demandaron a esta última en 2006, y el 12 de mayo de 2010 una corte del distrito de Manhattan determinó que la empresa había cometido violaciones a los derechos de autor e inducido a otros a hacerlo también. BitTorrent decidió cambiar su modelo de negocios y el 25 de febrero de 2007 anunció que vendería material legal de video en su sitio Web, con la cooperación de diferentes estudios, entre ellos Paramount. La compañía afirmó: "Vemos esto como un primer paso en el mundo P2P, para intentar dirigir a la gente joven hacia contenido legítimo". Pero el 7 de noviembre de 2008, BitTorrent tuvo que despedir a la mitad de su plantilla, y dijo que cerraría su sitio Web de videos para concentrarse en la distribución de juegos de video por Internet. PirateBay, un sitio Web sueco para compartir archivos, continuó en actividad, aunque el 17 de abril de 2009, sus fundadores fueron sentenciados a prisión y sancionados con una multa de $3.6 millones por ayudar a copiar material ilegalmente en el marco de un proceso judicial que aún está en curso al momento de escribir este texto. En 2011 PirateBay.org todavía está en operación.

1. Si bien lo que hicieron Napster, Grokster, StreamCast, LimeWire y PirateBay fue ilegal, ¿también fue inmoral? Explique su respuesta.

2. ¿Es moralmente incorrecto descargar material con derechos de autor sin pagar por él y sin la autorización de la parte que posee los derechos? Explique su respuesta.

3. ¿Deberíamos considerar el entretenimiento digitalizado como la música, las películas o los juegos en línea de acuerdo con la concepción de Locke acerca de la propiedad, con la de Santo Tomás de Aquino, o con la de muchos socialistas que defienden la propiedad colectiva? ¿El punto de vista de usted es congruente en el sentido que se definió en el capítulo 1? ¿De qué manera el tipo de libre descarga que Napster, Grokster, StreamCast, LimeWire y BitTorrent hicieron posible encaja con cada uno de estos tres puntos de vista sobre la propiedad?

Para Marx, la superestructura social consiste en el gobierno de una sociedad y sus ideologías imperantes. Marx afirmaba que la clase gobernante que surgía de la infraestructura económica controlaba de manera inevitable la superestructura. Es decir, los miembros de la clase en el poder controlan el gobierno y lo usan para proteger su propiedad e intereses y para dominar a las clases inferiores (Marx escribió: "El poder político, llamado así adecuadamente, es tan solo el poder organizado de una clase para oprimir a la otra").[84] La clase gobernante también difundirá (a través de los medios de comunicación, por ejemplo) ideologías que justifican su posición privilegiada (como él decía: "las ideas de la clase gobernante son en todas las épocas las ideas que rigen").[85] Por ejemplo, en las sociedades modernas la clase de los propietarios es instrumental para la selección de los funcionarios del gobierno, y el gobierno entonces refuerza el sistema de propiedad privada del que depende la riqueza de esa clase y mantiene a raya a la clase trabajadora. Más aún, la clase de capitalistas inculca la ideología de la libre empresa y del respeto a la propiedad privada, que apoya su propia clase social. El gobierno moderno, entonces, no se constituye por consentimiento, como decía Locke, sino por un tipo de determinación económica.

Entonces, el punto de vista de Marx es que el gobierno de una sociedad y sus ideologías están diseñados para proteger los intereses de sus clases económicas en el poder, creadas a partir de las relaciones de producción, las cuales, a la vez, están determinadas por sus fuerzas de producción. Finalmente, las fuerzas de producción determinan cómo es una sociedad, esto es, sus creencias, su gobierno y sus clases sociales. De hecho, señala Marx, todos los cambios históricos importantes se producen, en última instancia, por cambios en las fuerzas de producción de la sociedad, esto es, por sus fuerzas *materiales*. Esto ha sido particularmente cierto en el caso del capitalismo, el cual inventa constantemente nuevas fuerzas innovadoras de producción para ampliar y aumentar la producción. Conforme se inventan nuevas fuerzas de producción materiales (como la máquina de vapor, la electricidad o la línea de ensamblaje), las fuerzas anteriores se ven obligadas a hacerse a un lado o a quedar en el olvido (como la energía hidráulica, los molinos de viento y el trabajo manual), y la sociedad se reorganiza alrededor de estas nuevas fuerzas innovadoras de producción. Se crean nuevas estructuras legales y clases sociales (como la corporación y la clase administrativa), y las estructuras legales y clases sociales del pasado se extinguen (como los feudos medievales y su aristocracia). Se libraron grandes batallas ideológicas para ganar la mente de los individuos durante estos periodos de transformación, pero las nuevas ideas siempre triunfan: la historia siempre sigue el impulso de las fuerzas de producción y acaba con las anteriores. El capitalismo, con sus constantes luchas competitivas entre los negocios, siempre está innovando, y así destruye continuamente las viejas formas de vida y crea otras nuevas. Este punto de vista marxista de que la historia está determinada por los cambios en los métodos económicos con los cuales la humanidad produce los materiales de los que debe vivir se conoce como **materialismo histórico**.

Depauperación de los trabajadores

Marx también asegura que siempre que la producción en una economía moderna no esté planeada, sino que dependa de la propiedad privada, y mientras no haya restricciones a los mercados libres, el resultado solamente será una serie de desastres relacionados que dañarán a la clase trabajadora.[86]

En primer término, los sistemas capitalistas modernos exhiben una concentración creciente del poder industrial global en relativamente pocas manos.[87] Conforme los propietarios privados centrados en sus intereses luchan por aumentar los activos que controlan, los pequeños negocios serán absorbidos de manera gradual por empresas más grandes que seguirán en expansión. Conforme los negocios se expandan, finalmente tendrán que traspasar las fronteras de su nación de origen y pasar a los mercados internacionales. El comercio internacional acabará con el "aislamiento nacional y la autosuficiencia" y los remplazará con la "interdependencia universal de las naciones", esto es, lo que hoy llamamos *globalización*. Conforme el capitalismo se globaliza, se concentrará cada vez más poder y riqueza en menos manos.

Repaso breve 3.12

Materialismo histórico de Marx
- Los métodos que una sociedad usa para producir sus bienes determinan cómo organiza esa sociedad a su fuerza laboral.
- La forma en que una sociedad organiza a sus trabajadores determina sus clases sociales.
- La clase social gobernante de una sociedad controla el gobierno de esa sociedad y sus ideologías, y usa estas últimas en provecho de sus propios intereses y para controlar a las clases trabajadoras.

materialismo histórico Punto de vista marxista que considera que la historia está determinada por los cambios en los métodos económicos con los cuales la humanidad produce los materiales de los que debe vivir.

depauperación Los efectos combinados de mayor concentración de la riqueza, crisis cíclicas, desempleo creciente y remuneración relativa decreciente.

Repaso breve 3.13

Depauperación de los trabajadores
- Marx afirmaba que el capitalismo concentra el poder industrial en las manos de unos cuantos que organizan a los trabajadores para la producción en masa.
- La producción en masa en las manos de unos cuantos ocasiona excedentes, los cuales, a la vez, generan depresión económica.
- Los dueños de las fábricas remplazan la mano de obra con máquinas, lo que genera desempleo; además, mantienen los salarios bajos para aumentar las utilidades.
- Los efectos combinados de las causas anteriores provocan la depauperación de los trabajadores.
- La única solución es una revolución que establezca una sociedad sin clases donde todos sean dueños de los medios de producción.

Segundo, las sociedades capitalistas experimentarán ciclos repetidos de depresión o crisis económicas.[88] Como los obreros se organizan en líneas de ensamblaje masivo, las empresas generan grandes cantidades de excedente. Puesto que los dueños están centrados en sus intereses y son competitivos, cada uno intentará producir en sus empresas cuanto sea posible sin coordinar su producción con la de los otros dueños. Como resultado, las empresas generarán periódicamente una sobreoferta de bienes. Estos inundarán el mercado y sobrevendrá una depresión económica o recesión cuando la economía se desacelere para absorber el excedente en la producción.

En tercer lugar, Marx afirma que la posición de la fuerza laboral en las sociedades capitalistas empeorará de manera paulatina.[89] Este deterioro gradual será el resultado del deseo egoísta de los capitalistas de aumentar sus bienes a expensas de sus empleados. Este interés personal llevará a los capitalistas a sustituir la mano de obra por máquinas, lo que provocará un nivel creciente de desempleo. El interés personal también hará que los capitalistas no aumenten los salarios de sus empleados en relación con el aumento de la productividad que hace posible la mecanización. Los efectos combinados de mayor concentración de la riqueza, crisis cíclicas, desempleo creciente y menor remuneración relativa conducen a lo que Marx llamó **depauperación** de la clase trabajadora. La solución a todos estos problemas, según Marx, es la propiedad colectiva de los activos productivos de la sociedad y el uso de la planeación central en sustitución de los mercados no regulados.[90]

La respuesta de Marx al capitalismo se refleja en el enunciado con el que termina su obra más famosa, *El manifiesto comunista*: "¡Trabajadores del mundo, uníos!". Los problemas del capitalismo surgen del conflicto entre clases propietaria y trabajadora, así que la única solución real es librarse de ellas. En otras palabras, la forma de superar el capitalismo es suprimir el sistema de clases y, en su lugar, establecer una sociedad que carezca de ellas. Para lograrlo, pensaba Marx, se requería una revolución en la que los trabajadores derrocaran a los capitalistas. Escribió que el proletariado podía lograr sus fines "solo al derrocar por la fuerza todas las condiciones sociales existentes. Que las clases gobernantes tiemblen ante la revolución comunista. Los trabajadores no tienen nada que perder, excepto sus cadenas".

En la sociedad sin clases, pensaba Marx, los medios de producción ya no serían privados, sino que serían propiedad colectiva de todos los trabajadores. Todo el mundo contribuiría según sus capacidades, y recibiría de acuerdo con sus necesidades. Esta sería una sociedad donde no habría explotación, desempleo, pobreza, ni desigualdades. Sería una sociedad "donde nadie tendría una esfera exclusiva de actividad, sino que todos se podrían realizar de la forma en que deseen; una sociedad que regularía la producción general y, por lo tanto, haría posible que yo hiciera una cosa hoy y otra mañana, cazar en la mañana, pescar en la tarde, apacentar el ganado en la noche y criticar después de la cena según mis pensamientos, sin nunca llegar a ser cazador, pescador, pastor o crítico".[91]

Respuestas a las críticas de Marx

Los defensores del libre mercado casi siempre han respondido a las críticas marxistas de que los mercados libres generan injusticias con el argumento de que Marx supone equivocadamente que la justicia significa ya sea igualdad o distribución de acuerdo con las necesidades. Aseguran que esta afirmación es imposible de probar.[92] Existen demasiadas dificultades para establecer principios de justicia aceptables. ¿Se debería determinar la justicia distributiva en términos de esfuerzo, habilidad o necesidad? Resulta imposible contestar estas preguntas de una manera objetiva, afirman, por lo que cualquier intento de sustituir los mercados libres con algún principio distributivo, en el análisis final, será una imposición de las preferencias subjetivas de alguien sobre los demás miembros de la sociedad. Esto, desde luego, violará el derecho (negativo) que todo individuo tiene de estar libre de la coerción de otros.

Otros críticos de Marx argumentan que la justicia tiene un significado claro que apoya los mercados libres. La justicia, en realidad, significa distribución de acuerdo con la contribución.[93] Algunos aseveran que cuando los mercados son libres y funcionan de manera competitiva pagarán a cada trabajador el valor de su contribución, porque el salario de cada individuo se determinará por lo que este agrega a la producción de la economía. En consecuencia, afirman, la justicia requiere de mercados libres.

Un tercer tipo de réplica que han hecho los defensores de los mercados libres y la propiedad privada a la crítica de que estos generan desigualdades injustas es que, aunque tal vez las desigualdades sean inherentes a la propiedad privada y los mercados libres, los beneficios que generan son más importantes.[94] El libre mercado permite asignar los recursos de manera eficiente sin coerción, y este es un beneficio mayor que la igualdad.

Los partidarios de los mercados libres también han respondido a la crítica de que las estructuras del libre mercado dividen a las comunidades. Los mercados libres, argumentan, se basan en la idea de que las preferencias de quienes están en el gobierno no deberían determinar las relaciones de los ciudadanos. Por ejemplo, el gobierno no debe favorecer un tipo de comunidad religiosa o determinar las relaciones de una iglesia con otra, ni favorecer los valores de una comunidad o sus formas de relación sobre los de otras. En las sociedades caracterizadas por esa libertad, las personas tienen la posibilidad de unirse en asociaciones para cultivar los valores —religiosos o no religiosos— que elijan.[95] En esas asociaciones libres, apoyadas por el derecho a la libertad de asociación, florecen las verdaderas relaciones de la comunidad. En resumen, la libertad que fundamenta los mercados libres brinda la oportunidad de constituir comunidades plurales libremente. Esas comunidades no son posibles en sociedades como la ex Unión Soviética, donde los gobernantes deciden qué asociaciones están permitidas y cuáles no. Así, el carácter convincente del argumento de que hay que apoyar los mercados no regulados porque son eficientes y protegen el derecho a la libertad y la propiedad depende, al final, de la importancia que se atribuya a varios factores éticos. ¿Qué tan importantes son los derechos a la libertad y a la propiedad comparados con una distribución justa del ingreso y la riqueza? ¿Qué tan importantes son los derechos negativos de libertad y propiedad comparados con los derechos positivos de la necesidad de los trabajadores y de quienes no poseen propiedades? ¿Qué tan importante es la eficiencia comparada con las demandas de justicia? ¿Qué tan importantes son los bienes de la comunidad y del cuidado comparados con los derechos individuales?

La crítica más convincente a Marx es que la depauperación de los trabajadores que predijo, de hecho, no ocurrió. Los trabajadores en los países capitalistas están en una situación mucho mejor que sus antepasados hace un siglo. De todas formas, los marxistas contemporáneos señalan que buena parte de lo que Marx dijo sigue siendo cierto en la actualidad. Muchos individuos encuentran su trabajo inhumano, carente de significado y falto de satisfacción personal, esto es, el trabajo para ellos es enajenante.[96] Aún más, como afirmaba Marx, el desempleo, las recesiones y otras crisis continúan asediando nuestra economía.[97] La publicidad intenta infundirnos deseos por bienes que en realidad no necesitamos y puntos de vista falsos de nuestras verdaderas necesidades y deseos humanos, así que nos convertimos en consumidores centrados en acumular los objetos materiales que las empresas quieren vendernos.[98] Marx habría dicho que el impulso de los negocios para obtener beneficios crea la "renuncia de la vida y de las necesidades humanas" a través de la publicidad. Finalmente, un problema fundamental que Marx señalaba se encuentra todavía entre nosotros: la desigualdad.[99] De hecho, en una escala internacional, al expandirse el libre comercio a través de la globalización, el abismo en el mundo entre los que tienen y los desposeídos parece haber aumentado.[100]

Repaso breve 3.14

Críticas a Marx
- Los argumentos de Marx de que el capitalismo es injusto son imposibles de probar.
- La justicia requiere de mercados libres.
- Los beneficios de la propiedad privada y los mercados libres son más importantes que la igualdad.
- Los mercados libres fortalecen a la comunidad en vez de causar alienación.
- La depauperación de trabajadores no ha ocurrido; en vez de ello, su situación ha mejorado.

3.5 Conclusión: La economía mixta, la nueva propiedad y el fin del marxismo

El debate en favor y en contra de los mercados libres, el libre comercio y la propiedad privada aún continúa. Algunas personas aseguran que el colapso de los regímenes socialistas en el mundo a finales del siglo xx ha demostrado que el capitalismo, con su énfasis en los mercados libres, es el ganador indiscutible.[101] Sin embargo, otros observadores sostienen que el surgimiento de economías fuertes en naciones que dan importancia a la intervención del gobierno y los derechos de propiedad colectiva, como China y Singapur, demuestran que los mercados libres, por sí solos, no son la clave de la prosperidad.[102] Tal vez sea inevitable que la controversia lleve a muchos economistas a defender la permanencia de los sistemas de mercado y la propiedad privada, pero con una modificación en su funcionamiento a través de la regulación del gobierno para eliminar sus defectos más evidentes. La amalgama resultante de regulación gubernamental, mercados parcialmente libres y derechos de propiedad limitados se conoce como **economía mixta**.[103]

economía mixta
Economía que se basa en un sistema de mercado y propiedad privada, pero que se apoya fuertemente en las políticas del gobierno para remediar sus deficiencias.

En términos generales, una economía mixta se basa en un sistema de mercado y propiedad privada, pero se apoya fuertemente en las políticas del gobierno para remediar sus deficiencias. Las transferencias del gobierno (del ingreso privado) se usan para eliminar los peores aspectos de la desigualdad, al obtener dinero de los ricos en la forma de impuestos para distribuirlo entre los más desprotegidos en la forma de asistencia pública o servicios sociales. Las leyes de salarios mínimos y de seguridad, los sindicatos y otras formas de legislación laboral se utilizan para proteger a los trabajadores de la explotación. Los monopolios se regulan, nacionalizan o declaran ilegales. Las políticas monetaria y fiscal gubernamentales intentan asegurar el pleno empleo. Los cuerpos legislativos del gobierno vigilan a las empresas para asegurar que no emprendan un comportamiento que perjudique a la sociedad.

¿Qué tan efectivos son estos tipos de políticas? Una comparación de la economía estadounidense con otras economías que han llegado más lejos en el camino hacia la instauración de políticas de una economía mixta resultará útil. Suecia, Noruega, Francia, Irlanda y Suiza son todas economías mixtas con altos niveles de intervención gubernamental. Ya hay datos estadísticos disponibles que comparan el desempeño de las economías de estos países con el de Estados Unidos. Los datos son interesantes. Para comenzar, Estados Unidos tiene mayor desigualdad que cualquiera de estos países. Por ejemplo, según cifras de la CIA, el 10 por ciento superior de todas las familias en Estados Unidos recibe 15 veces el ingreso del 10 por ciento inferior, mientras que en Suecia la razón es de 7 veces, en Francia es de 8 veces, y en Irlanda y en Suiza es de 9 veces.[104] Aunque la desigualdad en Estados Unidos es alta, este país no ha tenido un nivel relativamente elevado de crecimiento económico. Según el informe *CIA World Factbook* para 2010, las tasas de crecimiento de la productividad industrial de Suiza, Irlanda y Noruega sobrepasan la de Estados Unidos, y el producto interno bruto de Noruega, Suiza y Francia igualmente supera el de Estados Unidos. La tasa de mortalidad infantil de este país (6.14 muertes por cada 1,000 nacidos vivos) es mayor que la de Irlanda (4.9 muertes), Dinamarca (4.29 muertes), Suiza (4.12 muertes), Francia (3.31 muertes) y Suecia (2.74 muertes). La esperanza de vida en Estados Unidos (78.2) es menor que en Irlanda (78.4), Dinamarca (78.4), Noruega (80.1), Suiza (81), Suecia (81) y Francia (81).

Aunque estas breves comparaciones no cuentan la historia completa, al menos indican que una economía mixta tiene ciertas ventajas. Más aún, si comparamos el desempeño de la economía de Estados Unidos en distintos periodos de su historia, se obtiene la misma conclusión. Antes de la introducción de las regulaciones del gobierno y de los programas de asistencia social, la tasa más alta de crecimiento per cápita del PIB que experimentó ese país durante una década fue del 22 por ciento en el periodo comprendido entre 1900 y 1910. Durante la década de 1940, cuando la economía de Estados Unidos se manejó como una economía de guerra (por su participación en la Segunda Guerra Mundial), la tasa de crecimiento per cápita del PIB llegó al 36 por ciento (la más alta de la historia); durante la década de 1960, cuando Estados Unidos puso en marcha sus programas de asistencia social más importantes, la tasa de crecimiento per cápita del PIB fue del 30 por ciento. De nuevo, estas comparaciones no cuentan la historia completa, pero sugieren que los niveles altos de participación gubernamental característica de una economía mixta no son del todo malos.

Sistemas de propiedad y nuevas tecnologías

Los debates también versan sobre el equilibrio adecuado entre los sistemas de propiedad que resaltan las nociones de Locke de la propiedad privada individual y los conceptos socialistas que favorecen la propiedad colectiva. Este debate nunca ha sido más agudo que en el campo de las nuevas formas de **propiedad intelectual** que la tecnología moderna —como la informática y la ingeniería genética— ha creado. La *propiedad intelectual* se ejerce sobre un objeto abstracto no físico, como un programa de software, una canción, una idea, un invento, una receta, una imagen o un sonido digital, un código genético o cualquier otro tipo de información. A diferencia de lo que sucede con los objetos físicos, la propiedad intelectual no es exclusiva. Esto es, en contraste con lo que pasa con los objetos físicos, el uso que hace un individuo de una propiedad intelectual no excluye el uso simultáneo por parte de otras personas de esa misma propiedad. Un objeto físico, como una casa, una pizza, un auto o un metro cuadrado de tierra, solo lo puede utilizar una persona o unas cuantas al mismo tiempo, y lo que una de ellas usa o consume del objeto no lo podrá utilizar ni consumir otra. Por el contrario, en el caso de la propiedad intelectual, como una canción, una idea o alguna información, varios individuos tienen la posibilidad de copiar, usar o consumir esa creación al mismo tiempo. Si usted diseña un programa o una imagen digital y los guarda en su computadora, otros pueden llegar y hacer millones de copias de ese programa o imagen, las cuales operan y se ven exactamente igual que su original. Millones de personas podrán usar y disfrutar esos millones de copias exactas sin limitar la habilidad del creador de usar o disfrutar su original.

propiedad intelectual La propiedad que no se ejerce sobre un objeto físico, sino sobre bienes abstractos, como el conocimiento o la información; tal es el caso de fórmulas, planes, música, historias, textos, software, etcétera.

¿Qué tipo de sistemas de propiedad deberían adoptar las sociedades para determinar los derechos de propiedad sobre las creaciones intelectuales? Por un lado, están quienes adoptan el punto de vista de Locke o la visión utilitaria de que la propiedad intelectual se debe tratar como propiedad privada. Quienes adoptan una perspectiva lockeana argumentan que si una persona desarrolla un programa de software o compone una canción, entonces, esto se debe considerar como la propiedad privada de esa persona por el simple hecho de que es un producto de su trabajo mental. De esta forma, si alguien trata de usar o copiar ese programa o canción sin permiso del autor, el acto debe verse como una violación a los derechos "naturales" de propiedad de este último. Los utilitarios también defienden la propiedad intelectual, pero por otras razones; afirman que la propiedad privada sobre una creación intelectual constituye un incentivo necesario para que las personas trabajen con ahínco en la generación de nuevas obras intelectuales. Requiere mucho trabajo que una compañía como Microsoft cree un programa de procesamiento de texto o que un músico componga una pieza musical original. Las compañías y los individuos no harían el esfuerzo ni la inversión que se requiere si no obtuvieran ganancias a partir de sus obras mediante los derechos de propiedad, los cuales les otorgan el derecho exclusivo de copiar sus creaciones y evitan que otros lo hagan sin su permiso. Sin esos derechos de propiedad privada, las creaciones intelectuales dejarían de existir.

En el otro lado de este debate están quienes toman una posición marxista que apoya la propiedad colectiva o común de las creaciones intelectuales, particularmente de la propiedad que puede usarse para producir un valor adicional. Al igual que Marx, muchos críticos modernos de la propiedad privada de las creaciones intelectuales aseguran que la creatividad no requiere de los incentivos financieros de un sistema de propiedad privada. Antes del periodo moderno de la historia, se consideraba que los relatos, los poemas, las canciones, los inventos y la información que la gente comunicaba se convertían en propiedad común que cualquiera tenía derecho a utilizar o reproducir. A pesar de la falta de una recompensa financiera, estos artistas, escritores y pensadores continuaron con su trabajo. Incluso hoy muchas personas desarrollan software o componen música y los ponen a la libre disposición de otros en Internet —quizá bajo el lema "¡la información quiere ser libre!"—, a pesar de no recibir incentivos financieros por su creatividad. De hecho, existe un importante grupo de desarrolladores de software que promueven el software de código abierto (como el sistema operativo Linux, Firefox y OpenOffice), que es software que cualquiera puede copiar, usar o cambiar con toda libertad. Otros argumentan que se sirve mejor al bien común de la sociedad si las creaciones intelectuales se manejan como propiedad pública o comunal con disponibilidad libre para que otros las usen con la finalidad de desarrollar nuevos productos intelectuales o de generar beneficios para la sociedad.

Los nuevos descubrimientos científicos o los nuevos desarrollos de ingeniería no se deben atesorar o esconder bajo el disfraz de la propiedad privada, sino que deben estar disponibles libremente para beneficiar a la sociedad. Esta es la posición de muchos países en desarrollo, donde la propiedad intelectual todavía se concibe como propiedad común. El especialista en ética Paul Steidlmeir, por ejemplo, considera que los "países en desarrollo defienden que los reclamos individuales sobre la propiedad intelectual están subordinados a afirmaciones más fundamentales del bien social y que, aunque las personas tengan derecho al fruto de su trabajo, tienen una obligación de compensar a la sociedad que posibilita esa fertilidad del trabajo".[105] No es de sorprender que la piratería de software prevalezca en muchos países en desarrollo, donde las copias de software que en Estados Unidos cuestan $300, $400 y $500 están disponibles en las calles por tan solo $5 o $10.

El sistema de propiedad para las creaciones intelectuales en Estados Unidos todavía está en evolución, aunque en muchos aspectos tienda más hacia un sistema lockeano/utilitario que a uno marxista/socialista. En ese país se hace una importante distinción entre una *idea* y la *expresión* de la idea. Las ideas no se poseen ni se convierten en propiedad privada, sino que permanecen como propiedad común de todos. Sin embargo, una *expresión* particular de una idea, como el texto, las palabras o el software que se usan para expresar la idea, puede estar bajo el amparo de los **derechos de autor** o *copyright*, lo que indica que esa expresión particular de la idea se convierte en la propiedad privada de un individuo o de una compañía. Cualquier escrito tangible (es decir, que se pueda ver o tocar físicamente) es susceptible de ampararse por derechos de autor; esto incluye libros, revistas, periódicos, discursos, música, obras de teatro, películas, programas de radio y televisión, mapas, pinturas, dibujos, fotografías, tarjetas de felicitación, grabaciones de sonido en cintas o discos compactos, programas de software y las plantillas usadas para imprimir circuitos de computadora. De acuerdo con el punto de vista de Locke, la ley estadounidense dice que registrar los derechos de autor con el gobierno no crea esos derechos, sino que la misma autoría de un trabajo genera los derechos (esto es, la propiedad) sobre el trabajo. De todas formas, actualmente los derechos de autor expiran después de 120 años de la creación y 95 años después de su publicación, y entonces, al igual que las ideas, se convierten en propiedad pública.[106]

Una segunda manera de crear derechos de propiedad sobre las creaciones intelectuales es tramitar una *patente*. Los inventos nuevos, no evidentes y útiles de máquinas, medicamentos, químicos u otras "composiciones de la materia", procesos, programas de software, artículos manufacturados, plantas reproducidas asexualmente, materia viva desarrollada por una persona y los diseños de productos también son susceptibles de convertirse en propiedad privada si se les otorga una patente. No obstante, las patentes expiran después de un periodo comprendido entre 14 (para patentes de un nuevo diseño a partir de un producto existente) y 20 años (para patentes de nuevos productos), y después de ese lapso también se convierten en propiedad común.[107] Muchas personas critican este sistema con el argumento de que las patentes y los derechos de autor evitan que otros desarrollen versiones mejoradas del software protegido o que aprovechen un nuevo fármaco para hacer descubrimientos importantes, una crítica que recuerda el punto de vista marxista de que la propiedad debe servir al bien de la comunidad. Otras personas consideran que las patentes expiran demasiado pronto y que los nuevos inventos se deberían quedar como propiedad privada del inventor durante más tiempo, un punto de vista tipo lockeano. Así pues, el debate entre Locke y Marx continúa en ebullición.

¿El fin del marxismo?

Los defensores de los mercados libres se animan por lo que algunos han llamado "la caída del socialismo" en varias naciones, en particular en los ex miembros de la URSS. El 24 de septiembre de 1990, la legislatura soviética votó por renunciar a 70 años de economía comunista, que había llevado a ineficiencias y escasez, en favor de una economía de libre mercado. En el verano de 1991, el Partido Comunista fue derogado después de que sus líderes intentaran tomar el gobierno soviético. La Unión Soviética se fragmentó y sus estados reorganizados

---

derechos de autor (o *copyright*) Una concesión que indica que una expresión particular de una idea es la propiedad privada de un individuo o una compañía.

descartaron las ideologías radicales de marxismo-leninismo en favor de las perspectivas mundiales que incorporaban elementos del capitalismo y del socialismo. Las nuevas naciones emprendieron intentos experimentales para integrar la propiedad privada y los mercados libres en sus economías todavía socialistas. Algunos observadores, como Francis Fukuyama, interpretaron estos sucesos como un indicador del "final de la historia".[108] Fukuyama y otros sugerían que, con el fin del socialismo, no habría más "progreso" hacia un sistema económico mejor o más perfecto: el mundo entero ahora está de acuerdo en que el mejor sistema es el capitalismo.

Sin embargo, estas reformas socialistas históricas no implican un abandono completo de Marx o del socialismo. Sin excepción, todas las reformas están encaminadas a acercar a los sistemas socialistas hacia las economías basadas en las mejores características de la ideología socialista y del mercado libre. En resumen, se han dirigido a acercar a los países socialistas hacia la misma ideología de economía mixta que domina en los países occidentales. El debate actual en el mundo ex socialista, al igual que en Estados Unidos, intenta definir la mejor mezcla de regulación gubernamental, derechos de propiedad privada y mercados libres, y no si un sistema de mercados es mejor o peor que un sistema de economía dirigida.

Los seguidores de Smith y Locke aún insisten en que el nivel de intervención del gobierno que tolera la economía mixta causa más daño que bien. Sus oponentes sostienen que, en nuestra economía mixta, el gobierno favorece los intereses de los negocios, y que permitir que estos últimos operen sin una supervisión regulatoria exacerba nuestros problemas económicos. No obstante, el equilibrio se podría encontrar en que la economía mixta se acercara a la combinación de beneficios utilitarios de los mercados libres con respeto por los derechos humanos, la justicia y el cuidado, que son fortalezas características de la regulación gubernamental.

Preguntas para repaso y análisis

Estudie y **repase** en **mythinklab.com**

1. Defina los siguientes conceptos: ideología, ideología individualista, ideología comunitaria, economía dirigida, sistema de libre mercado, sistema de propiedad privada, estado de naturaleza, derechos naturales, derecho natural a la propiedad según Locke, plusvalía, alienación, burguesía, proletariado, infraestructura económica, superestructura social, fuerzas de producción, relaciones de producción, materialismo histórico, depauperación de los trabajadores, mano invisible, precio natural, libertad natural, demanda agregada, oferta agregada, economía keynesiana, supervivencia del más apto, darwinismo social, falacia naturalista, economía mixta, propiedad intelectual.
2. Compare los puntos de vista de Locke, Marx, Smith, Keynes y Spencer en cuanto a la naturaleza y las funciones propias del gobierno, y su relación con los negocios. ¿Qué puntos de vista le parece que ofrecen el análisis más adecuado de las relaciones contemporáneas entre las empresas y el gobierno? Explique detalladamente su respuesta.
3. "Es evidente que las perspectivas de Locke sobre la propiedad, de Smith sobre los mercados libres, y de Marx sobre el capitalismo no son ciertas cuando se aplican a la estructura organizacional y las operaciones de las corporaciones modernas". Comente esta afirmación. ¿Qué reformas, si acaso, defenderían Locke, Smith y Marx respecto a la organización corporativa actual y su desempeño?
4. "Igualdad, justicia y respeto por los derechos son características del sistema económico estadounidense". ¿Está de acuerdo o en desacuerdo con esta afirmación? ¿Por qué?
5. "Los mercados libres asignan los bienes económicos de la manera más benéfica para la sociedad y aseguran el progreso". ¿En qué grado es cierta esta afirmación? ¿En qué grado cree que es falsa?

Recursos en Internet

Los lectores interesados en investigar el tema general de la globalización encontrarán valiosos análisis introductorios en *http://www.globalization101.org*, así como análisis más detallados en *http://www.globalissues.org* y *http://yaleglobal.yale.edu*. También encontrarán estadísticas y datos sobre la globalización en *http://globalization.kof.ethz.ch*. Internet contiene abundante material sobre Locke, Marx y Smith (*http://users.ox.ac.uk/~word0337/philosophers.html* y *http://www.epistemelinks.com/index.aspx*).

CASOS

Explore el *concepto* en **mythinkinglab.com**

El rescate de GM

Para mediados de diciembre de 2008, GM, el segundo fabricante de automóviles más grande del mundo, perdía $2,000 millones por mes. Rick Wagoner, su director general desde el año 2000, sabía que la compañía no tenía dinero suficiente para sobrevivir por más tiempo. El año 2008, cuando se cumpliría el aniversario número 100 de GM, resultó el peor de su historia.[1] Wagoner ya sabía que GM terminaría el año con pérdidas de aproximadamente $31,000 millones. Pero eso era una mejoría en comparación con 2007, cuando las pérdidas ascendieron a $38,700 millones, la cuarta mayor pérdida corporativa de su historia. Estas sumas, aunadas a las pérdidas por $1,000 millones en 2006 y $10 mil millones en 2005, significaban que la empresa que él dirigía perdió la sorprendente cantidad de $80 mil millones en cuatro años.

Wagoner era un hombre dedicado, afable y agradable. En la preparatoria había sido excelente en todos los deportes; su estatura de 1.92 metros le ayudó a convertirse en una estrella del basquetbol, y para el momento de la graduación, esperaba secretamente en convertirse en jugador profesional. Pero como jugador de primer año en la Universidad de Duke, le quedó claro que no tenía el talento ni el impulso para convertirse en un deportista profesional. En vez de ello, se graduó en economía, y también comenzó a salir con Kathleen Kaylor con quien finalmente se casó. Después de graduarse en la Universidad de Duke y obtener una maestría en administración en la Universidad de Harvard, se fue a trabajar a GM. Rápidamente ascendió dentro del escalafón y en 2000 lo nombraron director ejecutivo; era la persona más joven en alcanzar ese puesto en la historia de la empresa.

Wagoner culpa de los infortunios de GM a varios factores. Siente que uno de los más importantes fue la "Gran Recesión" de 2008 que perjudicó las ventas de todos los fabricantes de automóviles, particularmente cuando los bancos, que ya tenían muchos problemas, dejaron de prestar dinero, así que los clientes ya no podían obtener créditos para comprar autos. Por desgracia, GM no anticipó el resquebrajamiento del crédito y en 2006 vendió su participación (que le daba el control) en GMAC, la empresa financiera que había extendido créditos baratos a sus clientes compradores de autos. Después de que GM vendiera el 51 por ciento de las acciones de GMAC a Cerberus por $7.4 millones, esta se negó a dejar que GMAC continuara ofreciendo los mismos créditos fáciles a sus clientes, lo que dio por resultado un significativo golpe a las ventas de GM.

Otro problema que enfrentó la empresa fueron los costos laborales. En 2008 GM pagaba en promedio $70 por hora de trabajo, de los cuales el empleado recibía $30 en forma de salario, y $40 se destinaban a financiar otros costos laborales, incluyendo prestaciones, gastos médicos y pensiones a cerca de 432,000 jubilados de GM. Debido a que GM había estado operando durante 100 años, su número de pensionados era mucho más grande que el de las compañías automotrices de fundación más reciente. Toyota, por ejemplo, pagaba $53 por hora de trabajo en sus plantas de manufactura en Estados Unidos, de los cuales $30 se destinaban al salario de los empleados y $23 al pago de prestaciones y pensiones; el monto de este último rubro no era muy alto, ya que el número de retirados de la empresa era relativamente bajo. En algunas de sus plantas, dijo un portavoz, Toyota pagaba solo $48 por hora de trabajo.

Pero quizá la mayor causa de las dificultades de GM fue su autoimpuesta alta dependencia de las grandes camionetas SUV (vehículos utilitarios deportivos). Los fabricantes japoneses de autos podían fabricar autos pequeños y medianos por menos de lo que le costaba a GM fabricar autos similares. Para competir, esta tuvo que bajar sus precios hasta que los márgenes de utilidad en sus autos medianos y pequeños se desvanecieron casi por completo. Pero durante la década de 1980, cuando la gasolina era barata, GM descubrió que las SUV eran un gran éxito entre los clientes masculinos y parejas con familias en crecimiento. Más aún, a diferencia de lo que sucedía con sus modelos pequeños y medianos, los márgenes de utilidad de sus grandes SUV eran elevados, hasta de $10,000 o $15,000 por vehículo. Conforme sus ventas de SUV experimentaban un auge en la década de 1990, GM expandió su línea y dedicó enteramente muchas de sus plantas a la producción de los grandes y lucrativos vehículos. En 2003 la mayor parte de sus utilidades provenía de las ventas de SUV. Pero conforme el precio de la gasolina se incrementaba gradualmente, los costos de poseer una SUV también se elevaron, de manera que su mercado dejó de crecer y luego comenzó a declinar. En 2004 las SUV no vendidas comenzaban a apiñarse en las distribuidoras. Cuando en 2005 los precios de la gasolina subieron como resultado del huracán Katrina, las ventas de las SUV finalmente colapsaron. Así, GM terminó 2005 con una pérdida de $10,400 millones. En 2006 la situación mejoró de alguna manera, pero entonces las pérdidas escalaron a una cifra récord de $38,700 millones en 2007 y $30,900 millones en 2008. Por desgracia, todo en ese momento dentro de GM —las plantas, los planes estratégicos, los programas de investigación y desarrollo e incluso su actitud mental— estaba anclado en la producción de las SUV y tomaría años modificarlo.

Debido a la dependencia de ese producto, GM había dejado de invertir en los pequeños autos de consumo eficiente, los cuales llamaban más la atención del público consciente de los costos de la gasolina en 2005. En la década de 1990, GM había desarrollado la tecnología para un auto totalmente eléctrico, el EV1. El EV1 era, de hecho, el primer auto eléctrico moderno producido en masa por una empresa grande. Para 1999 GM había gastado $500 millones produciendo el EV1 y $400 millones comercializándolo, aunque solo había arrendado 800 vehículos. Convencida de que el auto nunca alcanzaría la rentabilidad de las SUV, la empresa detuvo su producción en 2002, recuperó todos los vehículos que había arrendado y congeló el proyecto. Al mismo tiempo, tanto Toyota como Honda estaban introduciendo en Estados Unidos sus pequeños autos híbridos con motores eléctricos y de gasolina. Los híbridos se convirtieron en un éxito comercial y, lo que es más importante, la producción de los autos les permitió a ambas ganar casi una década de experiencia en la tecnología híbrida, mientras que GM continuaba enfocándose en sus SUV devoradoras de gasolina. En una entrevista en 2006, publicada en Motor Trend, Rick Wagoner confesó que su peor decisión durante su paso por GM fue "desechar el programa del auto eléctrico EV1 y no destinar los recursos adecuados al proyecto de los vehículos híbridos".

Todos estos problemas habían culminado en la pérdida de $80 mil millones, que puso a GM en la situación difícil que Wagoner sabía que tendría que enfrentar en las últimas semanas de 2008. Muchos analistas vaticinaban que GM se iría a la bancarrota, de manera que los bancos (que apenas si lograban sobrevivir a la peor crisis financiera en décadas) se mostraron renuentes a prestar más dinero a la empresa. Al ritmo en que sus reservas de efectivo se agotaban, Wagoner sabía que el riesgo de bancarrota crecía diariamente. Ante la tenebrosa ruta, la empresa decidió que solo podía salvarla un rescate del gobierno.

Los rescates del gobierno no gozaban de gran aceptación. En septiembre de 2008, la administración de George W. Bush pidió al Congreso que aprobara una legislación para crear un fondo de $700 mil millones, llamado el *Programa de Alivio para Activos en Problemas* (*Troubled Asset Relief Program*, TARP). Un Congreso reticente aprobó el proyecto de ley TARP que autorizaba al Departamento del Tesoro de Estados Unidos a usar los fondos "para comprar [...] activos con problemas de cualquier institución financiera". Los "activos con problemas" eran millones de préstamos hipotecarios que los bancos habían extendido a compradores de casas que ahora eran incapaces de hacer sus pagos mensuales de la hipoteca, y cuyas casas valían menos que sus hipotecas porque los precios de los inmuebles habían colapsado a principios de 2007. Ya que las casas valían menos que los préstamos hipotecarios, las hipotecas no podían pagarse por completo cuando los propietarios morosos las vendían o cuando los bancos las confiscaban. Al sufrir enormes pérdidas, muchos bancos de Estados Unidos estaban al borde de la bancarrota, como lo estaban los bancos europeos que anteriormente habían tomado miles de las ahora hipotecas "con problemas" de Estados Unidos. Muchos economistas predijeron que estas fallas bancarias diseminadas convertirían la profunda recesión en una depresión global peor que la Gran Depresión de la década de 1930.

A pesar de la amenaza en ciernes de una crisis financiera, muchos se opusieron al plan de rescate de los bancos. Un centenar de destacados economistas enviaron una carta al Congreso de Estados Unidos, donde afirmaban que la falta de "justicia" era un "defecto de funestas consecuencias" del plan porque era un "subsidio a los inversionistas a costa de los contribuyentes. Los inversionistas que asumieron riesgos para obtener ganancias también deberían soportar las pérdidas".[2] Al llamar a los rescates bancarios "el socialismo para los ricos", el economista ganador del Premio Nobel, Joseph Stiglitz, escribió que "esta nueva versión del capitalismo, en la cual las pérdidas se socializan y los beneficios se privatizan, está condenada al fracaso. Los incentivos están distorsionados [y] no hay disciplina de mercado".[3]

Sin embargo, si los bancos estadounidenses eran capaces de obtener dinero de rescate de Washington, quizá GM podía hacer lo mismo. Así que Rick Wagoner y dos miembros del consejo volaron a esa ciudad el 13 de octubre de 2008 para reunirse con funcionarios de la administración del presidente George W. Bush. Durante la reunión, Wagoner resumió la precaria situación de la compañía y solicitó un préstamo del fondo TARP. El gabinete de Bush se mostró reacio a la solicitud, argumentando que la legislación decía explícitamente que los fondos TARP eran para instituciones financieras, así que no podían emplearse para otorgar préstamos a fabricantes de automóviles. Frente al rechazo de la administración, un desesperado Wagoner recurrió al Congreso de Estados Unidos. Los días 18 y 19 de noviembre, él y los directores generales de Chrysler y Ford, las otras dos compañías de autos estadounidenses que también atravesaban momentos difíciles, se presentaron ante los comités del Congreso y pidieron una legislación que autorizara fondos gubernamentales para ayudar a la industria automotriz. Sin embargo, los miembros de los comités mostraron enfado, en particular cuando los ejecutivos admitieron que no habían preparado planes que detallaran cómo usarían esos fondos, ni qué cambios planeaban hacer para asegurar que podrían tener una rentabilidad. Al final, dijeron a los tres directores generales que regresaran en diciembre con planes financieros detallados para sus compañías. A principios de dicho mes, los tres regresaron diligentemente al Congreso con planes en mano y repitieron sus solicitudes de ayuda financiera. Unos cuantos días después, tanto la Cámara de Representantes como el Senado propusieron una legislación para ayudar a las compañías automotrices. Por desgracia, aunque la Cámara de Representantes aprobó el 10 de diciembre la propuesta de ley para ayudar a la industria automotriz, el Senado votó en contra. Sin el apoyo de ambas cámaras, la legislación propuesta estaba desahuciada.

Wagoner se sentía aturdido y desesperado por el futuro de la compañía a la que había servido durante más de 30 años. Pero su desesperación se convirtió en euforia cuando recibió una llamada de la administración Bush, la cual había decidido que, después de todo, el Tesoro podía usar los fondos TARP para otorgar préstamos a GM y a Chrysler. (Ford había determinado que podía sobrevivir sin dinero del gobierno). El 19 de diciembre de 2008, el presidente Bush anunció que el Tesoro otorgaría a GM un préstamo de $13,400 millones del fondo TARP, mientras que Chrysler obtendría uno de $4,000 millones. Al anunciar la ayuda a las compañías automotrices, la administración Bush dijo que "los costos directos de que los fabricantes estadounidenses de autos quebraran y despidieran a su personal darían como resultado una reducción de más del 1 por ciento en el crecimiento real del PIB y una pérdida de aproximadamente 1.1 millones de empleos".[4] Para obtener el dinero, Wagoner tuvo que acordar que, el 17 de febrero de 2009, GM presentaría un plan detallado en el que debía especificar cómo lograría "viabilidad financiera", y el plan tenía que ser aceptable para los funcionarios del Tesoro de Estados Unidos. Puesto contra la pared, Wagoner aceptó los términos, y el 31 de diciembre de 2008 GM consiguió una primera entrega de $4,000 millones del total del préstamo que le fue asignado; recibió otros $5,400 millones el 16 de enero de 2009, y una última entrega de $4,000 millones el 17 de febrero de ese mismo año.

Muchos objetaron que el rescate violaba la filosofía de libre mercado que bastantes estadounidenses adoptaban y la remplazaba con una especie de socialismo. El senador republicano Bob Corker declaró que el rescate de GM "daría escalofríos a todos los estadounidenses que creyeran en la libre empresa".[5] Algunos miembros republicanos del Congreso presentaron una resolución sobre los rescates donde afirmaban que estos "hacían que [la] economía [estadounidense] basada en el libre mercado diera otro peligroso paso más hacia el socialismo".[6]

El 17 de febrero de 2009, la administración del recién electo presidente Barack Obama, ya en el cargo, tuvo que concluir el rescate de las empresas automotrices que el gobierno anterior había puesto en marcha. Como parte del "plan de viabilidad" que había acordado presentar el 17 de febrero, Wagoner tuvo que emprender varias acciones: renegociar los contratos del sindicato de GM para hacer que sus costos de mano de obra fueran competitivos frente a los fabricantes de automóviles extranjeros en Estados Unidos, reducir el número y modelos de los vehículos fabricados, reducir su deuda no asegurada de $27,500 millones a $9,200 millones al hacer que los acreedores cancelaran parte de su deuda a cambio de acciones de GM, e invertir en vehículos eléctricos e híbridos eficientes en el consumo de combustible.[7]

Wagoner había entrado rápidamente en negociaciones con el Sindicato de Trabajadores de la Industria Automotriz, el principal sindicato de GM, y con los acreedores. Pero estos se habían negado tenazmente a reducir su deuda en la cantidad que quería el gobierno. Al final, GM no alcanzó los objetivos de reducción de deuda que el Tesoro quería para el 17 de febrero. No obstante, en el último "plan de viabilidad" que presentó al Tesoro de Estados Unidos el 17 de febrero, GM anunció que reduciría 37,000 puestos de planta y 10,000 de oficina, cerraría 14 plantas en los siguientes tres años, eliminaría cuatro de sus ocho marcas de autos, recortaría los salarios de los directivos en 10 por ciento y los del resto del personal entre el 3 y 7 por ciento, y cambiaría los costos del seguro de salud de los jubilados a un fondo independiente financiado en parte con acciones de GM y en parte con deuda. Sin embargo, el plan añadía, GM necesitaría $22,500 millones adicionales para seguir operando hasta 2011.[8]

El grupo de trabajo para la industria automotriz que Obama había reunido para revisar el plan propuesto de GM no estaba contento con este. Steven Ratner, quien encabezaba el equipo de trabajo, declaró:

A partir del "plan de viabilidad" que las compañías presentaron el 17 de febrero, nos quedó claro que GM y Chrysler estaban en un estado de negación. Ambas compañías necesitaban enormes reducciones en sus costos y pasivos. Tenían demasiadas plantas y empleados para los volúmenes esperados de automóviles. Y sus costos de mano de obra estaban fuera de lugar con los de sus competidores más directos. [...] Me quedé consternado por la extraordinaria deficiente administración que encontramos, en particular en GM, donde hallamos, entre otras cosas, quizá la operación financiera más débil que cualquiera de nosotros hubiera visto en una compañía importante.[9]

El "Team Auto", como se autonombró el equipo de trabajo de Obama, dedicó más de un mes a estudiar el plan y concluyó que las suposiciones optimistas de GM de que su participación de mercado crecería en el futuro, sus costos declinarían y, en unos cuantos años, tendría flujos de efectivo positivos estaban fuera de la realidad. El 30 de marzo de 2009, la administración Obama dijo a la compañía que su plan no era aceptable y que "no garantizaba las importantes inversiones adicionales [...] requeridas". No obstante, dieron a GM un plazo de 60 días, hasta el 1 de junio, para tratar de obtener mayores concesiones de sus acreedores, y también otorgaron otro préstamo de $6,360 millones, que se entregaría en los siguientes dos meses. Aunque GM siguió tratando de negociar con sus acreedores, el equipo de trabajo de Obama pronto se dio cuenta de que la única manera de que GM podía obligar a sus acreedores a condonar la deuda de la compañía era que esta se declarara en bancarrota.[10] Esto daría a un juez federal la autoridad para cancelar tanta deuda como fuera necesario para que la compañía volviera a ser un negocio viable. El 31 de marzo, el Tesoro informó al consejo directivo de la compañía que si se declaraba en bancarrota, el gobierno otorgaría el financiamiento necesario para surgir como una compañía viable.

Para ese momento, el destino de Rick Wagoner se había sellado. A mediados de marzo, Steven Ratner le preguntó sobre sus planes y este replicó: "No planeo quedarme hasta los 65, pero creo que me quedan al menos unos cuantos años, [...] aunque dejé en claro a la administración [de Bush] que si mi salida era útil para salvar a General Motors, estaba preparado para hacerlo".[11] El viernes 27 de marzo, Wagoner acudió a una reunión con el equipo de trabajo gubernamental para analizar los planes de reestructuración de GM. Antes de la reunión, Steven Ratner lo llevó a un lado y le dijo: "En nuestra última reunión usted muy gentilmente se ofreció a hacerse a un lado si eso fuera útil. Por desgracia, nuestra conclusión es que sería lo mejor si usted lo hiciera". Wagoner estuvo de acuerdo, y el 30 de marzo presentó su dimisión.

El 1 de junio de 2009, GM entró en bancarrota. El Tesoro creó una nueva compañía llamada "General Motors Company" y la antigua GM, ahora en bancarrota, vendió sus marcas más rentables y sus instalaciones más eficientes a la nueva "General Motors Company", la cual empleó $30 mil millones del dinero del gobierno para comprarlas. Los acreedores de la antigua GM recibieron el 10 por ciento de participación de la nueva compañía, más lo proveniente de la venta de los activos de la antigua empresa. Una participación del 17 por ciento de la nueva GM se colocó en un fondo de inversiones para pagar las prestaciones de cuidado de la salud de los jubilados sindicalizados; el fondo de inversiones del sindicato también recibió un pagaré por $2,500 millones de la nueva GM y $6,500 millones de sus acciones preferentes. El gobierno de Canadá, que había contribuido con $10 mil millones para rescatar algunas de las plantas en Ottawa y Ontario, obtuvo el 12 por ciento de la nueva compañía. El resto, el 61 por ciento de la compañía, pasó a ser propiedad del gobierno de Estados Unidos a cambio del total de $50 mil millones que había inyectado a la empresa. El gobierno también retuvo el derecho a elegir a 10 de los 12 miembros del consejo directivo de la nueva GM; ahora, el gobierno era el dueño principal de una compañía automotriz.[12]

GM no fue la única empresa que llegó a ser una compañía (parcialmente) propiedad del estado durante la crisis financiera. El 27 de febrero de 2009, se anunció que, a cambio de $25 mil millones, el Tesoro de Estados Unidos adquiría el 36 por ciento de la propiedad de Citigroup, Inc., una gran compañía bancaria al borde de la quiebra debido a la crisis financiera. El 16 de septiembre de 2008, American International Group, una compañía de seguros que también estaba al borde del desastre por la crisis financiera, anunció que el gobierno, mediante su Banco de la Reserva Federal, tomaba la propiedad del 80 por ciento de la compañía a cambio de $85 mil millones.

Muchos observadores afirmaron que la propiedad gubernamental de las compañías es el tipo de propiedad gubernamental de los "medios de producción" que Marx y otros socialistas defendían. Por ejemplo, Robert Higgs, editor de *The Independent Review*, escribió que "el gobierno está recurriendo a un socialismo declarado al tomar posiciones de propiedad de las compañías rescatadas".[13] Y el Mackinac Center, un conservador instituto de investigación dedicado a promover el libre mercado, publicó un artículo de Michael Winther que afirmaba:

> Hay solo dos sistemas económicos en el mundo. Estos dos sistemas económicos se describen, por lo general, como el libre mercado y el socialismo. Este último se caracteriza y define por cualquiera de estas dos características: propiedad del gobierno o control de capital, o centralización obligada y redistribución de la riqueza. [El] actual rescate podría describirse como "supersocialismo" porque implica todos los elementos posibles del socialismo: la redistribución obligada de la riqueza, el mayor control del gobierno sobre el capital, e incluso el extremo del socialismo, que es la propiedad gubernamental del capital. Nuestro gobierno federal no se contenta sólo con regular los mercados (de capital), sino que también está dando el siguiente paso al comprar participaciones de propiedad en compañías que antes eran privadas.[14]

Preguntas

1. ¿Cómo evaluarían Locke, Smith y Marx los diversos acontecimientos de este caso?
2. Explique las ideologías de los enunciados de: la carta del Congreso de Estados Unidos firmada por 100 destacados economistas, Joseph Stiglitz, Bob Corker, la resolución republicana sobre el rescate, Robert Higgs y Michael Winther.
3. Desde su punto de vista, ¿se debería haber rescatado a GM? Explique por qué. ¿Fue el rescate ético en términos del utilitarismo, la justicia, los derechos y el cuidado?
4. En su opinión, ¿fue positivo o negativo para el gobierno tomar la propiedad del 61 por ciento de GM? Explique las razones en términos de las teorías de Locke, Smith y Marx.

Notas

1. Tom Krisher y Kimberly S. Johnson, "GM Posts $9.6 Billion Loss", *Associated Press*, 26 de febrero de 2009; fecha de acceso: 30 de mayo de 2010 en http://www.thestar.com/Business/article/593350.
2. Justin Wolfers, "Economists on the Bailout", *The New York Times*, 23 de septiembre de 2008.
3. Joseph Stiglitz, "America's Socialism for the Rich", *The Guardian*, 12 de junio de 2009.
4. Congressional Oversight Panel, *September Oversight Report, The Use of TARP Funds in the Support and Reorganization of the Domestic Automotive Industry*, 9 de septiembre de 2009, p. 8.
5. Michael D. Shear y Peter Whoriskey, "Obama Touts Auto Bailout during Michigan Trip", *The Washington Post*, 31 de julio de 2010.
6. Molly Henneberg, "Resolution Opposing Bailouts as 'Socialism' Airs Rift in GOP", *Fox News*, 31 de diciembre de 2008.
7. Robert Snell, "GM's Wagoner, UAW's Gettelfinger Interviewed on 'Today'", *Detroit News*, 9 de enero de 2009; Robert Snell, "Reaction Mixed to GM's Financial Plan", *Detroit News*, 17 de enero de 2009.
8. Véase General Motors Corporation, *2009—2014 Restructuring Plan*, 17 de febrero de 2009; fecha de acceso: 19 de enero de 2011 en http://www.treasury.gov/initiatives/financial—stability/investment—programs/aifp/Documents_Contracts_Agreements/GMRestructuring—Plan.pdf.
9. Steven Ratner, "The Auto Bailout: How We Did It", *Fortune Magazine*, 21 de octubre de 2009.
10. *Ibid.*
11. *Ibid.*
12. General Motors Corporation, *2009-2014 Restructuring Plan*, p. 13.
13. Chris Mitchell, "The Great Bailout Brouhaha, Free Market Economists Weigh in on Paulson's Plan", *Reason Magazine*, 25 de septiembre de 2008.
14. Michael R. Winther, "Five Principles that Are Violated by the Bailouts", *Mackinac Center of Public Policy*, 13 de marzo de 2009; fecha de acceso: 19 de enero en www.mackinac.org/10363.

CASOS

Explore el **concepto** en
mythinkinglab.com

Accolade contra Sega[1]

Accolade, Inc. es una pequeña compañía de software que se localiza en San José, California, la cual prosperó con el desarrollo y la venta de juegos compatibles con las consolas Sega. Su juego más popular era el llamado "Ishido: The Way of Stones". Sega no había otorgado licencia a Accolade para desarrollar juegos para sus consolas y no obtenía ingresos de las ventas de los juegos de Accolade.

A principios de la década de 1990, Sega lanzó al mercado una nueva consola llamada "Genesis" y los ingenieros de Accolade descubrieron que sus juegos ya no funcionaban en las nuevas consolas, porque Sega había insertado en ellas nuevos códigos secretos y dispositivos de seguridad que impedían que se pudieran correr otros programas de juegos que no fueran los de Sega. Para sortear este problema, los ingenieros de Accolade aplicaron ingeniería inversa a la nueva consola de Sega y a varios de sus juegos. La ingeniería inversa es un proceso para analizar un producto y descubrir cómo está hecho y cómo funciona. Primero, Accolade desarmó varias consolas Genesis para ver cómo funcionaba su mecanismo de seguridad. Después, decodificó varios programas de juegos de Sega.

Para entender lo que esto implica, es necesario comprender que el software que constituye un juego se produce mediante un proceso de dos pasos. Primero, los ingenieros escriben un programa para el juego mediante un lenguaje de software sencillo para un ingeniero que lo conoce y que consiste en una serie de instrucciones detalladas como "GOTO línea 5". Esta versión del programa se llama *código fuente*. Una vez terminado el código fuente, los ingenieros lo introducen en una computadora que compila el código —en esencia, lo traduce al lenguaje propio de la máquina—, el cual se constituye solo por ceros y unos (como "00011011001111001010"). Aunque es prácticamente imposible que un humano entienda el nuevo código compilado, es posible leer las series de ceros y unos que lo integran en la computadora de la consola de juegos para conocer las instrucciones básicas que operan el juego.

Los programas de software para juegos (y de hecho, todos los programas de software) que se venden en las tiendas consisten en ese tipo de códigos compilados. Decodificarlos es un intento de invertir los dos pasos que los produjeron originalmente. En esencia, el código compilado o código "máquina" que compone un software se introduce en una computadora que intenta traducir el lenguaje de la máquina (es decir, la serie de ceros y unos) en el código fuente original (esto es, las instrucciones como "GOTO línea 5") que fácilmente entiende un ingeniero. Este último, entonces, estará en condiciones de examinar el código fuente y descubrir exactamente cómo funciona el programa y cómo se integró. El proceso de decodificación no siempre es exacto y algunas veces los ingenieros tienen que trabajar mucho para encontrar cuál es el código fuente original. Muchos ingenieros creen que la ingeniería inversa, en particular la decodificación, no es ética en esencia.

De cualquier forma, los ingenieros de Accolade tuvieron éxito al generar la información que querían y, con este conocimiento, pronto estuvieron en condiciones de desarrollar juegos que funcionaran en las nuevas consolas Genesis de Sega. Pero Sega demandó de inmediato a Accolade, aduciendo que esta última había infringido sus derechos de propiedad. En un principio, la Corte de Distrito en San Francisco estuvo de acuerdo con Sega y emitió una orden para que Accolade retirara del mercado sus juegos compatibles con Sega.

Los abogados de Sega argumentaron que cuando Accolade aplicó la ingeniería inversa a su software había hecho copias ilegales del código fuente de Sega. Como este código fuente era propiedad de Sega, Accolade no tenía derecho a aplicarle ingeniería inversa y, de hecho, había robado la propiedad de Sega al hacerlo. Además, los nuevos juegos que desarrolló Accolade tenían que incluir códigos secretos que se requerían para permitir que el software funcionara en la consola Genesis. Estos códigos secretos, afirmaba Sega, también eran de su propiedad, ya que era la titular de los derechos de autor, por lo que Accolade no los podía copiar ni insertar en sus programas de juegos.

No obstante, Accolade apeló la decisión de la Corte de Distrito en una corte superior, el Tribunal de Apelaciones del Noveno Circuito. Accolade afirmaba que los códigos secretos y dispositivos de seguridad que Sega había usado y que debían conocerse para que los juegos funcionaran en la consola Genesis eran en realidad una interfaz pública estándar. Una *interfaz estándar* es un mecanismo estandarizado que debe usar un tipo de producto para ser capaz de trabajar en otro. (Las clavijas estándar que debe tener un cable eléctrico para enchufarse en un contacto son un ejemplo de una interfaz estándar sencilla). Estas interfaces estándar no son propiedad privada de nadie en particular, sino propiedad pública y, por lo tanto, se permite que todos hagan uso de ellas y que incluso las dupliquen. Así, en opinión de los abogados de Accolade, estaba permitido duplicar el código fuente porque esto era solo una manera de tener acceso a la interfaz estándar de las consolas Genesis. Era permisible que Accolade incluyera copias de estos códigos secretos en sus juegos porque eran propiedad pública. Estos argumentos, con el tiempo, ganaron cuando la empresa apeló la decisión de la Corte de Distrito en el Tribunal de Apelaciones del Noveno Circuito, quien revocó la decisión anterior y, en esencia, estuvo de acuerdo con Accolade.

Sin embargo, muchos expertos legales disentían del Tribunal de Apelaciones. Consideraban que los argumentos de Accolade eran incorrectos y que, de hecho, la empresa había robado la propiedad de Sega. Los dispositivos de seguridad y los códigos secretos que Sega había desarrollado no eran como las interfaces estándar que diferentes compañías deben acordar cuando trabajan en productos que van a ser compatibles entre sí. Es cierto que cuando las compañías trabajan en productos compatibles, como los neumáticos que deben embonar en los automóviles o las clavijas eléctricas que deben entrar en los contactos, tienen que acordar una interfaz pública estándar que nadie posee y que todos pueden usar con libertad. Sin embargo, algunos expertos legales argumentaron que la consola Genesis de Sega era un producto que pertenecía solo a Sega y para el cual tendría que ser el único proveedor de juegos. Entonces, este no era un caso de compañías diferentes que llegan a un acuerdo sobre un estándar público; era el caso de una sola compañía que usaba su propia tecnología para hacer sus juegos. Así que, según los críticos de la sentencia del tribunal, no había una interfaz pública estándar de por medio.

Preguntas

1. Analice este caso desde la perspectiva de cada teoría de la propiedad privada que se describió en este capítulo (es decir, desde la perspectiva de la teoría de Locke, la teoría utilitaria y la teoría marxista sobre la propiedad privada). ¿Con cuál de estos puntos de vista está más de acuerdo y cuál piensa que es el más adecuado para analizar este caso?
2. ¿Considera que Accolade en realidad robó la propiedad de Sega? Explique por qué.
3. En su opinión, ¿fue Accolade demasiado lejos al tratar de descubrir el código fuente de los programas de Sega? ¿Tiene la compañía derecho a aplicar ingeniería inversa a cualquier producto que quiera?

Nota

1. Este caso se basa en Richard A. Spinello, "Software Compatibility and Reverse Engineering," en Richard A. Spinello, *Case Studies in Information and Computer Ethics* (Upper Saddle River, NJ: Prentice Hall, 1997), pp. 142-145.

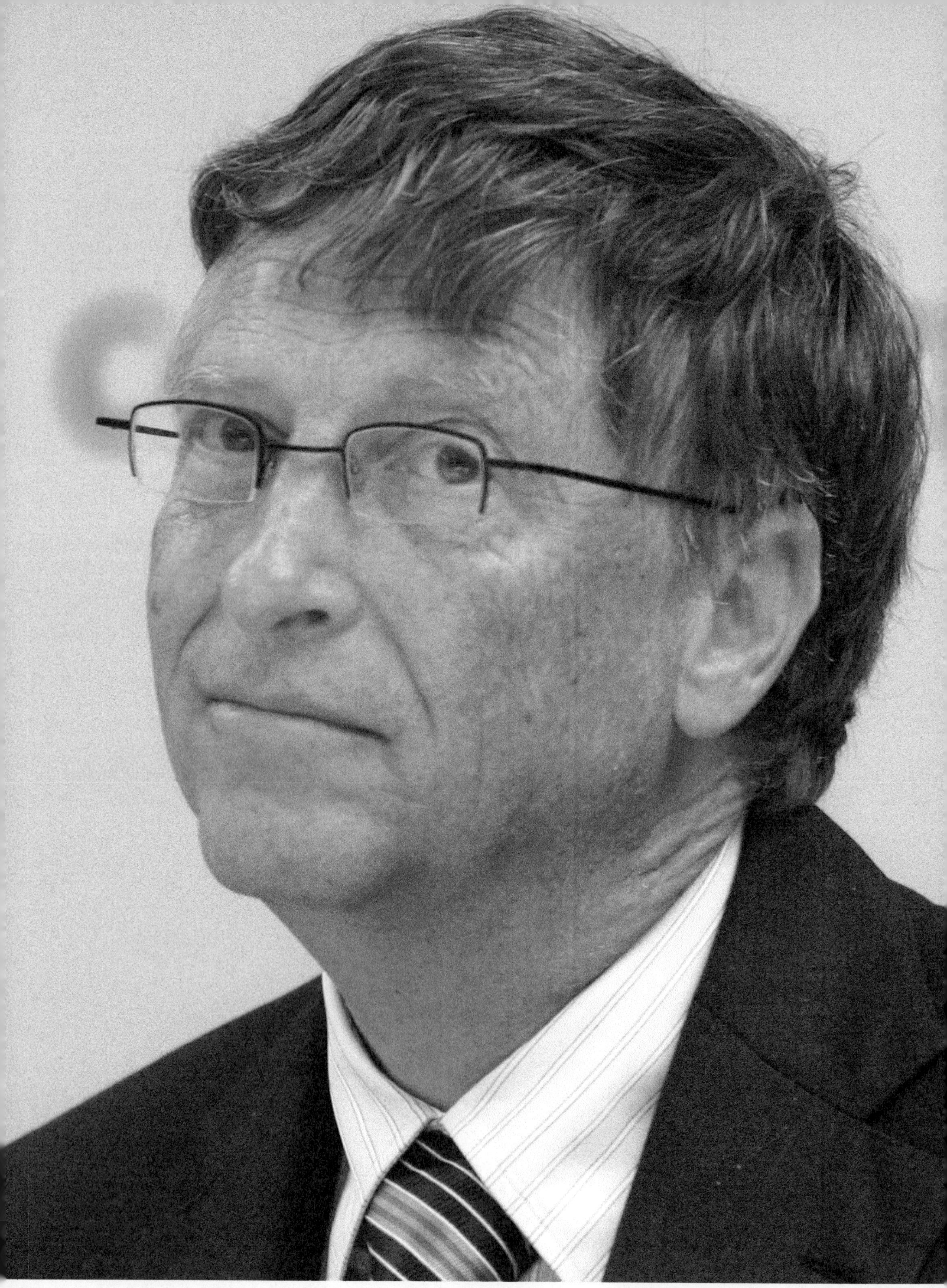

4

Ética en el mercado

¿Por qué se dice que un mercado libre perfectamente competitivo es muy deseable desde un punto de vista ético?

¿Qué son los mercados monopólicos y por qué son éticamente cuestionables?

¿De qué manera los mercados oligopólicos brindan oportunidades para los comportamientos anticompetitivos que son éticamente cuestionables?

¿Qué se puede hacer para remediar los defectos éticos de los monopolios y los oligopolios?

Bill Gates es el fundador y ex director general de Microsoft Corporation, la cual se vio sujeta a la supervisión gubernamental hasta mayo de 2011, como resultado de un juicio que en abril de 2000 celebró una corte distrital de Estados Unidos. De acuerdo con la corte, la empresa "mantenía su poder monopólico por medios anticompetitivos e intentaba monopolizar el mercado de navegación de la Web". En marzo de 2004 la Unión Europea multó a Microsoft con $794 millones, $448 millones adicionales en 2006 y $1,440 millones más en 2008 por seguir "abusando de su poder monopólico".

INTRODUCCIÓN

Considere las siguientes historias recientes:

Un ejecutivo surcoreano de LG Display aceptó declararse culpable y pasar un año en prisión por participar en una conspiración con la finalidad de fijar los precios de los paneles de TFT-LCD (pantalla de cristal líquido de transistor de película delgada), anunció el Departamento de Justicia de Estados Unidos. Bock Kwon, quien trabajaba en diferentes roles ejecutivos en LG Display, conspiró con empleados de otros fabricantes de este tipo de paneles para fijar los precios entre septiembre de 2001 y junio de 2006. Al respecto, el Departamento de Justicia declaró: "Los participantes de la conspiración de las pantallas LCD cometieron un fraude grave a los consumidores estadounidenses al fijar los precios de un producto que está en casi todos los hogares de este país". Cuatro compañías y nueve individuos fueron acusados. Se impusieron multas por más de $616 millones, y cuatro personas fueron declaradas culpables y sentenciadas a prisión. Kwon fue acusado de participar en reuniones con los competidores para analizar los precios de las LCD y convenir en cuáles les convenía imponer.[1]

Por otra parte, el Departamento de Justicia declaró culpable a Kent Robert Stewart, presidente de una compañía de concreto premezclado de Iowa, por participar en una conspiración para fijar los precios y manipular las ofertas para la venta de ese tipo de concreto entre enero de 2008 y agosto de 2009. Según una demanda que se presentó el 6 de mayo de 2010 en la corte de distrito en la ciudad de Sioux, Iowa, Stewart participó en conversaciones con representantes de otras compañías con quienes acordó presentar ofertas a los clientes del producto a precios no competitivos. Stewart está acusado de violar la ley Sherman, lo que implica una pena máxima de 10 años de cárcel y una multa de un millón de dólares por persona.[2]

El Departamento de Justicia anunció que Bruce McCaffrey, el ejecutivo de mayor rango del área de envío de cargas de Qantas Airways Limited empleado en Estados Unidos, aceptó declararse culpable, pasar 8 meses en prisión y pagar una multa monetaria por participar en una conspiración con otras compañías para fijar las tarifas de los envíos internacionales por vía aérea. Según los cargos que se presentaron en la corte distrital del Distrito de Columbia, las tarifas establecidas en contubernio estuvieron vigentes al menos desde enero de 2000 y continuaron hasta febrero de 2006, en violación de la ley Sherman.[3]

Un gran jurado federal de San Francisco emitió una acusación formal contra un ex ejecutivo de una gran compañía fabricante de monitores de televisión CDT (*color display tube*), con sede en Taiwán. Según los cargos, Alex Yeh, ex director de ventas y sus cómplices acordaron cobrar los precios de los monitores CDT dentro de determinado rango y reducir la oferta cerrando las líneas de producción por un tiempo. La acusación formal señala que Yeh y sus cómplices también acordaron asignar cuotas de mercado para los monitores CDT en general y para ciertos clientes del producto. Los conspiradores están acusados de haber intercambiado información de ventas, producción, participación de mercado y fijación de precios de los CDT con la finalidad de implementar los acuerdos y vigilar su cumplimiento. Según la acusación, Yeh y quienes conspiraron con él establecieron un sistema de auditoría que les permitía visitar las instalaciones de producción de los demás para verificar que las líneas de producción de CDT estuvieran cerradas, según lo acordado.[4]

En vista del papel clave de la competencia en la economía estadounidense, es sorprendente que las prácticas anticompetitivas sean tan comunes. Un informe acerca de las compañías que cotizan en la Bolsa de Valores de Nueva York indicó que el 10 por ciento de ellas habían estado involucradas en demandas anticompetitivas durante los cinco años anteriores.[5] Una encuesta a ejecutivos de corporaciones importantes reveló que el 60 por ciento de la muestra creía que muchos negocios participaban en la fijación de precios.[6] Otro estudio encontró que en un periodo de solo dos años, los organismos federales habían juzgado y acusado por prácticas anticompetitivas a 60 empresas importantes, y cientos más fueron perseguidas por funcionarios estatales.

Si los mercados libres se justifican, se debe a que asignan los recursos y distribuyen los bienes de formas justas que maximizan la utilidad económica de los miembros de la sociedad y respetan la libertad de elección, tanto de compradores como de vendedores. Estos aspectos morales de un sistema de mercado dependen, de manera crucial, de la naturaleza competitiva del sistema. Si las empresas se unen y usan su poder combinado para fijar precios, eliminar competidores con prácticas injustas u obtener ganancias monopólicas a costa de los consumidores, el mercado deja de ser competitivo y los resultados son injusticia, un decremento en la utilidad social y la restricción de la libertad de elección de las personas. Este capítulo examina la ética de las prácticas anticompetitivas, el razonamiento que fundamenta su prohibición y los valores morales que la competencia de mercado debe lograr.

Antes de estudiar la ética de las prácticas anticompetitivas, es esencial que se comprenda de manera clara el significado de *competencia de mercado*, en particular lo que se llama *competencia perfecta*. Sin duda, todos tenemos una comprensión intuitiva de competencia: es una rivalidad entre dos o más partes que intentan obtener algo que solo una de ellas llegará a poseer. La competencia existe en las elecciones políticas, en los partidos de fútbol, en el campo de batalla y en los cursos en los que las calificaciones se distribuyen "de acuerdo con una curva". La competencia de mercado, sin embargo, implica más que una mera rivalidad entre dos o más empresas. Para dar una idea más clara de la naturaleza de la competencia de mercado, se examinarán tres modelos económicos que describen tres grados de competencia en un mercado: **competencia perfecta**, **monopolio puro** y **oligopolio**.

Si ha tenido la suerte de haber tomado algún curso de introducción a la economía, quizás haya estudiado algunos de estos modelos de competencia de mercados. Pero su curso seguramente no explicó los conceptos éticos que se relacionan con ellos, en especial con el modelo de competencia perfecta. Como veremos, los conceptos éticos de utilidad, justicia y derechos están muy vinculados con el modelo de competencia perfecta; esto es, la competencia perfecta de mercado tiende a producir resultados justos, a respetar los derechos morales y a satisfacer el utilitarismo (con más precisión, los mercados perfectamente competitivos logran cierto tipo de justicia, satisfacen cierta versión de utilitarismo y respetan ciertos tipos de derechos morales). Es sorprendente y beneficioso que los mercados perfectamente competitivos tengan estas tres características éticas. La mayor parte de las naciones han adoptado y se han esforzado mucho para mantener los sistemas de mercado competitivos precisamente porque estos tienden a maximizar la utilidad, son justos y respetan los derechos morales de las personas. Entonces, si vamos a entender por qué la competencia de mercados es moralmente deseable, tendremos que entender por qué este sistema maximiza la utilidad, genera justicia y respeta los derechos humanos. Pero para entender por qué se tiende a esos resultados hay que comprender de qué manera la competencia perfecta se encamina hacia un punto de equilibrio, y por qué los resultados en los mercados maximizan la utilidad, establecen justicia y respetan los derechos humanos de las personas.

Después de conocer por qué los mercados competitivos llevan a esos tres resultados morales, podremos ver también por qué los mercados y sus comportamientos que se *apartan* de la competencia perfecta tienden a disminuir la utilidad, a ser injustos y a violar los derechos morales de las personas. Esto es, se verá por qué un sistema que va dejando atrás a la competencia perfecta tiende a ser moralmente imperfecto. Y eso, a la vez, nos permitirá

competencia perfecta Un mercado libre donde ningún comprador o vendedor tiene poder para afectar de manera significativa los precios a los que se intercambian los bienes.

monopolio puro Un mercado donde solo una empresa vende y se excluye a otras de hacerlo.

oligopolio Un mercado donde existe un número relativamente pequeño de empresas grandes, las que, en conjunto, ejercen cierta influencia en los precios.

ver por qué no es ético actuar con esos comportamientos —como fijar precios y realizar otras actividades anticompetitivas— que minan o destruyen la competencia de los mercados.

Por lo tanto, para entender verdaderamente la ética de los comportamientos de los mercados, es absolutamente necesario entender primero por qué la competencia perfecta de mercados es moralmente deseable y, para ello, hay que conocer algunas ideas básicas de economía. Por desgracia, no hay atajo para entender con solidez la ética de los mercados y sus comportamientos. Sin tener un conocimiento elemental sobre algunos principios de economía, cualquier intento de entender la ética, por ejemplo, al fijar los precios, será superficial y se verá fácilmente rebasado cuando se presente en la vida real una situación similar. Al desconocer ideas básicas de economía, no será posible comprender realmente lo que es incorrecto de los comportamientos como fijar precios y no se podrán racionalizar con facilidad. En los casos descritos antes observamos que la fijación de precios y otros comportamientos anticompetitivos son sorprendentemente comunes entre la gente de negocios. Parte de la razón es que quienes se ven involucrados en una conspiración de ese tipo a menudo racionalizan su comportamiento y aseguran que no creían que lo que estaban haciendo era moralmente incorrecto.[7] De hecho, con frecuencia afirman que trataban de ser ciudadanos moralmente honrados al prevenir la competencia despiadada que perjudicaría a todos, o que estaban intentando obtener un "rendimiento razonable" o un "precio justo" en el mercado, o que no estaban tratando de estafar a los consumidores, sino solo de ejercer su derecho a competir de manera agresiva en una economía de libre empresa. Sin entender muy bien la ética de la competencia de mercados, es fácil verse inmerso en el engaño de esas racionalizaciones, las cuales, después de todo y a primera vista, parecen tener mucho sentido. Pero como se verá ahora, al entender la ética de la competencia de mercados, quedará claro que fijar los precios y otras prácticas anticompetitivas son exactamente lo opuesto a lo que esas racionalizaciones afirman.

4.1 Competencia perfecta

mercado Cualquier foro en el que las personas se reúnen con la finalidad de intercambiar la propiedad de bienes; un lugar donde se compran y venden bienes o servicios.

Un **mercado** es cualquier foro en el que las personas se reúnen con la finalidad de intercambiar la propiedad de bienes, servicios o dinero. Los mercados pueden ser muy pequeños y temporales (dos amigos que intercambian ropa constituyen un pequeño mercado transitorio) o muy grandes y relativamente permanentes (el mercado de petróleo se extiende por varios continentes y ha operado durante décadas).

Un mercado libre perfectamente competitivo es aquel en el que ningún comprador o vendedor tiene el poder para afectar de manera significativa los precios a los que se intercambian los bienes.[8] Los mercados perfectamente competitivos se caracterizan por los siguientes siete aspectos:

1. Existen numerosos compradores y vendedores; ninguno de ellos tiene una participación sustancial en el mercado.
2. Todos los compradores y los vendedores pueden entrar o salir del mercado con libertad y de inmediato.
3. Todo comprador y vendedor tiene un conocimiento completo y perfecto de lo que hace cada uno de los otros compradores y vendedores, lo que implica conocer los precios, las cantidades y la calidad de todos los bienes que se compran y se venden.
4. Los bienes que se venden en el mercado son tan similares entre sí que nadie se preocupa de quién compra o a quién se vende.
5. Los costos y los beneficios de producir o usar los bienes que se intercambian están apoyados por completo por quienes los compran o venden y no por agentes externos.
6. Todos los compradores y vendedores desean maximizar su utilidad: cada uno intenta obtener tanto como sea posible, a cambio de una cantidad mínima.

7. Ninguna parte externa (como el gobierno) regula el precio, la cantidad o la calidad de ningún bien que se compra y se vende en el mercado.

Los primeros dos aspectos son las características básicas de un mercado *competitivo* porque aseguran que los compradores y los vendedores tienen, en esencia, el mismo poder y ninguno puede obligar a otros a aceptar sus términos. El séptimo aspecto es el que hace que un mercado califique como *libre*: es un mercado libre de cualquier regulación impuesta sobre el precio, la cantidad o la calidad. (Los llamados mercados *libres*, sin embargo, no necesariamente están exentos de todas las restricciones, como se verá más adelante). Observe que el término *libre empresa* en ocasiones se usa para hacer referencia a mercados libres perfectamente competitivos.

Además de esas siete características, los mercados competitivos libres también necesitan un sistema de propiedad privada que se cumpla cabalmente (de otra manera, los compradores y los vendedores no tendrían derechos de propiedad para realizar el intercambio), un sistema subyacente de contratos (que les permita celebrar acuerdos que transfieran la propiedad) y un sistema fundamental de producción (que genere los bienes y los servicios cuya propiedad se intercambia).

En un mercado libre perfectamente competitivo, el precio que los compradores están dispuestos a pagar por los productos sube cuando se dispone de menos bienes, lo que induce a los vendedores a ofrecer mayor cantidad de estos. De esta forma, conforme se dispone de más bienes, los precios tienden a bajar y esto lleva a los vendedores a disminuir las cantidades que ofrecen. Tales fluctuaciones producen un resultado sorprendente: en un mercado perfectamente competitivo, los precios o las cantidades siempre se dirigen hacia lo que se llama el *punto de equilibrio*, que es aquel en el cual la cantidad de bienes que desean los compradores es exactamente igual a la cantidad que desean vender los vendedores, y el punto en el que el precio más alto que los compradores están dispuestos a pagar es igual al precio más bajo que los vendedores están dispuestos a aceptar. En el punto de equilibrio, todo vendedor encuentra a un comprador dispuesto, y todo comprador encuentra a un vendedor dispuesto. Pero este resultado asombroso de los mercados libres perfectamente competitivos tiene un resultado aún más sorprendente, ya que satisface tres de los criterios morales: justicia, utilidad y derechos. Es decir, el mercado libre perfectamente competitivo logra cierto tipo de justicia, satisface determinada versión del utilitarismo y respeta ciertos tipos de derechos morales.

¿Por qué los mercados perfectamente competitivos logran estos tres resultados morales asombrosos? Para explicar el fenómeno, recurriremos a las conocidas curvas de oferta y demanda que con frecuencia utilizan los economistas. La explicación se presentará en dos etapas. Primero, veremos por qué los mercados libres perfectamente competitivos siempre se dirigen hacia el punto de equilibrio. Después, veremos por qué los mercados que se encaminan hacia el punto de equilibrio logran de esta manera estos tres resultados morales.

Equilibrio en mercados perfectamente competitivos

Una **curva de demanda** es una línea trazada sobre una gráfica que indica la mayor cantidad que los consumidores (o compradores) estarían dispuestos a pagar por una unidad de algún producto cuando compran diferentes cantidades de este. Como se mencionó, cuanto menor sea el número de unidades de cierto producto que compren los consumidores, más estarán dispuestos a pagar por ellas, de manera que la curva de demanda tiene una pendiente descendente hacia la derecha. Por ejemplo, en la curva imaginaria de la figura 4.1 los compradores están dispuestos a pagar $1 por una canasta de papas si compran 600 millones de toneladas del producto, pero están dispuestos a pagar hasta $5 por canasta si solo compran 100 millones de toneladas de papa.

Observe que la curva de demanda tiene una pendiente descendente hacia la derecha, lo que indica que los consumidores están dispuestos a pagar menos por cada unidad de un bien cuando compran más de esas unidades; el valor de una papa disminuye para los consumidores cuando compran más. ¿Por qué? Este fenómeno se explica por un principio que se supone que la naturaleza humana sigue siempre, el llamado **principio de utilidad marginal**

punto de equilibrio En un mercado es el punto donde la cantidad de bienes que los compradores desean comprar es exactamente igual a la cantidad de bienes que los vendedores desean vender, y donde el precio más alto que los compradores están dispuestos a pagar es igual al precio más bajo que los vendedores están dispuestos a aceptar.

curva de demanda Línea trazada sobre una gráfica que indica la *cantidad* de un producto que los compradores estarían dispuestos a pagar al *precio* al cual se puede vender; también indica el precio más alto que los compradores, en promedio, estarían dispuestos a pagar por una cantidad determinada de producto.

principio de utilidad margen decreciente Cada unidad adicional de un bien que una persona consume es menos satisfactorio que cada una de las unidades que consumió antes.

Figura 4.1
Curva de demanda de papas

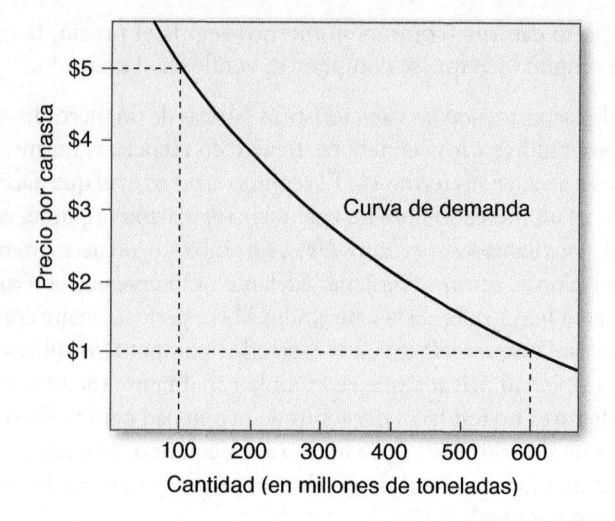

Vea la imagen en **mythinkinglab.com**

curva de oferta Una línea trazada sobre una gráfica que indica la cantidad de un producto que los vendedores ofrecerán a cada precio al cual podrían venderlos; también señala los precios que los productores deben cobrar para cubrir los costos promedio de proveer una cantidad determinada de un bien.

principio de costos marginales crecientes Después de cierto punto, cuesta más producir cada artículo adicional que produce un vendedor.

decreciente. Tal principio establece que cada artículo adicional que consume una persona es menos satisfactorio que cada uno de los que consumió antes: cuanto más consumimos, menos utilidad o satisfacción obtenemos de consumir más. La segunda pizza que come una persona en el almuerzo, por ejemplo, es menos satisfactoria que la primera; una tercera será sustancialmente menos sabrosa que la segunda, mientras que la cuarta llegará a ser realmente desagradable. Debido a este principio de utilidad marginal decreciente, cuanto mayor sea la cantidad de bienes que compra un consumidor en unmercado, menos satisfactorios le resultarán los bienes adicionales y menos valor les dará. Así, la curva de demanda del comprador tiene una pendiente descendente hacia la derecha, porque el principio de utilidad marginal decreciente asegura que el precio que los consumidores están dispuestos a pagar por los bienes disminuye cuando aumenta la cantidad que compran.

La curva de demanda, entonces, indica el valor que dan los consumidores a cada unidad de un producto conforme compran más unidades. En consecuencia, si el precio de un producto se ubicara por arriba de la curva de demanda, los compradores promedio resultarían perdedores, es decir, tendrían que pagar más por el producto de lo que vale para ellos. En cualquier punto por debajo de la curva de demanda, los compradores son ganadores porque pagan menos por un producto de lo que vale para ellos. Por lo tanto, si los precios se ubican por arriba de la curva de demanda, los compradores tienen pocos motivos para comprar y tenderán a salir del mercado para gastar su dinero en otros mercados. Pero si los precios estuvieran por debajo de la curva de demanda, nuevos compradores tenderían a invadir el mercado al percibir una oportunidad de comprar el producto por menos de lo que vale para ellos.

Ahora se observará el otro lado del mercado: el lado de la oferta. Una **curva de oferta** es una línea trazada sobre una gráfica que indica los precios que los productores deben cobrar para cubrir los costos promedio de proveer una cantidad determinada de un bien. Más allá de cierto punto (que se explicará a continuación), cuanto mayor sea el número de unidades que produzcan los fabricantes, mayores serán los costos promedio de elaborar cada unidad, por lo que la curva tiene una pendiente ascendente hacia la derecha. En la curva que se ilustra en la figura 4.2, por ejemplo, si los agricultores cultivan 100 millones de toneladas de papa, una canasta del producto les costará $1 en promedio, pero si cultivan 500 millones de toneladas, el costo unitario será de $4.

A primera vista, parece extraño que los productores o los vendedores cobren precios más altos cuando producen grandes volúmenes que cuando producen cantidades pequeñas. Estamos acostumbrados a pensar que cuesta menos producir bienes en cantidades grandes. No obstante, los costos de producción crecientes se explican por el **principio de costos marginales crecientes**. El principio establece que, después de cierto punto, cuesta más producir cada artículo adicional que produce un vendedor. ¿Por qué? Debido a una característica desafortunada de nuestro mundo físico: los recursos productivos son

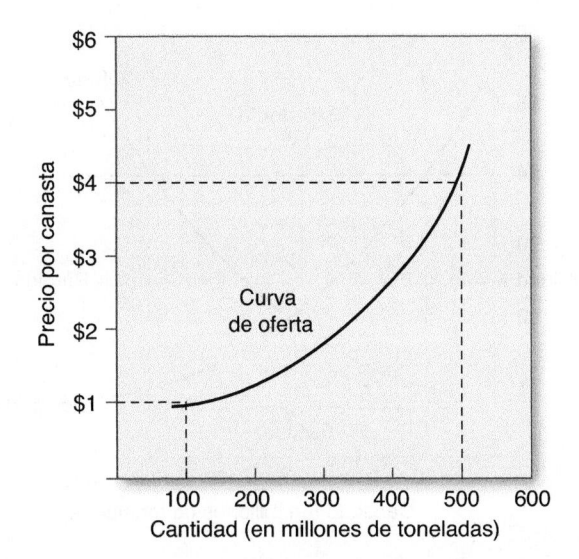

Figura 4.2
Curva de oferta de papas

Vea la imagen en
mythinkinglab.com

limitados. Un productor usará los mejores recursos y los más productivos para elaborar los primeros bienes; en este punto los costos, sin duda, disminuyen al aumentar la producción. Por ejemplo, un agricultor que cultiva papas en un valle comenzará por labrar la extensión más fértil, lo que le permitirá disminuir los costos por unidad a medida que aumente el número de acres cultivados. Pero si el cultivo continúa en expansión, el campesino se quedará sin estos recursos altamente productivos y deberá usar tierra menos productiva. Conforme se desgasta el suelo del valle, el agricultor se ve obligado a cultivar en las laderas, cuya tierra suele ser menos fértil, ya que tal vez sea rocosa y requiera mayor irrigación.

Si la producción continúa aumentando, el agricultor tendrá que comenzar a plantar en las faldas de las montañas, y los costos serán aún más altos. Con el tiempo, el campesino llegará a una situación en la que cuanto mayor sea la producción, más costosa será cada unidad, porque se verá obligado a usar materiales cada vez menos productivos. El predicamento del agricultor que cultiva papas ilustra el principio de los costos marginales crecientes: después de cierto punto, la producción adicional siempre conlleva costos crecientes por unidad. Esta es la situación que representa la curva de la oferta, la cual asciende hacia la derecha porque representa el punto en el que los vendedores deben comenzar a cobrar más por unidad para cubrir los costos de suministrar bienes adicionales.

La curva de la oferta, entonces, indica cuánto deben cobrar los productores por unidad para cubrir los costos de llevar determinadas cantidades de un producto a un mercado. Es importante observar que estos costos incluyen algo más que los costos normales de mano de obra, materiales, distribución, etcétera. Los costos de producir un bien también incluyen las ganancias que los vendedores deben obtener para sentirse animados a invertir sus recursos en la producción del bien y renunciar a la oportunidad de obtener ganancias invirtiendo en otros productos. Así que los costos de un vendedor incluyen los costos de producción más la ganancia normal que podría haber obtenido en otros mercados, pero a la que renunció por elaborar este producto. Las ganancias normales que se sacrifican son el costo de llevar un producto al mercado. ¿Cuál es una ganancia "normal"? Una ganancia normal es el promedio de las ganancias que logran obtener los productores en otros mercados con riesgos similares. Así, los precios en la curva de la oferta son suficientes para cubrir los costos normales de producción más una ganancia normal que el vendedor podría haber logrado si hubiera invertido en otros mercados similares. Las ganancias normales se cuentan como parte de los costos necesarios de llevar un producto al mercado.

Entonces, los precios sobre la curva de oferta representan el mínimo que los productores deben recibir para cubrir sus costos ordinarios y obtener una ganancia normal. Cuando los precios se ubican por debajo de la curva de oferta, los productores resultan perdedores: reciben menos de lo que les costó fabricar el producto (recuerde que los costos incluyen los costos normales más una ganancia normal). En consecuencia, si los precios se

Figura 4.3
Curvas de la oferta y demanda de papas

🔍 **Vea** la **imagen** en
mythinkinglab.com

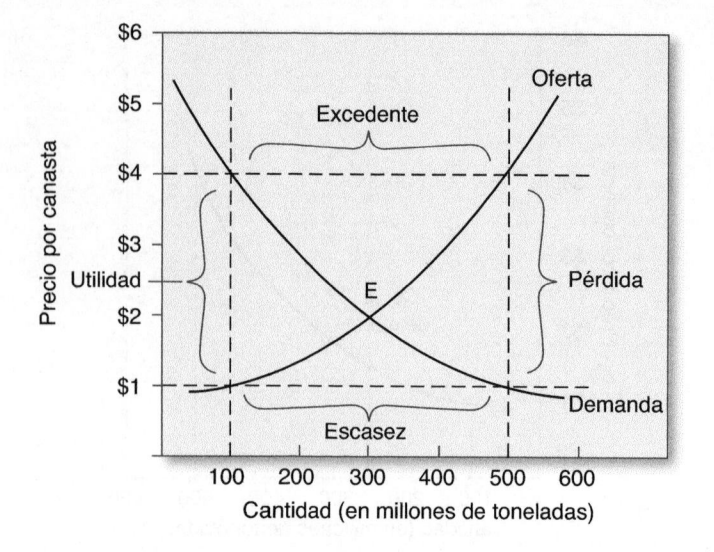

punto de equilibrio
Punto de la gráfica en el que se encuentran las curvas de oferta y demanda, de tal forma que la cantidad que los compradores desean adquirir es igual a la cantidad que los vendedores quieren vender, y el precio que los compradores están dispuestos a pagar es igual al precio que los vendedores están dispuestos a aceptar.

ubican por debajo de la curva de oferta, los productores tenderán a abandonar el mercado para invertir sus recursos en otros mercados más rentables. Pero si los precios se ubican por arriba de la curva, nuevos productores desearán ingresar al mercado, atraídos por la oportunidad de invertir sus recursos para obtener ganancias mayores.

Los vendedores y los compradores, desde luego, intercambian productos en los mismos mercados, de manera que sus respectivas curvas de oferta y demanda se superponen en la misma gráfica. Al hacerlo, ambas curvas se encuentran en algún punto. El punto donde se cruzan es aquel donde el precio que los compradores están dispuestos a pagar por cierta cantidad de bienes es justo igual al que los vendedores deben cobrar para cubrir los costos de producir la misma cantidad (esto es, el precio de equilibrio).

Este punto de intersección se indica en el punto E de la figura 4.3, que es donde las curvas de oferta y demanda se intersecan; es el **punto de equilibrio** o precio de equilibrio. En la gráfica corresponde a un precio de $2 por canasta para una cantidad de 300 millones de toneladas.

Antes se mencionó que en un mercado libre perfectamente competitivo, los precios, las cantidades ofrecidas y las cantidades de demanda tienden a dirigirse hacia el punto de equilibrio. ¿Por qué ocurre esto? Observe que en la figura 4.3 si los precios de las papas rebasan el punto de equilibrio, digamos a $4 por canasta, los productores enviarán más bienes (500 millones de toneladas) que con el precio de equilibrio (300 millones de toneladas). Pero con ese precio alto, los consumidores comprarán menos bienes (solo 100 millones de toneladas) que con el precio de equilibrio. El resultado será un excedente de bienes no vendidos (500 − 100 = 400 millones de toneladas de papas no vendidas). Para eliminar el excedente no vendido, los vendedores se verán obligados a bajar los precios y disminuir su producción. Con el tiempo se logrará el equilibrio de precios y cantidades.

Por el contrario, si el precio se ubica por debajo del punto de equilibrio en la figura 4.3, digamos en $1 por canasta, entonces los productores comenzarán a perder dinero y, a ese precio, la oferta será menor que la demanda de los consumidores. El resultado será una demanda excesiva y habrá escasez. La escasez lleva a los consumidores a querer pagar más. Entonces los precios suben, y este incremento atraerá a más productores al mercado, lo que elevará la cantidad ofrecida de producto. Con el tiempo, de nuevo, el equilibrio se restablecerá por sí mismo.

Observe también lo que ocurre en la figura 4.3 si la cantidad que se ofrece, digamos 100 millones de toneladas, por alguna razón es menor que la cantidad de equilibrio. El costo de proveer esa cantidad ($1 por canasta) es menor de lo que los consumidores están dispuestos a pagar ($4 por canasta) por esa cantidad. Los productores podrán elevar sus precios hasta el nivel que los consumidores pagarían con gusto ($4) y se embolsarán la diferencia ($3) como ganancias anormalmente altas (esto es, ganancias muy por arriba de la ganancia normal que ya definimos). Sin embargo, las ganancias anormalmente altas atraerán a productores externos al mercado, lo que aumentará la cantidad suministrada y ocasionará una disminución correspondiente en el precio que los consumidores pagarían por las cantidades más grandes. En forma gradual, las cantidades surtidas aumentarán al punto de equilibrio y los precios bajarán a los precios de equilibrio.

Lo opuesto ocurre si la cantidad ofrecida, digamos 500 millones de toneladas, por alguna razón, es mayor que la cantidad de equilibrio. En tales circunstancias, los vendedores tendrán que bajar sus precios a los niveles más bajos que los clientes desearían pagar por esas grandes cantidades. A esos precios bajos, los productores se retiran del mercado para invertir sus recursos en otros mercados más rentables, lo que baja la oferta y eleva el precio hasta restablecer una vez más los niveles de equilibrio.

En este punto, piense en alguna industria que se ajuste a la descripción de la competencia perfecta que se acaba de dar. Tendrá cierta dificultad para encontrar una. Solo los mercados de pocos bienes, incluyendo los mercados agrícolas como granos y papas, se acercan a los seis aspectos que definen un mercado perfectamente competitivo.[9] En realidad, el modelo de la competencia perfecta es una construcción teórica de los economistas que caracteriza solo a unos cuantos mercados reales. Aunque el modelo no describe muchos mercados reales, sí permite comprender de manera clara las ventajas de la competencia y por qué es deseable mantener los mercados tan competitivos como sea posible.

La ética en los mercados perfectamente competitivos

Como se ha visto, los mercados libres perfectamente competitivos incorporan las fuerzas que, de manera inevitable, impulsan a compradores y vendedores hacia el llamado *punto de equilibrio*. Al hacerlo, logran tres valores morales importantes: *a*) llevan a compradores y vendedores a intercambiar sus bienes de manera justa (en un sentido determinado de *justicia*); *b*) maximizan la utilidad de compradores y vendedores al llevarlos a asignar, usar y distribuir sus bienes con eficiencia perfecta, y *c*) hacen esto de manera que se respetan con libertad los derechos de consentimiento de compradores y vendedores. Al examinar cada una de tales características morales de la competencia perfecta es importante recordar que estas corresponden solo al mercado libre perfectamente competitivo, es decir, a los mercados que cumplen con los siete aspectos indicados. Los mercados que fallan en uno de ellos no necesariamente logran estos tres valores morales.

Para entender por qué los mercados libres perfectamente competitivos llevan a los compradores y vendedores a hacer intercambios justos, comenzaremos por recordar el significado capitalista de *justicia* que se describió en el capítulo 2. De acuerdo con tal definición, los beneficios y las cargas se distribuyen de manera justa cuando los individuos reciben en compensación una cantidad que equivale, al menos, al valor de la contribución que hicieron a una empresa: justicia es obtener una paga completa a cambio de una contribución. Esta es la forma de justicia (y solo esta) la que se logra en los mercados libres perfectamente competitivos.

Los mercados libres manifiestan la justicia capitalista porque necesariamente convergen en el punto de equilibrio, que es el único punto donde compradores y vendedores reciben en promedio el valor de su contribución. ¿Por qué es cierto esto? Considere el asunto, primero, desde el punto de vista del vendedor. La curva de oferta indica el precio que los productores deben recibir para cubrir sus costos de producción de una cantidad determinada de bienes. En consecuencia, si los precios (y las cantidades) quedan por debajo de la curva de oferta del vendedor, los consumidores están haciendo un intercambio injusto para el vendedor porque pagan menos de la cantidad que este tuvo que gastar para producir los bienes en esas cantidades. (Por lo general, el vendedor no ofrecería esos bienes si recibiera menos de lo que le costó elaborarlos, aunque se verá obligado a venderlos si, por ejemplo, ya tiene productos en existencia y perdería mucho más si no los vendiera). Por otra parte, si los precios se ubican por arriba de la curva de oferta, el vendedor promedio estaría cobrando de manera injusta a los consumidores, porque estos pagarían más de lo que el vendedor sabe que valen los bienes, en términos del costo de producción. Así, desde la

---

Repaso breve 4.1

Equilibrio en un mercado perfectamente competitivo

El precio y la cantidad se dirigen hacia el equilibrio en un mercado perfectamente competitivo porque:

- Si el precio aumenta por encima del nivel equilibrio, aparece un excedente que ejerce presión para bajar el precio hasta llegar al equilibrio.
- Si el precio disminuye por debajo del equilibrio, aparece una escasez que impulsa el precio hacia arriba para llegar al equilibrio.
- Si la cantidad es menor que la de equilibrio, aumentan las ganancias, lo que atrae a vendedores que aumentan la cantidad hacia el equilibrio.
- Si la cantidad es mayor que la de equilibrio, los precios se reducen, lo que induce a los vendedores a salir del mercado, y eso disminuye la cantidad hacia el equilibrio.

> *Repaso breve 4.2*
>
> **Justicia en los mercados perfectamente competitivos**
> - Para el comprador, los precios son justos (en el sentido capitalista) solo si se ubican en la curva de demanda.
> - Para el vendedor, los precios son justos (en el sentido capitalista) solo si se ubican en la curva de oferta.
> - Los mercados perfectamente competitivos impulsan el precio a un punto de equilibrio ubicado en las curvas de oferta y demanda, de manera que se trata de un precio justo tanto para el comprador como para el vendedor.
>
> *Repaso breve 4.3*
>
> **Utilidad en los mercados perfectamente competitivos**
> - Los precios en el sistema de mercados perfectamente competitivos atraen los recursos cuando la demanda es alta, y los aleja cuando la demanda es baja, de manera que los recursos se asignan de manera eficiente.
> - Los mercados perfectamente competitivos alientan a las empresas a usar los recursos de manera eficiente para mantener bajos los costos y altas las utilidades.
> - Los mercados perfectamente competitivos permiten que los consumidores compren el conjunto más satisfactorio de bienes, así que distribuyen estos últimos de tal manera que maximicen la utilidad.

perspectiva de la contribución del vendedor, el precio es justo (esto es, es igual a los costos de su contribución) solo si está en algún punto de la curva de oferta del vendedor.

Ahora consideraremos el asunto desde el punto de vista del comprador o consumidor promedio. La curva de demanda permite identificar el precio más alto que los consumidores están dispuestos a pagar por cantidades determinadas de bienes y, por lo tanto, indica el valor total que esas cantidades tienen para ellos. Entonces, si los precios (y las cantidades) de los bienes están por arriba de la curva de demanda del consumidor, el precio sería mayor que el valor que se otorga a esos bienes (en esas cantidades).

Por lo general, el consumidor no comprará los bienes cuando su precio esté por encima de su curva de demanda, lo que indica que el precio es mayor que el valor que los bienes tienen para él. Si se viera obligado a comprarlos (por ejemplo, porque el vendedor le condicione la venta de algún producto que necesite desesperadamente a la compra de los productos con el precio alto), entonces el consumidor estaría contribuyendo de manera injusta con el vendedor, porque pagaría más de lo que los bienes valen para él. Por otro lado, si los precios (y las cantidades) caen por debajo de la curva de demanda, el consumidor promedio contribuye injustamente con los vendedores, porque pagaría menos del valor (para el consumidor) de los bienes que recibe. Así, desde la perspectiva del valor que el consumidor promedio asigna a diferentes cantidades de bienes, su contribución es justa (es decir, el precio que el consumidor paga es igual al valor que otorga a los bienes) solo si esa contribución cae en algún punto de la curva de demanda del consumidor.

Es evidente que solo hay un punto en el cual el precio y la cantidad de un bien están tanto en la curva de demanda del comprador (y es justo desde la perspectiva del valor que da el consumidor promedio a los bienes) como en la curva de oferta del vendedor (y es justo desde la perspectiva de lo que cuesta al vendedor promedio producir esos bienes): el punto de equilibrio. Entonces ese punto de equilibrio es el único punto donde los precios son justos (en términos de justicia capitalista) para ambos puntos de vista: el del comprador y el del vendedor. Cuando los precios se desvían del punto de equilibrio, el comprador promedio, o bien, el vendedor promedio reciben un intercambio injusto: uno u otro contribuye con más de lo que recibe. Pero como se vio, en los mercados perfectamente competitivos, los precios y las cantidades están en el punto de equilibrio o, de lo contrario, las fuerzas se encargan de impulsarlos hacia ese nivel. El mercado perfectamente competitivo restablece de manera continua —casi mágica— la justicia capitalista para sus participantes, al llevarlos siempre a comprar y vender bienes según la cantidad y el precio al que cada uno recibe el valor de su contribución, ya sea que se calculen a partir del comprador o del vendedor promedio.[10]

Además de establecer una forma de justicia, los mercados competitivos también maximizan la utilidad de compradores y vendedores al llevarlos a asignar, usar y distribuir sus bienes con eficiencia perfecta. Para entender este aspecto de los mercados perfectamente competitivos, se debe considerar lo que ocurre no en un mercado aislado, sino en una economía que consiste en un sistema de muchos mercados. Un sistema de mercados es perfectamente eficiente cuando todos los bienes en todos los mercados se asignan, usan y distribuyen de manera que se produce el nivel más alto de satisfacción posible. Un sistema de mercados perfectamente competitivo logra esa eficiencia de tres maneras.[11]

Primero, un sistema de mercados perfectamente competitivos alienta a las empresas a invertir recursos en esas industrias donde la demanda del consumidor es alta y a abandonar aquellas donde la demanda es baja. Los recursos se dirigirán a mercados donde la alta demanda de los consumidores genera escasez que eleva los precios por arriba del punto de equilibrio, mientras que los recursos abandonarán aquellos sectores donde la escasa demanda genera excedentes que hacen descender los precios por debajo del punto de equilibrio. Este sistema de mercados asigna los recursos con eficiencia, de acuerdo con las demandas y las necesidades del consumidor; el consumidor es el "soberano" del mercado.

Segundo, los mercados perfectamente competitivos alientan a las empresas a minimizar la cantidad de recursos que se consumen al producir un bien y a utilizar la tecnología más eficiente disponible. Las motivan a usar los recursos con moderación porque las empresas quieren reducir sus costos para aumentar su margen de utilidades. Más aún, para no perder a sus clientes, cada empresa reducirá sus ganancias al nivel más bajo congruente con su supervivencia. Estos mercados también promueven un uso eficiente de los recursos del vendedor.

Tercero, los mercados perfectamente competitivos distribuyen los bienes entre los compradores de tal manera que todos reciban el conjunto más satisfactorio de productos que puedan comprar, en función, desde luego, de los bienes que están disponibles y del dinero que los consumidores tengan para gastar. Cuando un consumidor se encuentra en un sistema de mercado de este tipo, comprará las proporciones de cada bien que corresponden a sus deseos luego de ponderar sus deseos por otros bienes. Cuando los compradores realizan sus compras, sabrán que no las pueden mejorar al intercambiar sus bienes con otros consumidores porque es posible que todos adquieran los mismos productos a precios iguales. De esta forma, los mercados perfectamente competitivos permiten a los consumidores lograr el mejor nivel de satisfacción considerando las restricciones de sus presupuestos y la gama de bienes disponibles. Con esto se logra una distribución eficiente de los bienes.

Por último, los mercados perfectamente competitivos establecen la justicia capitalista y maximizan la utilidad de una manera que respeta los derechos negativos de compradores y vendedores. Primero, en un mercado perfectamente competitivo ambos son libres (por definición) de entrar al mercado o salir de este, de acuerdo con sus decisiones. Esto es, no se obliga a los individuos a entrar ni se les prohíbe emprender ciertos negocios, siempre que tengan la experiencia y los recursos financieros necesarios.[12] Así, estos mercados apoyan los derechos negativos de la libertad de oportunidad.

Segundo, en el mercado libre perfectamente competitivo todos los intercambios son voluntarios y se basan en el consentimiento para comprar o vender. Esto es, no se obliga a los participantes a comprar o vender nada que ellos no quieran comprar o vender de manera libre y consentida. Todos los participantes tienen el conocimiento completo de qué compran o venden, y ninguna organización externa (como el gobierno) los fuerza a comprar o vender bienes que no quieran a precios que no elijan en cantidades que no desean.[13] Más aún, los compradores y vendedores en un mercado libre perfectamente competitivo no están obligados a pagar por bienes que otros disfrutan. En estos mercados, por definición, los costos y los beneficios de producir y usar los bienes inciden sobre quienes los compran o los venden, y no sobre otros agentes externos. Los mercados libres competitivos, por lo tanto, incorporan el derecho negativo a la libertad de consentimiento.

Tercero, ningún vendedor o comprador dominará el mercado libre perfectamente competitivo para forzar a otros a aceptar los términos o a no hacer negocio.[14] En dichos mercados, el poder industrial está descentralizado entre numerosas empresas, de manera que los precios y las cantidades no dependen del capricho de un negocio o de unos cuantos. En resumen, los mercados libres perfectamente competitivos incorporan los derechos negativos de libertad de consentimiento.

Entonces, estos mercados son perfectamente morales en tres aspectos importantes: **1.** cada uno establece de manera continua una forma capitalista de justicia; **2.** juntos maximizan la utilidad en la forma de mercado eficiente; y **3.** cada uno respeta ciertos derechos negativos importantes de compradores y vendedores.

Sin embargo, es necesario hacer algunas advertencias al interpretar estas características morales de los mercados libres perfectamente competitivos. Primero, no establecen otras formas de justicia. Por ejemplo, como no responden a las necesidades de quienes están fuera del mercado o de quienes tienen poco intercambio, no pueden establecer la justicia que se basa en las necesidades. Todavía más, estos mercados no imponen restricciones sobre cuánta riqueza acumula cada participante en relación con los demás; en consecuencia, ignora la justicia igualitaria y se pueden generar grandes desigualdades.

Segundo, los mercados competitivos maximizan la utilidad de quienes llegan a participar en el mercado, considerando las restricciones de presupuesto de cada participante. Sin embargo,

Repaso breve 4.4

Derechos en los mercados perfectamente competitivos

- Los mercados perfectamente competitivos respetan el derecho a elegir libremente los negocios en los que cada quien incursiona.
- En un mercado perfectamente competitivo, los intercambios son voluntarios y, por lo tanto, se respetan los derechos de libre elección.
- En un mercado perfectamente competitivo, ningún vendedor ejerce coerción imponiendo precios, cantidades o tipos de bienes que los consumidores deben comprar.

lo anterior no significa que necesariamente se maximiza la utilidad total de una *sociedad*. El conjunto de bienes que un sistema de mercado competitivo distribuye a cada individuo depende, en última instancia, de la habilidad de cada uno para participar en ese mercado y de cuánto gaste ahí. Pero esta manera de distribuir bienes tal vez no produzca la mayor satisfacción para todos en la sociedad. El bienestar social aumenta, por ejemplo, al dar más bienes a quienes no pueden participar en el mercado porque no tienen qué intercambiar (quizá son demasiado pobres, viejos, enfermos, discapacitados o demasiado jóvenes para tener algo que intercambiar en el mercado); o el bienestar general aumenta cuando se distribuyen más bienes a quienes tienen poco para gastar o se logra limitar el consumo de quienes están en condiciones de gastar mucho.

Tercero, aunque los mercados libres competitivos establecen ciertos derechos negativos para quienes están dentro, en realidad pueden atenuar los derechos positivos de quienes están fuera (por ejemplo, quienes no pueden competir) o de aquellos cuya participación es mínima. Las personas que tienen dinero para participar en los mercados llegan a consumir bienes (como comida o recursos educativos) que quienes están fuera del mercado, o tienen muy poco dinero, necesitan para desarrollar y ejercer su propia libertad y racionalidad. Así, aunque los mercados libres perfectamente competitivos aseguran la justicia capitalista, maximizan la utilidad económica y respetan ciertos derechos negativos, hacen esto solo para quienes tienen los medios (el dinero o los bienes) para participar de lleno en esos mercados, mientras que ignoran las necesidades, la utilidad y los derechos de quienes se quedan fuera.

Cuarto, los mercados libres competitivos ignoran e incluso ocasionan conflictos con las demandas de cuidado. Como se ha visto en capítulos anteriores, una ética del cuidado implica que las personas se desenvuelvan en una red de relaciones interdependientes y que deben cuidar de quienes tienen una relación cercana con ellos. Pero un sistema de mercado libre opera como si los individuos fueran completamente independientes de otros y no toma en cuenta las relaciones humanas que pudieran existir entre ellos. Más aún, como se mencionó, un mercado libre presiona a los individuos para gastar sus recursos (tiempo, trabajo y dinero) con eficiencia. Un sistema de mercados competitivos los presiona a invertir, usar y distribuir bienes de forma que produzcan el máximo rendimiento económico. Si las personas no invierten, usan y distribuyen sus recursos con eficiencia perderán en la competencia que generan los mercados libres. Lo anterior significa que si los individuos desvían sus recursos para gastarlos en el cuidado de aquellos con quienes tienen relaciones cercanas, en lugar de invertirlos, usarlos y distribuirlos con eficiencia, perderán. Por ejemplo, cuando un empleador a quien le gusta cuidar de sus empleados les paga salarios más altos que los que pagan otros, los costos se elevan. Entonces, deberá cobrar más por sus bienes que otros empleadores, por lo que los clientes se irán a otro lado, o bien, tendrá que conformarse con menores ganancias, lo cual permitirá a las empresas competidoras invertir en mejoras y, con el tiempo, sacar a dicho empleador del negocio. En resumen, las presiones hacia la eficiencia económica que crea un sistema de mercados libres perfectamente competitivos no solo ignoran las demandas de cuidado, sino que también entran en conflicto con estas.[15]

Quinto, los mercados libres competitivos llegan a tener efectos perniciosos en el carácter moral de los individuos. Las presiones de la competencia logran hacer que la gente ponga atención constante en la eficiencia económica. Los productores están constantemente presionados para reducir sus costos y aumentar sus márgenes de ganancia. Los consumidores siempre se sienten presionados para conservar a los vendedores que ofrecen el mayor valor al menor costo. Los empleados están siempre bajo la presión de buscar a empleadores que paguen salarios más altos para abandonar a los de salarios bajos. Se ha argumentado que esas presiones llevan a los individuos a desarrollar rasgos de carácter asociados con la maximización del bienestar económico individual y a descuidar los asociados con el desarrollo de relaciones cercanas con otros. Las virtudes de lealtad, bondad y cuidado se difuminan, mientras que se promueven los vicios de la avaricia y el egoísmo, y la mentalidad calculadora.

Por último, y lo más importante, se debe observar que los tres valores de justicia capitalista, la utilidad y los derechos negativos se producen en los mercados libres solo si

---

Repaso breve 4.5

Mercados libres perfectamente competitivos

- Logran la justicia capitalista (pero no otros tipos de justicia, como la que se basa en las necesidades).
- Satisfacen una versión determinada del utilitarismo (al maximizar la utilidad de los participantes del mercado, pero no de toda la sociedad).
- Respetan algunos derechos morales (por lo general, derechos negativos, pero no los positivos).
- Pueden llevar a ignorar las demandas de cuidado y valor de las relaciones humanas.
- Pueden fomentar los vicios de avaricia y egoísmo, y desanimar las virtudes de bondad y cuidado.
- Se puede decir que adoptan la justicia, utilidad y derechos solo si se presentan las siete características que los definen.

incorporan las siete condiciones que definen a la competencia perfecta. Si una o más de tales condiciones no están presentes en un mercado real, entonces ya no es posible asegurar que estos tres valores existan. Como se verá en el resto de este capítulo —de hecho, en el resto del libro—, esta es la limitación más importante de la moralidad de los mercados libres, porque no son perfectamente competitivos y, en consecuencia, podrían no lograr los tres valores morales que caracterizan la competencia perfecta. Sin embargo, a pesar de dicha limitación crucial, el mercado libre perfectamente competitivo brinda una idea clara de cómo se debe estructurar el intercambio económico en una economía de mercado de manera que las relaciones entre compradores y vendedores aseguren los tres logros morales indicados. Ahora se verá qué ocurre cuando falta alguna de las características de la competencia perfecta.

4.2 Monopolio y competencia

¿Qué ocurre cuando un mercado libre (es decir, sin intervención del gobierno) deja de ser perfectamente competitivo? La respuesta a esta pregunta comienza por examinar el extremo opuesto de un mercado perfectamente competitivo: el mercado libre (no regulado) con monopolio. Después se analizan algunas variedades menos extremas de la ausencia de competencia.

Ya se observó que un mercado perfectamente competitivo se caracteriza por siete condiciones. En un monopolio no existen dos de ellas.[16] Primero, en lugar de "numerosos vendedores, ninguno de los cuales tiene una parte sustancial del mercado", el monopolio incluye a un solo vendedor dominante, quien tiene una parte sustancial del mercado. Técnicamente, una compañía debe tener el 100 por ciento del mercado para ser un monopolio, sin embargo, en la práctica, una que tenga menos de ese porcentaje se puede considerar un monopolio; esto es, un mercado monopólico puede consistir en una empresa dominante con, digamos, el 90 por ciento del mercado y docenas de otras compañías con menos del 1 por ciento. La característica clave que determina si una compañía tiene poder monopólico es que esta posea el control sobre un producto de manera que tenga la capacidad de decidir en gran parte quién puede obtenerlo y cuánto costará.

La segunda forma en la que un monopolio se diferencia de un mercado perfectamente competitivo es que, en vez de ser un mercado donde otros vendedores "pueden entrar o salir con libertad y de inmediato", en el mercado monopólico es muy difícil que ingresen otras compañías. Más bien, hay barreras para entrar, como las leyes de patente, que dan a un único vendedor el derecho de producir un bien, o altos costos de entrada, que hacen demasiado costoso o arriesgado que un nuevo vendedor inicie un negocio en esa industria. Una compañía monopólica puede erigir barreras para mantener a otras fuera del mercado. Por ejemplo, podría amenazar con infligir un daño económico sustancial a cualquier otra compañía que intente entrar en su mercado (por ejemplo, al inundar el mercado con el producto de tal forma que los precios caigan hasta que ya no merezca la pena estar en el negocio), o podría cultivar una reputación de estar dispuesta a contraatacar con fiereza a cualquier compañía que entre en el mercado.

Dos ejemplos contemporáneos de mercados monopólicos son el mercado mundial de sistemas operativos para computadoras personales y el mercado para software de oficina. El mercado de sistemas operativos está dominado por Windows de Microsoft, el cual tuvo en 2010 una participación total del mercado del 92 por ciento. También tiene un monopolio en el mercado mundial para el software de oficina; su suite MS Office dirigía el 94 por ciento del mercado ese mismo año. Aunque no posee el 100 por ciento de ninguno de esos mercados, la mayoría de los observadores califican su control como un monopolio. Cualquier compañía que quiera participar en esos mercados debe superar muchas barreras para entrar. Una barrera es la que constituyen el costo y el riesgo totales: hoy cuesta más de $10 mil millones desarrollar un nuevo sistema operativo como el de Windows y sería extremadamente arriesgado que una compañía estuviera dispuesta a gastarlos para tratar superar el dominio de Microsoft del mercado.[17] Una segunda barrera se da en las economías de escala que ocurren cuando la cantidad de producto que una compañía fabrica ha crecido tanto que cuesta menos fabricar cada unidad de su producto que lo que le costaría a una empresa más pequeña. Puesto que Microsoft fabrica y vende muchas más unidades de Windows y de MS Office que sus competidores, sus costos por unidad (por ejemplo, sus costos de investigación, o de marketing o administrativos) son menores que los de sus competidores. Otra barrera es la lealtad de marca: si una compañía tratara de tomar parte del 95 por ciento de la participación de mercado que tiene Microsoft, tendría que superar la fuerte lealtad a la marca que infunde, y esto requeriría otra gran y arriesgada inversión en desarrollo de marca.

Otra barrera es el llamado *efecto de red* en el cual el valor de un producto se incrementa a medida que aumenta el número de usuarios. Los consumidores prefieren Windows por encima de cualquier otro sistema operativo como Unix, porque hay muchos más programas de software disponibles para el primero que para el segundo. Y la razón por la que hay muchos más programas para uno que para otro es porque los desarrolladores de software prefieren hacer programas para los muchos usuarios de Windows que para los pocos de Unix. Así, cuantos más usuarios de Windows haya, más programas escribirán para él, y más valioso será para sus usuarios. Un nuevo sistema operativo como Unix se enfrenta a muchas dificultades para competir con Windows porque los efectos de red hacen que este sea continuamente más valioso para los usuarios que Unix. Y, finalmente, hay que hacer notar que algunos observadores dicen que a otras compañías no les entusiasma entrar en los mercados de Microsoft porque esta tiene la reputación de responder con agresividad en contra de quienes intentan competir. La reputación sirve como una barrera que mantiene a las otras compañías fuera de los mercados de Microsoft.

Aunque hay pocas compañías que tienen monopolios de la magnitud de Microsoft, hay muchas que tienen monopolios locales o regionales, esto es, sobre mercados que sirven a áreas geográficas específicas como una ciudad, un municipio o un estado. Ejemplos de compañías con monopolios locales o regionales incluyen las empresas de servicios públicos, las compañías de cable, las recolectoras de basura, las de construcción de carreteras, los servicios postales, las compañías de suministro de agua, las telefónicas, las de energía eléctrica, etcétera.

Los mercados monopólicos, entonces, son aquellos en los que una sola empresa domina y controla la totalidad, o casi la totalidad, del mercado de un producto, y a este último no pueden entrar nuevos vendedores o tienen muchas dificultades para hacerlo debido a las barreras. Un vendedor en un monopolio puede controlar los precios (dentro de cierto rango) de los bienes disponibles. La figura 4.4 ilustra la situación habitual en un mercado monopólico: la empresa logra fijar su producción en una cantidad menor que la cantidad de equilibrio, de manera que la demanda es tan alta que le permite obtener un exceso de utilidades, cobrando precios que están muy por encima de los de la curva de oferta y del precio de equilibrio. Un vendedor monopólico, por ejemplo, llega a establecer precios por arriba del nivel de equilibrio, digamos en $3. Al limitar el suministro solo a cantidades que los consumidores comprarán a los precios altos que fija el monopolio (300 unidades en la figura 4.4), la empresa logra asegurar que vende todos sus productos y obtiene ganancias sustanciales. Desde luego, calculará las razones de precio-cantidad que le aseguren la ganancia total más alta (esto es, la ganancia por unidad multiplicada por el número de unidades), con lo cual le es posible fijar sus precios y el volumen de producción a esos niveles. A principios del siglo XX, por ejemplo, la American Tobacco Company, que había adquirido un monopolio en la venta de cigarrillos, obtenía ganancias cercanas al 56 por ciento de sus ventas.

Por supuesto, si la entrada al mercado estuviera abierta, tales ganancias excesivas atraerían a otros productores al mercado, con el resultado de un aumento en el abastecimiento de bienes y una disminución en los precios hasta que se lograra el equilibrio. En un mercado monopólico, donde las barreras de entrada hacen prácticamente imposible o muy costoso que otras empresas ingresen al mercado, esto no ocurre y los precios permanecen altos si el monopolista así lo decide. Como se vio, para entrar hay que superar barreras de diverso tipo: legales como derechos de autor, patentes, licencias, tarifas, cuotas, apoyos u otros medios por los que el gobierno mantiene a las empresas fuera de un mercado determinado.

Repaso breve 4.6

Mercados monopólicos

- Un vendedor dominante controla la totalidad o la mayor parte del mercado de un producto y hay barreras para entrar, de tal manera que mantiene fuera a otras compañías.
- El vendedor tiene el poder de establecer los precios y las cantidades de sus productos en el mercado.
- El vendedor puede obtener ganancias monopólicas al producir por debajo de la cantidad de equilibrio y fijar el precio por debajo de la curva de la demanda, pero muy por encima de la curva de la oferta.
- Las altas barreras de entrada impiden que otros competidores lleven más producto al mercado.

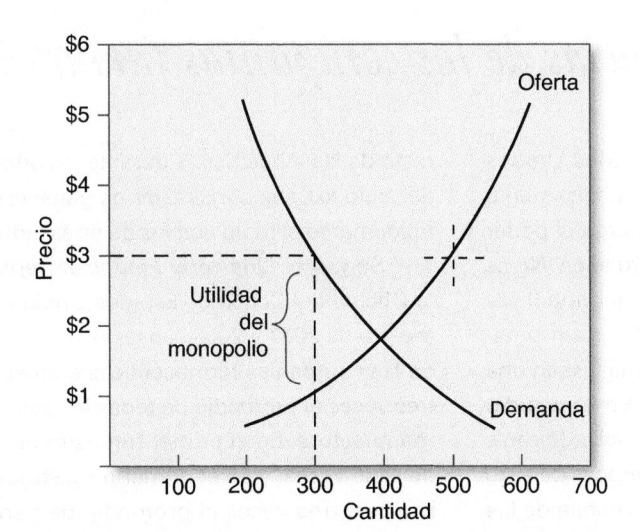

Figura 4.4

Vea la imagen en
mythinkinglab.com

Pero como indicaba el análisis de Microsoft, hay muchos otros tipos de barreras para entrar, incluyendo contratos a largo plazo con los clientes que dificultan a quien entra captar consumidores de alguien ya establecido; costos de manufactura bajos que permiten a la empresa que ya está en operación amenazar con bajar los precios y ganar una guerra de precios si una nueva compañía intenta entrar al mercado; costos de inicio y fijos altos, costos de publicidad o costos de investigación y desarrollo altos, que la empresa de nuevo ingreso no logrará recuperar si se ve obligada a abandonar el mercado (la entrada es muy arriesgada porque las empresas se exponen a pérdidas enormes si tratan de entrar); los llamados efectos de red, que dan a una compañía establecida con muchos usuarios una ventaja que una nueva empresa con pocos clientes no tendría.

La pregunta es si el monopolista necesariamente elegirá maximizar su ganancia. Desde luego, si un vendedor establece sus precios por encima de lo que los compradores están dispuestos a pagar (esto es, por encima de la curva de la demanda), o si sus costos son mayores que los que los compradores pueden pagar, no obtendrá ganancias incluso si es el único vendedor en el mercado. Esto significa que incluso un monopolio encuentra límites (es decir, la curva de demanda) a los precios que puede cobrar. Pero se ha sugerido que aunque las compañías monopólicas *pueden* obtener ganancias de su situación, *en realidad* no intentan hacerlo.[18] Desde luego, es posible que los administradores de un monopolio estén motivados por el altruismo a renunciar a las ganancias potenciales y a fijar sus precios en un nivel de equilibrio bajo, es decir, el nivel justo que les da una tasa normal de ganancias, pero es improbable. Es difícil comprender por qué una compañía monopólica renunciaría a las ganancias que lograría obtener para sus accionistas. Si una empresa ha llegado a monopolizar su mercado por medios legales (quizás inventó el único producto conocido capaz de satisfacer una demanda de los consumidores y ahora tiene la patente), entonces, sus ganancias son legales y es seguro que los accionistas estén en espera de ellas. Desde luego, un monopolio dejará ir una parte de sus ganancias si las regulaciones gubernamentales así se lo imponen o si un público descontento lo presiona. Activistas indignados presionaron a la compañía farmacéutica Burroughs Wellcome (ahora parte de GlaxoSmithKline) para que bajara sus precios del AZT cuando era el único tratamiento para el SIDA. Pero se supondrá que, en ausencia de regulaciones externas (como las del gobierno) o de presiones del público, los monopolios intentan maximizar la utilidad como todo el mundo en el mercado y, por lo tanto, así lo harán si están en condiciones. Esto es, si un monopolio puede buscar ganancias aprovechando la posición que ocupa, entonces, así lo hará. ¿Existe alguna evidencia empírica para esta afirmación? Se cuenta con una cantidad abrumadora de evidencia estadística empírica que muestra que, de hecho, un monopolio busca utilidades a toda costa, aunque los sindicatos fuertes y los ejecutivos logren extraer hasta la mitad de esas ganancias de la compañía en la forma de sueldos, prestaciones, salarios y bonos.[19]

AL MARGEN

Monopolios y ganancias de las compañías farmacéuticas

Las compañías farmacéuticas en Estados Unidos obtienen una patente para cualquier medicamento nuevo que desarrollen, lo que les otorga el poder monopólico sobre los productos durante 20 años. No es de sorprender que las elevadas ganancias monopólicas (es decir, ganancias muy por encima de la tasa promedio de las que se registran en otras industrias) sean una característica de la industria farmacéutica. En un estudio publicado en 2003, *The Other Drug War*, Public Citizen's Congress Watch observó que durante las décadas de 1970 y 1980 las ganancias promedio (como porcentaje de los ingresos) para las compañías farmacéuticas incluidas en *Fortune 500* tenían tasas promedio de utilidad (esto es, como porcentaje de los ingresos) que eran el doble del promedio para el resto de las industrias registradas en esa revista. En la década de 1990, la tasa de utilidad de las farmacéuticas era en promedio cuatro veces la tasa del resto de las industrias. Y durante los primeros cinco años del siglo XXI, sus porcentajes de ganancias fueron aproximadamente el triple que los de otras industrias.

Según el *Quarterly Financial Reports* que publica la Oficina del Censo de Estados Unidos, en el primer trimestre de 2007 y 2008, las tasas de ganancias promedio de las compañías farmacéuticas eran aproximadamente tres veces el promedio de todas las demás compañías de manufactura. En el primer trimestre de 2009, eran cerca de siete veces, y en el primer trimestre de 2010, obtuvieron casi tres veces el promedio de ganancias de otras compañías de manufactura. Las compañías farmacéuticas afirman que necesitan tales ganancias para cubrir los costos de investigación de nuevos medicamentos. Pero mientras los laboratorios destinan solo el 14 por ciento de sus ingresos a la investigación, retiran el 17 por ciento de esos ingresos como ganancias para los accionistas y el 31 por ciento para publicidad y administración. Un estudio acerca de los costos de los medicamentos (véase www.rense.com/general54/preco.htm) mostró que los medicamentos controlados tienen precios que rebasan en 5,000, 30,000 y 500,000 por ciento el costo de sus ingredientes. Por ejemplo, los ingredientes de 100 tabletas de Norvasc, que se vende en $220, cuestan 14 centavos; los de Prozac, un producto que se vende en $247, tienen un costo de 11 centavos; los de Tenormin, que se puede adquirir en el mercado por $104, cuestan 13 centavos; los de Xanax, cuyo precio es de $136, tienen un costo de 3 centavos, y así sucesivamente.

William Weldon es el director ejecutivo de Johnson & Johnson, cuyas ganancias en 2010 de $13,300 millones fueron las más altas en la industria farmacéutica de Estados Unidos.

Píldoras que pasan por inspección durante la manufactura.

Ética en el mercado **213**

1. ¿La industria farmacéutica es un buen ejemplo de las teorías de mercado que se describieron en este capítulo? Explique su respuesta.

2. ¿Qué cambios, si acaso, cree que se deben realizar en las leyes de patentes de medicamentos en Estados Unidos? Explique su respuesta.

3. De acuerdo con su punto de vista, ¿cómo afectan las ganancias de la industria monopólica de los medicamentos la relación entre estos y la vida y la salud humanas? Explique su respuesta.

El veneno de una víbora de Malasia contiene una sustancia anticoagulante que podría resultar útil en el tratamiento de pacientes con infarto.

Un investigador prueba el efecto de un nuevo medicamento en un tejido vivo.

Una enorme variedad de medicamentos inundan el mercado.

Competencia en el monopolio: justicia, utilidad y derechos

Repaso breve 4.7

Debilidades éticas de los monopolios

- Violan la justicia capitalista al cobrar más por los productos de lo que el productor sabe que valen.
- Violan el utilitarismo al mantener los recursos fuera del mercado monopólico donde la escasez muestra que son más necesarios, y los dirigen a los mercados sin esa escasez; también eliminan incentivos para usar los recursos de manera eficiente.
- Violan los derechos negativos al obligar a otras compañías a quedarse fuera del mercado, al permitir que las fuerzas monopólicas obliguen a los compradores a adquirir bienes que no desean, y al permitir que el monopolista tome decisiones de precios y de cantidades que el consumidor está obligado a aceptar.

¿Cuánto éxito tiene un mercado monopólico no regulado en el logro de los valores morales que caracterizan a los mercados libres perfectamente competitivos? No mucho. Los mercados monopólicos no regulados se quedan cortos en los tres valores de justicia capitalista, en la eficiencia económica y en el respeto por los derechos negativos que logra la competencia perfecta.

El fracaso más evidente del mercado monopólico está en los altos precios que llega a cobrar el monopolista y las grandes ganancias que obtiene, una falla que viola la justicia capitalista. ¿Por qué los precios y las ganancias altos del monopolio violan la justicia capitalista? Porque esta asegura que lo que cada persona recibe es igual en valor a la contribución que hace. Como se vio, el punto de equilibrio es el punto (único) donde los compradores y vendedores reciben, cada uno, el valor exacto de lo que cada uno contribuye con el otro, ya sea que este valor se determine desde el punto de vista del comprador promedio o del vendedor promedio. Pero en un monopolio, los precios de los bienes se establecen por arriba del nivel de equilibrio, en tanto que las cantidades se fijan en menos que la cantidad de equilibrio. Como resultado, el vendedor cobra al comprador mucho más que el valor de los bienes (desde el punto de vista del vendedor promedio), porque sus precios son mucho más altos que los costos al fabricarlos. Entonces, los precios más elevados que el vendedor fuerza al comprador a pagar son injustos, y estos precios injustamente altos son la fuente de las ganancias excesivas del vendedor.

Un monopolio también viola el utilitarismo porque tiende a asignar, distribuir y usar los recursos de manera ineficiente. Primero, el mercado monopólico permite que los recursos se usen de tal manera que se produzca una escasez de los artículos que los compradores desean y que se venderán a precios más altos de lo necesario. Las grandes ganancias en un monopolio indican escasez de bienes. Sin embargo, debido al bloqueo para que otras empresas entren al mercado, sus recursos no se llegan a usar para satisfacer la escasez indicada por las ganancias altas. Esto significa que los recursos de estas otras empresas se dirigen a otros mercados, que no son monopolios, donde hacen menos bien porque no tienen faltantes similares. Más aún, el mercado monopólico permite al monopolista fijar sus precios muy por arriba de los costos, en lugar de obligarlo a bajar sus precios a los niveles de costo. Tales ganancias excesivas que obtiene el monopolista son recursos que no son necesarios para las cantidades de bienes que suministra. Segundo, los mercados monopólicos no alientan al monopolista a minimizar los recursos que usa para producir. Un monopolio no tiene motivo para reducir sus costos porque sabe que sus ganancias cubren bien todos sus costos y, por lo tanto, no está motivado a encontrar métodos de producción menos costosos, y tampoco para invertir en innovación y mejorar su producto. Como las ganancias son altas de cualquier forma, los monopolistas tienen pocos incentivos para desarrollar nuevas tecnologías que les den una ventaja competitiva sobre otras empresas, ya que no hay competidores.

Tercero, los mercados monopólicos también incorporan restricciones a los derechos negativos que respetan los mercados perfectamente libres. Primero, los mercados monopólicos son, por definición, aquellos donde otros vendedores no pueden entrar. Segundo, estos mercados permiten que la empresa que tiene el monopolio obligue a sus clientes a obtener bienes que tal vez no quieran en cantidades que no desean. Por ejemplo, puede obligarles a comprar el producto X si, y solo si, también compran el producto Y. Tercero, los mercados monopólicos están dominados por un único vendedor cuyas decisiones determinan los precios y las cantidades de un bien que se ofrece para la venta. La empresa monopólica tiene un poder considerable en el mercado.

Un monopolio, entonces, puede desviarse —y por lo general lo hace— de los ideales de la justicia capitalista, la utilidad económica y los derechos negativos. En vez de establecer de manera continua un equilibrio justo, el vendedor monopolista impone injustamente precios altos al comprador y genera altas ganancias injustas para él. En lugar de maximizar la eficiencia, el monopolio brinda incentivos para el desperdicio, la asignación equivocada de los recursos y el fraude en las ganancias.

En vez de respetar los derechos negativos de libertad, crea una desigualdad de poder que le permite dictar sus términos al consumidor. El productor sustituye al consumidor como "soberano" del mercado.

4.3 Competencia en el oligopolio

Pocas industrias son monopolios. Casi todos los mercados industriales importantes no están dominados por una sola empresa, sino que es más usual que los dominen cuatro, ocho, o más compañías, dependiendo del mercado. Esos mercados se encuentran en algún punto del espectro entre los dos extremos del mercado perfectamente competitivo con innumerables vendedores, y el monopolio puro con un solo vendedor. Las estructuras de mercado de este tipo "impuro" se conocen como **mercados competitivos imperfectos**, de los cuales el tipo más importante es el oligopolio.

En un oligopolio, de nuevo están ausentes dos de las siete condiciones que componen un mercado competitivo puro. Primero, en lugar de muchos vendedores, hay solo unos cuantos significativos. Es decir, la mayor parte del mercado se comparte entre un número relativamente reducido de empresas grandes que, en conjunto, pueden ejercer cierta influencia en los precios. Las empresas que controlan esta participación llegan a ser de dos a 50, dependiendo de la industria. Segundo, a otros vendedores no les es posible entrar fácilmente al mercado. Al igual que sucede con los mercados monopólicos, las barreras para entrar se deben a los altos costos que hacen prohibitivo iniciar un negocio en esa industria, o al resultado de contratos a largo plazo que vinculan a todos los compradores con las empresas que ya están en la industria, o bien, pueden deberse a lealtades perdurables que crea la publicidad de marca y nombre.

Los mercados de un oligopolio, que están dominados por unas cuantas empresas grandes (por ejemplo, de tres a ocho), son **altamente concentrados**. Los ejemplos de tales oligopolios no son difíciles de encontrar porque incluyen muchas de las industrias manufactureras más grandes. La tabla 4.1 menciona varias industrias altamente concentradas de Estados Unidos, como se revela por la gran participación del mercado que controlan las empresas más grandes. Las compañías que dominan las industrias altamente concentradas de Estados Unidos tienden, por mucho, a estar entre las corporaciones más importantes de ese país. La tabla 4.2 incluye varias corporaciones importantes que dominan en varios oligopolios industriales, junto con los porcentajes aproximados de los mercados que controlan. Se incluyen muchas de las compañías estadounidenses más grandes y conocidas que operan en varias de las industrias más básicas.

Aunque los oligopolios se forman en una variedad de maneras, las causas más comunes de una estructura de mercado oligopólico son las **fusiones horizontales**.[20] Una fusión horizontal es simplemente la unificación de dos o más compañías que antes competían en la misma línea de negocios. Si suficientes compañías en una industria competitiva se fusionan, la industria se convierte en un oligopolio compuesto por unas cuantas empresas muy grandes. Durante la década de 1950, por ejemplo, los 108 bancos que competían en Filadelfia comenzaron a unirse hasta que, en 1963, el número de empresas bancarias se había reducido a 42.[21] El Philadelphia National Bank surgió como el segundo banco más grande (resultado de nueve fusiones) y el Girard Bank fue el tercero más grande (resultado de siete fusiones). A principios de la década de 1960, el Philadelphia National Bank y el Girard Bank decidieron fusionarse en una sola empresa. Si la fusión se hubiera aprobado (el gobierno la detuvo), los dos bancos juntos habrían controlado más de un tercio de las actividades bancarias del área metropolitana de Filadelfia.

¿Cómo afectan los mercados oligopólicos a los consumidores? Puesto que un oligopolio muy concentrado tiene un número relativamente reducido de empresas, es bastante sencillo que sus administradores unan sus fuerzas y actúen como unidad. Al acordar de forma explícita o tácita fijar sus precios en los mismos niveles y restringir sus producciones de acuerdo con esto, los oligopolios pueden funcionar casi como una sola empresa gigante.

mercados competitivos imperfectos Los mercados que están en algún punto del espectro entre los dos extremos del mercado perfectamente competitivo, con innumerables vendedores, y el monopolio puro con un solo vendedor dominante.

mercados altamente concentrados Mercados de un oligopolio que están dominados por unas cuantas empresas grandes (por ejemplo, tres a ocho).

fusión horizontal La unificación de dos o más compañías que antes competían en la misma línea de negocios.

Tabla 4.1 Porcentajes de mercado combinados de las empresas más grandes en industrias oligopólicas altamente concentradas, 2002

Porcentaje de mercado controlado por las empresas más grandes

Producto	4 más grandes	8 más grandes	Índice de Herfindahl-Hirschman
Cereal para el desayuno	82	93	2999
Azúcar de caña refinada	78	99	2885
Azúcar de remolacha	85	98	2209
Destilerías	91	94	(NA)
Chocolate	73	87	2268
Cigarrillos	95	99	(NA)
Bocadillos	64	72	2717
Hilo	66	76	2434
Ropa interior	80	97	2400
Pantalones para caballero	84	90	2514
Complementos botánicos	69	76	2704
Tarjetas de felicitación	85	89	2830
Calzado	94	99	2944
Contenedores de vidrio	87	96	2548
Municiones de pistolas pequeñas	84	90	2098
Computadoras	76	89	2662
Refrigeradores y congeladores	82	97	2025
Lavadoras y secadoras	90	(NA)	2870
Bombillas eléctricas	90	94	2848
Baterías	90	98	2507
Automóviles	87	97	2754
Aspiradoras	78	96	2096
Muebles	68	80	2913

Fuente: U.S. Census Bureau, *Concentration Ratios: 2002*, mayo de 2006. Tabla 3. El índice de Herfindahl-Hirschman es una medida de la concentración del mercado que se calcula elevando al cuadrado los porcentajes de mercado individuales de cada empresa en el mercado y sumando los cuadrados. Una industria con una participación combinada de cuatro empresas de más de 80 por ciento o un número de Herfindahl-Hirschman por arriba de 1,800 se considera como altamente concentrado.

Esta unión de fuerzas, junto con las barreras propias para entrar al mercado oligopólico, logra dar como resultado los mismos precios altos y el abastecimiento bajo que caracterizan al monopolio. En consecuencia, los mercados oligopólicos, igual que los monopólicos, podrían no exhibir precios justos, generar una disminución de la utilidad social y no respetar las libertades económicas básicas. En general, se ha demostrado, por ejemplo, que cuanto más alta sea la concentración en una industria oligopólica, más altas serán las ganancias que logrará extraer de sus consumidores.[22] Los estudios también estiman que la declinación general en la utilidad del consumidor, como resultado de la asignación ineficiente de los recursos por un oligopolio de alta concentración, está entre 0.5 por ciento y 4.0 por ciento del PIB de la nación, o entre $55,000 y $440,000 millones por año.[23]

Comportamiento anticompetitivo En una economía de mercado como la nuestra, y como la de la mayor parte del mundo actualmente, los negocios compiten. Todas las actividades de una compañía se dirigen normalmente a elaborar productos o a brindar servicios que los consumidores compren más que los de aquellos competidores que también tratan de venderlos.

Tabla 4.2 — Marcas y compañías dominantes en los mercados oligopólicos, 2010

Marca/compañía	Mercado	Porcentaje de participación de mercado
Gerber	Alimento para bebé	73
Campbell's	Sopa enlatada	70
Kelloggs	Cereales	72
A-1	Salsa para marinar	79
Gatorade	Bebidas para deportistas	82
Levi's	Jeans	52
Procter & Gamble	Detergentes	57
Clorox	Blanqueador	59
Kiwi	Grasa para calzado	76
General Electric	Bombillas eléctricas	79
Tyco	Tubería de plástico	60
Reynolds	Papel de aluminio	64
Hewlett-Packard	Impresoras láser	61
Kitchen Aid	Mezcladoras	83
In-Sink-Erator	Trituradores de basura	77
Sony	Cámaras de video digitales	68
Kodak	Cámaras desechables	61
Sony	Consolas de videojuegos	66
Sony	Videojuegos	64
H&B	Bates de madera	65

Fuente: Robert S. Lazich, *Market Share Reporter*, 2010 (Detroit, MI: Gale Research, 2011).

Para tener éxito en esa competencia, una compañía tiene que ofrecer a los consumidores los productos y servicios que sean más baratos, o mejores, que los de la competencia, o ambas cosas. Por lo general, las compañías prevalecen en esta competencia solo si pueden disminuir sus costos por debajo de los de los competidores (lo que les permite ofrecer precios más bajos o tener más ganancias que ellos), o si logran desarrollar productos y servicios que tengan más calidad que los de los competidores. En cualquier caso, una compañía compite de una manera que finalmente beneficia a los consumidores y a la sociedad: para reducir sus costos las compañías hacen un mejor uso y más eficiente de los recursos que tienen, y para mejorar sus productos innovan de manera continua y ofrecen a los consumidores cada vez mejores productos.

Reducir costos y mejorar la calidad son las formas normales y honestas en las que compiten las empresas en las economías de mercado y, como se ha visto, los mercados competitivos son justos, socialmente beneficiosos y respetuosos con los derechos negativos de las personas. Pero hay otras formas de competir que no se dirigen a disminuir los costos o a mejorar la calidad, sino a destruir la competencia. Ahora se van a analizar algunas de las formas específicas en que los empleados y administradores que operan en mercados monopólicos u oligopólicos manipulan el poder que tienen en esos mercados, con la finalidad de minar la competencia y tratar injustamente a los consumidores, violar sus derechos y disminuir su utilidad. Esto es, se verán las maneras concretas en que los negocios pueden usar su poder de mercado para perjudicar injustamente a los consumidores, así como a la competencia, en lugar de trabajar de manera honesta, disminuir sus costos y mejorar sus productos.

Acuerdos explícitos y otras tácticas anticompetitivas Los precios en un oligopolio se pueden establecer en niveles rentables mediante acuerdos explícitos que restringen la competencia. Los directivos de unas cuantas empresas que operan en un oligopolio se

AL MARGEN

Fijación de precios en el mercado de memorias de computadora

Todas las computadoras personales necesitan chips de memoria, llamados dram (por las siglas de *dynamic random access memory*, esto es, memoria dinámica de acceso aleatorio), los cuales se venden en unidades de gigabytes (Gb) o megabytes (Mb). Micron, Infineon, Samsung, Hynix y unas cuantas compañías más pequeñas que venden sus dram a fabricantes de computadoras como Dell, Compaq, Gateway y Apple dominan el mercado anual de $20 mil millones. A finales de la década de 1990, los fabricantes de dram invirtieron en fábricas más grandes haciendo que el mercado se saturara, que se acumularan grandes inventarios y que se desatara una intensa competencia de precios. En febrero de 2001, los inventarios que no se vendieron, aunados a una recesión, hicieron caer los precios de los dram (véase la gráfica), a aproximadamente $1 por unidad a finales de año, un precio muy por debajo de los costos de fabricación. A principios de 2002, aunque los inventarios seguían siendo elevados y la recesión estaba en pleno auge, de manera extraña los precios subieron y llegaron a $4.50 por unidad en abril (véase la tabla). Ese mes, Michael Dell de Dell Computers acusó a las compañías de "comportamiento similar a un cártel", y el Departamento de Justicia de Estados Unidos comenzó a investigar la posibilidad de una fijación de precios. Los precios ahora dieron marcha atrás, cayeron a $2 a finales de 2002, aproximadamente entre 20 y 40 por ciento por debajo de los costos de fabricación. Más tarde, el Departamento de Justicia dio a conocer un correo electrónico fechado el 26 de noviembre de 2001 que escribió Kathy Radford, una gerente de Micron, en el cual describía los planes de su empresa, de Infineon y de Samsung para elevar los precios al unísono: "El consenso de todos los proveedores [de dram] es que si Micron hace el movimiento, todos ellos harán lo mismo y lo aplicarán a rajatabla". En septiembre de 2004, Infineon se declaró culpable de "participar en reuniones, conversaciones y comunicaciones" con otros fabricantes de dram en 2001 y "acordar durante esas reuniones, conversaciones y comunicaciones" para "fijar los precios de los dram". Infineon pagó al gobierno de Estados Unidos $160 millones en multas. El Departamento de Justicia anunció que estaba investigando a los demás fabricantes de dram.

1. Con los datos de la gráfica, calcule el precio de equilibrio.
2. Finalmente, ¿quién pagó por cualquier ganancia monopólica por encima del precio de equilibrio?
3. ¿Hicieron las compañías algo no ético? Explique.

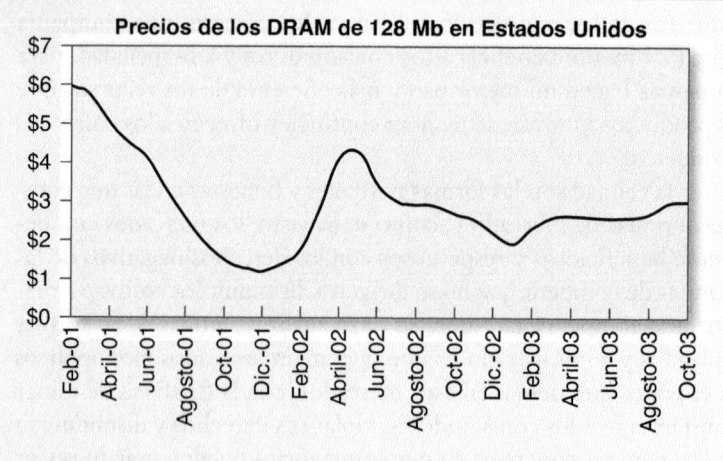

Precios de los DRAM de 128 Mb en Estados Unidos

pueden reunir y acordar actuar como una unidad, por ejemplo, al cobrar los mismos precios por sus productos. Al unirse, las empresas oligopólicas actúan como un único vendedor y, en efecto, convierten el mercado oligopólico en uno monopólico.

Cuanto mayor sea el grado de concentración del mercado presente en una industria, menos directivos tienen que llegar a esos acuerdos de fijación de precios; además, es más fácil para ellos llegar a un acuerdo, por ejemplo, de fijar precios. Puesto que tales acuerdos reproducen los efectos de un monopolio, reducen la justicia, la utilidad y los derechos de mercado, según se definieron en la primera sección de este capítulo.

Las compañías monopólicas también emprenden comportamientos anticompetitivos. Por ejemplo, una que tenga el monopolio en un mercado puede tratar de usar su poder para crear otro monopolio en otro mercado. Por ejemplo, Microsoft que monopolizaba el mercado de los sistemas operativos de las computadoras personales con Windows, fue acusada de tratar de establecer otro monopolio para los jugadores de medios cuando comenzó a empalmar Windows Media Player con cada copia de Windows, de tal forma que los consumidores no podían comprar el primero sin el segundo. Microsoft argumentó que estaba "dando gratuitamente Windows Media Player". Pero, desde luego, pagó por los costos de desarrollo de Windows Media Player a partir de lo que los consumidores pagaban por Windows, así que parte de lo que los consumidores pagaban por este último en realidad se utilizó para pagar Windows Media Player.

Si la justicia, la libertad y la utilidad social que logran los mercados competitivos son valores importantes para la sociedad, entonces es moralmente incorrecto que los gerentes de las empresas del oligopolio se unan en acuerdos de colusión. Solo si los mercados funcionan en forma competitiva, exhibirán la justicia, la libertad y la utilidad que justifican su existencia. La sociedad obtiene estos aspectos benéficos de un mercado libre solo si los directivos de las empresas de un oligopolio se abstienen de participar coludidos en arreglos que reproducen los efectos de los mercados monopólicos. Las siguientes son formas específicas en las que los gerentes de las compañías oligopolistas pueden acordar actuar juntos en conspiraciones que dañan a la sociedad y pueden destruir injustamente a competidores más pequeños.

Fijación de precios Cuando las empresas operan en un mercado oligopólico, es suficiente que sus directivos se reúnan en secreto y acuerden fijar sus precios en niveles artificialmente altos, esto es, a precios por encima de la curva de la oferta y generalmente por encima del precio de equilibrio. Esta táctica se llama **fijación de precios** directa, la cual reproduce los efectos de un monopolio. En 2010, por ejemplo, los directivos de seis compañías —Sharp Corp., LG Display Co., Hitachi Displays Ltd., Epson Imaging Devices Corp., Chungway Picture Tubes Ltd., y Chi Mei Optoelectronics— admitieron que habían armado un esquema mundial para fijar los precios de los paneles de TFT-LCD que se utilizan como pantallas para las televisiones planas, monitores de computadoras, pantallas de computadoras portátiles, teléfonos celulares y consolas de juegos. Los directivos confesaron que se habían reunido varias veces en secreto en Japón, Corea y Estados Unidos, y que todos habían analizado y acordado los precios que cobrarían por sus paneles de TFT-LCD, y admitieron que habían acordado limitar la cantidad que iban a producir. Para limitar su producción, crearon escasez de manera artificial, lo que les permitió elevar los precios por encima del nivel de equilibrio, aumentando así sus ingresos incluso cuando durante el periodo de conspiración sus costos fueron constantes y había escasa competencia en calidad.[24] Mediante su esquema de fijación de precios defraudaron a sus clientes por cientos de millones de dólares. Cuando esto se descubrió, sus compañías tuvieron que pagar la cifra récord de $860 millones en multas. Los directivos que participaron en el esquema de fijación de precios fueron condenados a prisión y se les impusieron multas con miles de dólares. Además, cada uno de sus muchos compradores directos (por ejemplo, fabricantes de televisores y celulares) tuvo entonces el derecho legal de demandar a esas compañías y recuperar *tres veces* la cantidad de dinero que las compañías les cobraron. Muchas de estas demandas todavía están en curso.

fijación de precios
Un acuerdo entre empresas para establecer sus precios en niveles artificialmente altos.

Manipulación de la oferta Los gerentes de una industria oligopólica no necesitan llegar a acuerdos para fijar los precios y reproducir los efectos de un mercado monopólico. En vez de ello, solo necesitan limitar la cantidad de bienes que ofrecen al mercado a un nivel que sea menor que la cantidad de equilibrio. Hacer esto generará una escasez porque

manipulación de la oferta Situación en que las empresas de una industria oligopólica acuerdan limitar su producción para que los precios suban a niveles mayores de los que resultarían de la libre competencia.

la demanda de los bienes será mayor que su oferta (esto es, en la cantidad que ellos fijan, la curva de la demanda está muy por encima de la curva de la oferta). La escasez hará que los precios suban más que los precios de equilibrio que resultarían de una competencia libre. A esto se le llama **manipulación de la oferta**. Por ejemplo, cuando a principios de este siglo los fabricantes de pisos de madera se reunían periódicamente en asociaciones comerciales, a menudo cerraban acuerdos para limitar su producción para asegurar así altas ganancias.[25] The American Column and Lumber Company finalmente fue acusada bajo la ley Sherman antimonopolio para obligarla a que desistiera de esa práctica. La manipulación de la oferta a menudo se combina con la fijación de precios, como ocurrió en el esquema global de fijación de precios de TFT-LCD que ya se describió.

asignación del mercado Cuando las compañías de un oligopolio se reparten el mercado entre ellas y acuerdan vender solo a los clientes de la parte que les corresponde.

Asignación del mercado La asignación del mercado (a veces también conocida como división del mercado) ocurre cuando las compañías de un oligopolio se reparten el mercado entre ellas, y cada una acuerda vender solo a los clientes de la parte que le correspondió y no entra a las partes asignadas a otras compañías. Los directivos se pueden repartir el mercado por territorio ("Usted se queda con India y yo me quedo con China"), por clientes ("Usted vende a hospitales y yo a médicos") o por tiempos ("Usted tiene los precios más baratos durante la primera mitad del mes y yo durante la segunda mitad"). Cuando los mercados se asignan entre las compañías de esta manera, cada sección tiene solo un vendedor, lo que da como resultado un monopolio en la sección asignada.

licitación fraudulenta Acuerdo previo de que una compañía específica obtendrá un contrato aun cuando haya otras que presenten ofertas para ese contrato.

Licitación fraudulenta Los grandes compradores, especialmente los gubernamentales, que necesitan adquirir un producto o servicio a menudo piden a las compañías que les hagan llegar ofertas secretas, las cuales indicarán la calidad del producto o servicio que ofrecen y el precio. Luego, el comprador elige al proveedor que ofrezca la mejor combinación de calidad y precio. Las licitaciones fraudulentas ocurren cuando los gerentes de un mercado oligopólico acuerdan de antemano cuál de ellos presentará la mejor oferta o la oferta ganadora. Los otros quizá no ofrezcan nada, o tal vez presenten algunas que están demasiado altas o que incluyen condiciones que saben que el comprador no aceptará. Los vendedores hacen turnos para presentar la oferta ganadora, o quizá acuerden de antemano que el ganador dará a los demás una participación del negocio del comprador. Las licitaciones fraudulentas, al igual que la fijación de precios, elimina la competencia. Puesto que solo una compañía presentará al comprador una oferta satisfactoria, el comprador, sin saberlo, se enfrenta a un monopolio que le cobrará injustamente, mientras que las compañías pueden dejar de esforzarse en reducir sus costos o innovar en calidad.

acuerdos de exclusividad Ocurren cuando una empresa vende a un distribuidor con la condición de que no compre productos a otras compañías y/o no venda fuera de cierta área geográfica.

Acuerdos de exclusividad Una empresa instituye un acuerdo de exclusividad cuando vende a un distribuidor con la condición de que no compre productos a otras compañías y/o no venda fuera de cierta área geográfica. Por ejemplo, durante muchos años, la American Can Company rentaba sus máquinas para cerrar latas (a precios muy bajos) solo a clientes que aceptaran no comprar latas a Continental Can Company, su competidor más fuerte.[26] Los acuerdos de exclusividad tienden a eliminar la competencia de precios entre los distribuidores que venden todos los productos de la misma compañía y, en ese grado, reducen la competencia. Sin embargo, a veces un arreglo de exclusividad también podría motivar a los distribuidores de esa compañía a volverse más agresivos en sus ventas. De esta manera, un arreglo de exclusividad logra, de hecho, aumentar la competencia entre distribuidores que venden productos de diferentes compañías. Por esta razón, los directivos que requieren que sus clientes participen en arreglos de exclusividad deben analizar con cuidado sus acciones y determinar si su efecto general amortigua o promueve la competencia.[27]

Acuerdos ligados Una empresa entra a un acuerdo ligado cuando vende a un comprador cierto bien con la condición de que acepte adquirir otros bienes de la empresa. Por ejemplo, Eastman Kodak Company fabrica máquinas fotocopiadoras y vende piezas de repuesto para repararlas. También vende los servicios de reparación de sus máquinas. Cuando comenzó a vender sus máquinas fotocopiadoras, muchos negocios pequeños se adelantaron y comenzaron a ofrecer servicios de reparación para esas máquinas, a menudo por menos de lo que Kodak cobraba por el mismo servicio.[28] Así que la compañía anunció que vendería las piezas de repuesto solo a aquellos clientes que también contrataran sus servicios de reparación. Como otras empresas no podían reparar sus máquinas sin las piezas de repuesto, Kodak pudo sacarlas efectivamente del mercado, incluso cuando estas cobraban menos por sus servicios. Image Technical Services, Inc., y algunas otras compañías de reparación de la competencia, demandaron a Kodak por vincular sus servicios a sus piezas de repuesto. Image Technical Services ganó el caso porque, según aseguró la Corte, el monopolio de Kodak de la oferta de las piezas de repuesto le daba el poder de monopolio suficiente para obligar a los clientes a contratar también sus servicios de reparación y sacar a los demás vendedores de este tipo de servicios, y esto era un abuso de su poder de mercado. En efecto, Kodak estaba usando el monopolio que tenía en un mercado (el de piezas de repuesto de sus máquinas) para crear otro monopolio en otro mercado (el de servicios de reparación de sus máquinas) y, así, eliminar la competencia en ambos mercados.

Acuerdos para mantener el precio de venta Si un fabricante vende a los distribuidores con la condición de que acepten cobrar el mismo conjunto de precios por sus bienes, participa en una táctica de mantenimiento de precios de venta. Hasta 2007, en Estados Unidos la legislación juzgaba el mantenimiento de precios de venta como práctica anticompetitiva e ilegal porque obliga a los distribuidores a dejar de competir por el precio. Sin embargo, en 2007, la Suprema Corte de Estados Unidos, en el caso *Leegin Creative Leather Products, Inc. contra PSKS, Inc.*, señaló que el mantenimiento de precios de venta no siempre es anticompetitivo. La Suprema Corte sostenía que era posible que, al obligar a los distribuidores a mantener un precio determinado por sus productos, un fabricante podría (en algunas circunstancias) en realidad aumentar la competencia. Por ejemplo, obligar a los distribuidores a vender un producto a un precio máximo les puede dar suficientes fondos para ofrecer servicios adicionales, los cuales pueden hacer que el artículo sea más competitivo que los productos de otros vendedores. Sin embargo, muchos economistas no están de acuerdo con la Suprema Corte y sostienen que el mantenimiento de precios de venta generalmente reduce la competencia entre los distribuidores y disminuye la presión competitiva sobre el fabricante para bajar los precios y reducir los costos.

Discriminación predatoria de precios Cobrar diferentes precios a distintos compradores por bienes o servicios idénticos es participar en la **discriminación de precios**, y se convierte en **discriminación predatoria de precios**, cuando está dirigida a destruir a un competidor, particularmente cuando una empresa trata de eliminarlo al vender el artículo en el mercado del competidor (pero no en otros mercados) por un monto menor que el costo de producción. Esta práctica la usó Continental Baking Company, la "depredadora", contra Utah Pie Company, su "presa". Continental Baking Company operaba en Salt Lake City, Utah, cuando intentó sacar a Utah Pie Company, una competidora que había entrado al mercado y que había logrado quedarse con gran parte de su negocio en esa ciudad. Continental contraatacó vendiendo sus pasteles a las tiendas de Salt Lake City por menos de lo que le costaba elaborarlos, y a precios que eran mucho más bajos que los que vendía a tiendas de otras zonas, todo por un intento de socavar las ventas de Utah Pie Company y sacarla del negocio. En resumen, el depredador seleccionaba sus precios solo en aquellas zonas en las que su "presa" operaba, precisamente para sacarla del mercado y, así, crear un monopolio local para él. Sin embargo, Continental vendía sus pasteles obteniendo pérdidas, las cuales planeaba

acuerdos ligados Se generan cuando una firma vende a un comprador ciertos bienes con la condición de que acepte adquirir otros bienes que produce.

acuerdos para mantener el precio de venta Ocurren cuando un fabricante vende a los distribuidores con la condición de que acepten cobrar el mismo conjunto de precios de venta por sus bienes.

discriminación de precios Táctica consistente en cobrar precios diferentes a distintos compradores por bienes o servicios idénticos.

discriminación predatoria de precios Discriminación de precios dirigida a sacar a un competidor del mercado.

compensar elevando los precios cuando Utah Pie Company hubiera salido del mercado. La Suprema Corte de Estados Unidos dictaminó que esa discriminación de precios era injusta e ilegal cuando su efecto era "disminuir sustancialmente la competencia o tender a crear un monopolio en cualquier línea de comercio". Además, la fijación de precios por debajo del costo de Continental era predatoria, puesto que tenía la intención de sacar a un competidor del negocio. La Corte dijo que la discriminación de precios, junto con la reducción de la competencia o la creación de un monopolio al sacar a los competidores del negocio, particularmente con precios por debajo del costo, es incorrecta, a menos que las diferencias de precios se basen en diferencias reales en los costos de fabricación de la compañía, empaquetado, comercialización, transporte o servicio de esos bienes, o cuando la compañía simplemente está tratando de ajustar los precios más bajos de otros competidores en el mercado.

Uno de los ejemplos más memorables de fijación predatoria de precios ocurrió en el siglo XIX, cuando John D. Rockefeller monopolizó el 91 por ciento de la industria de la refinería de petróleo al reducir los precios de manera selectiva en los mercados locales de sus competidores, llevándolos a la bancarrota y luego comprándolos.[29] En 1911, la Suprema Corte de Estados Unidos dictaminó que "los métodos injustos de competencia, como recorte local de precios… para suprimir la competencia" eran ilegales, y desintegró su "monopolio petrolífero" en 34 compañías diferentes.[30] El contemporáneo de Rockefeller, James Buchanan Duke, también empleó la fijación predatoria de precios para obligar a 250 compañías de tabaco a formar parte de su monopolio de tabaco, el cual también se desintegró en 1911.[31]

Soborno Muchas compañías han sobornado en secreto a funcionarios del gobierno para que compren sus productos a ellas y no a sus competidores. Por ejemplo, desde 2001 hasta 2007, Siemens Corporation pagó $1,400 millones en sobornos a funcionarios gubernamentales de Venezuela, China, Rusia, Argentina, Nigeria e Israel, para que les compraran sus equipos en lugar de comprarlos a sus competidores. La ley de Estados Unidos referente a Prácticas Corruptas en el Extranjero (Foreign Corrupt Practices Act, FCPA) considera como delito el que una compañía que opera en Estados Unidos soborne a funcionarios gubernamentales extranjeros para hacer una venta. En el marco de la FCPA y de una ley alemana similar, Siemens pagó más de $2,600 millones en multas.[32]

Cuando una compañía soborna a funcionarios gubernamentales para efectuar una venta, el mercado ya no es competitivo porque la compañía ya no tiene que competir con otros vendedores. En vez de ello, el soborno cierra a los competidores el mercado y sirve como una barrera para que entren. La compañía que soborna se convierte en un vendedor monopólico y puede participar en actos de injusticia e ineficiencias como precios de monopolio y mala calidad. Aún más, el sobornador induce al funcionario a violar sus obligaciones morales de actuar en favor de los mejores intereses de su país. Sin embargo, los mismos funcionarios a veces exigen un soborno o extorsionan a las compañías, o bien, las amenazan con perjudicarlas a menos que les otorguen una dádiva. Dicha extorsión mitiga la responsabilidad moral de una compañía, pero pagarlo violará la FCPA. Sin embargo, esta permite el pago de sobornos "insignificantes" a funcionarios de nivel inferior (como los de las aduanas), quienes solicitan un soborno solo para hacer su trabajo.[33]

Incentivos, oportunidades y racionalizaciones Se han analizado diversas formas en las que directivos y empleados pueden infligir graves daños a una sociedad al tratar de reducir o eliminar la competencia que enfrentan. En vez de competir honestamente trabajando para disminuir sus costos o mejorar la calidad de sus productos y servicios, tratan de establecer, mantener o ampliar una posición monopólica de mercado. Pero, ¿por qué los directivos hacen esto cuando se arriesgan a ir a prisión y destruir su propia carrera y familia? ¿En qué condiciones los empleados o gerentes deciden emprender esos comportamientos incorrectos? El sociólogo Donald Cressey argumenta que empleados y directivos tienden a emprender delitos económicos, como fijación de precios, cuando está presente lo

---

Repaso breve 4.8

Prácticas no éticas de los mercados oligopólicos
- Fijación de precios.
- Manipulación de la oferta.
- Asignación del mercado.
- Licitaciones fraudulentas.
- Acuerdos de exclusividad.
- Acuerdos ligados.
- Acuerdos de mantenimiento de precios.
- Discriminación predatoria de precios.

que denomina el *triángulo del fraude*: *a*) se sienten presionados o tienen fuertes incentivos para efectuar el mal, *b*) ven la oportunidad de hacerlo, y *c*) pueden racionalizar sus acciones.[34] Las presiones y los incentivos para cometer un fraude pueden consistir en presiones organizacionales para lograr objetivos, presiones de los colegas, condiciones adversas de negocio o mercado, o más incentivos personales, como tener que pagar facturas de gastos médicos, adicciones a alguna droga, problemas financieros, o incluso simple codicia. Las oportunidades surgen cuando una persona *a*) tiene la capacidad de llevar a cabo un delito, *b*) se le presentan circunstancias que permiten que se lleve a cabo el delito, y *c*) el riesgo de que lo detecten es bajo. Las racionalizaciones, como se vio en el capítulo 1, son las innumerables formas de enmarcar o pensar sobre las acciones que alguien realiza para que parezcan moralmente justificadas ante sí mismo y ante los demás. Por ejemplo, quien comete un delito puede ver su participación en un fraude como un intento de ayudar a su compañía o de obtener una ganancia "justa" de sus clientes. O puede ver el fraude financiero como "lo que todo el mundo hace", como "pedir prestado" un dinero que pagará después, o como algo que se "merece" o que ellos "merecen", o algo que hará "sólo una vez".

En un detallado estudio de empleados cuyas compañías se habían visto envueltas en acuerdos de fijación de precios, los investigadores Sonnenfeld y Lawrence encontraron que diversos factores de la industria y de la organización llevan a los individuos a esta práctica.[35] En términos del triángulo del fraude algunos de los factores más importantes son:

Incentivos y presiones: **1.** *Un mercado poblado y maduro.* Las industrias maduras a veces están sujetas a una sobreoferta porque la demanda comienza a caer o todas las compañías aumentan su producción al mismo tiempo, o bien, muchas compañías nuevas entran al mercado. A medida que los precios disminuyen y con ellos los ingresos, los gerentes de nivel medio se pueden sentir presionados a hacer algo para detener sus pérdidas y permitir, promover o, incluso, ordenar a sus equipos de ventas que participen en la fijación de precios. **2.** *Productos no diferenciables.* En algunas industrias los productos de cada compañía son tan parecidos entre sí que no les queda otra opción que competir solo con base en el precio. Esto puede conducir a guerras periódicas de precios o a un descenso continuo de estos. En esas circunstancias, los vendedores tal vez sientan que la única manera de evitar que los precios colapsen y de protegerse ellos y sus trabajos es reuniéndose con representantes de las compañías competidoras para llevar a cabo un acuerdo de fijación de precios. **3.** *Prácticas personales.* En algunas compañías se evalúa y recompensa a los gerentes única y exclusivamente con base en el volumen de ventas y los ingresos, así que los bonos, las comisiones, los ascensos y otras recompensas dependen de lograr esos objetivos. Esos sistemas de incentivos envían el mensaje de que la compañía exige a los gerentes que logren estos objetivos a toda costa, con lo cual estos se sienten presionados a recurrir a cualquier medio para lograrlos, incluyendo la fijación de precios.

Oportunidades: **1.** *La naturaleza sobre pedido del negocio.* En algunas industrias, los trabajos sobre pedido se personalizan de tal forma que se permite a la fuerza de ventas que les pongan precio de manera individual sin ejercer supervisión sobre ello. Cuando la fuerza de ventas tiene la oportunidad de tomar decisiones de precios por sí misma y con poca supervisión, es más probable que se sienta tentada a reunirse con la fuerza de ventas de los competidores y a hacer acuerdos para fijar sus precios. **2.** *Decisiones descentralizadas de precios.* Algunas organizaciones están tan descentralizadas que las decisiones de fijación de precios quedan en manos de las divisiones inferiores de la organización, y se permite a cada una operar más o menos de manera independiente. En tales casos, es más probable que la fijación de precios ocurra al nivel divisional, particularmente cuando tales decisiones no están supervisadas y se presiona a la división para obtener buenos resultados en un mercado en declive. **3.** *Asociaciones industriales o comerciales.* La mayoría de las industrias han constituido asociaciones donde los directivos de las compañías se pueden reunir y analizar cuestiones y problemas comunes.

> **Repaso breve 4.9**
>
> **El triángulo del fraude**
> - Las presiones o los fuertes incentivos para hacer lo incorrecto, como presión de la organización y de los colegas, las necesidades de la compañía y los incentivos personales.
> - La oportunidad de hacer lo incorrecto, lo cual incluye la capacidad de llevarlo a cabo, que se presenten las circunstancias que lo permitan y el bajo riesgo de ser detectado.
> - La capacidad de racionalizar la acción de uno al enmarcarla como justificada moralmente.

Si se permite a la fuerza de ventas reunirse con sus colegas de la competencia en encuentros de este tipo de asociaciones, es probable que hablen de precios y luego se sientan libres de emprender acuerdos para fijar precios con sus contrapartes de las empresas competidoras.

Racionalizaciones: **1.** *Personal no proactivo de asuntos legales o de recursos humanos de la corporación.* Cuando los departamentos legales o de recursos humanos no logran guiar al personal de ventas hasta después de ocurrido el problema, este no puede entender que la fijación de precios es una actividad de ventas ilegítima muy grave. Entonces tal vez crea que el hecho de reunirse con los competidores y realizar acuerdos de fijación de precios no tiene nada de reprobable. **2.** *Cultura organizacional del negocio.* Algunas compañías tienen culturas de irresponsabilidad donde lo incorrecto se perdona y no se castiga en tanto se logren los objetivos económicos. Es posible que la alta administración dé un mal ejemplo de integridad, los códigos de ética sean meros escaparates, no se apliquen sanciones por una conducta incorrecta, y las auditorías corporativas así como las evaluaciones de desempeño analicen solo las cifras económicas. En tales organizaciones, la fuerza de ventas tendrá la creencia de que fijar precios es una práctica común e inocua que se desea, perdona, acepta e incluso se fomenta.

Si los directivos no manejan estos factores industriales y organizacionales, es posible que haya presiones significativas sobre los individuos que, por otro lado, se esfuerzan por hacer lo mejor para la compañía. Un ejecutivo describe las presiones que una administración irresponsable puede ejercer sobre los nuevos vendedores jóvenes:

> Creo que en particular somos vulnerables cuando tenemos un vendedor con dos hijos, muchas demandas financieras y una preocupación sobre qué tan seguro tiene el trabajo. Hay cierta holgura en un nuevo conjunto de reglas. El vendedor quizás acepte prácticas cuestionables porque no conoce el sistema. No hay procedimientos específicos a seguir, excepto los que otros vendedores le recomiendan. Al mismo tiempo, está en una industria donde es evidente que la aceptación de sus productos y el nivel de rentabilidad van en declive. Por último, contribuimos a las presiones de ese vendedor al hacerle saber que le quitaremos el trabajo si no obtiene buenos precios y volúmenes de ventas. Pienso que esto generará muchos análisis de conciencia en un individuo.[36]

Acuerdos tácitos

Aunque la mayoría de las formas de acuerdos comerciales explícitos que se han mencionado son ilegales, la fijación de precios en los oligopolios a menudo se logra mediante algunas formas no explícitas de cooperación contra las cuales es difícil legislar. ¿En qué forma tiene lugar esto? Los gerentes de las empresas importantes de un oligopolio aprenden, en la larga experiencia, que la competencia no funciona a favor de sus intereses financieros personales. La competencia a través de bajar precios —consideran— solo conducirá a ganancias mínimas. Por lo tanto, cada una de las empresas en un oligopolio tal vez llegue a la conclusión de que la cooperación es lo mejor para todos. Cada una llegará a la conclusión independiente de que todos se beneficiarán si, cuando una de ellas eleva sus precios, todas las demás los fijan a los mismos niveles altos. Mediante este proceso de fijación de precios, todas las empresas grandes retienen su porcentaje de mercado y todas ganan con los precios más altos. Desde la década de 1930, por ejemplo, las tabacaleras más grandes han cobrado precios idénticos por los cigarrillos. Cuando una compañía decide que tiene una razón para subir o bajar los precios de sus productos, las demás pronto harán lo mismo. Sin embargo, los directivos de estas compañías no han llegado a un acuerdo explícito para actuar en conjunto; sin haber discutido el asunto entre ellos, cada uno se da cuenta de que todos se benefician mientras actúen de modo unificado. En 1945, de manera incidental, la Suprema Corte de Estados Unidos encontró que las compañías dominantes de cigarrillos eran culpables de colusión tácita, pero de todas maneras regresaron a fijar precios idénticos después de que el caso se dio por cerrado.

Para coordinar sus precios, algunas industrias oligopólicas reconocerán a una de las empresas como **líder de precios** de la industria.[37] Cada compañía acordará tácitamente fijar sus precios en los niveles que anuncia la empresa líder, sabiendo que todas las demás también lo harán. Como cada uno de los participantes en el oligopolio sabe que no tiene que competir con precios más bajos de otra empresa, no se ve obligado a reducir su margen de ganancias a los niveles que lo haría en una competencia abierta. No hay necesidad de una colusión abierta en esta forma de fijación de precios; solo se requiere un entendimiento implícito de que todas las empresas seguirán el liderazgo de la empresa dominante y no participarán en las tácticas de bajar precios para competir.

líder de precios La empresa reconocida como el líder en una industria oligopólica establece el precio del producto, y las demás la siguen.

Tanto si los precios en un oligopolio se establecen mediante acuerdos explícitos o implícitos, es evidente que la utilidad social declina en la medida en que los precios se elevan artificialmente sobre los niveles que establecería un mercado competitivo perfecto. Los consumidores deben pagar los precios injustos de los oligopolios, los recursos dejan de asignarse y utilizarse con eficiencia, en tanto que la libertad de consumidores y competidores potenciales disminuye.

4.4 Oligopolios y política pública

Los oligopolios no son un fenómeno moderno. Hacia el final del siglo xix, como ya se mencionó, muchos hombres de negocios comenzaron a emplear prácticas anticompetitivas para obligar a los competidores a salir del mercado, creando finalmente **consorcios** gigantes que monopolizan sus mercados, elevan los precios a los consumidores, bajan los precios de los proveedores, como los agricultores, y aterrorizan a los competidores que quedan con precios predatorios. Los consorcios se crearon en las industrias del azúcar, la sal, el whisky, el tabaco y el aceite de semillas de algodón. Los ferrocarriles, que antes competían, se habían consolidado en grandes empresas gracias a los llamados "magnates ladrones": Andrew Carnegie, Jay Gould, J. P. Morgan y John D. Rockefeller. Dichos consorcios gigantescos despertaban el miedo, la sospecha y el odio del público. Los editoriales de los periódicos y los políticos se dirigían en contra de la crueldad sin escrúpulos con la que los consorcios eliminaban a sus competidores, monopolizaban las industrias cruciales e intimidaban a los agricultores que les abastecían la materia prima. Los intelectuales argumentaban que el poder concentrado de los consorcios era peligroso y daría a los negocios una influencia política injusta.

consorcio Alianza de oligopolios previamente competitivos que se forma para aprovechar los poderes de un monopolio.

El surgimiento de los consorcios coincidió con el Movimiento Progresivo, un movimiento de reforma política contra el abuso de poder de los grandes negocios con el reconocido objetivo de acabar con los consorcios. Como respuesta a este movimiento, en particular con la presión de los pequeños agricultores, en 1887 el Congreso estadounidense aprobó una ley de comercio interestatal para reglamentar a las grandes compañías ferrocarrileras. Después, en 1890, el Congreso aprobó lo que se convertiría en la ley más importante contra los consorcios, la **ley Sherman antimonopolio**. Las dos secciones clave de la ley decían:

Sección 1. Todo contrato, combinación [...] o conspiración que restrinja el comercio o el intercambio entre varios estados, o con otras naciones, se declara ilegal por este medio.
Sección 2. Toda persona que monopolice o intente monopolizar, o bien, combinar o conspirar con cualquier otra persona o personas para monopolizar cualquier parte del intercambio o comercio entre varios estados, o con otras naciones, será declarada culpable de un delito grave...

Ley Sherman antimonopolio Ley federal estadounidense, aprobada en 1890, que prohíbe a los competidores reunirse con la finalidad de reducir la competencia o usar su poder de mercado para mantener o expandir el monopolio.

En las dos décadas siguientes a la aprobación de la ley Sherman antimonopolio se hizo poco para que se cumpliera; pero en 1908 el gobierno federal estadounidense demandó al consorcio Tobacco Trust aduciendo que sus tácticas crueles contra los competidores habían violado tal ley. En una decisión de mayo de 1911, la Suprema Corte acordó y ordenó a Tobacco Trust que se separara en 15 compañías. Animados por la victoria, los "cazadores de consorcios" del gobierno procesaron con éxito a Standard Oil, DuPont y otros grandes consorcios. La Suprema Corte de Estados Unidos, de hecho, llegó a decir que la ley Sherman antimonopolio era "la Carta Magna de la libre empresa [...] tan importante para la conservación de la libertad económica y de nuestro sistema de libre empresa como la Declaración de Derechos lo es para la protección de nuestras libertades personales fundamentales".[38]

Desde 1911, la sección 1 de la ley Sherman antimonopolio se ha interpretado como la prohibición para las compañías competidoras de realizar acuerdos para fijar precios, dividirse territorios o clientes, o restringir la cantidad de bienes que lanzan al mercado. La sección 2 se ha interpretado como la prohibición de que una compañía que ya tiene un monopolio use su poder para mantenerlo o extenderlo a otros mercados. La ley Sherman antimonopolio no prohíbe a una empresa que constituya un monopolio a través de tratos lícitos de negocios (como tener un mejor producto, una estrategia audaz o simple suerte). Sin embargo, si una compañía que logra poder monopólico luego intenta usar ese poder para conformar otro monopolio o mantener su monopolio actual es "culpable de delito grave". En 1911, la Suprema Corte reglamentó que un acuerdo entre competidores llega a ser "razonable" si "promueve la competencia"; de cualquier manera, ciertos acuerdos (incluyendo aquellos para fijar precios o cantidades) son inherentemente anticompetitivos y siempre se calificaron como ilegales.

Las leyes contra los consorcios se ampliaron en 1914 en la ley Clayton, que prohíbe la discriminación de precios, los contratos de exclusividad, los acuerdos ligados y las fusiones entre compañías "donde el efecto puede disminuir sustancialmente la competencia". Esta última sección de la ley Clayton otorga al gobierno federal el poder de prohibir la fusión entre dos compañías, si cree que va a "disminuir sustancialmente la competencia".

Pero aunque Estados Unidos tiene una larga historia de leyes contra los consorcios, todavía hay un gran debate respecto de qué debe hacer el gobierno acerca del poder de los oligopolios y los monopolios. Algunos argumentan que el poder económico de las compañías de un oligopolio es en realidad bastante pequeño e insuficiente para afectar a una sociedad, mientras otros aseguran que el poder oligopólico domina las economías modernas, y otros más afirman que varios factores sociales inhiben el uso de este poder. Tales diferencias han dado lugar a tres puntos de vista fundamentales acerca del poder de un oligopolio.

Punto de vista que sostiene que no hay que actuar

Algunos economistas sostienen que no se debe actuar en contra del poder económico de las corporaciones de un oligopolio, porque ese poder en realidad no es tan grande como parece. Se han dado varios argumentos para apoyar dicha afirmación. Primero, se piensa que aunque la competencia entre industrias ha declinado, se ha remplazado por la competencia entre industrias con productos sustitutos.[39] La industria del acero, por ejemplo, compite ahora con las del aluminio y el cemento. En consecuencia, aunque pueda haber un alto grado de concentración del mercado en una sola industria, como el acero, todavía mantiene un alto grado de competencia, debido a su relación con otras industrias que elaboran productos similares.

Segundo, como alguna vez aseguró el economista John Kenneth Galbraith, es posible que el poder económico de cualquier corporación grande se equilibre y restrinja con el "poder compensatorio" de otros grandes grupos corporativos en la sociedad.[40] El gobierno y los sindicatos, por ejemplo, restringen el poder de los grandes negocios. Aunque una corporación de negocios logre tener un gran porcentaje de un mercado industrial, se enfrenta a compradores que son igualmente grandes y poderosos. Una siderúrgica grande, por ejemplo, debe vender a compañías de automóviles igualmente grandes. Este equilibrio de poder entre los grandes grupos corporativos, dice Galbraith, reduce el poder económico que cualquier gigante corporativo llegue a ejercer.

Otros economistas tienen razones muy diferentes para convencernos de que no debe preocuparnos el poder económico de las grandes corporaciones de oligopolios. La llamada *escuela de Chicago* contra argumenta que los mercados son económicamente eficientes aun cuando haya pocos rivales significativos (digamos, tres) en un mercado.[41] Aunque el gobierno tiene que prohibir la fijación de precios directa y las fusiones que crean una sola compañía monopólica, no se debe tratar de separar a los oligopolios que ofrecen a los consumidores productos que pueden comprar con libertad y que, por lo tanto, usan con eficiencia recursos económicos para mejorar el bienestar de los clientes.[42]

Por último, otros afirman que una dimensión grande es buena, en particular a la luz de la globalización de los negocios que se han generalizado en las décadas recientes. Si las compañías han de competir con grandes compañías extranjeras, deben lograr las mismas economías de escala que alcanzan aquellas compañías. Las economías de escala son reducciones en el costo de producción de bienes que se obtienen cuando se fabrican grandes cantidades de ellos usando los mismos recursos fijos, como las mismas máquinas, programas de *marketing*, grupos de directivos o de empleados. Si una compañía hace y vende grandes cantidades de productos, es posible que prorratee estos costos fijos sobre más unidades, con la reducción correspondiente del costo por unidad, lo que le permitirá vender sus bienes a precios menores. Así, al expandirse, las compañías logran reducir sus precios y, con ello, competir con mayor efectividad contra las grandes compañías extranjeras similares. Aunque las investigaciones sugieren que en la mayoría de las industrias la expansión después de cierto punto no bajará los costos, sino que los aumentará, de cualquier manera muchas personas siguen defendiendo el argumento de que *una dimensión grande es buena*.[43]

Punto de vista contra los consorcios

El punto de vista más antiguo acerca del poder económico de los oligopolios y monopolios es el que apoya las acciones de los "cazadores de consorcios" de fines del siglo XIX. Igual que estos cazadores de consorcios, muchos economistas contemporáneos y abogados que están contra los consorcios sospechan del poder económico que ejercen las corporaciones de los oligopolios. Afirman que los precios y las ganancias de las industrias concentradas son más altos de lo que deben, y que los monopolios y los oligopolios usan tácticas injustas contra sus competidores y proveedores. La solución, sostienen, es reincorporar las presiones competitivas obligando a las grandes compañías a desintegrar los consorcios y, con ello, a separarse en empresas más pequeñas.

Es evidente que el punto de vista contra los consorcios se basa en varias suposiciones. J. Fred Weston resumió las proposiciones básicas en las que se apoya este punto de vista tradicional:

1. Si una industria no está atomizada en muchos competidores pequeños, es probable que haya discreción administrativa respecto de los precios.
2. La concentración da como resultado la interdependencia que se reconoce entre compañías, sin competencia de precios en las industrias concentradas.
3. La concentración se debe a fusiones porque las escalas de operaciones más eficientes son de no más del 3 al 5 por ciento de la industria. Un alto grado de concentración es innecesario.

> *Repaso breve 4.10*
>
> **Puntos de vista sobre el poder del oligopolio**
> - El punto de vista de no actuar considera que el poder de los oligopolios es limitado por la competencia entre las industrias y por el poder compensatorio de grupos grandes; además, los oligopolios son competitivos y las grandes compañías estadounidenses son buenos competidores internacionales.
> - El punto de vista en contra de los consorcios afirma que las grandes empresas monopólicas y oligopólicas son anticompetitivas y deberían separarse en compañías pequeñas.
> - El punto de vista de la reglamentación sostiene que las grandes compañías son beneficiosas, pero necesitan ser restringidas por la regulación gubernamental.

4. Hay una correlación positiva entre la concentración y la rentabilidad que hace evidente el poder del monopolio en industrias concentradas, es decir, la habilidad de elevar los precios y la persistencia de las ganancias altas. La entrada no tiene lugar para eliminar las ganancias excesivas.
5. La concentración se agrava por la diferenciación de productos y la publicidad. Esta última se correlaciona con las ganancias altas.
6. Hay una coordinación de oligopolio con señales que se envían mediante comunicados de prensa y otros medios.[44]

Con base en dichas suposiciones, quienes proponen la perspectiva contra los consorcios llegan a la conclusión de que, al separar las grandes corporaciones en unidades más pequeñas, surgirán niveles mayores de competencia en las industrias que ahora están muy concentradas. El resultado es una disminución de la colusión explícita y tácita, precios más bajos para los consumidores, mayor innovación y aumento en el desarrollo de tecnologías de vanguardia para reducir precios que beneficiarán a todos.

Punto de vista de la reglamentación

Un tercer grupo de observadores sostiene que las corporaciones de un oligopolio no se deben separar porque su gran tamaño tiene consecuencias benéficas que se perderían si son obligadas a descentralizarse.[45] En particular, argumentan, la producción y la distribución en masa de los bienes se puede realizar solo usando la acumulación sumamente centralizada de activos y de personal que permiten las corporaciones grandes. Más aún, la concentración de activos permite a estas aprovechar las economías que hacen posible la producción a gran escala en plantas productivas de grandes dimensiones. Estos ahorros se transfieren a los consumidores en la forma de productos menos costosos y más abundantes.

Aunque las empresas no se deben separar, no se concluye que no tengan que estar reguladas. Según este tercer punto de vista, la concentración ofrece a las empresas grandes un poder económico que les permite fijar precios y participar en otras formas de comportamiento que no actúan en beneficio del público. Para asegurar que no dañan a los consumidores, los organismos legislativos y la ley deben establecer restricciones y controlar sus actividades.

Algunos observadores, de hecho, defienden que cuando no se logra controlar con efectividad a las grandes empresas por las formas usuales de reglamentación, entonces estas se deben nacionalizar. Esto es, el gobierno tiene que tomar el cargo de la operación de las empresas en esas industrias,[46] donde solo la propiedad pública logrará asegurar que actúen a favor del público.

Sin embargo, otros defensores de la regulación argumentan que la nacionalización no opera en el interés público. La propiedad pública de las empresas, aseguran, es una práctica socialista e inevitablemente lleva a la creación de burocracias ineficientes e indiferentes. Más aún, las empresas de propiedad pública no están sujetas a las presiones de los mercados competitivos, por lo cual los resultados suelen ser precios y costos más altos.

¿Cuál de estos tres puntos de vista es correcto: el que indica que no hay que actuar, el que se opone a los consorcios o el que pugna por la reglamentación? El lector tendrá que decidir esto por sí mismo, porque en este momento no parece haber suficiente evidencia para responder la pregunta sin equivocaciones. Es claro que cualquiera de estos tres puntos de vista que usted considere más persuasivo no puede asegurar los beneficios sociales que generan los mercados libres, a menos que los directivos de las empresas mantengan entre sí las relaciones de un mercado competitivo. Las reglas éticas que prohíben la colusión buscan asegurar que los mercados tengan una estructura competitiva. Estas reglas se siguen de manera voluntaria o porque así lo exige la ley, y están justificadas en la medida en que la sociedad busque los beneficios utilitarios, la justicia y el derecho a la libertad negativa que los mercados competitivos logran asegurar.

Oracle y Peoplesoft

Oracle Corporation elabora programas de software extremadamente complicados, grandes y personalizados que apoyan a miles de usuarios simultáneos y que, además, son capaces de administrar los registros del personal y financieros de negocios muy grandes (por eso se le llama "software para empresas"). Peoplesoft y SAP eran los únicos competidores importantes que hacían este tipo de software. Oracle tenía el 18 por ciento del mercado de software personalizado capaz de manejar los registros de personal de empresas muy grandes. SAP poseía el 29 por ciento del mercado, y Peoplesoft el 51.5 por ciento. Todavía más, Oracle tenía el 17 por ciento, SAP el 39 por ciento, y Peoplesoft el 31 por ciento del mercado de software personalizado capaz de manejar los registros financieros de negocios muy grandes. El 6 de junio de 2003, Oracle intentó una toma de posesión hostil de Peoplesoft ofreciendo comprar sus acciones en $5,100 millones, o $16 por acción. El consejo directivo de Peoplesoft rechazó la oferta de Oracle, por lo que el 18 de junio esta elevó su oferta a $6,300 millones, o $19.50 por acción; después, el 4 de febrero de 2004, la elevó otra vez a $9,400 millones, o $26 cada una. Las acciones de Peoplesoft se vendían entonces a un precio unitario de $22, pero, de nuevo, el consejo directivo rechazó la jugosa oferta. Peoplesoft también aprobó una cláusula de "píldora de veneno" prometiendo a sus clientes rembolsos en efectivo de hasta cinco veces lo que pagaban por el software si Peoplesoft caía en poder de otra compañía.

El 26 de febrero de 2004, el Departamento de Justicia estadounidense presentó una demanda para bloquear la oferta de Oracle, asegurando que la compra reduciría los competidores en el mercado de tres a dos y "el resultado de esa reducción en la competencia, tal vez, sería un panorama de precios más altos, menos innovación y disminución en el apoyo" para los grandes clientes de negocios. Oracle calificó de demasiado estrecha la definición que el gobierno dio al "mercado de software para empresas" y aseguró que si el mercado se definía considerando todo "software para empresas", entonces había muchas docenas de compañías compitiendo en el mercado, no solo tres. Más aún, Oracle afirmó que las grandes compañías, como Microsoft, planeaban entrar al mercado de software para empresas y, de cualquier forma, los grandes clientes lograrían negociar precios más bajos, aun cuando hubiera solo dos competidores en el mercado. El 9 de septiembre de 2004, la Corte falló en favor de Oracle, contra el Departamento de Justicia, por lo que la compañía pronto adquirió Peoplesoft.

1. ¿Al comprar Oracle, Peoplesoft deja el mercado demasiado concentrado?
2. ¿Las grandes compañías hacen más bien que mal?

Preguntas para repaso y análisis

1. Defina los siguientes conceptos: competencia perfecta, curva de demanda, curva de oferta, punto de equilibrio, competencia en el monopolio, competencia en el oligopolio, fijación de precios, manipulación de la oferta, licitación fraudulenta, acuerdos exclusivos, acuerdos ligados, mantenimiento de los precios de venta, discriminación de precios, fijación de precios, liderazgo en precios, triángulo del fraude, poder compensatorio, punto de vista de no actuar respecto del poder oligopólico, punto de vista en contra de los consorcios del poder oligopólico, punto de vista de regulación del poder del oligopolio.
2. "Desde un punto de vista ético, un gran negocio siempre es un mal negocio". Analice los argumentos a favor y en contra de la afirmación.
3. ¿Qué tipo de política pública piensa que Estados Unidos debe tener respecto de la competencia de negocios? Desarrolle los argumentos morales que apoyen su respuesta (es

decir, los argumentos que muestren qué tipos de políticas cree que harán progresar el beneficio social o asegurarán ciertos derechos importantes o ciertas formas de justicia).
4. A su juicio, ¿debe una compañía estadounidense operar en un país donde la fijación de precios en colusión no sea ilegal, o tiene que obedecer las leyes de Estados Unidos contra la colusión? Explique su repuesta.

Recursos en Internet

Si usted desea realizar una investigación sobre los aspectos del mercado de este capítulo a través de Internet, tal vez quiera comenzar con la American Antitrust Organization, que incluye en su sitio Web (*http://www.antitrustinstitute.org*) casos, artículos y vínculos sobre fijación de precios, fusiones, restricciones verticales de precios y otros temas de interés. También es excelente el sitio de Oligopoly Watch, que brinda un sitio con actualización continua de la información de actividades de fijación de precios, fusiones y otros asuntos relacionados (*http://www.oligopo1ywatch.com*). La Comisión Federal de Comercio (FTC) estadounidense da acceso a sus decisiones y procesos legales contra los consorcios (*http://www.ftc.gov*), en tanto que el Departamento de Justicia hace lo propio (*http://www.usdoj.gov/atr/index.html*). Otros vínculos y casos legales importantes relacionados con todos estos aspectos se encuentran a través de los recursos cuantiosos y excelentemente organizados de Hieros Gamos (*http://hg.org/antitrust.html*) o de la American Bar Association (*http://www.abanet.org/antitrust*).

Las "devoluciones" de Intel y otras formas en que "ayudó" a sus clientes

CASOS
Explore el concepto en
mythinkinglab.com

El 12 de noviembre de 2009, Intel Corp. dio a Advanced Micro Devices (AMD) $1,250 millones para pagar una demanda que esta había interpuesto en su contra en 2005. El director ejecutivo de Intel, Paul Otellini dijo que estuvo de acuerdo en pagar esa cantidad porque no sentía que "el tiempo y el dinero [dedicados a dirimir el asunto] tuvieran algún sentido".[1] La demanda de AMD acusaba a Intel de ser un monopolio y de usar su poder monopólico para impedir, de forma injusta, que las empresas de computación compraran sus microprocesadores. Con cerca del 70 por ciento del mercado, Intel Corp. es el mayor fabricante de microprocesadores para computadoras personales (PC), también llamados chips de computadora, microchips o procesadores (diminutos dispositivos electrónicos que funcionan como el "cerebro" de las computadoras personales y que llevan a cabo sus operaciones básicas). Como el segundo productor más grande del mundo de procesadores para PC, AMD es el único competidor verdadero de Intel, aunque cubre solo el 20 por ciento del mercado de procesadores. Es difícil para otras empresas introducirse en el mercado de la fabricación de microprocesadores para PC porque hay varias barreras de entrada. En primer lugar, Intel y AMD poseen las patentes para fabricar ese tipo de microprocesadores, los cuales se utilizan en casi todas las computadoras personales. En segundo lugar, cuesta varios miles de millones de dólares construir las instalaciones para fabricarlos. En tercer lugar,

Intel y AMD son tan grandes y tienen tanta experiencia que actualmente los fabrican por un costo mucho menor de lo que conseguiría una nueva empresa, así que si alguna tratara de ingresar al mercado, sus precios no serían tan competitivos como los de cualquiera de las dos.

AMD no era la única que había acusado a Intel de usar su poder monopólico para asfixiar a sus competidores. El 5 de mayo de 2009, la Comisión Europea le impuso una multa record por $1,500 millones, y dijo que la empresa había usado su poder monopólico para bloquear de manera injusta a AMD en el mercado. El 4 de noviembre de 2009, Andrew Cuomo, fiscal general de Nueva York, demandó a Intel por perjudicar a los consumidores de esa ciudad al usar su poder monopólico para evitar que los fabricantes de computadoras compraran los mejores procesadores de AMD. En junio de 2008, la Comisión de Comercio Justo de Corea del Sur estableció que Intel había usado su poder monopólico y había violado sus leyes antimonopolio. En 2005 la Comisión de Comercio Justo de Japón indicó que Intel había violado sus leyes antimonopolio al pagar a las empresas para que le compraran todos o casi todos sus procesadores de forma exclusiva.

Muchas de las actividades de las que se culpaba a Intel se originaron en un error estratégico que la empresa cometió en la década de 1990, cuando invirtió cientos de millones de dólares para desarrollar un nuevo tipo de procesador que no usaría la "tecnología x86", la cual consiste en ciertas instrucciones que se desarrollan dentro de los así llamados microprocesadores x86. Todos los microprocesadores deben contener instrucciones que les permiten leer y correr programas de software como juegos, procesadores de palabras o buscadores Web. Debido a que todos los microprocesadores x86 contenían las mismas instrucciones, por lo general, los nuevos pueden leer y usar los mismos datos y programas que se corrían en los antiguos microprocesadores x86. Esto significa que cuando un cliente (que ha estado usando una computadora con un procesador x86) adquiere una nueva computadora con un microprocesador x86 más avanzado, no tiene que tirar sus antiguos programas y datos porque todavía funcionarán en la que acaba de comprar.

Esta capacidad que tiene cada nueva generación de microprocesadores x86 de hacer correr la mayoría de los programas que generaciones previas de procesadores x86 podían correr es una ventaja principal tanto para los consumidores como para el negocio por igual. Sin embargo, desde la perspectiva de Intel, los microprocesadores x86 tenían una gran desventaja, AMD podría fabricarlos legalmente y, con ello, Intel se vería obligada a competir con ella. La peor pesadilla de Intel era que AMD pudiera algún día llegar con un microprocesador x86 que fuera más rápido y más poderoso que cualquiera de Intel y, de esta forma, quedarse con el mercado.

Así que cuando invirtió en una nueva generación de microprocesadores, Intel decidió desarrollar y patentar uno que no utilizara la tecnología x86. Ya que solo Intel tendría la patente de este nuevo procesador que no era x86, AMD estaría legalmente impedida de fabricarlo. Con suerte, Intel tendría en el futuro todo el mercado de las PC para ella sola.

Intel llamó a su nuevo procesador el "Itanium", y era más rápido y poderoso que todas las generaciones anteriores de procesadores; sin embargo, había un problema. Ya que no usaba la tecnología x86, todo el software diseñado para correr en los actuales o anteriores x86 no funcionaría en el nuevo a no ser que el usuario corriera un programa "emulador", que, en efecto, obligara al Itanium a imitar a un procesador x86. Pero el programa emulador volvía muy lentos a los programas diseñados para procesadores x86, a veces a una lentitud frustrante. Esto significaba, que cuando un consumidor o un negocio compraran una computadora nueva con el nuevo procesador Itanium en su interior, sus programas y datos actuales no correrían del todo bien en la nueva computadora. Esto era un gran desengaño para los compradores.

AMD también desarrolló una generación más avanzada de procesadores para PC durante la década de 1990. Pero decidió apegarse a la tecnología x86, así que sus nuevos procesadores podían correr el software diseñado para los procesadores x86 sin usar un programa emulador. AMD llamó a su nuevo procesador Athlon y ya que este no se volvía lento por un programa emulador cuando corría programas x86, todos los programas x86 corrían extremadamente rápido y sin problemas en computadoras equipadas con su nuevo procesador. El Athlon de AMD no solo podía correr programas x86 más rápido y mejor que el Itanium de Intel, sino que también consumía menos electricidad y era más económico que el Itanium. La peor pesadilla de Intel se había convertido en realidad.

Cuando AMD e Intel comercializaron sus nuevos microprocesadores en 1999, los críticos y los usuarios estaban entusiasmados con el rápido y barato Athlon de AMD y despreciaron el torpe Itanium de Intel. Los fabricantes de PC iban en tropel a instalar procesadores de AMD en sus nuevas computadoras, y la participación de mercado de esta empresa creció del 9 a casi el 25 por ciento del mercado de procesadores, mientras que Intel cayó del 90 al 74 por ciento.

Pero en 2003 y 2004, las ventas de AMD se toparon contra un muro. De repente los fabricantes de computadoras rehusaron comprar sus procesadores. En 2002 Sony había instalado el AMD Athlon en el 23 por ciento de sus computadoras, para 2004 había dejado de usarlos por completo. NEC pasó de usar el Athlon en el 84 por ciento de sus computadoras de escritorio a usarlo en prácticamente ninguna. Toshiba pasó de usarlo en el 15 por ciento de sus computadoras en 2000 a ninguna en 2001.[2] En conjunto, la participación de AMD en el mercado japonés de procesadores cayó del 25 por ciento en 2002 al 9 por ciento en 2004.

¿Qué había ocurrido? Tom McCoy, vicepresidente ejecutivo para asuntos legales de AMD, afirmó en un artículo que la caída en los pedidos para los chips Athlon era "un asunto de puro ejercicio de poder monopólico" de parte de Intel.[3] McCoy afirmó que Intel había pagado a las empresas japonesas (Sony, NEC y Toshiba) millones de dólares en "devoluciones" que se les otorgaban si dejaban de comprar microprocesadores de AMD y usaban solo los de Intel dentro de sus computadoras. Pero estos pagos que McCoy alegaba, no eran verdaderas devoluciones. Una verdadera devolución es un pago que se basa en el número de productos que un cliente compra, y así son efectivamente descuentos que se pagan después de que el cliente compró el producto, a diferencia de los descuentos regulares que se restan del precio antes de la compra. Pero los pagos que Intel estaba dando a los fabricantes de computadoras, aseguraba McCoy, no se relacionaban con el número de procesadores que adquirían. En vez de ello, Intel manejaba estos pagos cuando una empresa estaba de acuerdo en dejar de comprarle a AMD, sin importar el número de procesadores que compraran después.

Más aún, McCoy escribió que Intel amenazaba a las empresas advirtiéndoles que si no dejaban de usar los microprocesadores de AMD, podría dejar de surtirles procesadores por completo. La amenaza era poderosa porque incluso si usaban procesadores AMD en algunas de sus computadoras de más alta calidad, todos los fabricantes de computadoras aún dependían de Intel para adquirir procesadores para todas las demás que fabricaban.[4] Debido a su pequeño tamaño, AMD no podía proveer todo el rango de microprocesadores que las empresas más grandes necesitaban.

Convencidos de que Intel estaba usando métodos injustos e ilegales para sacarlos del mercado, AMD la demandó el 27 de junio de 2005. El consejero legal general de Intel, Bruce Sewell, respondió las afirmaciones de AMD argumentando que las empresas fabricantes de computadoras habían dejado de comprar los procesadores de su acusadora porque, una vez que habían comenzado a usarlos en grandes cantidades y correr diferentes programas en ellos, encontraron que sus chips no corrían los programas tan rápido como aparentaban en un principio. "Cuando AMD tiene buenas partes, funciona bien", dijo Bruce Sewell, "cuando AMD tiene partes pésimas, no se desempeña tan bien. De eso se trata un mercado competitivo".

Bruce Sewell también defendió las devoluciones de Intel. Si no está mal, dijo, que una empresa pequeña se haga de clientes leales al darles más descuentos cuando están de acuerdo en usar sus productos exclusivamente, ¿por qué estaría mal que una empresa grande haga lo mismo? Más aún, las devoluciones efectivamente disminuían los precios de los chips de computadora y ¿qué había de malo en ello? Finalmente, ¿no beneficiaba eso a los consumidores? Y ¿por qué era tan importante relacionar las devoluciones con el número de unidades que el cliente compraba? Si Intel daba mayores devoluciones a aquellas empresas que estaban de acuerdo en usar exclusivamente sus productos y pequeños a las que no establecieran el mismo compromiso, ¿qué había de malo en ello? ¿No era valiosa para Intel la decisión de una compañía de considerarla como su proveedor exclusivo y no debería permitírsele recompensar a esa empresa con mayores devoluciones que las que se ofrecían a otras?

Debido a que la demanda de AMD era complicada y requería reunir y revisar una gran cantidad de evidencia documental, no llegó a juicio sino hasta finales de 2009. Sin embargo, para entonces, los alegatos de AMD habían convencido a varios gobiernos extranjeros (incluyendo la Unión Europea, Corea del Sur y Japón) de que deberían investigar a Intel, y sus investigaciones terminaron con sustanciales multas por violar las leyes antimonopolio. Sin embargo, Estados Unidos hizo muy poco hasta que, a finales de 2009, la Comisión Federal de Comercio de ese país (FTC) demandó a Intel por "monopolización ilegal", "métodos injustos de competencia" y "actos y prácticas engañosas de comercio".[5]

La FTC dijo en su demanda que en sus investigaciones había descubierto lo que el consejero legal de Intel, Bruce Sewell, había sugerido: algunos programas de software corrían lentamente en los procesadores de AMD. Pero la razón no era porque fueran inherentemente lentos. Descubrieron que Intel había cambiado los programas que vendían las compañías de software para que sus programas no funcionaran bien en las computadoras que usaban chips de AMD. Todas las compañías de software usan "compiladores" para convertir sus programas de tal forma que corran en tipos particulares de chips para computadora. Los compiladores los proporcionan a las compañías que fabrican los chips (en este caso Intel y AMD) y se suponía que ambas entregarían compiladores que permitirían a los programas correr en ambos procesadores. Pero en 2003, dijo la FTC, Intel cambió sus compiladores para que los programas que compilaban los suyos corrieran bien en sus procesadores, pero muy despacio o mal en los de AMD. Sin su conocimiento, cuando las compañías de software usaban compiladores de Intel para procesar uno de sus programas, el compilador de Intel secretamente insertaba virus en el programa que lo hacían lento cuando corría en un procesador AMD, pero no en uno Intel. Los clientes y revisores culpaban al procesador de AMD cuando sus nuevos programas no corrían bien en una computadora que tenía un chip AMD.[6]

La FTC también afirmó que Intel había provisto a las compañías de software con "bibliotecas" de códigos de software que había diseñado para confundir los programas cuando corrían en microchips de AMD. El código software del que hablaba la FTC son pequeños bits de software que llevan a cabo operaciones que se usan con frecuencia, pero que no son rutinarias, en procesadores x86. Los ingenieros de software insertan estos pequeños bits de código en sus programas en lugar de escribirlos cada vez que los necesitan. Intel proporcionó a los ingenieros de software "bibliotecas" que consistían en docenas de estos bits de código. Sin embargo, afirmaba la FTC, Intel cambió los códigos de su biblioteca para que no funcionaran bien en los procesadores de AMD. Los consumidores y revisores una vez más culparon a los chips de AMD cuando un programa que contenía códigos de Intel no corría bien en una computadora que usaba uno de sus microchips.[7]

La FTC también dijo que Intel había pagado a los fabricantes de computadoras para que estos boicotearan los procesadores de AMD al darles lo que Intel llamaba "devoluciones", aunque estos pagos requerían solo que una compañía acordara no comprar procesadores de AMD y no se relacionaban con la cantidad que compraba. El fabricante de computadoras Dell, Inc., fue un buen ejemplo de cómo Intel pagaba a los fabricantes para que boicotearan a AMD. Intel había empezado a hacerle importantes "devoluciones" trimestrales en 2001, y Dell en ese momento dejó de usar procesadores de AMD aun cuando muchos de sus clientes dijeron que querían computadoras con ese procesador.

Michael Dell, actual director ejecutivo de Dell y quien fundó la empresa en 1984, se inició en el negocio de la computación cuando era estudiante en la Universidad de Texas en Austin, ya que vendía computadoras fuera de la puerta de su dormitorio. En 2001 Dell se había convertido en el mayor fabricante de computadoras personales del mundo y poseía el 13 por ciento de este mercado a nivel global. La compañía terminó 2001 con un ingreso neto de $2,400 millones, la mayor cantidad que nunca había logrado.

En 2002, según un memorando de Dell, su jefe de operaciones se reunió con algunos representantes de Intel. Antes de la reunión, el negociador principal de Dell había explicado lo que esperaba que dijeran los representantes de Intel al director de operaciones de Dell: "Sin ser descarado [Intel] dejará claro que Dell no obtendrá más [pagos] si [usamos] [procesadores] AMD. Obtendremos menos y será otro quien se quede con lo nuestro".[8] Durante la reunión los representantes de Intel dijeron que estaban dispuestos a hacer "lo que fuera necesario" para que Dell no usara ningún procesador AMD en sus computadoras. Según el memorando, Intel acordó en la junta que sus pagos trimestrales a Dell "se deberían incrementar de $70 millones este trimestre a $100 millones".[9] Pero Dell tenía que seguir rehusando emplear los procesadores de AMD.[10]

No era difícil para Intel pagar los cientos de millones de dólares que daba a Dell. Había tenido inusuales y altos márgenes de ganancias del 50 por ciento que le permitieron acumular $10,300 millones en efectivo al final de 2001, y para finales de 2005 tenía $14,800 millones de efectivo. En un correo electrónico de febrero de 2004, Michael Dell observó la rentabilidad de Intel:

> Las ganancias [de Intel] en la segunda mitad de 2001 fueron de $1,397 millones sobre ingresos de $13,528 millones. En la segunda mitad de 2003 fueron de $4,885 millones sobre ingresos de $16,574 millones. En otras palabras, sus ventas crecieron en un 22.5 por ciento, ¡y sus ganancias aumentaron en 350 por ciento! O dicho de otra manera, sus ingresos llegaron a $3,046 millones de dólares ¡y sus ganancias a $3,448 miles de millones! Ni siquiera Microsoft puede hacer eso.[11]

Aunque muchas compañías más pequeñas comenzaron a usar chips de AMD, Dell temió un contraataque de Intel si intentaba hacer lo mismo. En un correo electrónico, un ejecutivo de Dell observó que "si Dell se une al éxodo de AMD" las consecuencias les resultarían costosas. Observó que el presidente y el director ejecutivo de Intel "están preparados para lanzar una *yihad* si Dell se une al éxodo de AMD. Obtendremos CERO [pagos] durante al menos un trimestre mientras Intel 'investiga los detalles' —no hay medios legales/morales/amenazantes que podamos aplicar y evitemos esto".[12]

Aunque Dell se quejaba de que su negativa a usar los procesadores AMD estaba perjudicando sus ventas, Intel se mantuvo leal a Dell durante 2004, al aumentar sus pagos a 300 millones por trimestre, una cantidad igual a casi un tercio del ingreso neto trimestral de Dell y al parecer suficiente para compensarla por cualquier disminución de las ventas.

Pero Dell seguía perdiendo participación de mercado y su director ejecutivo, Michael Dell, cada vez estaba más frustrado. El 4 de noviembre de 2005, el director ejecutivo de Intel, Paul Otellini, escribió un correo electrónico diciendo que acababa de recibir "una de las llamadas más emotivas que he recibido de [Michael Dell]". Otellini observó que [Michael Dell] empezó diciendo 'Estoy cansado de perder negocios'... y lo repitió 3 o 4 veces. Yo no dije nada y esperé. [Dijo] que había estado viajando por Estados Unidos. Siente que está perdiendo todo el alto margen de negocio a las [computadoras] basadas en AMD. Dell ya no se considera como un líder de pensamiento".[13] Una semana más tarde, Michael Dell envió un correo electrónico a Otellini quejándose: "Hemos perdido el liderazgo de desempeño y eso está impactando gravemente nuestro negocio en diferentes áreas". Otellini respondió a estas quejas señalando cuánto le estaba pagando Intel a Dell: "[Ahora] estamos transfiriendo más de mil millones de dólares anuales a Dell por sus esfuerzos. Esto es lo que juzgó su equipo que era más que suficiente para compensar la cuestión competitiva".[14] El 25 de noviembre, Michael Dell escribió en un correo electrónico a Otellini que "ninguna de las marcas de referencia y revisiones actuales dice que los sistemas basados en Intel sean mejores que AMD. Estamos perdiendo los corazones, mentes y carteras de nuestros mejores clientes."[15]

A pesar de darse cuenta de que boicotear los procesadores de AMD estaba perjudicando sus ingresos, Dell siguió siendo tan leal a Intel que en febrero de 2006, Otellini bromeó diciendo que el director ejecutivo de Dell era "el mejor amigo que el dinero puede comprar".[16] Intel siguió aumentando sus pagos a Dell durante 2005 y 2006 hasta que alcanzó la cantidad de 805 millones de dólares al trimestre a principios de 2006, una cantidad igual al 104 por ciento del ingreso neto de Dell por trimestre ese año.

Pero 2006 fue el año en que Dell finalmente rompió su acuerdo de no usar procesadores AMD. Ese año compró Alienware, un fabricante de computadoras que hacía consolas de juego de calidad superior con microprocesadores AMD. En abril de ese año, Michael Dell envió un correo electrónico a sus altos ejecutivos que decía: "Hemos analizado la situación durante un tiempo y hemos decidido introducir un amplio rango de sistemas basados en AMD en nuestra línea de productos para dar a nuestros clientes la opción que están pidiendo". En el segundo trimestre del año, quizá para probar la reacción de Intel, Dell anunció una única línea nueva de computadoras de calidad superior con chips AMD. Ese trimestre los pagos que Intel le hacía cayeron a $554 millones. El siguiente trimestre Dell anunció líneas adicionales de computadoras personales con procesadores AMD e Intel pagó solo $200 millones.

El jefe del consejo de Intel dijo a su director ejecutivo que la compañía debía responder con dureza las acciones de Dell: "Creo que debe contestar del mismo modo. No es tiempo de debilidad por nuestra parte. Deje inmediatamente de escribir cheques y póngale de nuevo al final de nuestra lista de precios [esto es, precios sin descuentos ni devoluciones]".[17] Al día siguiente el director ejecutivo de Intel, Otellini, dio instrucciones a su gente de que "deberían prepararse para eliminar todos [los pagos] y programas relacionados. Lo antes posible... luego tendremos que entrar en negociaciones."

Sujeta ahora al castigo de Intel, Dell ya no recibió más "devoluciones". En 2007, su ingreso neto cayó a $2,580 millones, por debajo de los $3,570 millones de 2006. La compañía recuperó un poco en 2008 cuando contabilizó un ingreso neto de $2,950 millones, pero luego empezó un descenso hasta llegar a $2,480 millones en 2009 y $1,430 millones en 2010. Entre 2001 y 2006, Intel había inyectado una cantidad estimada total de aproximadamente $6 mil millones a las cifras de ingresos de Dell. Puesto que esta no había reportado que la mayoría de sus ganancias durante esos años eran dinero en efectivo que recibía de Intel, la Comisión de Valores de Estados Unidos (SEC) acusó a Dell y a sus directivos de engañar a los inversionistas a quienes la compañía había dicho que las altas ganancias se debían a su administración sumamente efectiva de su cadena de suministro, su estrategia de ventas directas, sus iniciativas para la reducción de costos y la disminución de los costos de las piezas para computadoras.[18] Dell se había convertido en una de las empresas más admiradas de Estados Unidos porque se suponía falsamente que sus fuertes ganancias se debían a las habilidades administrativas de la compañía.

Intel presionó a otras grandes compañías, como HP e IBM, a que se negaran a utilizar procesadores AMD. A diferencia de Dell, ninguna de las dos acordó boicotear por completo esos procesadores. En el caso de HP, Intel consiguió que estuviera de acuerdo en limitar sus compras de procesadores de AMD al 5 por ciento o menos, e Intel acordó dar a HP una "devolución" de $130 millones, repartidos durante un año.[19] IBM acordó usar solo procesadores AMD en sus "computadoras de alto desempeño".[20]

La demanda de FTC en contra de Intel nunca llegó a los tribunales. El miércoles 4 de agosto de 2010, la Comisión Federal de Comercio anunció que, sin haber admitido que era culpable, Intel había acordado arreglar la demanda anticonsorcio de FTC. En un comunicado de prensa la Comisión escribió que bajo el arreglo, "se prohibía a Intel condicionar el otorgamiento de beneficios a los fabricantes de computadoras a cambio de su promesa de comprar chips de Intel exclusivamente o de negarse a comprar chips de otros; y [de] vengarse de los fabricantes de computadoras si hacen negocios con proveedores diferentes a Intel al retenerles los beneficios". Además, se le prohibió que usara sus compiladores o sus bibliotecas de código software para inhibir la capacidad de los programas de correr en los microprocesadores de los competidores. Algunos observadores argumentaron que las restricciones del arreglo ya no importaban puesto que Intel había tomado el liderazgo una vez más en el mercado de procesadores x86 y AMD era otra vez un competidor que se iba quedando atrás. En el primer trimestre de 2006, según las directrices de CPU, la participación de mercado de AMD había aumentado hasta el 48 por ciento y la de Intel había disminuido al 51 por ciento. Pero la participación de AMD cayó después de eso y para 2011, Intel tenía el 71 por ciento del mercado de microprocesadores x86 mientras que AMD poseía un 25 por ciento.

Preguntas

1. En su opinión, ¿Intel es un monopolio? ¿Usó Intel un poder similar al de un monopolio? En otras palabras, ¿logró sus objetivos al depender del poder que tenía debido al control de una gran parte del mercado? Explique sus respuestas.
2. En su opinión, ¿las devoluciones de Intel fueron éticas o no? Explique su respuesta.
3. ¿Era poco ético por parte de Intel que usara sus compiladores y bibliotecas de código software en la forma en que lo hizo, o es permisible para las compañías de una economía de libre mercado? Explique su respuesta.
4. Desde su punto de vista, ¿violó Intel alguna de las dos secciones clave de la ley Sherman antimonopolio? Explique su respuesta.
5. Desde su punto de vista, ¿Intel violó alguna de las dos secciones clave de la ley Sherman antimonopolio?

Notas

1. David Goldman, "Intel and AMD Reach $1.25B Settlement", *CNNMoney.com*, 12 de noviembre de 2009.
2. Roger Parloff, "Intel's Worst Nightmare: Dwindling Market Share Isn't the No. 1 Chipmaker's only Problem, says Fortune's Roger Parloff. It needs to Mount a Fierce Defense to AMD's Epic Antitrust Lawsuit", *Fortune Magazine*, 16 de noviembre de 2006.
3. *Ibid.*
4. *Ibid.*
5. David Goldman, "FTC Sues Intel Over Chip Dominance", *CNNMoney.com*, 16 de diciembre de 2009.
6. *In the Matter of Intel Corporation, a Corporation, The United States of America Before the Federal Trade Commission*, Docket No. 9341, Complaint, 16 de diciembre de 2009, párrafos 56-61.
7. *Ibid.*, párrafos 62-71.
8. *State of New York, by Attorney General Andrew W. M. Cuoma, Plaintiff, vs. Intel Corporation, a Delaware Corporation, Defendant*, Complaint in the United States District Court for the District of Delaware, 3 de noviembre de 2009, párrafo 90.
9. Roger Parloff, "Intel Settlement: The Power of Emails", *Fortune Magazine*, 13 de noviembre de 2009.
10. *Ibid.*
11. *Ibid.*, párrafo 17.
12. *Ibid.*, párrafo 105.
13. *Ibid.*, párrafo 135.
14. *Ibid.*, párrafo 136.
15. *Ibid.*, párrafo 137.
16. Parloff, "Intel Settlement: The Power of Emails".
17. *Ibid.*, párrafo 142.
18. Justin Scheck y Kara Scannell, "SEC: Intel Cash Inflated Dell", *The Wall Street Journal*, 23 de julio de 2010.
19. *New York v. Intel*, Complaint, párrafo 170.
20. *Ibid.*, párrafo 211.

CASOS

Archer Daniels Midland y los competidores amistosos

Explore el concepto en mythinkinglab.com

Para 1995, Archer Daniels Midland Company (ADM) se había convertido en una de las compañías agrícolas más grandes del mundo. ADM procesa maíz, trigo, soya, cacahuate y otras semillas oleaginosas para fabricar productos que se usan en las industrias alimentaria, de bebidas y química. Sus ventas mundiales en 1994 fueron cercanas a $13,000 millones. Desde 1966, preside la compañía Dwayne Andreas, un ejecutivo de línea dura que la empujó hacia una mayor productividad y una rápida expansión. Dwayne trajo a su hijo, Michael D. Andreas, a quien se nombró vicepresidente ejecutivo de ventas y marketing.

A principios de 1989, Dwayne y Michael Andreas decidieron que ADM debía entrar al negocio de la lisina, que es un aminoácido derivado del maíz que se usa como aditivo en alimento para animales porque promueve el crecimiento de músculos sin grasa. La lisina es un producto no diferenciado y los compradores tienden a ser sensibles al precio, una característica que, por lo general, es señal de un mercado muy competitivo. Pero Dwayne y su hijo se dieron cuenta de que el mercado mundial de lisina estaba dominado por tres compañías: Ajinomoto (una compañía japonesa), Kyowa (también japonesa) y Miwon (una compañía coreana). Cheil (coreana) tenía planes de entrar al mercado en 1991. El hecho de que solo hubiera un grupo pequeño de proveedores al mercado, atrajo a los dos Andreas: el mercado se veía más como un club de caballeros formales que como unos rivales agresivos.

Para manejar la entrada de ADM en el negocio de la lisina, Dwayne Andreas y su hijo, Michael, contrataron a un joven brillante y enérgico llamado Mark Whitacre, quien se reportaría a Michael Andreas. Con solo 32 años, Whitacre poseía una licenciatura y una maestría en ciencias animales por la Universidad de Ohio, un doctorado en bioquímica nutricional de la Universidad Cornell y había trabajado cinco años en Degussa, una compañía química alemana. Estaba casado con Ginger Gilbert, su novia de la preparatoria; como estudiante, fue presidente de la sociedad de alumnos. Mark Whitacre ahora se convertía en presidente de la nueva división de lisina en ADM.[1] Whitacre prosperó ahí, donde disfrutó de la ausencia de burocracia y la cultura dinámica "de poder hacer" de la compañía:

> Durante los primeros cinco años me encantó trabajar en la compañía. Estaba orgulloso de ADM y de cómo operaba. Estaba muy entusiasmado con mi trabajo, muy emocionado. (Declaración de Mark Whitacre).[2]

ADM comenzó a construir su nueva planta de producción de $100 millones en septiembre de 1989 y la terminó en febrero de 1991, en un periodo sorprendentemente corto de 17 meses. Capaz de producir 250 millones de toneladas de lisina al año (suficiente para satisfacer la mitad de la demanda mundial anual), la nueva planta era la más grande del mundo. Con los recursos de ADM apoyándole, Whitacre contrató a las mejores personas de todo el mundo para trabajar con él en el nuevo negocio de la lisina.

Cuando ADM comenzó a vender la lisina, el precio era de $1.30 por libra. Sin embargo, la nueva planta colocó un volumen enorme de producto en el mercado y los precios comenzaron a bajar con rapidez. (Véase la figura "Línea del tiempo de reuniones y precios en el caso de fijación de precios de la lisina"). ADM creía que para hacer que más clientes compraran a un nuevo productor, la compañía tenía que fijar el precio por debajo de los competidores establecidos. El resultado fue una guerra de precios desastrosa y costosa entre las cinco compañías de la industria:

> Cuando comenzamos a vender, los precios comenzaron a caer, por lo que hubo una tremenda guerra de precios; la lisina bajó de $1.30 por libra a cerca de 60 centavos. En ese punto estábamos perdiendo dinero, unos cuantos millones de dólares al mes. (Declaración de Mark Whitacre)[3]

ADM estaba, de hecho, perdiendo cerca de $7 millones al mes. Los gerentes de las cinco compañías productoras —todos ellos perdiendo dinero— sentían que la situación devastadora no podía continuar. Whitacre sabía que tenía que hacer algo para cambiar, o su nueva carrera se acabaría justo cuando apenas comenzaba. Luego se enteró de que ADM tenía un método para manejar tales situaciones. Terry Wilson, presidente de la división de procesamiento de maíz, lo había desarrollado y se lo había presentado a los gerentes de otras divisiones. Entonces, Michael Andreas habló con Whitacre y le pidió que fuera y aprendiera de Terry Wilson "cómo hace negocios ADM".

> Fue durante mi primer año en la compañía cuando comencé a oír sobre fijación de precios en ADM en otras cuatro o cinco divisiones. Las personas decían que era común... Yo no lo veía, pero lo oía de las personas que habían participado en ello directa o indirectamente... Alrededor de febrero de 1992... me dijeron que querían que trabajara más de cerca con Terry Wilson... Debía verlo como mentor, alguien que me enseñaría cómo hacía negocios ADM... Cuando me dijeron eso, tuve la extraña sensación de lo que se trataba, de lo que iba a pasar. (Declaración de Mark Whitacre).[4]

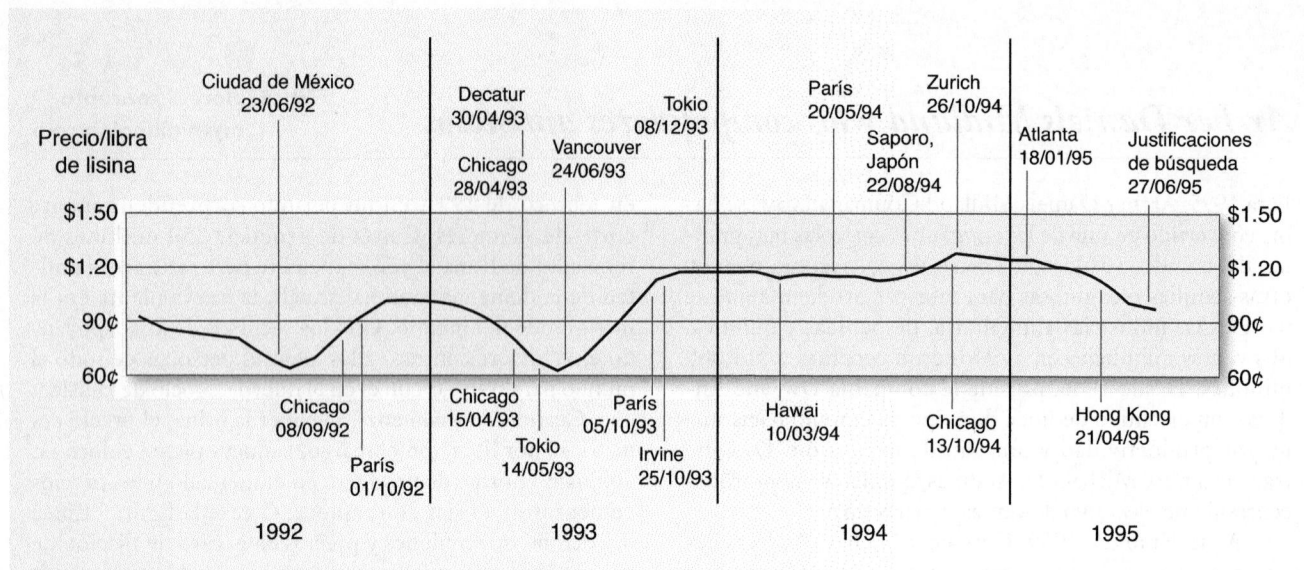

Figura 4.5
Línea del tiempo de reuniones y precios en el caso de fijación de precios de la lisina

Whitacre comenzó a analizar los problemas con Terry Wilson y se enteró de que la compañía había tenido que tratar a menudo con mercados difíciles. Wilson propuso que ambos se reunieran con los directivos de las otras cuatro compañías que producían lisina.

Mostraría a Whitacre qué hacer. Se convocó a una reunión, por lo que en junio de 1992 ambos se reunieron en un hotel de la Ciudad de México con los directivos de Ajinomoto y Kyowa, los dos productores japoneses de lisina.[5] Las dos compañías coreanas, Miwon y Cheil, no asistieron. Sin embargo, entre ADM, Ajinomoto y Kyowa controlaban la mayor parte del mercado mundial de lisina.

Durante la reunión de junio de 1992 en la Ciudad de México, Terry Wilson se puso de pie frente a una gráfica y preguntó a los representantes de las compañías cuántos millones de libras de lisina producía cada uno en un año en sus plantas. Escribió las cantidades en la gráfica y las sumó, incluyendo las estimaciones para las dos compañías coreanas ausentes. Wilson dio vuelta a la página. Ahora pidió al grupo que estimaran cuántos millones de libras de lisina se compraban cada año en Europa, América Latina, Asia y Estados Unidos. Anotó las cantidades en la segunda página y las sumó. Por último, comparó las cantidades de las dos páginas y señaló "nuestro problema": la cantidad total que producían era un 25 por ciento mayor que la cantidad total de demanda mundial. Después, Wilson multiplicó su estimación de la demanda mundial por 60 centavos, el precio actual de una libra de lisina. También multiplicó su estimación de la demanda mundial por 1.30, el precio que las compañías japonesas mantenían antes de la entrada de ADM al mercado. La diferencia era de 200 millones. Wilson declaró que 200 millones era la cantidad que las cinco compañías estaban regalando a sus clientes. Esto significaba, continuó, que los beneficios se iban a los clientes, no a las cinco compañías que competían y que habían gastado cientos de millones de dólares en construir sus plantas. En ADM, agregó, "creemos que el competidor es nuestro amigo y que el cliente es nuestro enemigo". Whitacre escuchaba. "Debemos confiar —agregó— y tener amistad competitiva" entre las compañías.

Whitacre se unió a la conversación cuando Wilson y los representantes de las dos compañías japonesas pasaron a la discusión de un precio "meta" al que las compañías venderían "si dejamos de competir". El objetivo de su reunión, se observó, era terminar la guerra de precios entre ellos, la cual había provocado que estos bajaran. Pero su objetivo se cumpliría solo si las cinco compañías acordaban vender la lisina al mismo precio sin perjudicarse entre sí. Los directivos de las dos compañías japonesas se ofrecieron de manera voluntaria a ponerse en contacto con las dos compañías coreanas y hablar con ellas para que se unieran al acuerdo. El representante de Ajinomoto resumió el acuerdo: "Si la discusión avanza bien con las compañías coreanas, intentaremos un nivel de precios de 1.05/libra para Estados Unidos y Europa... para octubre, y de 1.20/libra en diciembre". Wilson sugirió que para ocultar el objetivo real de reuniones futuras entre ellos, debían formar una "asociación comercial" que se reuniría periódicamente con una agenda pública falsa. Así, señaló, era como ADM convocaba a juntas secretas para fijar precios para otros bienes que producía la compañía.

Después de la reunión, Whitacre y Wilson regresaron a casa. En los siguientes días, Mark aumentó poco a poco sus precios según lo acordado; lo mismo hicieron las otras cuatro compañías. Era evidente que los coreanos se habían unido al acuerdo. En Estados Unidos el precio de la lisina subió a 1.05/libra para el final del verano de 1992 (véase la figura). Por un tiempo, Whitacre sintió que la guerra de precios había terminado.

Cuando los directivos de las otras cuatro empresas se pusieron en contacto con Whitacre, este estuvo de acuerdo en que todos se reunieran en París en octubre de 1992, para dar inicio a los trabajos de la recién formada "Asociación Internacional de Productores de Aminoácidos". Publicaron una agenda falsa, según la cual, se discutirían los derechos de los animales y otros asuntos ambientales. Esos temas no se discutieron jamás. En su lugar, Whitacre y los otros directivos pasaban la reunión felicitándose por el éxito de su acuerdo y trabajando para llegar a nuevos acuerdos sobre precios futuros para cada región del mundo donde vendían la lisina.

Sin embargo, después de la junta de París, Whitacre se dio cuenta de que todavía tenían un problema. En vez de subir, el precio de la lisina se mantuvo en $1.05 hasta el final de 1992 y luego comenzó a declinar. El precio bajó durante enero, febrero y marzo de 1993, y llegó a 70 centavos en abril (véase la figura). En abril, Whitacre se reunió con Michael Andreas y Terry Wilson, y analizaron programar una reunión urgente con los representantes de las otras compañías para discutir la deteriorada situación. Puesto que Ajinomoto era el mayor productor de lisina, decidieron comenzar por reunirse con sus directivos. La reunión tuvo lugar en Decatur y continuó en Chicago. En la junta, Andreas y Wilson explicaron a los gerentes de Ajinomoto que el problema principal con el acuerdo de fijación de precios era que las cinco compañías no habían acordado limitar sus volúmenes de producción. En ausencia de un acuerdo en el volumen "desde el lado de la oferta", cada compañía había intentado producir y vender toda la lisina de la que era capaz. Juntos habían inundado el mercado con más producto del que se demandaba; por ello, no podían cumplir el acuerdo del precio. La única manera para estabilizar el mercado era controlar el volumen del lado de la oferta. A menos que se controlara el volumen, observó Wilson, "los precios bajarán". Los representantes de Ajinomoto dijeron que lo pensarían.

Con los precios aún a la baja, Whitacre, Wilson y los directivos de Ajinomoto se reunieron en Tokio, el 14 de mayo de 1993, y una vez más analizaron la restricción de las cantidades de producción, con la finalidad de mejorar los precios. En la reunión, Wilson explicó que en otros mercados ADM se había reunido con los competidores, y cada uno había acordado vender solo una cantidad específica de producto para asegurar que su oferta acumulada no fuera mayor que la demanda. Una vez que se asignaban volúmenes específicos a cada compañía, abundó, no hay necesidad siquiera de supervisar los precios porque "mientras el volumen [de cada compañía] sea el adecuado, si quieren vender [su volumen asignado] por menos dinero, ese es su problema". La gente de Ajinomoto todavía dudaba.

Sin embargo, Whitacre se dio cuenta de que un acuerdo para limitar el volumen de lisina que vendería cada compañía requería un acuerdo entre las cinco compañías. Cada vez se sentía más preocupado porque para ese momento el precio de la lisina había bajado a 60 centavos/libra y todas las compañías estaban perdiendo dinero (véase la figura). Habló por teléfono con los demás directivos y acordaron reunirse el 24 de junio de 1993, en Vancouver, Canadá. Pero la reunión solo frustró a Whitacre. Aunque llegaron una vez más a un acuerdo sobre precios, tuvieron diferencias acerca de las restricciones sobre la cantidad que cada uno vendería, porque, como uno de ellos observó después: "Todos querían una participación mayor". Especialmente Ajinomoto no estaba dispuesto a limitar cuánto podría vender. De todas maneras, acordaron mantener los niveles actuales y subir los precios al mismo tiempo a los nuevos niveles acordados.

Después de la reunión de Vancouver, Whitacre respiró con alivio al ver que los precios subían poco a poco según lo acordado. Su experiencia de los meses pasados, sin embargo, le había convencido de que tenían que acordar una asignación de volumen si querían mantener a raya los precios. El 25 de octubre de 1993, Andreas, Wilson y Whitacre, de ADM, se reunieron con los directivos de Ajinomoto, en Irvine, California, para llegar a un acuerdo en volúmenes. Los representantes de las dos compañías finalmente aceptaron que en 1994 cada una se limitaría a vender la misma cantidad que hubiera vendido en 1993, más cierta cantidad de lo que estimaban que la industria crecería en 1994. Si no se apegaban a este acuerdo de limitar sus volúmenes, advirtió Michael Andreas, entonces ADM usaría su gran capacidad para inundar de nuevo el mercado y bajar los precios para todos, y eso se "convertirá en una trifulca". El siguiente paso era llevar a las otras compañías a su acuerdo de volúmenes.

El 8 de diciembre de 1993, los representantes de todas las compañías, excepto Cheil, se reunieron en Tokio. Ahí acordaron los precios del siguiente trimestre. Pero algo más importante: por fin lograron un acuerdo en una programación que indicaba la cantidad de lisina (en toneladas) que cada uno vendería en cada región del mundo. También diseñaron un método para asegurar que ninguno de ellos estuviera tentado a vender más de lo permitido: si alguna vendía más que su parte asignada, entonces al final del año tendría que corregir comprando la cantidad de lisina que otra compañía hubiera dejado de vender según la parte asignada. Más aún, cada mes, todas enviarían un informe a un funcionario de Ajinomoto indicando la cantidad de lisina que había vendido el mes anterior. Estos informes se auditarían y Ajinomoto distribuiría los informes a las otras compañías.

Unos meses después, el 10 de marzo de 1994, las compañías se reunieron en Hawai, donde Cheil se unió al grupo y también acordó limitar su volumen de ventas a una cantidad especificada. Por fin, las cinco compañías habían logrado un acuerdo para establecer tanto sus precios como sus volúmenes de producción.

Whitacre y, periódicamente, Wilson y Andreas continuaron con las reuniones trimestrales con los altos directivos de Ajinomoto, Kyowa, Miwon y Cheil durante el resto de 1994 y la primera mitad de 1995. Los precios de la lisina desde diciembre de 1993 hasta abril de 1995 permanecieron en 1.20/libra, según el acuerdo que habían diseñado por las compañías (véase la figura).

El acuerdo terminó de pronto, el 27 de junio de 1995, cuando los oficiales del FBI llegaron por sorpresa a las oficinas de ADM e hicieron preguntas a Michael Andreas sobre la fijación de precios en el mercado de la lisina. Andreas respondió que era imposible fijar precios en esa industria y negó que ADM hubiera intercambiado información de precios o producción con los competidores. Pero unos cuantos días después, el FBI reveló que en noviembre de 1992 habían convencido a Mark Whitacre de ser uno de sus informantes. En consecuencia, cuando asistía a las discusiones para fijar precios, llevaba un micrófono escondido o videograbadoras que habían grabado las reuniones. Todas las conversaciones entre Andreas, Wilson, Whitacre y los directivos de Ajinomoto, Kyowa, Miwon y Cheil estaban grabadas en audio y algunas en video.

Un mes después llegó otra sorpresa. Se reveló que mientras Whitacre grababa las discusiones para fijar precios entre ADM y sus competidores, había tomado dinero de ADM. En total, había sustraído $2.5 millones de la compañía. Whitacre alegó que esto era un "bono", y que la compañía con frecuencia dejaba que sus ejecutivos se pagaran a sí mismos esos bonos "por debajo de la mesa" para evadir impuestos.

Con base en las grabaciones que Whitacre entregó al FBI, se consideró a ADM como una compañía que fijaba precios y se le multó con $100 millones. El 9 de julio de 1999 se dictaminó una multa para Andreas y Wilson de $350,000 a cada uno y 20 meses de prisión por la fijación de precios, sentencia que la Corte corroboró el 26 de junio de 2000. Whitacre, cuyo acto de sustraer dinero de ADM nulificó el acuerdo de inmunidad con el FBI, fue sentenciado a nueve años de prisión por malversación, más 20 meses por fijación de precios; además, se le exigió devolver el dinero. A los directivos de las compañías coreanas y japonesas que participaron en las reuniones para fijar precios se les impuso una multa de $75,000 a cada uno, pero se les eximió de pasar un tiempo en prisión a cambio de testificar en contra de ADM y sus ejecutivos. El 6 de julio de 2000 la Unión Europea multó a ADM con $46 millones adicionales por fijar los precios de la lisina en Europa.

Mark Whitacre pasó ocho años y medio en una prisión federal y fue liberado en diciembre de 2006. Se le dio lo que se llama una "segunda oportunidad" en Cypress Systems, Inc., una compañía de biotecnología de California, que acordó contratarlo. Ahora es jefe de operaciones para esa empresa. Y lamenta mucho lo que hizo. En una entrevista concedida en 2009, declaró:

> Tomé algunas decisiones terribles y rompí algunas leyes federales. De hecho, el ego y la codicia estuvieron detrás de muchas de mis malas decisiones. Otros han dicho que, finalmente, la cultura corporativa de ADM desempeñó un papel fundamental en mis decisiones de esa época. Lamentablemente, no es cierto. Fueron mis propias decisiones. Cuando se intenta ganar con tanta desesperación que ni la verdad ni la ética importan, entonces, uno está en un mal momento de su vida. Ahí es exactamente donde yo estaba a principios y a mediados de la década de 1990. No puedo explicar cómo perdí mi camino, pero eso es lo que hice.[6]

Preguntas

1. Según el caso, la planta de ADM era capaz de producir "250 millones de toneladas de lisina al año, suficiente para suministrar la mitad de la demanda anual mundial", así que el promedio de la demanda mundial de lisina es de aproximadamente 41.7 toneladas al mes. Calcule cuánto ganaban las compañías de lisina cada mes cuando su esquema de fijación de precios estaba realmente funcionando (esto es, cuando la lisina se vendía a $1.20 por libra). A continuación, con base en el precio en el que se vendía la lisina cuando se vino abajo el plan de fijar precios, ¿cuál sería su estimación del precio de equilibrio de la lisina durante el periodo del caso? Calcule cuánto hubieran ganado las compañías de lisina cada mes si la hubieran vendido al precio de equilibrio. Ahora calcule la diferencia entre lo que las compañías ganaban cada mes durante el tiempo en que su esquema de fijación de precios realmente funcionó, y lo que hubieran ganado cada mes si hubieran vendido al precio de equilibrio, y obtenga así la "ganancia de monopolio" que las compañías lograban cada mes que tuvieron éxito al fijar los precios. Después, estime el número de meses que piensa que funcionó el plan de fijación de precios. A la luz de su estimación del número total de meses en los que funcionó esta actividad, ¿cuál fue la cantidad total de "ganancias de monopolio" que las compañías robaron a sus clientes? Explique a detalle la ética de quitarles esta ganancia de monopolio a los clientes. ¿Las multas que impusieron los gobiernos de Estados Unidos y Europa recuperaran por completo la cantidad total de ganancias de monopolio que las compañías lograron?
2. El libro cita varios factores que ocasionan que las compañías participen en la fijación de precios. Identifique los factores que piensa estaban presentes en el caso de ADM. Explique su respuesta y sea específico.
3. Desde su punto de vista, ¿Mark Whitacre era culpable (esto es, moralmente responsable) por lo que hizo? Explique su respuesta. ¿Estaba presente algunos de los obstáculos al comportamiento moral (véase capítulo 1) en su situación? Explique. ¿Está usted de acuerdo con

la propia evaluación de Whitacre de que aunque "otros han dicho que, finalmente la cultura corporativa de ADM desempeñó un papel fundamental en mis decisiones de esa época", esto "lamentablemente no es cierto"?
4. ¿Cree que al final Mark Whitacre fue tratado con justicia? Explique por qué.

Notas

1. James B. Lieber, *Rats in the Grain* (Nueva York: Four Walls Eight Windows, 2000), pp. 8-11.
2. Mark Whitacre y Ronald Henkoff, "My Life as a Corporate Mole for the FBI", *Fortune*, septiembre de 1995, v. 132, n. 5, pp. 52-59.
3. *Ibid.*
4. *Ibid.*
5. La información acerca de las discusiones en las diferentes reuniones descritas aquí y en lo que sigue, se basan en las siguientes fuentes: *U.S. vs. Michael D. Andreas, Mark E. Whitacre, and Terrance S. Wilson*, Brief for Appellee and Cross-Appellant United States of America, en la Corte de Apelaciones de Estados Unidos para el Séptimo Circuito, No. 99-3097, fechado el 19 de octubre de 1999, y con fecha de acceso: 5 de junio de 2004, en *http://www.usdoj.gov/atr/cases/f3700/3757.htm*; y *USA v. Michael D. Andreas and Terrance S. Wilson*, apelaciones de la Corte de Estados Unidos para el Noveno Distrito de Illinois, Eastern Division, No. 96 CR 762, 26 de junio de 2000 y con fecha de acceso: 6 de junio de 2004 en *http://www.justice.gov/atr/cases/f220000/220009.htm*. Algunos detalles también se extrajeron de: Angela Wissman, "ADM Execs Nailed on Price-Fixing", *Illinois Legal Times*, octubre de 1998, p. 1; James B. Lieber, *op. cit.*; Kurt Eichenwald, *The Informant: A True History* (Nueva York: Random House, 2000).
6. Feedinfo News Service, "Interview: Mark Whitacre-Lysine Cartel Whistleblower on Price-Fixing and Rebuilding his Life after Prison", 13 de junio de 2009, con fecha de acceso: 28 de julio de 2010 en *http://www.feedinfo.com/console/PageViewer.aspx?page=1202114&public=yes*

SUPERAR LOS REDUCCIONISMOS, "VOTO COL PORTAFOGLIO" E INNOVACIÓN: PROPUESTAS PARA SUPERAR LAS CRISIS Y LAS DESIGUALDADES GLOBALES

Autores:

Becchetti Leonardo [┼]: becchetti@economia.uniroma2.it
Cermelli Massimo [*]: massimo.cermelli@deusto.es

[┼] Università degli Studi di Roma "Tor Vergata" - Via Columbia, 2. Roma (Italia)
[*] Universidad de Deusto - Deusto Business School - Avda. Universidades, 24. Bilbao (España)

Resumen

Inmerso en una crisis de carácter multidimensional (económica, ambiental, financiera y de felicidad) el mundo está atravesando los desafíos de la globalización a través de largos y dolorosos procesos de reequilibrio de las diferencias en los costes de trabajo y los crecientes niveles de desigualdad que parecen acentuarse, especialmente, en el área europea.

Pobreza y desigualdad se convierten así en los desafíos de los próximos decenios a nivel mundial dentro de un contexto global en el que, cada vez más, la pobreza se erige como una amenaza para el bienestar de los países desarrollados.

Estos procesos de transformación encuentran sus raíces fundamentalmente en tres reduccionismos que restringen la capacidad de visión del ser humano, su comportamiento económico dentro de las organizaciones sociales y productivas y el modo en que se mide el valor producido.

La dimensión de la persona, de la empresa y del valor deben ser reconceptualizadas en términos antropológicos introduciendo, en los análisis económicos, el componente relacional y cooperativo del "homo economicus".

Replantearse la empresa es, además, no considerar los accionistas como exclusivos portadores de intereses, sino incluir también los consumidores, los trabajadores y las comunidades locales en los análisis empresariales.

La tercera dimensión, finalmente, atiende a la definición de los indicadores de progreso y la medición del valor. Así mismo, también en este caso, deben reconsiderase y definirse los indicadores de medición con el fin de evitar la construcción de un mundo que, cada vez en mayor medida, vive la contradicción y el riesgo de una riqueza sin naciones y de naciones sin riqueza.

El análisis de las cuatro crisis (económica, ambiental, financiera y de felicidad) nos permite, al mismo tiempo, tomar en consideración los mecanismos que la Providencia pone a disposición del ser humano para alcanzar el bien común.

Al margen de la teoría de la mano invisible, descrita por Adam Smith, es evidente la necesidad de colaborar con tales mecanismos providenciales contribuyendo a la creación de un mundo más equitativo y sostenible. Utilizando una metáfora, podría decirse que el sistema económico es como un auditorio que se encuentra repleto de pianos, que pueden crear melodías extraordinarias únicamente si se cuenta con la presencia de músicos que estén dispuestos a hacerlo.

En ese sentido el concepto de innovación y las inversiones relacionadas con el mismo permiten activar melodías siempre diversas y originales que ostentan la posibilidad de contradecir las previsiones económicas centradas exclusivamente en lo visible y existente.

Esta demanda de una nueva economía civil, es decir, una economía que no se encuentre exclusivamente fundada en la irrelevancia de las virtudes cívicas, sino basada en la responsabilidad social de los ciudadanos y las empresas, permitiría prestar una mayor atención a "los últimos" (comercio justo, microcrédito, cooperación social) garantizando, al mismo tiempo, un menor riesgo de volver a caer en las actuales crisis financieras, económicas y sociales y una disminución de los niveles de desigualdad a nivel global.

A tal propósito, después de haber analizado y superado los tres reduccionismos e introducido el concepto de la innovación como guía de crecimiento y desarrollo sostenible, entendemos que resulta necesaria la inclusión del concepto del "voto con il portafoglio" para que sea posible una mayor presencia de la economía civil en nuestra sociedad.

Los mercados somos nosotros y de uno de los dos lados que lo componen (demanda y oferta) probablemente hay ciudadanos que consumen y ahorran. Premiar con el propio consumo y ahorro las empresas socialmente responsables capaces de internalizar el problema de la creación de valor económico, social y ambientalmente responsable, es la vía de escape para salir de las cuatro crisis.

Los ciudadanos deben convertirse en consumidores y descubrir la potencialidad de sus preferencias en el momento de la adquisición. Por su propio interés, y actuando con visión de futuro, deben premiar las empresas que son más innovativas en lo que se refiere a la capacidad de crear valor económico en un modo social y ambientalmente sostenible.

Las empresas, por su parte, deben abandonar el objetivo de la maximización de los beneficios para convertirse en multistakeholder (beneficios socialmente responsables o non for profit, cooperativos, éticos o solidarios). El nuevo tipo de empresa híbrida que "internaliza la externalidad" puede prevalecer solo si es sostenida mediante el "voto con il portafoglio" a través de los ciudadanos responsables. Basta una minoría de ciudadanos y de empresas socialmente responsables para poner en marcha mecanismos de mejora en los tres elementos externos (competencia, calidad de las instituciones y de las reglas y reputación) que de otra forma, y en solitario, no conseguirían salir adelante.

El "voto con il portafoglio", junto con las reformas que incentivan a una mayor competencia, menor corrupción y evasión fiscal, niveles más elevados de educación cualificada y un acceso más ágil de las mujeres al mercado de trabajo, puede favorecer la disminución de las desigualdades globales. Efectivamente, existe una fuerte evidencia empírica que pone de manifiesto una correlación negativa entre el capital social (cooperación con otros ciudadanos, dotación de redes sociales y compartir las virtudes cívicas) y la desigualdad. Un mayor nivel de capital social (bridging e linking) en un territorio refleja mayores oportunidades de formación cualificada para los ciudadanos y una mayor participación de las mujeres en el mercado de trabajo.

Esta relación por tanto, puede desencadenar una dinámica en la cual los bienes relacionales recuperen su función de generadores de valor duradero garantizando a los países un mayor desarrollo territorial basado en las competencias, el consumo consciente y la formación.

1.- Introducción.

La crisis multidimensional (económica, ambiental, financiera y de felicidad) que el mundo está afrontando en la era de la globalización (era que activa largos y dolorosos procesos de reequilibrio de los dispares costes del trabajo y de las diversas formas de vida en las diferentes áreas del planeta) posee profundas raíces. Las mismas se fundamentan en tres modos de concebir el hombre y su forma de actuar económica, las organizaciones sociales y productivas y la medición de aquello que definimos como valor. Solo comprendiendo completamente estos tres reduccionismos (persona, empresa y valor) es posible entender los límites en los cuales se mueve la actual visión, y liberar la potencialidad que sea capaz de llevarnos hacia una creación de valor económico socialmente y ambientalmente sostenible orientada al bien común[1].

La superación de tales reduccionismos permitiría, además, mitigar las desigualdades globales disminuyendo el número de personas que se encuentran en riesgo de pobreza o de exclusión social. Efectivamente, sin necesidad de ir muy lejos durante el mes de diciembre del 2012 Eurostat, puso en evidencia que en el año 2011 en los países de la Unión Europea, el 24% de la populación, esto es, cerca de 120 millones de personas, se encontraban en riesgo de pobreza o de exclusión social, en comparación con el valor del 23% que se registró en el 2010[2].

A continuación analizaremos los tres reduccionismos presentados anteriormente que hacen referencia por tanto a la persona, la empresa y el concepto de valor.

2.- El reduccionismo antropológico.

Existen dos aspectos de la antropología económica dominante. Uno de ellos es muy positivo y el otro muy negativo. El primero hace referencia al enfoque de la maximización vinculada que existe a la base de cada problema microeconómico. Se trata de una aplicación del principio de racionalidad que apunta a la máxima eficiencia en la relación entre los medios y los fines en una perspectiva realista que toma en consideración nuestra forma de actuar. Este principio establece, de facto, que nos encontramos en posición de ordenar nuestras prioridades de tal modo que podemos marcarnos objetivos claros (algo que no resulta tan evidente, por ejemplo, para los psicólogos) y que lucidamente ponemos en marcha estrategias adecuadas para realizar el máximo, en relación con nuestros objetivos, teniendo en cuenta las restricciones de tiempo, tecnología y dinero. En este sentido el homo economicus (hombre económico) utiliza de la mejor forma posible los escasos recursos propios evitando la ineficiencia (un resultado inferior al potencial) y la ilusión (el apuntar en vano a objetivos que van más allá de las propias posibilidades, es decir que se encuentran más allá de la frontera impuesta por las propias limitaciones). En un cierto sentido el homo economicus es como el atleta paralímpico. No llora lamentando la existencia de sus limitaciones y no deja pasar el propio tiempo pensando en el porqué de la existencia de tales limitaciones, si no que con un enfoque proactivo

---
[1] Becchetti L. Bruni L. Zamagni S., 2010, Microeconomia, il Mulino, Bologna.
[2] Eurostat (2012), At risk of poverty or social exclusion in the EU27, 171/2012-3 December 2012 Eurostat Newsrelease.

emplea todo su tiempo y los recursos a su disposición, desafiándose a sí mismo, para alcanzar el máximo que pueda permitirse. Esta visión positiva y constructiva de la vida y este enfoque problema-solución es seguramente la mejor parte de la antropología económica. A quien ha mantenido, en numerosas ocasiones, que la hipótesis de la maximización vinculada parece irreal vista la dificultad de elaborar el inmenso número de variables y factores que influencian los resultados de nuestro comportamiento, Friedman responde con la metáfora del jugador de billar. El jugador de billar a través de la práctica aprende "intuitivamente" a maximizar, es decir, a jugar en modo tal de maximizar la probabilidad de vencer la partida aun no teniendo un PhD en física y no poseyendo ninguna cognición científica de las leyes relativas al movimiento y la fricción de los cuerpos. Su experiencia y su habilidad manual le permiten obtener aproximaciones, de discreto éxito, al principio de maximización. Parece por tanto razonable asumir que el hombre se esfuerza el máximo posible para llegar al máximo resultado condicionado por las propias capacidades, la propia experiencia y la superación de los prejuicios cognitivos y los problemas de autocontrol.

No obstante, existe otra vertiente de la antropología económica dominante que viene considerada en una forma menos positiva y que desafortunadamente se encuentra en la raíz de los males que a día de hoy estamos viviendo. Se trata de un enfoque reduccionista relativo a los objetivos a perseguir que caracteriza el 90% de los modelos que los economistas construyen y que orientan la cultura y las decisiones de "policy". El problema se encuentra, esencialmente, en el hecho de que en la denominada función objetivo o función de utilidad del homo economicus hay, a menudo, solo una concepción de la felicidad que crece monótonamente al crecer los bienes materiales adquiridos. Además, de forma general, el bienestar de los otros no cuenta y no contribuye al propio. Este enfoque antropológico reduccionista ha sido estigmatizado en numerosas ocasiones. Amartya Sen escribió en el año 1978 que el homo economicus es un loco racional que está constituido al 100% de autointerés (miope añadiríamos nosotros) mientras se ignoran por completo otros dos ingredientes fundamentales de la persona como son la simpatía (comprendida en la acepción griega di *sum pathein*, es decir, pasión por el otro o sentir con otra persona alegrándose y sufriendo con ella) y el deber moral (que nos empuja hacer cosas aun en contra de nuestros intereses más inmediatos). Si es cierto, como reconocía Giuseppe Toniolo que el autointerés es la ley de gravedad del comportamiento humano, también es cierto que ello por sí solo no representa y describe toda la persona[3].

Incluso un economista liberal como Hayek admite que el homo economicus es la vergüenza de familia de la disciplina, y un reconocido economista contemporáneo, Robert Frank, ironiza preguntándose en uno de los manuales de microeconomía con mayor éxito actualmente: ¿dejaríais salir a vuestra hija con un homo economicus[4]?

Un límite fundamental del reduccionismo en la definición de los objetivos del homo economicus se encuentra en la incapacidad de tomar en cuenta la importancia, fundamental, para nuestra felicidad de los bienes relacionales. Los estudios empíricos demuestran claramente que los bienes relacionales poseen una importancia decisiva a efectos de nuestra satisfacción en la vida. Además, se trata de bienes para los cuales la disponibilidad de dinero no representa condición ni necesaria ni suficiente para acceder a ellos y disfrutar de los mismos.

En cuanto a los bienes relacionales puede afirmarse que a día de hoy la economía sin dichos bienes es como la física sin electrones, es decir, una disciplina que ignora uno de los objetos fundamentales de estudio del cual, sin embargo, debería ocuparse para entender los fenómenos de creación de valor privado tradicionalmente investigados.

---

[3] Toniolo G. (1873), Dell`elemento ético quale fattore intrínseco delle leggi economiche, Università di Padova.
[4] Frank, R. (2013), Microeconomia, McGraw Hill.

Imposible entender, por ejemplo, el éxito de las redes sociales sin traer a colación el concepto de los bienes relacionales y dejando de lado su impacto, fundamental, en la satisfacción de vida de las personas. Más específicamente, el bien relacional es aquella interacción interpersonal, que produce efectos beneficiosos en nuestra satisfacción de vida, que se genera cada vez que personas que tienen ideas o experiencias en común participan en una actividad conjunta (Gui 2005, Becchetti et al. 2008 e 2011). Se producen bienes relacionales jugando a un juego en equipo, participando en la vida de una asociación laica o religiosa, en una amistad o en una relación afectiva o familiar. Smith sintetiza la esencia del bien relacional, esto es, lo que genera su efecto positivo en la utilidad/felicidad individual, en el denominado *"fellowfeeling"* (sentir común), cuya intensidad y calidad es mayor cuanto mayor es el sentir común o la fuerte experiencia que se produce entre ellos. Por estos motivos el bien relacional posee características de bien público local. Se trata de hecho de un bien que posee las dos características típicas del bien público (la no rivalidad y la no exclusión) pero solo de forma limitada respecto de las personas con las cuales se entiende la construcción del bien relacional mismo (el clásico ejemplo son las personas no gratas a las cuales resulta posible excluir de la participación a una fiesta o evento). En realidad, propio por este motivo, el bien relacional además de ser un bien no rival (mi consumo del bien no impide su fruición por parte de otros) es antirival (la presencia y la contribución de otras personas es condición necesaria para que yo pueda disfrutar del bien relacional).

Las condiciones para el consumo de los bienes relacionales resultan ser extremadamente frágiles y es un fenómeno ampliamente observado el riesgo de su deterioramiento en las sociedades modernas gracias a las vías establecidas por los reduccionismos.

Resulta evidente por tanto, atendiendo a lo señalado en las líneas precedentes, que para disfrutar de un bien relacional no basta, como ocurre en el caso de los bienes privados, una voluntad singular (la disponibilidad económica no resulta ni necesaria ni suficiente) en cuanto que la condición concomitante necesaria es la contemporánea voluntad del *partner* o de los *partners* con los cuales se construye la relación.

Evidenciada la fragilidad producida por las necesarias interdependencias de los deseos, el ulterior problema que se presenta es que los bienes relacionales exigen una notable inversión de tiempo, un recurso que a día de hoy resulta escaso y precioso, porque el tiempo que podría dedicarse para invertir en las relaciones se encuentra condicionado por miles de actividades distintas (estén estas relacionadas con el trabajo o con el tiempo libre no relacional). El reduccionismo antropológico, que enjaula la felicidad humana y la impulsa hacia la búsqueda de la satisfacción individual no posee la visión necesaria para encuadrar, de modo adecuado, los bienes relacionales. Y es por este motivo que las recetas políticas fundadas sobre este modelo antropológico terminan por desentenderse de los efectos de los bienes relacionales.

Todo ello contribuye significativamente a la desalineación existente entre la dinámica del PIB y la dinámica de la felicidad, observada por Layard (2006)[5], por Easterlin et al. (2010)[6] y por Sacks, Stevenson y Wolfers (2010)[7].

---

[5] Layard R. (2006), Happiness and a Public policy: a challenge to the profession, The Economic Journal, 116, C24-C33.
[6] Easterlin,R. A., McVey L.A., Switek, M., Sawangfa, O., Zweig, J.S. (2010), The Happiness-Income Paradox Revisited, Proceedings of the National Academy of Sciences of the USA, 107 (52), 22463-22468
[7] Sacks D.W., Stenvenson B. and Wolfers J. (2010), Subjective well-being, income, economic development and growth, NBER Working Paper Series, Working Paper 16441.

Los estudios empíricos sobre los determinantes de la satisfacción de vida documentan que los bienes relacionales se encuentran entre los más importantes y entre los menos sometidos a los mecanismos de adicción y adaptación, mecanismos que típicamente generan los bienes materiales en virtud del principio de la utilidad marginal decreciente (unidades sucesivas de tales bienes generan efectos positivos decrecientes, poco a poco, hasta la consecución de un punto de saciedad).

Contribuciones recientes como aquella de Bartolini et al (2008[8] y 2009[9]) ilustran, también, que parte de la desalineación producida entre el crecimiento económico y la satisfacción de vida producido en los Estados Unidos en el periodo posterior a la Segunda Guerra Mundial, viene explicada, de forma muy sustancial, por el declino producido en aquel país respecto de los bienes relacionales, y del derrumbe del capital social y la confianza interpersonal y en las instituciones.

La importancia de los bienes relacionales para la satisfacción de vida sufraga la hipótesis de que los individuos son más que hombres económicos. En otros términos, si nuestro punto de partida constitutivo es el ser "sustancia individual de naturaleza racional" nosotros somos, al mismo tiempo, nexo de relaciones según lo aprendido a través de la filosofía personalista occidental (pensemos a las contribuciones provenientes de diversos cauces culturales, como Levinas, Mounier, Buber, Rosenzweig) y la cultura de otros países (basta pensar al significado del término "*ubuntu*" que en lengua zulú significa "yo soy porque tú eres").

Las paradojas y los límites del homo economicus no terminan aquí. Si en el pensamiento económico tradicional el máximo de la satisfacción se alcanza con el mínimo esfuerzo, los estudios referidos a la satisfacción de vida demuestran, por el contrario, que la fatiga por conseguir un objetivo hace que la consecución del mismo sea más apreciada, evidenciando que la felicidad se presenta no solo en el resultado sino, también, en el camino que se recorre para llegar al mismo.

Algunos hilos recientes de la teoría económica han puesto en evidencia esta problemática elaborando el concepto de "*procedural utility*" (Frey e Stutzer, 2010[10]) y demostrando como la participación de las circunstancias de la acción que lleva a un resultado tienen una influencia fundamental en la satisfacción de vida.

Una vez profundizado el lado menos positivo del homo economicus, representado por su perspectiva reduccionista en el concebir los objetivos de la propia acción, podemos concluir que esta visión convierte al homo economicus en un individuo triste y dañino para la sociedad, y al mismo tiempo se constata que, afortunadamente, los comportamientos concretos no son tan reduccionistas como la teoría prevé.

El hecho de que el reduccionismo provoca efectos negativos en la satisfacción de vida, lo corroboran no solo los estudios empíricos referentes a la satisfacción de vida, sino incluso la sabiduría de los padres del pensamiento económico. Adam Smith afirmaba en la Teoría de los sentimientos morales que "La preocupación por nuestra felicidad debería recomendarnos la virtud del discernimiento y hacernos entender, a través de ello, que la felicidad

---

[8] Bartolini, S., Bilancini, E., Pugno, M. (2008), Did the Decline in Social Capital Decrease American Happiness? A Relational Explanation of the Happiness Paradox, University of Siena Dept. of Economics Working Paper 513.
[9] Bartolini, S., Bilancini, E., Sarracino, F. (2009), Sociability Predicts Happiness: World- Wide Evidence from Time Series, Department of Economics University of Siena.
[10] Frey, B. S. and Stutzer, A. (2005)Beyond Outcomes: Measuring *Procedural Utility*. Oxford Economic Papers, Vol. 57, No. 1, pp. 90-111.

depende de nuestra preocupación por la felicidad de los demás". John Stuart Mill, en la famosa paradoja de la felicidad, recuerda que no podemos ser felices buscando directamente nuestra propia felicidad. Seremos felices si nos dedicamos a algo útil para la humanidad, y en ese caso, encontraremos también nuestra felicidad a lo largo del camino.

El hecho de que el reduccionismo sea minoría lo demuestra un interesante experimento de un estudioso alemán, Engel[11], que recoge y analiza, conjuntamente, en el 2010, los resultados de 328 diversos experimentos para un total de 20.813 observaciones en diferentes países del mundo, documentando que solo un tercio de los sujetos analizados se comporta según el modelo de homo economicus.

Tal porcentual desciende drásticamente si consideramos solo los experimentos llevados a cabo sobre la populación adulta y si reducimos las condiciones de total anonimato (y por tanto de máxima distancia relacional que típicamente caracterizan este tipo de experimentos)[12]. La conclusion de Engel es que *"while normally a sizable fraction of participants does indeed give nothing, as predicted by the payoff maximisation hypothesis, only very rarely this has been the majority choice. It by now is undisputed that human populations are systematically more benevolent than homo economicus"*.

El punto más importante es que el homo economicus, además de ser triste y una minoría, es socialmente dañino, y representa una forma de racionalidad inferior a aquella de la persona dotada de confianza y de espíritu cooperativo.

La difusión de la cultura del homo economicus está produciendo un progresivo desgaste de las fuentes de cooperación y de confianza con consecuencias que son visibles para todos. La economía de hoy se encuentra dominada por relaciones anónimas y ultraveloces (aquellas representadas por los mecanismos di trading automático) que parecen estar creadas a propósito para romper normas morales y sociales.

La progresiva crisis de confianza se trasmite, como un virus, a numerosos ámbitos de la vida económica haciendo que resulten cada vez más difíciles los proyectos de cooperación. Pensemos únicamente en el espíritu y el enfoque por el que nació la Unión Europea después de la Segunda Guerra Mundial, y mediante el cual se han venido a regular las relaciones entre los países vencedores y vencidos en aquel mismo periodo (el plan Marshall) y reflexionemos sobre el enfoque difidente y paralizante, fundado sobre la justicia conmutativa, que a día de hoy está siendo utilizado con los países que forman parte de la periferia del euro, por aquellos que en su momento resultaron ser países "salvados". Enfoque este que ha permitido engangrenar los problemas en lugar de resolverlos.

Ahora, más que nunca, para contrarrestar este riesgo, es esencial comprender de qué modo pueden ponerse en marcha procesos de producción de capital social. La literatura nos dice que la hetereogeneidad de capital social que observamos a día de hoy depende en gran medida de las estratificaciones históricas de largo periodo, como pueden ser las clases políticas dominantes o la trasmisión intergeneracional de padres a hijos al interno de una familia. Por tanto, resulta vital entender, de forma clara, los mecanismos paralizantes del reduccionismo antropológico para poder contrastar los efectos negativos con las políticas oportunas.

---

[11] Engel, Christoph, 2010, Dictator Games: A Meta Study (March 1, 2010). MPI Collective Goods Preprint No. 2010/07.
[12] La cuota de los "homines economici" baja hasta el 28% si los "derechos de propiedad" corresponden a aquel que recibe y es necesario coger el dinero del mismo, al 25% si se usa dinero de verdad en el juego y al 19% si el que lo recibe es considerado como necesitado. Los estudiantes son los más cercanos al "homo economicus" (40%) mientras que el porcentaje que representan los niños alcanza el 20%, el de los jugadores de edad media representa un 10% y no existe casi ninguna persona de más de 50 años que se comporte así.

3.- El reduccionismo en la concepción de la empresa.

Existe un "bug" que de forma progresiva, ha contaminado la teoría económica y nuestra cultura y ha generado divergencia entre la creación de valor económico y felicidad. Se trata del principio de la maximización del beneficio, que viene considerado como la estrategia optima de gestión de una empresa y su modo normal de comportarse (aquello, que para que nos entendamos encontramos todavía en casi todos los manuales de economía y modelos económicos).

En cualquier caso no es necesario atender a la "teoría de la manzana podrida" según la cual el principio de la maximización de beneficios debería entenderse, de forma estricta, como un principio completamente negativo.

Tal y como enfatizan Binmore y Shaked (2010)[13] el problema no es el principio de maximización porque el mismo es un ropaje que puede adaptarse tanto a S. Francisco como a Attila. A pesar de la profunda diversidad de sus objetivos, ambos se esfuerzan en perseguir, de la mejor forma posible, su objetivo. Esto es, en el primero de los casos la calidad de la relación con Dios y con el hombre, y en el segundo la conquista bélica. Si bien es cierto que son muchos los obstáculos respecto del ejercicio de la racionalidad (las dependencias, los sesgos cognitivos) también es cierto que el deseo de mejorarse a sí mismo y de obtener el máximo nos empuja sanamente a la optimización. El problema que se genera por tanto (al igual que ocurre en el caso del reduccionismo antropológico) es lo que se optimiza y aquí nos encontramos el "error de la teoría".

Es necesario que comprendamos que la empresa es una organización cuya obra incide, de forma decisiva, en el bienestar de diversas categorías de portadores de intereses (stakeholders). Simplificando, pueden limitarse los mismos a cuatro: trabajadores, clientes, accionistas y comunidad local. La aportación económica que la empresa da a la sociedad es aquella de crear valor adjunto, es decir, trasformar materias primas o semielaboradas en un producto o servicio terminado que posee un valor mayor que las primeras y que por tanto aumenta la riqueza de la sociedad. La tarta del valor adjunto creado se dividirá entre los diversos portadores de intereses: a los accionistas a través del beneficio, a los trabajadores bajo la forma de mayores salarios o premios de producción, a la comunidad local mediante acciones filantrópicas y a los clientes a través de descuentos y promociones sobre los productos vendidos.

El beneficio, por tanto, no representa la totalidad de la tarta del valor creado, sino simplemente una de sus porciones, concretamente la referida a la categoría de los accionistas, a los que se remunera y compensa por el riesgo que han corrido prestando su capital.

Si estas son las premisas, entonces, ¿cómo es posible, que a partir de un cierto momento hayamos dado por descontado que una empresa que maximiza su beneficio podría hacer el bien a los portadores de intereses, no accionistas, mejor que una empresa que parte con el objetivo de crear bienestar en un modo más equilibrado entre los diversos stakeholders?

---

[13] Binmore, K., Shaked, A. (2010), Experimental Economics:where next? Rejoinder, Journal of Economic Behavior and Organization, 73, pp.120-121.

Efectivamente, la vida económica se fundamenta en numerosas soluciones de carácter dilemático, en las cuales el interés de una categoría entra en conflicto con el interés de otra. Entonces, el principio de maximización del beneficio establece que cada vez que se genera dicho conflicto son los accionistas los que deben obtener la mejor parte.

A modo de ejemplo puede decirse que si se trata de elegir entre más protección para los trabajadores, que supondría reducir las ganancias de fin de año, o más beneficios pero menos tutelas para los trabajadores, el principio de la maximización del beneficio impone siempre la elección de la segunda vía.

El principio de la maximización del beneficio empuja al aumento de los beneficios a corto plazo renunciando a invertir para mejorar la sostenibilidad ambiental de una planta industrial (como ha sucedido en el caso italiano de Taranto con Ilva, con consecuencias, a medio plazo, devastantes para la misma propiedad).

En definitiva, en todas aquellas numerosísimas circunstancias de la vida empresarial en las que los objetivos de los *stakeholders* entran en conflicto, el principio de la maximización del beneficio establece que debe ser el accionista el que prevalezca sobre el resto. Los efectos en relación con la satisfacción son, como ya es posible imaginarse, muy negativos. Realmente ¿somos hombres o accionistas? Es decir, la felicidad del hombre medio ¿depende más de la gratificación del accionista o de aquella que atañe a los trabajadores, a los clientes o la comunidad local? Como realmente somos más trabajadores, clientes o comunidad local que accionistas el reduccionismo en la concepción de empresa da una contribución fundamental al desalineamiento entre el crecimiento económico y felicidad.

Una pregunta que surgía previamente de modo espontaneo era como habíamos llegado a dar por hecho que una empresa que maximiza el beneficio podría hacer el bien a los portadores de intereses, no accionistas, mejor que una empresa con objetivos diversos. La respuesta es que dicha reflexión se ha hecho para tratar de premiar un stakeholder crucial que personalmente se pone en riesgo dentro de la empresa (y por ello viene recompensado) pero dando por descontado una serie de corolarios que no funcionan casi nunca.

Dentro de los mecanismos que asegurarían la cuadratura del círculo existe un triple salto mortal unido a los mecanismos de funcionamiento de la competencia, de las instituciones y de la reputación.

Con el primer salto mortal la teoría ha planteado la hipótesis de que una competencia perfecta habría trasformado la primacía del interés del accionista en bienestar para los clientes con precios bajos y productos de calidad.

El segundo salto mortal es el que planteaba la hipótesis sobre la existencia de instituciones benevolentes, perfectamente informadas, y no capturadas por los sujetos regulados, que a través de tasas o regulaciones eliminan los efectos externos negativos sociales y ambientales de los comportamientos de las empresas reconciliando optimo privado con optimo social.

El tercer salto mortal es aquel referido a la hipótesis del perfecto funcionamiento de los mecanismos de la reputación que, aun en presencia de asimetrías informativas entre los vendedores y los clientes, haría que resultase no conveniente para los primeros traicionar a los segundos con productos pobres o peligrosos.

La verdad es que en el mundo real el triple salto mortal que reconcilia maximización del beneficio y bien común no se produce prácticamente nunca. En primer lugar nos encontramos muy lejos de los supuestos necesarios para el perfecto funcionamiento de los mercados competitivos. La libertad de entrada de nuevas empresas, a menudo, resulta limitada, los productos no son nunca perfectamente homogéneos y, por tanto, las empresas se encuentran, casi siempre, en posición de disfrutar de rentas de posición o de poder de mercado. La información no es nunca perfecta, es siempre asimétrica y habitualmente resulta muy complicado para los clientes poder verificar, concienzudamente, la calidad de los productos (puede pensarse a la relación de corto y largo plazo existente entre los productos alimentarios y la salud y a la complejidad de los productos financieros).

El segundo salto mortal probablemente sea el más audaz. Las instituciones se encuentran demasiado lejos de la benevolencia, la perfección informativa y la independencia de los sujetos regulados.

Empecemos con la benevolencia. Los primeros, y rudimentarios, modelos económicos que preveían el "*deus ex machina*" del planificador benevolente, que interviene en el mercado en presencia del fracaso del mismo (bienes públicos, límites a la concurrencia, externalidades sociales o ambientales negativas) para realinear optimo privado y optimo social, aparecen a día de hoy totalmente ingenuos y tan superados que incluso logran arrancarnos una sonrisa.

La teoría económica, de forma progresiva, ha desnudado la realidad a partir del *political business cycle* donde, en lugar de abstractos e irrealistas planificadores, tenemos políticos con funciones objetivo (orientadas generalmente a intereses personales y a la maximización de la probabilidad de la propia reelección) que no coinciden con el bien común. En este escenario real, la benevolencia, entendida como el deseo del planificador de actuar para maximizar el bienestar de los ciudadanos, mengua notoriamente. Y los sistemas, por cuanto importantes y necesitados de reglas optimales y sanciones, no bastan para realinear el interés del representante de las instituciones con el interés de la propia comunidad.

Aun cuando el político fuese benevolente, gracias al mejor sistema de reglas posible, habría que discutir la cuestión de que el mismo tenga toda la información necesaria para tomar decisiones correctas (pensemos, por ejemplo, a la complejidad del funcionamiento de las finanzas derivas y a la dificultad de evaluar sus efectos). Finalmente, aun superando los imposibles exámenes de la benevolencia y de la perfecta información, muchas instituciones se detienen ante el problema de la independencia, ya que a menudo pueden ponerse en juego potencialidades y recursos lobisticos muy superiores a la capacidad del regulador para defenderse.

En relación al tercer salto mortal, el mismo, en parte, ya ha sido mencionado. En lo que a numerosos productos se refiere (comida, productos financieros como las derivadas...) la opacidad informativa es tal que la reputación no funciona porque resulta imposible para los consumidores verificar en el corto plazo la calidad del producto. Así mismo, para los managers "impacientes" que quieren llevarse a casa los resultados en un plazo de tiempo breve, la maximización del beneficio significa, aprovechándose de su ventaja informativa, "atrapar" el dinero de varias formas (operaciones con partes relacionadas que vacían el valor de la empresa, provisión de tesoros en el extranjero, etc.) aunque sea a costa de los accionistas que serían los portadores de intereses que se encuentran más y mejor tutelados por la maximización del beneficio.

La consecuencia inmediata de esta imposibilidad de los tres saltos mortales es que la energía "selvática" de las empresas que maximizan el beneficio muy raramente viene aprovechada de forma útil, de tal modo que pueda coincidir con la generación del bien común. Y en un contexto de globalización este premisa resulta cobrar mayor veracidad porque las empresas maximizadoras de beneficios poseen un grado de libertad mayor pudiendo escoger establecerse en países cuyas reglas sociales y ambientales les resulten más favorables.

Por el contrario, existen actividades, como el microcrédito, donde se encuentra una verdadera y propia contradicción entre la maximización del beneficio (la porción de los accionistas) y la creación de valor añadido (la tarta). Una institución bancaria no concedería nunca un microcrédito (tantos pequeños préstamos a tantos clientes) porque resulta mucho menos rentable que prestar una gran suma a un solo cliente cuando en el primero de los casos se puede, potencialmente, crear mayor valor adjunto que en el segundo de los casos.

Un punto de partida para tender al bien común es aquel de una teoría práctica de empresas que parten del principio de la maximización del bienestar de todos los *stakeholders* motivados, empujados por consumidores interesados en una visión de futuro que votan con la cartera.

No se trata de partir de cero o inventar nada, porque todo esto existe. Las empresas *multistakeholders* son ya numerosas (cooperativas de consumo, de producción, sociales, empresas éticas y solidarias, social business, empresas socialmente responsables, etc.) y los ciudadanos han comenzado ya a votar "con il portafoglio" (con las decisiones de consumo). Ninguna teoría, evidentemente, está exenta de su "manzana podrida" pero el punto clave es que partir de la exigencia de empresas *multistakeholders* y ciudadanos que cuidan sus propios intereses de forma responsable, es una aproximación teórica mucho más complaciente y entusiasta que la burda idea de la maximización del beneficio que se trasforma en bien común gracias al triple salto mortal de las imposibles condiciones de las que ya hemos hablado previamente. ¿Estamos seguros de que por ejemplo la "*jobless growth*" (el crecimiento sin creación de puestos de trabajo) es una condena imprescindible que no depende del hecho de tener empresas maximizadoras de beneficio en lugar de *multistakeholders?* (Es decir, empresas que apuntan a crear grandes porciones para los accionistas, en lugar de tartas con porciones más grandes para los trabajadores).

4.- El reduccionismo en la medida del valor.

La tercera dimensión del reduccionismo hace referencia a la definición de los indicadores de progreso y la medición del valor. La definición de los indicadores es una cuestión ciertamente abstracta, porque los mismos son las flechas que indican la dirección de marcha de la sociedad y de los sistemas de los países. En la medida en que son definitivos derivan una serie de consecuencias fundamentales y la dirección hacia la cual nos esforzamos en ir.

La "riqueza de las naciones", usando el título del famosísimo libro de Adam Smith, a menudo se confunde con el PIB, es decir el valor de los bienes y servicios producidos en un determinado país. En realidad, la riqueza viene representada por el stock de bienes espirituales, relacionales, ambientales, culturales, históricos y económicos de los cuales goza una comunidad humana que vive en un determinado territorio. El riesgo de este enfoque reduccionista en la medición del valor ya había sido identificado en el magistral discurso pronunciado por Robert Kennedy, en el año 1968, ante los estudiantes en Kansas. En aquella ocasión Kennedy subrayó los límites del uso de tal instrumento para medir el nivel de progreso y desarrollo de un país.

En realidad, ya en el 1933 Franklin Delano Roosevelt, había afirmado, de forma sorprendente, y en plena depresión post crisis del 29 (por tanto en un periodo en el cual la atención al PIB y su recuperación resultaba preponderante) que: "nuestro pueblo reconoce que el bienestar humano no se alcanza únicamente a través del materialismo y el lujo, sino que crece gracias a la integridad, el altruismo, al sentido de la responsabilidad y de la justicia".

La consecuencia práctica del reduccionismo en la medición del valor genera el riesgo de la existencia de políticas que contemplan al crecimiento del PIB sin tomar en consideración las potenciales recaídas negativas en la verdadera "riqueza de las naciones", esto es, el stock de todos los bienes de los que ya hemos hablado anteriormente. Ejemplos recientes de esta paradoja son aquellos referidos a la aplicación de los principios de la eficiencia al servicio de la persona, donde el tiempo y el cuidado dedicado a cada beneficiario no son considerados como una pérdida o un signo de ineficiencia sino como parte integrante de la calidad del servicio puesto a disposición.

Las palabras de Kennedy no quedaron sin escuchar, aunque también resulta cierto que los mayores intentos que se han producido, por parte de los actores institucionales, para redefinir lo que es el valor tienen una historia bastante reciente. Una etapa importante fue la representada por la Comisión Sen-Stiglitz que fue promovida por el entonces premier francés Sarkozy, que a través de sus recomendaciones subrayó la relevancia de medir la riqueza de las naciones al margen de los parámetros del PIB. Se puso de manifiesto, por ejemplo, en el campo de la valoración del bienestar económico, como el mismo no se identifica con el producto interno bruto, sino más bien con el redito disponible en los bolsillos de las familias, neto de impuestos y después de haber pagado bienes y servicios públicos esenciales como la sanidad y la educación.

Otra etapa importante viene representada por la Organización Internacional del Trabajo que elaboró un enfoque estadístico para medir el valor producido por los voluntarios. El trabajo de la OIT va más allá del PIB demostrando que en la producción de bienes y servicios, existen dos componentes invisibles que el PIB no refleja, y que vienen representados por todo aquello producido en las familias y a través de los voluntarios. Se trata de bienes y servicios tangibles que forman parte de la riqueza de las naciones pero que nunca vienen reflejados en las estadísticas oficiales porque no se venden a precios de mercado. Todo esto nos ayuda a comprender el famoso aforismo según el cual todo aquello que tiene un precio no siempre posee un valor, mientras que todo aquello que tiene un valor siempre tiene un precio y debe tomarse en consideración el hecho de que el PIB mide solo aquello que posee un precio.

Algunos autores entienden que los indicadores de satisfacción subjetiva son demasiado volátiles y dependientes de la psicología individual para poder ser incluidos entre los indicadores del bienestar, sin embargo, muchos estudios de gran relevancia sobre la determinación de la (in)satisfacción de vida ilustran claramente que la misma es un signo del malestar que no debe obviarse (Layard, 2006; Easterlin, 2010) y que a menudo señala lagunas importantes en la definición de los indicadores objetivos de bienestar construidos ad hoc por los expertos (puede citarse a modo de ejemplo el efecto de descuidar los bienes relacionales en el desalineamiento entre el PIB y la felicidad). Otro elemento fundamental que nos muestran los indicadores de satisfacción subjetiva es el monitorizar y no descuidar el fenómeno de las expectativas. Como la satisfacción subjetiva es, sustancialmente, una diferencia entre realizaciones y aspiraciones, las aspiraciones o expectativas colectivas representan una dimensión fundamental a monitorizar en cualquier tipo de organización. Uno de los argumentos más relevantes acerca de la importancia de la monitorización de los indicadores subjetivos se encuentra en la retroalimentación de los mismos sobre los indicadores objetivos. Resulta posible que los niveles de infelicidad, en algunos casos, puedan esconder expectativas exageradas o ilimitadas en presencia de condiciones objetivas buenas, pero también resulta cierto que esos niveles pueden generar consecuencias negativas realmente serias respecto de otros indicadores como el referido a la salud, sentido cívico, capital social, etc. Y precisamente por este motivo su medición no puede desatenderse.

5.- La superación de las cuatro crisis.

El escenario socioeconómico en el que vivimos presenta diversas crisis o problemáticas estructurales que se encuentran interconectadas entre sí (económica, financiera, ambiental, de felicidad o sentido de la vida).

El problema estructural de los sistemas económicos es la inmensa diferencia de estándar de vida entre las diversas áreas del planeta, que se traduce en otra inmensa divergencia respecto de los costes de trabajo, a paridad de cualificación profesional, especialmente si hacemos referencia a la situación de los trabajadores menos especializados. Resulta posible verificar, de forma sencilla, esas diferencias a través de los números datos disponibles en este campo.

El Bureau of Labour de los Estados Unidos cuantificaba en el año 2011 una diferencia de alrededor de 30 a uno (en términos de costo por hora promedio y antes de impuestos), en el sector manufacturero entre Italia y países como India y China, tomando en consideración los sectores formales, mientras que si se atiende al sector informal el valor se incremente hasta un 60[14]. En las economías cerradas el problema de la pobreza quedaba reducido al interno del área geográfica y solo algún iluminado como John Rawls, a través de los principios de bienestar y la sensibilidad de los misioneros, sostenía con hechos el valor de ocuparse de "los últimos".

La globalización, derribando las barreras, y moviéndose rápidamente hacia la creación de un mercado de trabajo y de bienes y servicios a nivel global, ha hecho que estas enormes divergencias en el bienestar se conviertan en un boomerang, descargando estas contradicciones en los países más ricos.

Efectivamente, las empresas maximizadoras de beneficios buscan, en perfecta coherencia con su objetivo, los costes de trabajo más bajos posibles, y en los últimos decenios estamos siendo testigos de un gigantesco proceso de deslocalización de la manufactura (que no se limita a los países con bajos costes de trabajo). Este proceso nos hace pagar el "pecado original" (por la parte de responsabilidad que nos compete) de haber creado bienestar y tutela del trabajo en nuestros países pero no en el resto, convirtiéndose la pobreza de estos últimos en una verdadera amenaza para nuestro bienestar.

La globalización, por tanto, es esa gran revolución que hace "explotar" esta contradicción y nos impide desinteresarnos de los últimos. Hasta que este gigantesco ejército de mano de obra a bajo costo no sea absorbido las conquistas de nuestros trabajadores no podrán considerarse a salvo. No es algo casual el hecho de que en los últimos años, desde cuando el proceso se ha puesto en funcionamiento, hayamos asistido a una progresiva erosión de tales conquistas y tutelas. Si de forma anterior a la globalización ocuparse de los últimos se trataba de una virtud atribuida a los misioneros, en la actualidad se ha convertido en una necesidad ineludible si queremos defender los niveles de bienestar adquiridos. En este sentido, la globalización hace que los últimos sean nuestro prójimo y nos impide desatendernos de ellos[15].

---

[14] La comparación se basa en el llamado costo de compensación por hora de trabajo, más que en el cose bruto de personal que incluye las contribuciones que la empresa paga al trabajador, además del salario, aquellas que se pagan directamente al estado y el total de las tasas relativas al. Los últimos datos disponibles correspondientes a China e India son 1,36 y 1,17, respectivamente, para el sector formal y alrededor de 0,50 y 0,60 para el sector informal. (U.S Bureau og Labour Statistics, 2011, División Of International Labour Comparisons www.bls. gov/ilc Annual Labor Force Statistics, Ajusted to U.S. Concepts, 10 Countries, 1970-2010).

[15] Es evidente que los países con un mayor costo de mano de obra deben hacer todo lo posible para centrarse en otros factores de competitividad (calidad de los productos, los servicios, la productividad total de los factores, factores de

Atendiendo a una visión ultraliberal de *laissez faire* de la economía, algunos todavía tienen la tentación de decir que no es necesaria la realización de ninguna intervención, porque existen mecanismos automáticos de reajuste que en el largo plazo hacen que las cosas vuelvan a su lugar. Las empresas deslocalizan en favor de los países donde la mano de obra cuesta poco, y la demanda, que es mayor de la oferta, alza de forma progresiva los salarios. Los trabajadores pobres, por su parte, atraídos por el bienestar de los ricos, con los cuales se comparan en una manera siempre más vehemente gracias a la difusión de los medios de comunicación de masa y de las redes sociales, se encuentran irresistiblemente atraídos a migrar hacia nuestros países, transfiriendo, después, las mayores ganancias a sus países de origen en forma de remesas.

Resulta innegable para un observador atento que al interno del sistema económico existen mecanismos que la "Providencia" nos ha dejado a disposición para alcanzar el bien común. El problema es que tales mecanismos requieren de nuestra colaboración para la concreción de un mundo más equitativo y sostenible. Usando una metáfora podemos pensar que el sistema económico se encuentra repleto de pianos que pueden emitir armonías bellísimas (reflexionemos sobre los recientes flujos de innovación que nacen de la intuición de imitar la ecología de los ecosistemas en la creación de redes urbanas inteligentes en grado de gestionar de la mejor forma posible los recursos energéticos) pero no ocurrirá nada con esos pianos si no contamos con pianistas que estén dispuestos a tocarlos.

La metáfora del piano es por tanto, más eficaz que aquella teoría, mucho más conocida, de la mano invisible, puesto que como bien saben todos los economistas no existe ninguna mano invisible que resuelva mecánicamente nuestros problemas convirtiendo, mágicamente, egoísmos privados en bienestar para toda la sociedad.

Si bien es cierto que en condiciones que son muy lejanas, la competencia perfecta genera beneficios para los consumidores, la difusa presencia de externalidades negativas, los bienes públicos, las asimetrías informativas y las tendencias monopolísticas y oligopolísticas de los sistemas dejados a su propia suerte, son elementos que nos llevan a otra dirección. Una visión más realista de la economía nos dice, por el contrario que los pianos emiten su música en la medida en la que los elementos con los cuales han sido construidos son activados, siguiendo las reglas de juego establecidas, por actores socialmente responsables (empresas y ciudadanos) que poseen una visión de futuro.

Al problema económico de las divergencias se añade, y sobrepone, el problema ambiental. Resulta prácticamente imposible que con una populación de más de 7 millones de personas (que aún se encuentra en proceso de crecimiento) y en un mundo con recursos ambientales de los cuales muchos son escasamente renovables o no renovables, se pueda proporcionar a toda la población los niveles de bienestar de los países más ricos, a través de los modelos de desarrollo en los cuales nos apoyábamos antes de que explotase el problema ambiental en toda su magnitud. Una simple descomposición contable nos indica que el nivel de las sustancias contaminantes en un determinado ecosistema es fruto de 3 factores: población, producto (y consumo) per cápita y cantidad de contaminación por unidad producida (y consumida). Ello implica que la esperada reducción en el tiempo de las sustancias contaminantes puede realizarse solo a través de 3 vías (o una combinación de las mismas): reducción de

---

competencia no pueden ser deslocalizados como patrimonio histórico y cultural, el paisaje y los productos doc / dbl, etc.). A pesar de ello, es presumible que la persistencia del "gap" de los altos costes de vida y de trabajo continúen a hacer difícil la creación de valor económico en su territorio al interno de las economías globalmente integradas.

la población, reducción del producto (y consumo) per cápita y/o aumento de la eficiencia energética de la producción y el consumo.

Las mismas empresas maximizadoras de beneficios saben que el problema ambiental corre el riesgo de convertirse en más grave aún, y con ello aumentará la sensibilidad de los ciudadanos. Invertir, para innovar en este ámbito permitiría a las empresas encontrarse preparadas ante la presencia de regulaciones más exigentes, y generaría un flujo de innovación en grado, por sí mismo, de generar ahorro de energía ganando al mismo tiempo el favor de los ciudadanos sensibles. Se trata también, en este caso, de mecanismos que funcionan más rápidamente ante la presencia de reglas virtuosas y de ciudadanos y empresas especialmente responsables.

El reto ambiental nos induce, además, a modificar en profundidad nuestro concepto de bienestar reorientándolo, de manera natural, hacia una dirección más coherente respecto de los estilos de vida más humanos y espirituales.

Las actividades inmateriales en grado de generar o no réditos son, efectivamente, siempre más útiles para hacer frente y ganar este desafío. Arte, filosofía, religión, sobriedad en los estilos de vida y de consumo, consumos colaborativos y participativos a través de los cuales la comunidad aprende a compartir bienes, reforzando sus redes relacionales, son vías esenciales para ganar este desafío que se nos plantea y además nos ayuda a eliminar lo irrelevante y a acoger lo esencial. En particular, el consumo colaborativo nos hace comprender que lo que realmente nos importa no es la propiedad (que puede ser compartida) sino el uso y el acceso que puede ser participativo. ¿Es realmente necesario que todos, en un determinado distrito, posean un bien de consumo que apenas utilizan?

Este desafío nos empuja a comprender que la riqueza de las naciones no depende del flujo de los bienes y servicios producidos y facturados por unidad de tiempo, porque aunque esto resulta un factor importante, la riqueza depende en un modo más amplio de bienes y servicios no contabilizados porque los mismos son producidos por voluntarios o en el seno de las familias, y del stock de recursos económicos, naturales, culturales y religiosos que una comunidad tiene a su disposición. El primer paso que debe darse para vencer este reto es por tanto aquel de cambiar las gafas, la visión, con las que miramos la realidad.

La crisis económica de las que son víctima, especialmente, las economías occidentales es el fruto de estas dos problemáticas de fondo. La crisis ambiental nos empuja a buscar nuevas formas de creación de valor inmaterial que se encuentren en grado de mantener los niveles de bienestar en un mundo dotado de recursos físicos que son escasamente reproducibles. El esfuerzo prometeico de la finanza por multiplicar su capacidad de generar recursos de la nada (y de pensar que realmente lo ha conseguido creando sin embargo a menudo bolas que cuando explotan provocan ruinosos efectos) puede ser interpretado desde esta óptica. Las diversidades económicas entre ricos y pobres que en la era de la globalización se transforman en una amenaza para nuestro propio bienestar, erosionan progresivamente salarios y poder adquisitivo de las clases medias-bajas en las economías ricas. El funcionamiento de las economías depende de los consumos de masa, pero en tales condiciones, resulta fatigoso.

De ese modo, hemos llegado a la crisis financiera global, cuyo punto álgido se alcanzó en septiembre de 2008, en el momento en el que uno de los grandes bancos de negocios americanos, Lehman Brothers, quebró. Las causas que llevaron a la explosión de la crisis, actualmente son de sobre conocidas.

Numerosas crisis financieras nacen de un problema de overlending (exceso de préstamos) y la crisis actual no ha escapado a esta premisa. La urgencia por consumir más ganando menos empujó al sistema bancario americano a realizar préstamos a clientes que no se encontraban en situación de pagar dichos préstamos superando, de forma amplia, el límite prudencial tradicionalmente asumido entre el montante de los plazos a pagar y el de la renta mensual. Los nuevos descubrimientos de la ingeniería financiera exteriorizaron la idea de que sería posible llevar a cabo dicha práctica sin sustanciales aumentos de riesgo, respecto de la banca que realizaba los préstamos, si se llevaba a cabo a través del pasaje del modelo *originate to hold* al modelo *originate to distribute*. En el viejo modelo (*originate to hold*) la banca que presta es la que asume la responsabilidad y por tanto posee un gran interés en verificar la sostenibilidad del cliente. En el modelo nuevo (*originate to distibute*) la banca puede deshacerse del préstamo vendiéndolo a un intermediario financiero que se ocupa del proceso de titulización. Este último colecciona muchos préstamos similares (a un alto riesgo) los mezcla con préstamos más seguros y genera nuevas actividades financieras derivadas (las derivadas del crédito) cuya sostenibilidad deriva de la sostenibilidad de los préstamos subyacentes recogidos. Estas actividades presumiblemente tienen un menor riesgo porque se aprovechan del principio de la diversificación entre préstamos de la misma o diversa calidad. Puesto que los préstamos subyacentes de alto riesgo poseen riesgo de fracaso no correlativo, o de baja correlación entre ellos, no fracasaran todos al mismo tiempo y esto hace que el derivado del crédito tenga un menor riesgo. La falacia de este razonamiento se encuentra en la base de la razón que ha producido el estallido de la crisis, es decir, es la chispa que ha generado la explosión. En realidad la sostenibilidad de todos aquellos prestamos de alto riesgo dependía de un factor sistemático no diversificable como era el hecho de que el valor de los inmuebles desde hacía tiempo se encontraba en una bola especulativa, y por tanto en serio riesgo de derrumbe. Cuando dicho valor, efectivamente, se derrumba gran parte de los prestatarios en riesgo (cuya solvencia dependía de la hipoteca de la casa que estaban adquiriendo o del valor de la parte de la misma ya adquirida al contado) quiebran contemporáneamente haciendo a su vez que quebrase el valor de los derivados del crédito. Para comprender el drama que supuso todo lo ocurrido debemos recordar que los activos de los mayores bancos internacionales que se encontraban inflados por el valor de las derivadas, a día de hoy, valen menos del 10% de su precio de adquisición. Y en muchos países (debe prestarse atención a los casos más macroscópicos como el caso de Islandia o Irlanda, aunque no son los únicos) el valor de los activos bancarios era varias veces superior al valor del PIB del país[16]. El problema se ha visto agravado por la enorme difusión de otra categoría de títulos derivados (los Credit Default Swaps), es decir, los seguros que adquirían, a través de poquísimos intermediarios (el principal era AIG) los poseedores de los derivados del crédito como póliza en caso de que se produjese la quiebra de los mismos.

Inmediatamente quedo claro que de producirse una quiebra AIG, como aseguradora, no hubiese podido hacer frente a sus contratos repagando a todos los poseedores de CDS que en ese momento se encontraban sin ningún valor generando de ese modo otra gigantesca grieta en el sistema.

Uno de los efectos más graves que se produjo inmediatamente después de la quiebra de Lehman Brothers fue la incerteza (hasta el momento se había mantenido la premisa de que los grandes bancos eran demasiado grandes para que pudiesen quebrar, y que por tanto sucediese lo que sucediese se hubiese acudido en su ayuda) y el riesgo de contraparte. Debido a la inexistencia de transparencia en las cuentas bancarias y a la dificultad de computar el peso

---

[16] Los activos bancarios totales de las tres mayores bancas islandesas representaban, en el año 2008, cerca de 9.8 veces el PIB del país. En los Estados Unidos dicha cifra alcanzaba el 1,2. El crecimiento que se había producido en el caso de Islandia, se había llevado a cabo en los años precedentes a la crisis. En el 2003 los activos bancarios representaban solo 1,7 veces el PIB. En Irlanda los mismos activos bancarios se encontraban al 1,8 en el 2003 y a 3,8 en el 2007 y los costes de la crisis por la finanza publica han sido estimados en un valor cercano al 40% del PIB. (Adalet McGowan, 2011).

de las empresas conectadas a aquellas principales ,no consolidadas en el balance, pero en las cuales se anidaban gran parte de las operaciones con mayor riesgo, resultaba extremadamente difícil entender cuántos títulos tóxicos poseía cada gran banco entre sus activos.

Todo ello llevó a una parálisis inmediata del mercado interbancario, aquel mercado en el que los institutos bancarios intercambiaban liquidez entre ellos paralizando todo el sistema financiero y económico. Llegados a este punto la intervención de los bancos centrales y de los propios estados resultaba totalmente imprescindible para reanimar la circulación financiera. Esta intervención trasformó un problema de deuda privada de los bancos en un problema de deuda de los estados trasfiriendo la carga y responsabilidad de ajuste totalmente a las finanzas públicas. En términos cuantitativos, desde la explosión de la crisis hasta el momento actual, se calcula que el gasto dedicado para salvar la banca y el sistema oscila entre los 5 y 15 billones (millón de millones) de dólares, dependiendo de cómo se cuente el número de elementos de las inyecciones directas de capital en los bancos, la prestación de garantías o de compra directa de activos tóxicos por el banco central para eliminarlos de los activos de los bancos. Según los cálculos llevados a cabo por el Fondo Monetario solo hasta el año 2009 ya habían sido empleados 7,1 billones (millón de millones) de dólares[17]. Para comprender la magnitud de estas cifras, basta con señalar que la totalidad de la deuda pública italiana es de unos 2 billones de euros y la española de 1 billón de euros, y que para financiar la educación elemental obligatoria en el mundo cada año bastaría con alguna decena de billones de euros mientras que una cifra entre 36 y 45 millones de dólares al año podría eliminarse la mortalidad infantil para el año 2015[18].

Es evidente, por tanto, que dadas las dinámicas de la crisis, la responsabilidad de los diversos actores, las sucesivas intervenciones para el rescate y la posterior caída de la carga del ajuste en la oferta de bienes y servicios públicos por parte del Estado, incluidos los sectores más débiles, la crisis financiera plantea un grave problema de equidad y de reparticipación en los costes del ajuste, junto con la de reforma urgente de la normativa de los mercados financieros.

Es necesario señalar que la situación de los mercados financieros después de la crisis no parece que haya mejorado. La ola de fusiones y concentraciones, que se convirtió en necesaria para salvar e incorporar los grandes intermediarios que habían quebrado, ha provocado que de forma ulterior se haya concentrado el mercado con el resultado de que todavía menos operadores que antaño controlan gran parte de la emisión de los derivados[19]. Nos hemos habituado a concebir los mercados financieros como lugares en los que gran cantidad de compradores y vendedores anónimos fijaban los precios. Hoy, en cambio, leemos cada vez más a menudo en los titulares de los periódicos financieros que los precios suben y bajan porque uno de los mayores *players* ha decidido comprar. Aquello que llamamos mercado ya no lo es más, y muchos de los que dan su opinión defienden en realidad intereses de grandes grupos. Los verdaderos protagonistas del mercado son aquellos que luchan desde abajo para aumentar la competición y la democracia, como los grupos de consumidores que se alían con los productores para competir con las grandes distribuidoras y reducir de ese modo las rentas.

---

[17] http://www.telegraph.co.uk/finance/newsbysector/banksandfinance/5995810/IMF-puts-total-cost-of-crisis-at-7.1-trillion.html.
[18] http://www.ilsole24ore.com/art/SoleOnLine/Mondo/2009/Save-thechildren.shtml?uuid=1946efc9-b1d3-11de-be2e-4095accc28 c9&DocRulesView=Libero
[19] A este respecto véanse los datos de Blundell y Atkinson (2011)-Blundell-Wignall A. y Atkinson P., 2010, Global SIFIs, Derivatives and Financial Stability, OECD Journal: Financial Market Trends vol. 2010/1.

Como todos aquellos que abren nuevas vías para la inclusión y el acceso al mercado de los últimos a través de nuevas filiales solidarias y la microfinanza. En retrospectiva el problema de los mercados financieros no es siquiera un problema de racionalidad o de prepotencia de los más fuertes, sino un problema de voluntad de potencia que ha adquirido dimensiones incontrolables para los propios actores. En la última y gravísima crisis financiera, efectivamente, todos los grandes actores que se encontraban en quiebra han sido salvados incondicionalmente (sin ni siquiera establecer algún tipo de regla para una futura estabilidad).

Dentro de las mayores organizaciones, por lo tanto, no nos encontramos ni siquiera una racionalidad en grado de tutelar la propia supervivencia, sino solo un cumulo caótico de intereses individuales (de manager, grandes accionistas, traders) que sobre la base de incentivos, a corto plazo, mal construidos, ponen en riesgo la supervivencia de la propia organización. Desde este punto de vista hasta que tales incentivos (bonus, stock option sin penalización en caso de perdidas, (*clawbacks*), propinas billonarias) sean construidos de forma que los beneficiarios puedan ser remunerados en caso de éxito y sancionados en caso de quiebra, los actores continuarán corriendo riesgos contando con la certeza de poder descargar las eventuales perdidas sobre la sociedad.

No se trata de un caso único que a los problemas económicos estructurales, a la crisis ambiental y a la crisis financiera que ha venido después, se sobreponga una gravísima crisis de sentido de la vida. La precaria condición laboral que está viviendo gran parte de la humanidad tiene profundas consecuencias negativas sobre la posibilidad de vivir plenamente la propia vida de relaciones y de fe, porque estos vínculos degradan, crean más miserabilidad y reducen la libertad de movimiento y la disponibilidad del corazón necesarias para vivir la riqueza de una vida relacional y espiritual plena. El dolor del naufragio del sentido viene anestesiado por pequeños placeres y transgresiones que en realidad se han convertido en nuevos conformismos.

El naufragio de sentido no es una invención porque se encuentra apoyado de evidencias y datos (no solo aquellos más extremos, como las tasas de suicidio). En nuestro país a lo largo del último decenio el consumo de antidepresivos, se ha duplicado poniendo de manifiesto siempre una mayor necesidad de apoyos artificiales para vivir.

En síntesis, la raíz filosófica profunda de estas cuatro crisis se identifica en la matriz reduccionista del hombre y la organización productiva que precedentemente han sido descritas.

6.- Las propuesta del "voto con il portafoglio" y de la innovación para superar crisis y desigualdades sociales.

¿Qué es lo que necesitamos para superar esta crisis y las desigualdades globales? Necesitamos una nueva economía civil que sea capaz de superar la economía tradicional basándose en la relevancia de la virtud cívica. Los ciudadanos tienen que pasar de ser meros consumidores a ser consumidores protagonistas y responsables, como se ha mencionado precedentemente, a través del ejercicio del "voto con il portafoglio". En un mundo siempre más competitivo son absolutamente necesarias las inversiones en innovación, sea en el ámbito de la formación humana que en el ámbito de las infraestructuras tecnológicas, para poder ser más productivos.

Los ciudadanos deben convertirse en consumidores y descubrir la potencialidad de sus preferencias en el momento de la adquisición. Por su propio interés, y con visión de futuro, deben premiar las empresas más innovadoras, generando así la capacidad de crear valor económico en un modo social y ambientalmente sostenible.

Las empresas, por su parte, deben abandonar el objetivo de la maximización de los beneficios para convertirse en *multistakeholders* (para beneficios socialmente responsables o non profit, cooperativos, éticos, solidarios). El nuevo tipo de empresa hibrida que "interna la externalidad" puede prevalecer solo si es sostenida mediante el "voto con il portafoglio" a través de los ciudadanos responsables. Basta una minoría de ciudadanos y de empresas socialmente responsables para poner en marcha mecanismos de mejora en los tres elementos externos (competencia, calidad de las instituciones y de las reglas y reputación) que de otra forma, no conseguirían salir adelante.

El voto con il portafoglio, junto con las reformas que incentivan a una mayor competencia, menor corrupción y evasión fiscal, niveles más elevados de educación cualificada y un acceso más ágil de las mujeres al mercado de trabajo, pueden favorecer la disminución de las desigualdades globales.

Efectivamente, existe una fuerte evidencia empírica que pone de manifiesto una correlación negativa entre el capital social (cooperación con otros ciudadanos, dotación de redes sociales y compartir las virtudes cívicas) y la desigualdad. Un mayor nivel de capital social (bridging e linking) en un territorio refleja mayores oportunidades de formación cualificada para los ciudadanos y una mayor participación de las mujeres en los mercados de trabajo. Esta relación, por tanto, puede desencadenar una dinámica en la cual los bienes relacionales recuperen su función de generadores de valor duradero garantizando a los países un mayor desarrollo territorial en las competencial, e consumo consciente y la formación.

BIBLIOGRAFÍA

Adalet McGowan, M. (2011), "Overcoming the Banking Crisis in Ireland", OECD Economics Department Working Papers, No. 907, OECD Publishing.

Bartolini, S., Bilancini, E., Pugno, M. (2008), Did the Decline in Social Capital Decrease American Happiness? A Relational Explanation of the Happiness Paradox, University of Siena Dept. of Economics Working Paper 513.

Bartolini, S., Bilancini, E., Sarracino, F. (2009), Sociability Predicts Happiness: World- Wide Evidence from Time Series, Department of Economics University of Siena

Becchetti L. Bruni L. Zamagni S., 2010, Microeconomia, il Mulino, Bologna.

Becchetti L., 2012, Il mercato siamo noi, Bruno Mondadori.

Becchetti L., Ciampoli N., 2012, What is new in the finance-growth nexus: OTC derivatives, bank assets and growth, mimeo

Becchetti, L., Giachin Ricca, E. and Pelloni, A., 2011, The 60es turnaround as a test on the causal relationship between sociability and happiness. SOEP papers on multidisciplinary data research n. 209 and Economética working paper, Social indicators, forth.

Becchetti, L., Pelloni, A. and Rossetti, F. 2008. Relational Goods, Sociability, and Happiness. Kyklos, Vol. 61 (3), 343-363.

Becchetti, L.,2012, Il mercato siamo noi, Bruno Mondadori, Milano.

Berg J., Dickhaut J., McCabe K. (1995), "Trust, Reciprocity and Social History," Games and Economic Behaviour, 10: 122-142

Besley T. Ghatak M., 2007 Retailing Public Goods: The Economics of Corporate Social Responsibility, Journal of Public Economics, Vol. 91, No. 9, p. 1645–1663

Binmore, K., Shaked, A. (2010), Experimental Economics: where next? Rejoinder, Journal of Economic Behavior and Organization, 73, pp.120-121.

Blundell-Wignall, Adrian, and Paul Atkinson (2010), Global SIFIs, Derivatives and Financial Stability, OECD Journal: Financial Market Trends vol. 2010/1.

Bruni L. and Stanca L. (2008), Watching alone: Relational goods, television and happiness, Journal of Economic Behavior & Organization Volume 65, Issues 3-4, 506-528

Daniel W. *Sacks*, Betsey *Stevenson*, Justin *Wolfers* 2010, Subjective Well-Being, Income, Economic Development and Growth. NBER Working Paper No. 16441

Easterlin, R. A., McVey L.A., Switek, M., Sawangfa, O., Zweig, J.S. (2010), The Happiness-Income Paradox Revisited, Proceedings of the National Academy of Sciencesof the USA, 107 (52), 22463-22468, doi:10.1073/pnas.1015962107
economic growth?" Economic Inquiry Vol. 48, DOI:10.1111/j.1465-7295.2009.00197.x

Engel, Christoph, 2010, Dictator Games: A Meta Study (March 1, 2010). MPI Collective Goods Preprint No. 2010/07

Frank, R. (2013) Microeconomia, McGrow Hill

Frey, B. S. and Stutzer, A. (2005) Beyond Outcomes: Measuring *Procedural Utility*. Oxford Economic Papers, Vol. 57, No. 1, pp. 90-111.

Gui, B., 2005. From transactions to encounters. The joint generation of relational goods and conventional values. In Gui, B. and *Sugden, R.* (Ed.) *(2005).* Economics and Social Interaction: Accounting for Interpersonal Relations. Cambridge: Cambridge University Press.

Kitzmueller, Markus, and Jay Shimshack. 2012. "Economic Perspectives on *Corporate Social Responsibility*." *Journal of Economic Literature*, 50(1): 51–84 Libreria editrice vaticana, 2005

Mannaro, Katiuscia & Marchesi, Michele & Setzu, Alessio, 2008. "Using an artificial financial market for assessing the impact of Tobin-like transaction taxes," Journal of Economic Behavior & Organization, vol. 67(2), pages 445-462,

Matheson T., Taxing Financial Transactions. Issues and Evidence, IMF Working Paper n. 11/54, marzo 2011, 8

Mill, John Stuart, 1893 [1989]. Autobiography. Penguin, London.

Pellizzari, Paolo & Westerhoff, Frank, 2009. Some effects of transaction taxes under different microstructures" Journal of Economic Behavior & Organisation, vol. 72(3), pages 850-863, December.)

Pontificia Commissione Giustizia e Pace, Compendio della Dottrina Sociale della Chiesa, Roma

Rousseau, P., Wachtel, P. (2009): "What is happening to the impact of financial deepening on

Smith, Adam, 1759 [1809]. The Theory of Moral Sentiments. R. Chapman, Glasgow.
U.S. Bureau of Labor Statistics, Division of International Labor Comparisons Annual Labor Force Statistics, Adjusted to U.S. Concepts, 10 Countries, 1970-2010, March 30, 2011, www.bls.gov/ilc